Francesco Iarrera   Giorgio Pilotti

1 I paesaggi del turismo

Italia

W0371116

PER IL COMPUTER E PER IL TABLET

L'eBook multimediale

1 REGÌSTRATI
Vai su **my.zanichelli.it** e regìstrati come studente

2 ATTIVA IL TUO LIBRO
Una volta entrato in **myZanichelli**, inserisci la **chiave di attivazione** che trovi sul bollino argentato in questa pagina

3 CLICCA SULLA COPERTINA
Puoi:
- **scaricare l'eBook offline** sul tuo computer o sul tuo tablet
- **sfogliare un'anteprima** dell'eBook online

LOSAI? Ripassa con lo smartphone prima della verifica

1 SCARICA LA APP DA:
Scarica su App Store   DISPONIBILE SU Google Play

2 AGGIUNGI IL LIBRO
con le tue credenziali **myZanichelli** e con la **chiave di attivazione**

3 CLICCA SUL CAPITOLO
che vuoi ripassare

4 SCEGLI LA TEORIA O IL TEST
Trovi:
- **sintesi di capitolo** per rivedere la teoria
- **test** per metterti alla prova

ZANICHELLI

Realizzazione editoriale:
- Redazione e ricerca iconografica: E2T Studio
- Progetto grafico e impaginazione: Sara Travella/Galline a pois, Milano
- Disegni: Allegra Agliardi
- Cartografia: Studio Aguilar, Milano

Contributi:
le lezioni 3, 4, 5 e 6 delle unità sulle regioni sono a cura di:
- Carmela Curzio: Emilia-Romagna, Trentino Alto-Adige, Friuli Venezia-Giulia, Umbria, Toscana, Lazio, Abruzzo, Molise, Basilicata, Puglia, Campania, Calabria, Sardegna
- Graziella Sangiorgio: Lombardia, Veneto, Marche
- Tullia Ascari: Valle d'Aosta, Piemonte, Liguria
- Pagine *Sei pronto per la verifica?*: Anna Biraghi
- Pagine CLIL: Olga Cibelli, Daniela Davino

Realizzazione delle risorse digitali:
- Redazione e correzione: E2T Studio
- Progettazione esecutiva e sviluppo software: duDAT srl, Bologna
- Carte interattive: Elisa Domenichini

Copertina:
- Progetto grafico: Miguel Sal & C., Bologna
- Ideazione: Studio 8vo, Bologna
- Realizzazione: Roberto Marchetti e Francesca Ponti
- Immagine di copertina: **Castel Gandolfo**, Lazio. Photo by DeAgostini/Getty Images. Jatuporn/Shutterstock. Artwork Studio 8vo, Bologna

Prima edizione: gennaio 2017

Ristampa:
5 4 2019 2020 2021

Zanichelli garantisce che le risorse digitali di questo volume sotto il suo controllo saranno accessibili, a partire dall'acquisto dell'esemplare nuovo, per tutta la durata della normale utilizzazione didattica dell'opera. Passato questo periodo, alcune o tutte le risorse potrebbero non essere più accessibili o disponibili: per maggiori informazioni, leggi my.zanichelli.it/fuoricatalogo

---

File per sintesi vocale
L'editore mette a disposizione degli studenti non vedenti, ipovedenti, disabili motori o con disturbi specifici di apprendimento i file pdf in cui sono memorizzate le pagine di questo libro. Il formato del file permette l'ingrandimento dei caratteri del testo e la lettura mediante software screen reader. Le informazioni su come ottenere i file sono sul sito http://www.zanichelli.it/scuola/bisogni-educativi-speciali

---

Grazie a chi ci segnala gli errori
Segnalate gli errori e le proposte di correzione su **www.zanichelli.it/correzioni**.
Controlleremo e inseriremo le eventuali correzioni nelle ristampe del libro.
Nello stesso sito troverete anche l'errata corrige, con l'elenco degli errori e delle correzioni.

Zanichelli editore S.p.A. opera con sistema qualità
certificato CertiCarGraf n. 477
secondo la norma UNI EN ISO 9001:2015

Questo libro è stampato su carta che rispetta le foreste.
www.zanichelli.it/chi-siamo/sostenibilita

Fotocomposizione: Fratelli Sala

Stampa: La Fotocromo Emiliana
Via Sardegna 30, 40024 Osteria Grande (Bologna)
per conto di Zanichelli editore S.p.A.
Via Irnerio 34, 40126 Bologna

INDICE

SEZIONE 1 CHE COS'È LA GEOGRAFIA DEL TURISMO

SEZIONE 2 LA GEOGRAFIA ECONOMICA DEL TURISMO

SEZIONE 3 I PAESAGGI DEL TURISMO

SEZIONE 4 LE REGIONI ITALIANE

Com'è fatto il libro

GLOSSARIO
Il glossario contiene le spiegazioni dei termini sottolineati nel testo.

SEZIONI E UNITÀ
Il testo è suddiviso in 4 sezioni. Ogni sezione è composta da una o più unità. Le unità affrontano un argomento suddiviso in lezioni distinte.

LEZIONI
Le lezioni, sempre di due pagine a fronte, sono suddivise in paragrafi. Le parole e le frasi più importanti sono evidenziate in grassetto.

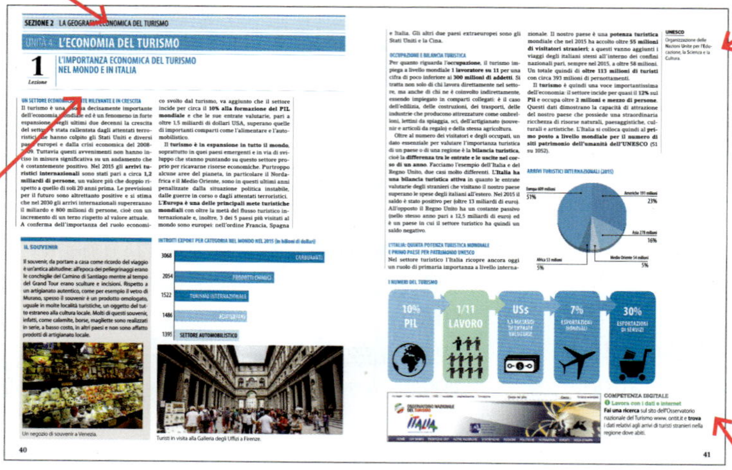

ATTIVITÀ
Gli esercizi sono pensati per lavorare con le competenze. Osservando le immagini, leggendo le carte, interpretando grafici e tabelle, facendo ricerche online potrai acquisire le competenze per svolgere, al termine del tuo percorso scolastico, professioni legate al mondo dei servizi turistici.

IL TURISTA CONSAPEVOLE
Alla fine delle unità delle prime tre sezioni, una doppia pagina ti guida a imparare ad avere un approccio critico al fenomeno turistico e a leggere la geografia del turismo in modo nuovo e consapevole.

LE RISORSE TURISTICHE
Una carta tematica evidenzia le risorse turistiche di ogni singola regione italiana.

L'ITINERARIO
Per sviluppare le competenze necessarie alla progettazione di itinerari, vengono proposti percorsi preparati e descritti tappa per tappa, arricchiti da attività operative.

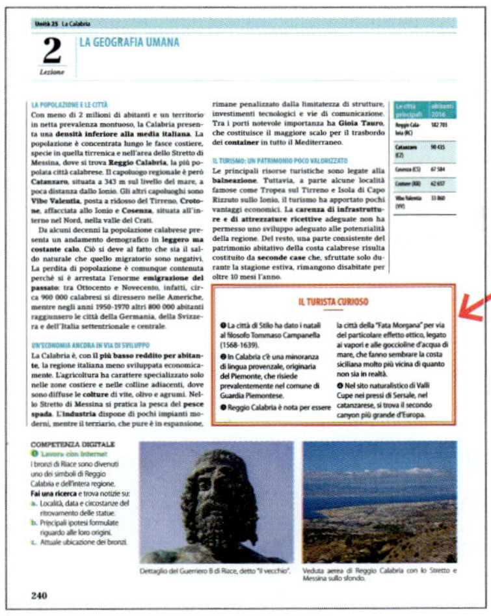

IL TURISTA CURIOSO
Una rubrica di notizie insolite sui luoghi di interesse turistico che stai studiando è presente in tutte le unità.

VERIFICHE
Una doppia pagina di esercizi da svolgere in un'ora ti mette alla prova sulle conoscenze e competenze acquisite sugli argomenti studiati. Puoi utilizzare il punteggio per autovalutarti.

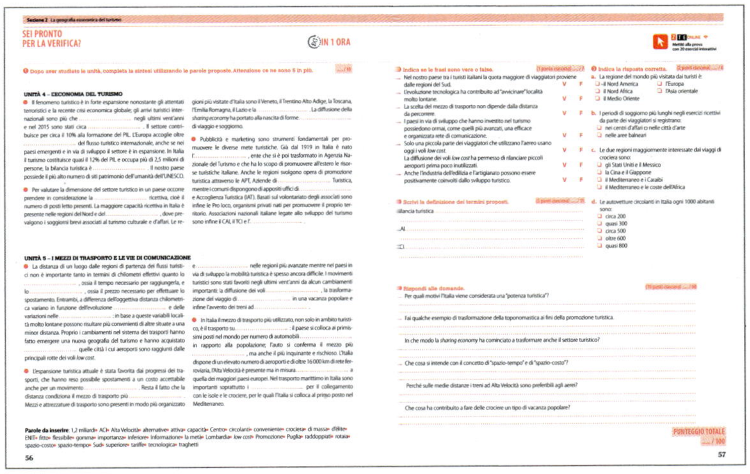

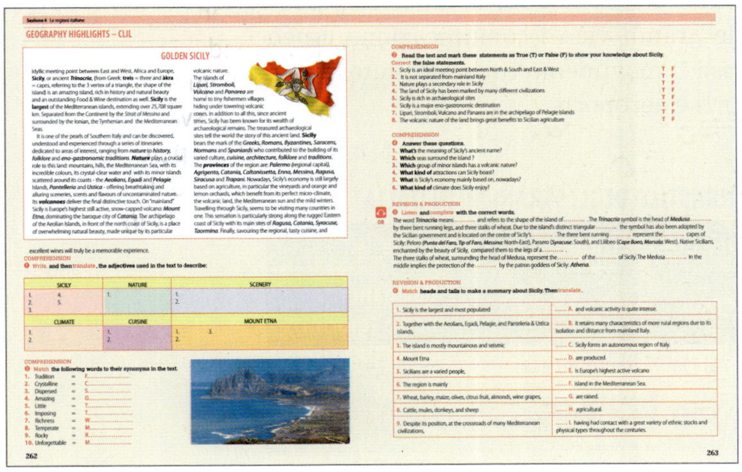

GEOGRAPHY HIGHLIGHTS – CLIL
Una doppia pagina di esercizi in inglese su argomenti di geografia del turismo, ha il duplice obiettivo di farti apprendere il contenuto disciplinare e, contemporaneamente, la lingua inglese, indispensabile nel settore turistico.

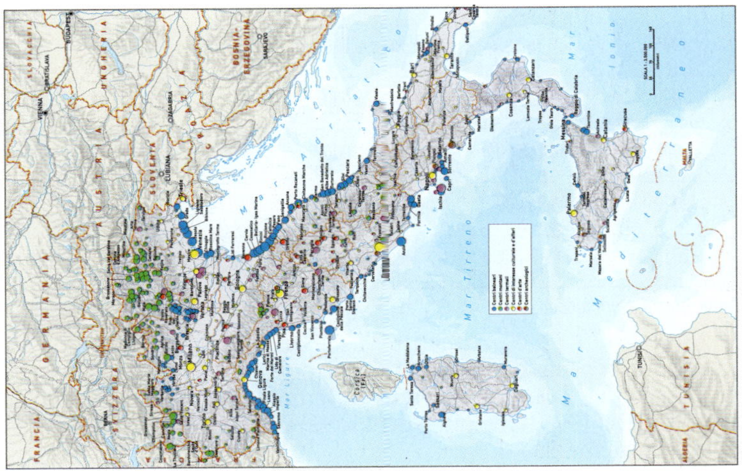

ATLANTE
Alla fine del libro si trova un atlante turistico dell'Italia arricchito con carte tematiche.

UNITÀ 1 CHE COSA STUDIA LA GEOGRAFIA DEL TURISMO

1 *Lezione* LA GEOGRAFIA DEL TURISMO E LA CIRCOLAZIONE TURISTICA

UN RAMO RECENTE DELLA GEOGRAFIA

La geografia del turismo è un ramo, sempre più importante, della geografia. La sua nascita in Italia risale agli anni Trenta del secolo scorso, quando i geografi cominciarono a interessarsi al **crescente fenomeno turistico**. Il turismo venne collegato a tematiche ambientali, paesaggistiche, culturali, umane ed economiche dei luoghi visitati e al tempo stesso prese il via l'analisi delle conseguenze sui territori visitati.

La geografia del turismo, parallelamente all'enorme incremento del movimento a livello mondiale, ha, in seguito, abbracciato nuovi argomenti come la sostenibilità e l'impatto ambientale fino agli aspetti psicologici e motivazionali che spingono il turista a viaggiare.

LE TRE REGIONI DELLA CIRCOLAZIONE TURISTICA

Agli inizi gli studi di geografia del turismo si concentrarono esclusivamente sull'indagine delle **tre regioni** coinvolte nei flussi e nei movimenti turistici che determinano la **circolazione turistica**:

- la **regione di turismo attivo**, cioè la regione di partenza dei turisti, chiamata anche regione di ***outgoing***. È questa l'area da cui si muovono i turisti, cioè il loro luogo di abituale residenza; generalmente si tratta delle grandi aree urbane ad alta concentrazione di popolazione e a più alto reddito;
- la **regione di turismo passivo**, cioè la regione di arrivo dei turisti, chiamata anche regione di ***incoming***. È la zona di ricezione dei turisti, soggetta ad ospitare i visitatori in base alle proprie attrezzature; è il caso in prevalenza delle aree balneari, quelle più interessate dal movimento turistico;
- **la regione di transito** o di circolazione, cioè quel territorio che collega i luoghi di partenza a quelli di destinazione. Si tratta dello spazio interessato allo spostamento dal luogo di residenza alla meta turistica. A seconda dell'itinerario e del mezzo di trasporto utilizzato, le regioni di transito possono essere le grandi vie di comunicazione lungo le quali passa il movimento turistico: autostrade, ferrovie, porti e aeroporti.

Regione
È uno spazio più o meno vasto che ha caratteristiche comuni di vario tipo: politiche, naturali, storiche, culturali, economiche ecc. Si possono individuare regioni amministrative (la Campania, la Lombardia ecc.), fisiche (la regione alpina), storico-culturali (l'Europa occidentale), economiche (la regione mineraria del Donec in Ucraina) e anche turistiche (la riviera romagnola).

I DATI STORICI DEL TURISMO IN ITALIA DI ITALIANI E STRANIERI

Anni	Arrivi	Presenze	Permanenza media (giorni)
1970	37 410 000	244 258 000	6,5
1975	42 619 000	291 383 000	6,8
1980	51 564 000	328 772 000	6,4
1985	56 948 000	333 528 000	5,9
1990	59 057 000	252 216 000	4,3
1995	67 169 000	286 490 000	4,3
2000	80 032 000	338 885 000	4,2
2005	88 268 000	355 016 000	4,0
2010	95 961 000	368 121 000	3,8
2015	113 355 000	392 764 000	3,5

Fonte: istat, dati arrotondati.

La tabella mostra come dal 1970 a oggi l'andamento del turismo in Italia sia in crescita in termini di arrivi e di presenze. Dal 1975 diminuisce però il numero delle notti di permanenza media.

IL MOVIMENTO TURISTICO DEGLI STRANIERI IN ITALIA

Arrivi e presenze internazionali in Italia			
Anni	Arrivi	Presenze	Permanenza media (giorni)
2008	41 796 724	161 797 434	3,9
2009	41 124 722	159 493 866	3,9
2010	43 794 338	165 202 498	3,8
2011	47 460 809	176 474 062	3,7
2012	48 738 575	180 594 988	3,7
2013	50 263 236	184 793 382	3,7
2014	51 635 500	186 792 507	3,6
2015	55 033 682	192 607 930	3,5
2016	58 179 636	200 981 602	3,8

Fonte: Istat

La tabella mostra gli arrivi e le presenze dei soli turisti stranieri dal 2008 al 2016: il loro numero è in crescita e stabile la durata della permanenza media.

Bologna e Napoli: due aree urbane di tradizionale *outgoing*.

Manarola nelle Cinque Terre, in Liguria e un tratto di costa della Versilia in Toscana: due regioni di *incoming*.

Un tratto dell'autostrada del sole e il porto di Olbia. Due territori di transito.

2 *Lezione* L'IMMAGINE TURISTICA DI UN LUOGO

PERCEZIONE E IMMAGINE TURISTICA

Negli ultimi decenni, la geografia del turismo ha ridefinito il proprio ambito di ricerca. Il punto di vista in base al quale la geografia indaga il turismo è cambiato, arricchendosi di nuovi spunti e approcci. In particolare si è fatto strada nella ricerca geografica un "**indirizzo percettivo**" che mette in risalto gli elementi soggettivi del fenomeno, sia per il turista che entra in contatto con una determinata località sia per l'operatore turistico che la promuove. Di conseguenza ogni luogo turistico (o regione di turismo passivo) diventa una **costruzione mentale soggettiva** e viene percepito in base a un immaginario elaborato sia nella regione di partenza sia in quella di arrivo.

L'**immagine turistica** di un luogo, cioè la sua "**rappresentazione turistica**", diventa decisiva nello sviluppo di una regione. Ecco perché possiamo dire che i luoghi turistici sono diventati uno "spazio simbolico" e che la loro immagine può variare nel tempo.

Facciamo l'esempio della **Liguria**, regione di turismo passivo da oltre un secolo: la sua immagine turistica è cambiata molte volte e la regione è stata percepita dai turisti e presentata dai locali in modo differente. Da destinazione per il turismo climatico invernale dei primi anni del Novecento, si è trasformata in località per il turismo balneare di massa del secondo dopoguerra. Oggi è proposta e riconosciuta come meta ideale per un fine settimana riposante per chi è in fuga dalle grandi città del Piemonte o della Lombardia. Naturalmente un'immagine turistica non esclude l'altra e, nel caso ligure, l'importante rimane la funzione balneare del suo litorale. In altri termini una regione di *incoming* propone svariate immagini turistiche per diverse esigenze.

QUANDO REGIONE ATTIVA E PASSIVA SI SOVRAPPONGONO

I notevoli cambiamenti che il movimento turistico ha conosciuto negli ultimi due decenni, hanno finito per determinare una **ridefinizione degli stessi concetti di regione turistica**, sia di *outgoing* che di *incoming*. In passato le due regioni erano facilmente identificabili sotto il profilo geografico e i flussi turistici mostravano una corrispondenza quasi perfetta tra aree di turismo attivo e aree di turismo passivo sulla base del fatto che la maggior parte degli abitanti di una zona aveva la stessa esigenza turistica.

COME VIENE PERCEPITA LA CITTÀ DI ROMA DAI TURISTI STRANIERI

ROMA

VISTA DAI TURISTI STRANIERI

L'ANALISI SEMANTICA DI OLTRE 30MILA COMMENTI IN LINGUA INGLESE PUBBLICATI SUI SOCIAL MEDIA DA CHI HA VISITATO ROMA NELL'ESTATE 2015

GLI ARGOMENTI PIÙ TRATTATI

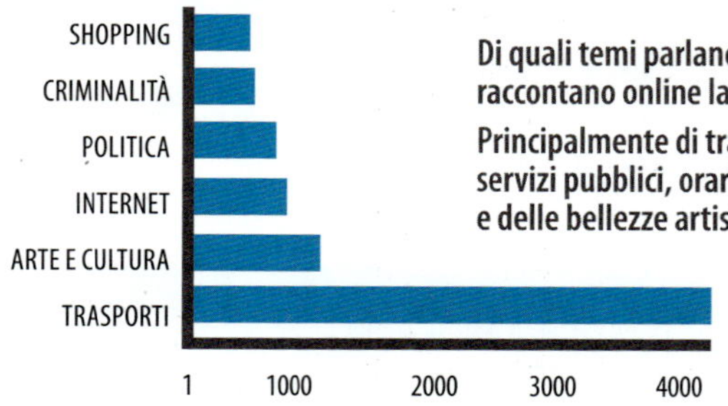

Di quali temi parlano gli utenti che raccontano online la visita a Roma? Principalmente di trasporti (metro, servizi pubblici, orari aeroporto, taxi ecc.) e delle bellezze artistiche della città.

IL SENTIMENTO VERSO ROMA

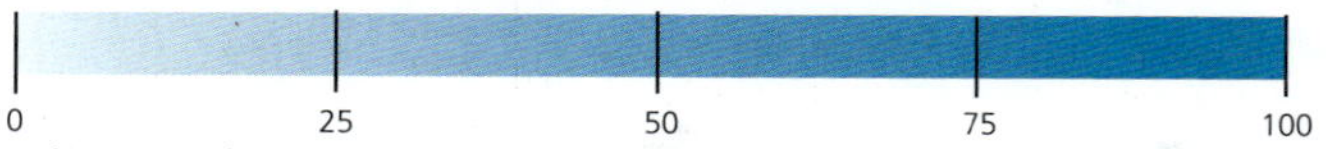

La valutazione di Roma che deriva dall'analisi dei commenti dei turisti è 74%, quindi molto soddisfacente (0 -& esperienza molto negativa, 100 -& molto positiva).

WAIT [76] EXPENSIVE [70] PROBLEM [58]
CROWDED [47] MISS [41]
SORRY [37] LOW [30] BAD [26]
DIFFICULT [24] EXPIRE [21] LIMITED [21]
WRONG [19] SLOW [17] LOSE [17]

GOOD [100] GREAT [46] THANK [41]
ENJOY [25] NICE [24] LIKE [24]
CHEAP [21] FREE [20] RECOMMEND [18]
LOVE [17] WORTH [15] SAVE [14]
BEST [14] AVALIABLE [13] AGREE [12]

Guardando ai termini negativi, Roma appare soprattutto deludente, con problemi e troppe attese, costosa, affollata. I termini positivi descrivono invece la visita a Roma buona, appagante, bella , soddisfacente, divertente, carina.

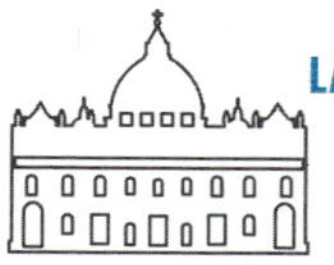

LA BASILICA DI SAN PIETRO REGALA LA MIGLIORE ESPERIENZA TURISTICA

MENTRE IL COLOSSEO È IL MONUMENTO PIÙ FAMOSO

I MONUMENTI PIÙ CITATI	
1.	Colosseo
2.	Pantheon
3.	Fontana di Trevi
4.	Galleria Borghese
5.	Foro Romano e Palatino
6.	Piazza di Spagna
7.	San Giovanni in Laterano
8.	Villa Borghese
9.	Basilica Santa Maria Maggiore
10.	Chiesa di San Luigi dei Francesi

...E QUELLI PIÙ APPREZZATI	
1.	Basilica di San Pietro
2.	Domus Romane di Palazzo Valentini
3.	San Paolo fuori le Mura
4.	Chiesa di San Luigi dei Francesi
5.	Galleria Borghese
6.	Chiesa di Sant'Ignazio di Loyola
7.	Palazzo Massimo alle Terme
8.	San Giovanni in Laterano
9.	Basilica di San Clemente
10.	Santa Prassede

Oggi tale suddivisione ha perso parte del suo significato e **le due regioni finiscono per sovrapporsi**. Vediamo in che modo, ritornando al caso ligure.

Negli anni Sessanta e Settanta del secolo scorso, in pieno boom turistico, la Liguria ospitava quasi esclusivamente piemontesi e lombardi, grazie alla vicinanza alle grandi aree industriali di Torino e Milano; per loro la vacanza era intesa come soggiorno estivo al mare. Oggi, invece, il panorama turistico è mutato. Torino e Milano, infatti, non sono più solo città dalle quali partono i turisti, ma anch'esse sono diventate importanti mete turistiche, cioè regioni di *incoming*. Basti pensare agli effetti turistici ottenuti, nei due capoluoghi, dalle Olimpiadi invernali per Torino nel 2006 e dall'Expo per Milano nel 2015. Inoltre i turisti torinesi e milanesi hanno ampliato enormemente le loro destinazioni, anche quelle del turismo balneare estivo, e non scelgono solo più la Liguria. Se da una parte è ancora vero che le riviere liguri ospitano molti piemontesi e lombardi, dall'altra è cresciuto il numero di turisti provenienti da altre regioni italiane e dall'estero per il turismo balneare. Bisogna anche sottolineare che molti liguri sono essi stessi turisti e quindi la Liguria è anche una regione di *outgoing*.

Più in generale, con il movimento turistico che si è diffuso in ogni parte della Terra e con i turisti che provengono da ogni parte del mondo, si può dire che oggi **tutto il mondo è una regione di *incoming* e al tempo stesso di *outgoing***.

COMPETENZA DIGITALE

❶ Lavora con le immagini e internet

Le immagini mostrano la località di Santa Margherita Ligure negli anni Sessanta, quando la Liguria era prevalentemente meta di turismo balneare, e il paese di Dolceacqua diventato oggi una destinazione molto frequentata da turisti alla ricerca di luoghi pittoreschi.

Fai una ricerca e **trova** altre località della Ligura, non di tipo balneare, ma che ultimamente sono di interesse turistico.

La spiaggia di Santa Margherita Ligure a ferragosto nel 1969.

Il paese di Dolceacqua vicino a Ventimiglia.

COMPETENZA LINGUAGGIO DELLA GEOGRAFIA

❷ Lavora con le immagini

L'immagine mostra una coppia di sposi che ha scelto Siena come *location* per il matrimonio. È il tipico esempio di una città che ha un'immagine turistica molto rilevante perché viene percepita come una città d'arte, una località italiana di rara bellezza.

Cerca almeno altre tre località italiane in cui è ambito sposarsi e poi spiegane i motivi.

Una coppia di sposi a Siena.

3 Lezione IL TURISMO DELLE ORIGINI: ANTICHITÀ E MEDIOEVO

QUATTRO DIVERSE FASI DI TURISMO

Il turismo è un fenomeno storicamente molto recente, tant'è che la comparsa del termine "turista" nelle lingue europee risale all'Ottocento. Tuttavia il movimento di persone, spinte dal desiderio di conoscere luoghi lontani per svariati motivi che possono essere commerciali, politici, sportivi, religiosi o di svago, ha origini remote e l'esperienza del viaggio è connaturata all'uomo.

Nell'evoluzione storica del viaggio, e quindi del turismo, è possibile riconoscere quattro diverse fasi:

1. la fase del **pre turismo** o **turismo delle origini**, che va dall'antichità al Settecento;
2. la fase del **turismo moderno o d'élite**, che interessa il periodo compreso tra l'Ottocento e i primi decenni del Novecento;
3. la fase del **turismo di massa**, che prende avvio tra gli anni Venti e il secondo dopoguerra e arriva alla fine degli Ottanta del Novecento;
4. la fase del **turismo contemporaneo**, che ha inizio negli anni Novanta e arriva ai giorni nostri.

L'ANTICHITÀ

Nell'antichità, nel bacino del Mediterraneo, i primi grandi spostamenti di persone risalgono alla civiltà degli **Egizi** con grandi folle di pellegrini che si recavano, navigando lungo il corso del Nilo, nelle località sacre. Nella **Grecia antica**, oltre ai pellegrinaggi verso i santuari e gli oracoli (tra tutti quello di Delfi era il più frequentato), si diffusero forme di viaggio più articolate, per esempio quelle per partecipare ai giochi olimpici o panellenici con spostamenti che avvenivano perlopiù via mare.

La prima forma di **turismo di soggiorno**, invece, risale all'**epoca romana**. Infatti, proprio in Italia, nell'antica Roma, nacque l'idea di trascorrere periodi di villeggiatura nelle ville della campagna laziale, oppure in località marittime come quelle campane di Pozzuoli e Capri o in quelle termali. Il viaggio aveva uno **scopo curativo e terapeutico** e l'obiettivo prioritario dell'aristocrazia e delle classi agiate romane, le sole a poterselo permettere, era quello di sfuggire allo stress della vita cittadina.

Sempre in epoca romana si diffuse anche il **viaggio culturale** che giovani studiosi, artisti e uomini politici intraprendevano dirigendosi soprattutto verso le località più prestigiose come Atene in Grecia e Alessandria d'Egitto. Tutti questi spostamenti, favoriti dall'unità linguistica dell'Impero, dallo sviluppo della rete viaria e dalla sicurezza della navigazione lungo il Mediterraneo, diedero vita alle prime forme di turismo organizzato con la nascita di strutture specializzate per l'accoglienza dei viaggiatori: locande, taverne, luoghi di ritrovo, giardini, impianti sportivi, biblioteche. Al tempo stesso si diffusero gli *itineraria*, primi esempi di guide in forma di testo o di carta geografica come la *Tabula Peutingeriana*, un'antica carta romana contenente le vie militari dell'Impero romano e le informazioni pratiche sugli itinerari stradali dell'epoca: stazioni di sosta e di cambio dei cavalli e distanze tra una città e l'altra.

LE VIE DEI PELLEGRINI E I PRIMI SCAMBI CULTURALI

Le Terme di Caracalla, ancora ben conservate, sono uno dei più importanti esempi di terme imperiali a Roma. Furono costruite tra il 212 ed il 216 d.C. in un'area adiacente al tratto iniziale della via Appia.

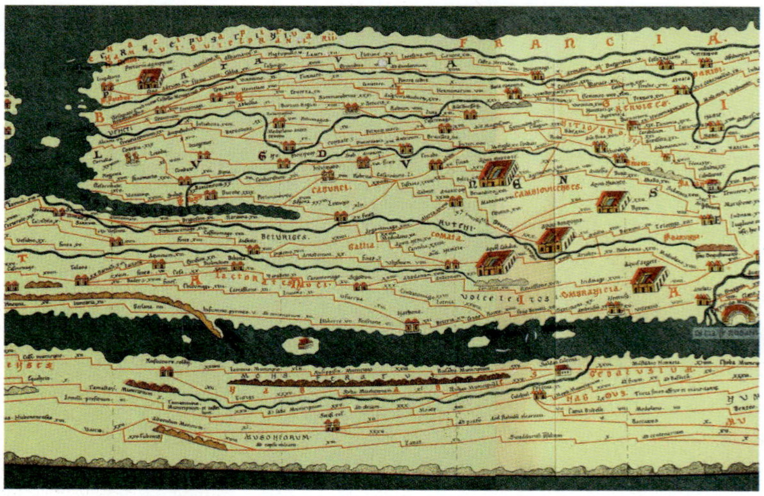

La *Tabula Peutingeriana* è conservata nell'ex biblioteca delle carte imperiali di Vienna, disegnata su una striscia di pergamena, di 6,80 m in 11 segmenti. La tavola prende il nome da Konrad Peutinger, nato ad Augusta nel 1465, antiquario ed editore.

NEL MEDIOEVO

Nel Medioevo, i primi secoli dopo la caduta dell'Impero romano (476 d.C.) resero i viaggi difficili e molto pericolosi a causa delle invasioni barbariche e delle guerre. In seguito però, specie a partire dal basso Medioevo (cioè dopo l'anno Mille), il viaggio venne considerato un'esperienza fondamentale e tutta l'Europa fu interessata da una forte ripresa del pellegrinaggio. Furono riattivate diverse strade a lunga percorrenza del vecchio sistema viario romano e queste divennero le **vie dei pellegrini diretti ai luoghi sacri del cristianesimo** per ottenere il perdono dei peccati commessi o per sciogliere promesse fatte in cambio di grazie ricevute.

Le vie dei pellegrini, chiamate anche "cammini", erano costellate da santuari, monasteri e chiese, spesso di grande valore artistico, che fungevano anche da luoghi di sosta e di ristoro per i penitenti che in genere camminavano a piedi. Le mete più importanti erano tre: la **Terrasanta**, **Roma** e **Santiago de Compostela**. Per recarsi in Terrasanta, cioè in Palestina, e visitare i luoghi in cui visse Gesù (Betlemme, Nazareth e soprattutto Gerusalemme), i pellegrini si imbarcavano da Venezia e dai porti della Puglia.

Roma era considerata città santa sia perché sede del papato sia perché ospitava le tombe dei primi martiri cristiani. Nel 1300, all'epoca del primo giubileo, la città era raggiungibile attraverso alcuni percorsi come la **Via Francigena**, che collegava appunto Roma all'Europa del Nord. Accanto ai trasferimenti dei cristiani verso i luoghi santi, assunse notevole importanza anche il pellegrinaggio dei musulmani verso **La Mecca**.

Dopo la fondazione delle **prime università** (la più antica è quella di Bologna fondata nel 1088), in Europa riprese anche l'usanza del **viaggio culturale** con **studenti e docenti universitari** che si recavano negli atenei più prestigiosi. Gli studiosi, favoriti nei loro spostamenti dalla conoscenza del latino, diedero vita a scambi tra i vari centri di sapere e anticiparono in qualche misura quello che avviene oggi con i programmi Erasmus.

Non va dimenticato che la ripresa dell'economia nel basso Medioevo determinò in Europa la nascita di nuove città e un aumento degli scambi commerciali su scala locale e internazionale. Migliorarono i trasporti terrestri e marittimi e nacque una **nuova rete di vie commerciali** che finì per unire i maggiori centri economici del continente, soprattutto quelli bancari e fieristici, frequentati da uomini d'affari.

È infine questo il periodo in cui, nelle maggiori città europee, cominciò a estendersi il fenomeno dell'**accoglienza ricettiva**; agli alloggi offerti da privati e da istituzioni religiose, si affiancò un'organizzazione più specializzata di tipo alberghiero con servizi a pagamento.

Giubileo

Anno, in genere uno ogni 25, durante il quale il papa concede l'assoluzione dai peccati ai pellegrini che si recano a Roma.

Un antico bassorilievo mostra alcuni pellegrini sulla Via Francigena. Si trova sulla facciata della Cattedrale di San Donnino (1100 ca.) a Fidenza, Emilia-Romagna.

Un'antica strada romana.

L'ULISSE OMERICO E QUELLO DANTESCO, DUE VIAGGI RADICALMENTE DIVERSI

Il viaggio di Ulisse assume caratteristiche molto diverse in Omero e in Dante. L'Ulisse di Omero, terminata vittoriosamente la guerra di Troia, aspira a voler tornare al più presto nella sua Itaca, ma il destino lo spinge, contro la sua volontà, a un lungo vagare nel Mediterraneo. L'Ulisse omerico non ha quindi motivazioni a viaggiare ed è costretto a subire le vicende narrate nell'*Odissea*. Al contrario l'Ulisse di Dante (Inferno canto XXVI), dopo essere ritornato a Itaca, intraprende un nuovo viaggio, spinto dalla voglia di conoscere e di ricercare se stesso.

4 Lezione — IL TURISMO DELLE ORIGINI TRA CINQUECENTO E SETTECENTO

UNA NUOVA IDEA DI VIAGGIO

Il Cinquecento segna un **punto di svolta nell'idea e nella tipologia del viaggio**. L'uomo rinascimentale è attratto dalla possibilità di allargare le sue conoscenze e si muove anche per il semplice gusto di viaggiare. Si va quindi lentamente affermando l'**abitudine del turismo come opportunità di svago**, niente a che vedere con i soggiorni quasi obbligati del Medioevo, dettati da motivi di studio o religiosi oppure da interessi economici per mercanti e banchieri del tempo.

Il viaggio diviene quindi un'esperienza individuale di arricchimento con una forte **dimensione soggettiva**, quasi esistenziale, e le persone che viaggiano, pur essendo ancora poche, lo fanno per un lungo periodo, se non addirittura per diversi anni. Questa motivazione formativa è testimoniata da diari di viaggio, ricchi di narrazioni, attente descrizioni e riflessioni personali.

IL GRAND TOUR TRA SEICENTO E SETTECENTO

Con queste premesse, a partire dal Seicento, si diffuse la moda del **Grand Tour**, il viaggio di studio e di formazione che i giovani aristocratici (all'inizio inglesi) svolgevano in Europa a coronamento della propria crescita umana e culturale e come iniziazione alle difficoltà della vita. Il viaggiatore, di solito con un'età compresa tra i 16 e i 22 anni, era accompagnato da un precettore che doveva curarne l'istruzione; il viaggio durava all'incirca tre anni, cioè il tempo ritenuto necessario affinché i giovani potessero diventare uomini maturi, capaci, una volta tornati in patria, di assumersi le responsabilità adeguate al loro status sociale.

All'inizio il **Grand Tour** seguiva un itinerario standard e circolare: dopo aver toccato Parigi e la Francia, si raggiungevano le principali città italiane e poi i luoghi più interessanti di Germania e Paesi Bassi per poi tornare in Inghilterra, non prima però di un nuovo lungo soggiorno nella capitale francese. All'incirca 18 mesi venivano trascorsi in Francia, 10 in Italia, 5 in Germania e nei Paesi Bassi e, infine, altri 3 mesi a Parigi sulla via del ritorno. Era anche previsto un breve itinerario in Svizzera, o comunque il passaggio attraverso le Alpi, un'impresa, a quei tempi ritenuta abbastanza pericolosa. Del resto tutto il viaggio era faticoso e si svolgeva in gran parte in carrozza, ma talvolta con tratti a cavallo, a dorso di mulo e perfino a piedi.

Successivamente, a partire dal **Settecento**, la moda del Grand Tour si espanse rapidamente dall'Inghilterra agli altri paesi europei e interessò non solo gli aristocratici, ma anche la **borghesia agiata e numerosi artisti e letterati**. A muoversi, questa volta, erano soprattutto gli uomini tra i 30 e i 40 anni, interessati particolarmente alle bellezze naturali e paesaggistiche del viaggio, che si ridusse a tre-quattro mesi. Proprio per questo motivo l'Italia, anziché la Francia, divenne la meta principale del Grand Tour; più in generale gli interessi del turismo culturale si spostarono verso il sud Europa.

Parigi nel 1700 in un dipinto di Nicolas Jean-Baptiste Raguenet, *Veduta di Parigi dal Pont Neuf*, 1763.

A METÀ DEL SETTECENTO SI ESPANDE IL TURISMO ARCHEOLOGICO

La passione per la storia antica e per i **monumenti greci e romani** era senz'altro una delle motivazioni più importanti che spingevano aristocratici e intellettuali a viaggiare per l'Europa. Molti si recavano, soprattutto **in Italia e in Grecia**, portando con sé testi di autori greci o romani come Omero, Virgilio e Catullo nella speranza di poter rivivere le atmo-

Precettore
Colui che dà i precetti, che istruisce. In passato, in mancanza di un sistema scolastico articolato e diffuso, era la persona incaricata dell'istruzione dei figli delle famiglie aristocratiche e agiate.

L'ITALIA, META PRINCIPALE DEL GRAND TOUR

A partire dalla fine del Settecento, dopo la pubblicazione del diario "Viaggio in Italia" (1786-1789) di Wolfgang Goethe, **l'Italia divenne la meta principale del Grand Tour.** I viaggiatori stranieri erano, infatti, affascinati dai numerosi tesori artistici e archeologici e più in generale dai paesaggi italiani e dalla dolcezza del clima. Essi erano anche entusiasti delle architetture delle città d'arte, delle forme ordinate dei campi coltivati e dei raffinati giardini all'italiana. L'"*adorabile Italia*" era ritenuta un modello di bellezza ideale, l'unico paese al mondo in cui fosse possibile vivere l'emozione di ammirare le testimonianze delle civiltà del passato immerse in campagne e ambienti naturali dalle linee armoniose.

Fino al Seicento gli itinerari del Grand Tour si limitavano alle città settentrionali di Milano, Verona, Vicenza, Padova, Venezia, a cui si aggiungeva, come città più a sud Roma. In seguito cominciarono ad affermarsi tappe intermedie quali Bologna, Firenze, Siena e, per chi proveniva dalla Francia, Genova, Pisa e Livorno.

Solo nel Settecento i viaggiatori cominciarono a conoscere anche località minori come Pavia, Ferrara, Arezzo, Cortona, Perugia e a spingersi più a sud, a visitare Napoli ed altre città dell'Italia meridionale come Bari, Lecce, Otranto e della Sicilia come Messina, Siracusa, Palermo. Molti pittori che viaggiavano al seguito dei più facoltosi "turisti" dipinsero e resero celebri monumenti e vedute come il Colosseo, Piazza San Marco a Venezia, Piazza della Signoria a Firenze.

sfere di un mondo antico considerato la culla della civiltà europea.

La moda del **viaggio archeologico** conobbe un grande successo soprattutto verso la metà del Settecento, dopo la scoperta delle rovine romane di Pompei ed Ercolano. Le mete italiane più frequentate erano **Verona** dove l'arena romana attirava molti visitatori, **Sirmione** dove ci sono le grotte di Catullo, **Roma** con il Colosseo, i Fori imperiali e il suo immenso patrimonio archeologico. In Campania era molto frequentata **Paestum** e in Sicilia le località di **Taormina**, **Siracusa, Agrigento**, **Segesta** e **Selinunte**, sedi di rovine greche e romane che divennero oggetto di un vero e proprio culto.

Solo nell'Ottocento la **Grecia**, dopo aver ottenuto nel 1830 l'indipendenza dall'Impero turco, divenne un' importante meta per gli europei appassionati delle civiltà antiche. Le località più frequentate furono dapprima le rovine dell'Acropoli di Atene, di Olimpia e di Delfi. A queste si aggiunsero in seguito i centri di Micene e di Troia (in Anatolia, oggi Turchia), portati alla luce nel 1871 dall'archeologo tedesco Schliemann.

Johann Heinrich Wilhelm Tischbein, *Goethe nella campagna romana*, 1787. Tra i viaggiatori del Grand Tour era diffusa la moda di far dipingere ritratti aventi come sfondo le località visitate. Questo celebre ritratto di Goethe consacrò tra i giovani aristocratici europei Roma e le antichità italiane come meta irrinunciabile del Grand Tour.

COMPETENZA DIGITALE

❶ Lavora con le immagini e internet

Fai una ricerca e **trova** altri personaggi che si sono fatti ritrarre sullo sfondo di località europee celebri ai tempi del Grand Tour.

5 Lezione — LA SCOPERTA DELLE ALPI E LA NASCITA DELL'ALPINISMO

LE ALPI TRA SETTECENTO E OTTOCENTO

Nel corso del Settecento le Alpi avevano attirato l'interesse di diversi scienziati che effettuavano studi sulla natura delle rocce e sulla flora e la fauna locali. La loro visita ebbe però un grande impulso all'inizio dell'Ottocento, in **epoca romantica**, parallelamente al tramonto della stagione del Grand Tour. Le Alpi, oltre che da viaggiatori naturalistici, venivano frequentate dalla figura del turista romantico, spesso un artista o un letterato alla ricerca di paesaggi naturali che suscitano stupore per la loro bellezza e grandezza e al tempo stesso destano turbamento proprio per l'aspetto aspro e selvaggio.

In seguito a questo interesse, nella seconda metà dell'Ottocento ebbe origine l'**alpinismo**, lo sport di scalare le montagne più elevate delle Alpi. Già nel 1843 nelle Alpi Austriache venne costruita la prima via ferrata, cioè un percorso attrezzato con corde metalliche per rendere più agevoli i passaggi di maggiore difficoltà: si trattava della prima di tutti i tempi ed era costituita da 190 metri di cavi di acciaio fissati con chiodi e anelli su una parete a strapiombo.

Nella seconda metà dell'Ottocento nacquero le prime associazioni (i Club alpini in Inghilterra, Austria, Italia e Germania) che favorirono lo sviluppo turistico delle Alpi. L'escursionismo alpino, ovvero le gite a piedi lungo i sentieri di montagna, cominciò a diventare un'attività organizzata ed ebbe inizio la professione di **guida alpina**. Nei pressi dei monti più importanti (Monte Bianco, Monte Rosa, Bernina, Grossglockner, Zugspitze) si svilupparono alcuni piccoli paesi che in breve tempo divennero frequentate località turistiche: Chamonix sul versante francese, Zermatt e Saint Moritz sul versante svizzero, Cortina D'Ampezzo e Courmayeur su quello italiano.

GLI SPORT INVERNALI NATI NEL NOVECENTO

Solo nel Novecento comunque cominciarono a diffondersi i cosiddetti sport invernali, lo **sci** e la **slitta**, che determinarono un cambiamento radicale nella società e nella storia delle Alpi.

Negli anni Settanta nasce anche il ***free climbing***, disciplina sportiva in ambito alpinistico, che ha assunto il significato di arrampicata sportiva, è praticato in strutture rocciose a bassa quota, in cui si affrontano vie particolarmente

IL MONTE BIANCO

È la vetta più alta delle Alpi (4807 m). I romani lo battezzarono "montagna che è chiamata bianca", quando fondarono *Campus Munitus* (Chamonix) e *Curia Maior* (Courmayeur), ma il suo nome diventò poi *Mont Maudit*, "Monte Maledetto", quando lo si credette abitato dai diavoli cacciati lassù da san Bernardo. Il massiccio segna la linea di confine tra Francia e Italia e, nella parte orientale, con la Svizzera.
Sul Monte Bianco è nato l'alpinismo, e si sono poi sviluppate, per via della varietà della difficoltà delle sue pareti, le diverse tecniche e attrezzature. Quando Horace-Bénédict de Saussure nel 1760 fece affiggere sulle porte delle chiese un manifesto che prometteva una ricompensa per chi avesse scoperto una via d'accesso al Monte Bianco, gli unici frequentatori della montagna erano cacciatori e cercatori di cristalli. I primi tentativi furono praticati tra la metà e la fine del Settecento, ma riuscirono solo a stabilire la necessità di un bivacco sul ghiacciaio. Nel giugno 1786 sei abitanti di Chamonix, fra cui il cercatore di cristalli Jacques Balmat, arrivarono fino alle Rochers des Bosses, a quasi 4400 m, ma rinunciarono per il sopraggiungere del buio. A discesa iniziata il gruppo si accorse dell'assenza di Balmat, che distratto dalle sue ricerche si ritrovò solo a quella quota. Scavò una buca nella neve e ridiscese il mattino successivo, con principi di congelamento al volto e agli arti. L'anno successivo si compose una cordata che conquistò la vetta, munita solo di un bastone ferrato e una coperta: era nato l'alpinismo.
La cosiddetta via normale italiana fu aperta, in discesa, nel 1890, da Achille Ratti, Joseph Gadin, Alexis Proment e i fratelli Bonin, provenienti dalla vetta. Ratti, che aveva già all'attivo le scalate di Gran Paradiso, Cervino e Rosa, nel 1922 sarebbe diventato papa con il nome di Pio XI.
Nessuna montagna come il Monte Bianco ha visto cimentarsi sulle sue pareti i più grandi alpinisti da tutto il mondo.

difficili, sono ridotti al minimo il fattore rischio e le difficoltà ambientali e ha molta importanza il gesto atletico. Dagli anni Ottanta sono iniziate regolari competizioni internazionali su strutture sia naturali sia artificiali.

L'ALPINISMO OGGI

L'alpinismo nel terzo millennio ha assunto una **connotazione sempre più sportiva**, con alpinisti-atleti capaci di grandi prestazioni fisiche con percorsi effettuati in velocità, più itinerari in un solo giorno, gradi di difficoltà altissimi in arrampicata e discese estreme con gli sci, coadiuvati dalle più evolute modalità di allenamento e tecnologie avanzate. Parallelamente si assiste a una diffusione dell'alpinismo praticato anche al di fuori dei professionisti di settore, cioè da semplici appassionati e amatori, fino a spingere in alcuni casi l'alpinismo stesso verso vere e proprie forme di sport di massa o turismo sportivo, che però spesso sottovaluta rischi e limiti personali.

Walter Bonatti (1930 - 2011) è stato una delle figure più importanti dell'alpinismo mondiale. Oltre che alpinista e guida alpina, è stato anche giornalista e fotoreporter. Ha iniziato le sue prime scalate sulle prealpi lombarde per poi affrontare il gruppo del Monte Bianco e successivamente le cime più alte del mondo.

La stazione sciistica di Gressoney in Valle d'Aosta nel 1955.

Tre guide alpine alla fine dell'Ottocento.

COMPETENZA DIGITALE

1 Lavora con internet

Fai una ricerca e **trova** le montagne italiane più frequentate dagli escursionisti alpini oggi.

6 Lezione — IL TURISMO D'ÉLITE

IL TURISMO DELL'OTTOCENTO: LE STAZIONI TERMALI

Con l'Ottocento ha inizio il **turismo di tipo moderno**: con questo termine si intende un turismo organizzato con strutture e servizi adatti a soddisfare le esigenze dei visitatori e che assume un ruolo economico rilevante. Naturalmente era rivolto a un'**élite aristocratica** libera da impegni lavorativi e che viaggiava per piacere, spesso seguendo per imitazione gli itinerari e le scelte delle corti dei sovrani europei di quel periodo. Peraltro proprio all'Ottocento risale la comparsa, per la prima volta in lingua inglese, del termine *tourist* che poi verrà tradotto nelle altre lingue.

Allo sviluppo turistico contribuirono i progressi nel sistema dei trasporti. Già all'inizio dell'Ottocento, infatti, migliora la viabilità sulle strade grazie al perfezionamento del fondo e si diffondono i primi piroscafi a vapore. A metà del secolo la ferrovia inizia a essere utilizzata per i passeggeri e, dopo il 1870, vengono inaugurati i primi grandi trafori alpini.

Oltre al viaggio archeologico e alla scoperta delle Alpi, la svolta verso un turismo di tipo moderno si verificò con il **turismo termale**. A partire dall'Inghilterra e via via in tutta Europa le terme si diffusero non più solo nelle città, come nel periodo romano, ma in aree esterne dove era più facile la costruzione di strutture dedicate alla cura del corpo e al divertimento. Sorsero così vere e proprie **cittadine dedicate a cure terapeutiche e allo svago**: per esempio Bath e Bristol in Inghilterra, Baden Baden in Germania, Plombiéres in Francia, Spa in Belgio. Il fenomeno interessò l'Italia solo verso l'inizio del Novecento e uno dei primi centri fu Montecatini in Toscana.

In queste località si costruirono numerosi alberghi di lusso, chiamati **Grand Hotel**, nonché diverse strutture sportive e ricreative necessarie per soddisfare gli hobby dei ricchi turisti come casinò, campi da golf, ippodromi. Nel giro di pochi anni il turismo d'élite, caratterizzato da uno stile di vita mondano, esclusivo e costoso, praticò altre tipologie di viaggio e di soggiorno.

Le terme romane di Bath costruite ai tempi dell'imperatore Vespasiano, nel 75 d.C., nella città che a quel tempo si chiamava Aquae Sulis.

Il Grand Hotel di Cabourg, in Francia, reso celebre da Marcel Proust che lo frequentò per anni. L'hotel venne costruito nel 1861 e fu uno dei primi alberghi di lusso di quel periodo.

IL TURISTA CURIOSO

❶ Il primo stabilimento balneare italiano sorse a Rimini nel 1843, seguito poi da Venezia nel 1857. Sempre in queste località sorgono i primi grandi alberghi di lusso: Grand Hotel di Rimini (1906) e l'Excelsior di Venezia (1909).

❷ La diffusione della bicicletta, pochi anni dopo la metà dell'Ottocento, favorì la nascita delle prime associazioni di ciclisti escursionisti. Nel 1894 in Italia nacque a Milano il Touring Club Ciclistico Italiano proprio con lo scopo di promuovere il cicloturismo. Nel 1900 prende il nome attuale di Touring Club Italiano e si rivolge al turismo in generale, intuendo le potenzialità della nascente industria dell'automobile.

NUOVE MODE: LE LOCALITÀ CLIMATICHE

Tra la fine dell'Ottocento e gli inizi del Novecento si affermò la **villeggiatura nelle località marine atlantiche**, prime tra tutte Brighton in Inghilterra e Dieppe nella regione della Normandia in Francia, che si attrezzarono per soddisfare un turismo estivo che proponeva bagni nei **mari freddi**, considerati benefici e curativi dalla medicina di quel tempo. Divenne quindi di moda il **turismo climatico**, lanciato da alcune personalità aristocratiche dell'epoca che cominciarono a frequentare, soprattutto nei mesi invernali, alcune **località marittime mediterranee** come Cannes e Nizza nella Costa Azzurra in Francia e San Remo e Bordighera nella Riviera ligure in Italia, tutte stazioni rinomate per il loro clima particolarmente mite. È questo il turismo degli ***hivernant***, termine francese che indica chi trascorre l'inverno al riparo dal freddo in località di mare con clima temperato.

Al contrario, per sfuggire al caldo eccessivo, vennero frequentate in estate le **stazioni montane di villeggiatura alpina** e nelle mezze stagioni, in primavera e in autunno, diverse località dei **laghi prealpini italiani** come Stresa sul lago Maggiore, Menaggio e Bellagio sul lago di Como **e svizzeri** come Lugano sul lago omonimo, Locarno e Ascona sul lago Maggiore. Va aggiunto che molti aristocratici europei costruirono nelle riviere mediterranee e sulle rive lacustri eleganti residenze circondate da rigogliosi giardini dove, grazie al clima favorevole, venivano coltivate specie esotiche.

Non va comunque dimenticato che per tutto l'Ottocento il turismo rimase un'attività prettamente europea riservata a un'élite che soggiornava in alberghi lussuosi e si spostava in ferrovia a bordo di **treni prestigiosi** come l'**Orient Express** e il **Treno Blu**.

Un manifesto tedesco che propaganda le vacanze di montagna in Italia.

Un manifesto degli anni Sessanta che sponsorizza la località di Marina di Massa in Toscana.

La località balneare di Mimizan, in Francia, nel 1936.

IL TURISTA CURIOSO

Il termine "turista" deriva sia dall'inglese (*to tour*, girare, andare in giro), sia dal verbo francese *tourner* (girare); nella lingua inglese è impiegato la prima volta nel 1811, nel francese nel 1841. Nella lingua italiana l'aggettivo "turistico" fu usato la prima volta nel 1904 in occasione della prima "fiera turistica" a Bologna, nel 1905 il sostantivo «turismo» entra per la prima volta in un vocabolario italiano.

COMPETENZA DIGITALE

1 Lavora con internet

Fai una ricerca e **trova** informazioni sul percorso e sulla storia del treno Orient Express.

Una locandina dell'Orient Express.

7 Lezione — IL TURISMO DI MASSA E IL POST-TURISMO

IL NOVECENTO: DAL TURISMO PER POCHI AL TURISMO DI MASSA

Agli inizi del Novecento il turismo rimaneva ancora un fenomeno per pochi privilegiati che potevano permettersi di frequentare alcune selezionate località di soggiorno e svago. La trasformazione da turismo di élite a **turismo di massa**, cioè un turismo che coinvolge una quantità di persone molto vasta, avviene prima negli Stati Uniti negli anni Venti e poi in Europa negli anni Cinquanta.

Gli Stati Uniti furono il primo paese in cui il benessere si diffuse con largo anticipo, circa tre decenni prima rispetto all'Europa; con esso nacque la società dei consumi, grazie anche all'avvento dell'automobile che giocò un ruolo importante. La moda del turismo si estese a un pubblico molto vasto e all'inizio fu un **turismo di tipo naturalistico** a seguito della creazione e della tutela di grandi parchi nazionali e riserve naturali come la Yosemite Valley, lo Yellowstone Park, il Grand Canyon, le Cascate del Niagara ecc., tutti luoghi considerati ideali per trascorrere una vacanza salutare all'aria aperta.

Anche in Europa, negli anni Venti e Trenta, si verificò un ampliamento, seppur limitato, del movimento turistico che iniziò a coinvolgere le classi medie. A questo fenomeno contribuì il riconoscimento delle ferie pagate ai lavoratori e la nascita, in vari Paesi, del **turismo collettivo**, sia quello organizzato nelle grandi aziende pubbliche, sia quello giovanile che spesso aveva luogo nelle colonie marine e montane. Negli stessi anni si diffuse anche lo **scoutismo.**

Sempre in questo periodo si assiste in Europa alla progressiva inversione della stagionalità: il turismo montano diventa a poco a poco invernale per via dello sviluppo degli sport invernali, mentre quello marittimo si trasforma in estivo per l'affermarsi delle **mode dell'abbronzatura** e della **vacanza al mare**.

Dalla metà del secolo scorso in Europa si afferma il vero e proprio turismo di massa: la villeggiatura al mare, in montagna o al lago diventa una consuetudine per milioni di famiglie europee. Questo cambiamento si deve al **miglioramento delle**

Lo Yosemite Park nello stato della California, negli Stati Uniti, è stato istituito Parco nazionale il 25 settembre 1890.

L'automobile si diffonde e diventa un mezzo per muoversi in libertà.

GLI ICONEMI

La percezione di un paese o di un luogo avviene attraverso una serie di elementi caratteristici e inconfondibili che impressionano per la loro bellezza, grandiosità, particolarità. Questi elementi sono visivi e possono essere un fiume, una villa, una piazza, un castello, una chiesa, un paesaggio, un tipo di vegetazione oppure un aspetto della cultura materiale come il cibo o spirituale come un'opera letteraria. Essi sono parte integrante dell'ambiente, della storia e della cultura di un luogo e vengono chiamati **iconemi**, cioè sono «i riferimenti visivi del rapporto culturale che una società stabilisce con il proprio ambiente». Gli iconemi formano quindi l'**immagine complessiva di un luogo**, si memorizzano come fotografie che si conservano nel patrimonio di conoscenze del visitatore. Il loro significato è però soggettivo e varia, per esempio, tra un visitatore e una persona che ci abita stabilmente. Gli iconemi sono quindi simboli rappresentativi, ma soggettivi di un territorio, spesso utilizzati per valorizzare una meta turistica.

condizioni economiche della gran parte della popolazione europea, alla maggiore disponibilità di tempo libero e di ferie retribuite, oltre che alla **diffusione dell'automobile** e allo **sviluppo della rete autostradale e dell'aviazione civile**. A questi fattori si aggiunge l'idea del turismo come evasione e distacco dalla *routine* lavorativa e quotidiana.

Il turismo di massa è all'inizio un **turismo "interno"**, svolto cioè prevalentemente nei confini nazionali e che non prevede il superamento di una frontiera. I **movimenti degli europei sono piuttosto standardizzati**: le partenze si concentrano in luglio e in agosto, l'automobile è il mezzo più usato e la stragrande maggioranza si dirige al **mare**. In quegli anni si verifica, infatti, un vero e proprio *boom* degli stabilimenti balneari. I turisti provenienti dal Nordamerica, invece, fin dagli anni Cinquanta fanno viaggi internazionali e molti di essi si dirigono in Europa.

Solo dalla fine degli anni Sessanta, il turismo di massa in Europa si evolve, passando da turismo interno ai singoli paesi a turismo internazionale con destinazioni prima nell'area del Mediterraneo e poi in tutte le aree del mondo.

IL TURISMO DI MASSA TRADIZIONALE E IL POST-TURISMO

A partire dagli anni Novanta, il turismo ha assunto una "dimensione globale" in cui ogni località mondiale è, potenzialmente, una meta turistica. Negli ultimi decenni il movimento turistico è cresciuto parecchio, coinvolgendo fasce sempre più ampie e differenziate della popolazione mondiale, come per esempio le élite dei paesi emergenti o in via di sviluppo. Nell'evoluzione del fenomeno turistico contemporaneo, si possono individuare due grandi tendenze principali: il **turismo di massa tradizionale** e il **post-turismo**. Il primo è la continuazione del turismo di massa iniziato nel Novecento che però, rispetto a prima, offre sempre nuove opportunità, scoprendo e valorizzando luoghi lontani. In questo modo si rivolge a un "**nuovo turista**" che cerca il diverso da sé ed è animato da uno straordinario interesse per luoghi sconosciuti, soprattutto quelli considerati ancora intatti e quindi autentici.

Il post-turismo segue, invece, un'altra direzione; in questo caso lo spazio turistico si configura come un palcoscenico spettacolare fatto di immagini facilmente riconoscibili e basato più sul racconto del luogo che sul luogo stesso. Ne sono un tipico esempio i parchi tematici, i villaggi turistici, i grandi centri commerciali di origine americana, i Disney World.

In altri termini il nuovo turista si prefigge di raggiungere territori sconosciuti e sempre più vasti, mentre il post-turista vive di "**non-luoghi**", cioè di luoghi indifferenziati, ma simbolici, iconici.

Un centro commerciale nel Regno Unito.

Un acquapark a Taurito nelle Canarie in Spagna.

COMPETENZA DIGITALE

❶ Lavora con internet

Fai una ricerca e **trova** almeno due non-luoghi del post-turismo e spiega perché possono essere definiti così.

IL TURISTA CURIOSO

❶ In passato solo i contadini e chi lavorava all'aperto erano bruciati dal sole; per i ceti ricchi la carnagione bianca era sinonimo di benessere. In seguito invece l'abbronzatura divenne uno *status* di chi può permettersi una vacanza al mare.

❷ La nascita dei primi parchi naturali in Europa risale agli inizi del Novecento, prima in Svezia, Svizzera e Spagna e poi in Germania, Italia, Norvegia, Polonia e Russia; solo nel secondo dopoguerra però verranno attuate politiche di valorizzazione turistica per queste aree.

❸ La prima agenzia di viaggio fu fondata nel 1845 da un inglese, Thomas Cook che all'epoca organizzava i primi viaggi in treno in Galles, Irlanda e Scozia.

Il turista consapevole

Una veduta degli scavi di Ercolano.

LA COSTRUZIONE DELL'IMMAGINE TURISTICA DEL SITO ARCHEOLOGICO DI ERCOLANO

Il golfo di Napoli visto da satellite.

Ercolano	Regione Campania
superficie	20 km^2
abitanti (2016)	53 410
densità	2693 ab./km^2
arrivi turistici (in un anno)	2 000 000 ca.

Ercolano e Pompei testimoniano l'antica civiltà romana

I siti archeologici di Ercolano e Pompei, nei pressi di Napoli, sono due famose località turistiche, note in tutto il mondo per essere una preziosa testimonianza della civiltà dell'antica Roma. I ritrovamenti che hanno caratterizzato l'attività di scavo delle due città, sepolte dal Vesuvio nel 79 d.C., sono stati decisivi per conoscere le tradizioni, gli usi e i costumi del mondo classico romano. Per questi motivi dal 1997 fanno parte della **lista dei siti patrimonio dell'umanità dell'UNESCO**.

Tuttavia i due siti, che sorgono a pochi chilometri di distanza l'uno dall'altro, presentano caratteristiche assai differenti. Ercolano, situata in posizione panoramica sulle pendici del Vesuvio, aveva una funzione più residenziale, un luogo di soggiorno per le ricche famiglie romane. Era, infatti, una città più tranquilla e silenziosa rispetto alla vicina e animata Pompei, dove la vita cittadina era molto più febbrile e caratterizzata da intensi traffici e dalla presenza di botteghe e attività artigianali.

Malgrado l'importanza di entrambe le città, **Ercolano ha riscosso minore interesse** rispetto alla più grande Pompei sia in termini di attenzione e rilievo culturale sia sotto il profilo turistico. Tale circostanza è dovuta in particolare alle vicende storiche legate alla scoperta dei due siti e alle successive operazioni di scavo, che hanno visto come determinanti le scelte dei governi nella preferenza accordata, almeno fino agli inizi del Novecento, a Pompei.

Gli scavi di Ercolano e Pompei tra Settecento e Ottocento

All'inizio del Settecento con la scoperta dei due siti emersero subito le differenti possibilità di riportarle alla luce. Infatti **gli scavi ad Ercolano risultarono da subito più difficili** sia per la maggiore resistenza del terreno sia soprattutto per la notevole profondità in cui la città era sepolta. Inoltre mentre il terreno sotto cui sorgeva Pompei si presentava essenzialmente libero perché occupato prevalentemente da spazi agricoli, la Ercolano romana si trovava sotto l'abitato della medievale Résina che nei secoli si era ampliata fino a coprire in parte l'area della perduta città antica. È così che mentre Pompei iniziò subito a mettere in luce le meraviglie della città sepolta, ad Ercolano fu praticato, proprio per la particolare situazione, lo scavo per gallerie e ciò finì per impedire la vista diretta delle rovine. I Borbone (i regnanti di allora) finirono quindi per privilegiare Pompei, abbandonando per un lungo periodo gli scavi a Ercolano. Lo stesso Winckelmann (famoso archeologo tedesco) affermava, dopo aver visitato entrambi i siti, che lo scavo all'aperto a Ercolano era inutile e che per i turisti bastava la visita di Pompei.

Anche nell'Ottocento la situazione non cambiò e si decise di dare una **priorità assoluta a Pompei,** trascurando i lavori ad Ercolano.

Fascismo e promozione turistica: il regime celebra se stesso con i nuovi scavi di Ercolano

La situazione per Ercolano cambiò decisamente a partire dalla fine degli anni Venti del Novecento, quando **il fascismo decise di destinare fondi e risorse per gli scavi**. L'iniziativa del governo totalitario si inquadrava all'interno della **macchina propagandistica** del regime che identificava lo stato con le **tradizioni classiche dell'antica Roma.** Inoltre il regime puntava allo sviluppo di un turismo di concezione moderna per attrarre visitatori nei siti monumentali e ottenere consenso. L'attenzione per l'area archeologica di Ercolano si inseriva quindi bene nella riscoperta della Roma imperiale, considerata come modello di ispirazione e riferimento dell'identità italiana. Lo scavo di Ercolano, dopo anni di abbandono, rappresentava inoltre **per il regime un'occasione unica per celebrare se stesso**, mostrando alla nazione e al mondo la grandezza dell'impresa. Le norme assolutistiche e antidemocratiche del regime permisero con facilità l'esproprio delle terre e delle abitazioni dell'area oggetto degli scavi. I lavori, inaugurati con una cerimonia sontuosa nel 1927, continuarono fino alla Seconda guerra mondiale e permisero di scoprire gran parte dell'antica città.

Un contesto paesaggistico nuovo

Gli scavi furono condotti secondo criteri moderni e in chiave turistica. Infatti furono **privilegiati gli aspetti panoramici del sito**, stando attenti a che le vestigia archeologiche fossero inserite in un contesto paesaggistico più ampio. Fu così realizzata una lunga via panoramica che seguendo il perimetro degli scavi conducesse il visitatore ad avere una visione generale delle strade della città antica con scorci anche sul golfo di Napoli e sul Vesuvio.

Il nuovo percorso di visita determinò una **nuova immagine turistica di Ercolano**; la città romana poteva ora essere compresa nel suo contesto ambientale originario e nella sua struttura urbana. Del resto la visione dall'alto di Ercolano dà un'idea migliore d'insieme dell'abitato rispetto alla vicina Pompei.

Oggi, malgrado Pompei goda ancora di una più ampia fama e attiri un numero di visitatori maggiore, Ercolano ha guadagnato un ruolo importante nel panorama culturale e turistico della regione e dell'Italia.

La Casa di Nettuno e Anfitrite a Ercolano ha ridato alla luce due lastre in marmo dipinte con la tecnica dei monocromi in rosso e un mosaico raffigurante Nettuno e Anfitrite: nella bottega della casa furono ritrovati vasi con fave e ceci e tutto l'arredamento in legno carbonizzato, oltre a suppellettili come fornello e scaffali.

I resti di un *thermopolium*, un luogo dove era possibile acquistare cibi e bevande calde. Si trattava di un locale aperto sulla strada con un bancone in muratura decorato con lastre marmoree o di terracotta in cui erano incassate delle anfore.

COMPETENZA DIGITALE

1. Lavora con internet

Fai una ricerca e **trova** informazioni sui siti archeologici di Ercolano e Pompei. Fai una tabella che metta in luce le similitudini e le differenze. Segui la traccia.

a. Quali sono le dimensioni dei siti archeologici di ciascuna città?
b. Qual è la posizione geografica delle due città?
c. Quando sono iniziati gli scavi per le due città?
d. Quali sono gli edifici più significativi riportati alla luce di entrambe le città?

OBIETTIVO LAVORO

2. Lavora con internet

Fai una ricerca e **trova** informazioni sui punti di interesse turistico che si trovano a Ercolano.

Alla fine prepara una breve presentazione in PowerPoint (al massimo 3-4 slide), corredata da immagini, per turisti che desiderano conoscere il sito archeologico di Ercolano.

1 Lezione — LE VARIE FORME DI TURISMO

CHI È IL TURISTA?

Definire chi è un turista non è semplice. Secondo l'**ONU**, il turista è «una persona che viaggia per divertimento, ragioni familiari, salute, riunioni, affari, studio ecc. e che soggiorna per un periodo minimo di 24 ore in una nazione o regione diversa da quella in cui risiede normalmente». Da questa definizione vengono esclusi gli **escursionisti**, cioè coloro che visitano una località senza soggiornarvi, tornando quindi al luogo di abituale residenza per dormire. Non rientrano tra i turisti anche i lavoratori temporanei, i pendolari e i migranti.

In questa prima classificazione va fatta una distinzione tra **turismo proprio**, cioè di chi viaggia per **motivi di piacere o svago** e **turismo improprio** di chi si muove per **ragioni di affari, salute, studio**. Si tratta di una differenza che si considera sempre meno netta perché entrambe le tipologie di turisti usano gli stessi mezzi di trasporto e le stesse strutture ricettive; inoltre il turista improprio dedica sempre più sovente una parte del proprio tempo al turismo proprio.

ESIGENZA DI EVASIONE

Oggi, come abbiamo visto nell'unità precedente, il turismo si carica di valori che fanno riferimento alla percezione di un luogo e la circolazione turistica è influenzata da bisogni e consumi che cambiano di continuo, parallelamente alle trasformazioni della società. Tuttavia è abbastanza assodato che la principale motivazione del turista odierno è quella di soddisfare un'**esigenza di evasione** e la scelta della destinazione è funzionale a questa necessità.

Con la recente crescita sia della domanda sia dell'offerta turistica, si è assistito al moltiplicarsi della varietà dei comportamenti dei turisti. Risulta quindi sempre più difficile riconoscere un "**turista tipo**", in quanto chi si sposta utilizza modelli di viaggio e di soggiorno sempre nuovi e diversi. Abbiamo già visto che il "turista nuovo" vive il turismo come un'esperienza particolare ed è sempre alla ricerca di luoghi originali, mentre il "post-turista" è più propenso a riconoscersi nelle offerte degli operatori turistici.

DETERRITORIALIZZAZIONE DEL FENOMENO TURISTICO

Uno dei recenti campi di ricerca della geografia del turismo riguarda il **concetto di destinazione**. Molto spesso più che luoghi si cercano **sogni, bisogni, motivazioni**. La scelta del luogo in cui trascorrere un periodo di svago non dipende più dal luogo stesso, ma da ciò che esso rappresenta nell'immaginario del turista e dal modo in cui esso risponde alle sue esigenze e aspettative. È in questo nuovo quadro che i geografi parlano di **deterritorializzazione del fenomeno turistico**: si tratta della separazione di alcune tipologie di turismo

IL TURISMO VIRTUALE

In un passato non troppo lontano, almeno fino alla diffusione dei mezzi di comunicazione di massa, il viaggio che noi oggi definiamo "virtuale", cioè simulato, era possibile solo attraverso la lettura di libri di avventura, come quelli di **Emilio Salgari**, per esempio. Lo stesso scrittore veronese, autore della saga sui pirati della Malesia e inventore di Sandokan, non ha mai viaggiato davvero, ma ha scritto i suoi romanzi documentandosi sui libri che trovava in biblioteca. Oggi, invece, grazie a internet, possiamo visitare molti luoghi lontani e interessanti musei, come gli Uffizi di Firenze, gli scavi di Pompei o il complesso megalitico di Stonehenge in Inghilterra. È a portata di mouse persino il viaggio lungo la Transiberiana, la ferrovia che collega Mosca a Vladivostok percorrendo oltre 9200 km, con immagini e suoni resi disponibili online grazie alle riprese effettuate dal finestrino del treno.
Nella categoria del viaggio virtuale possiamo anche includere le "copie", cioè la **ricostruzione di interi luoghi turistici** o monumenti di città famose che sono talmente ben fatte che quasi sostituiscono la visita dell'originale. È il caso per esempio di San Marco e del ponte di Rialto a Venezia riprodotti fedelmente in scala 1 a 2, cioè la metà dell'originale, nella città statunitense di **Las Vegas** oppure della copia (addirittura più grande) della Basilica di San Pietro a Roma realizzata a Yamoussoukro, in Costa d'Avorio.

La riproduzione della Fontana di Trevi a Las Vegas.

e dei relativi servizi offerti dal contesto naturale in cui originariamente si trovano. Facciamo un esempio: oggi gli sport invernali si possono praticare anche nella pista da sci *indoor* di Dubai, dove si trovano anche campi da golf, tra i migliori al mondo. È noto che Dubai si trova in un territorio completamente desertico e quindi sia i campi da sci sia quelli da golf sono strutture artificiali e non hanno niente a che vedere con l'ambiente naturale e con le tradizioni culturali dell'emirato. Il flusso di turisti verso Dubai è comunque intenso poiché l'emirato è riuscito a proporre un'immagine di sé turisticamente molto differenziata, con attrazioni stupefacenti e spettacolari e quindi risulta molto accattivante. Questo tipo di turismo è definito dai geografi **sintetico o artificiale**.

MOTIVAZIONI E TIPOLOGIE

Proprio in base alla motivazione di chi viaggia, si possono distinguere **diverse tipologie di turismo**: le principali sono quelle del **turismo balneare, naturalistico, sportivo, etnico, del benessere, culturale, religioso, enogastronomico, rurale, di soggiorno climatico, ludico ed esperienziale**.

Molto spesso comunque una località viene ritenuta interessante perché risponde a più di una motivazione e di conseguenza si creano in continuazione nuove opportunità. Chi opera nel settore turistico, infatti, non promuove solo le caratteristiche oggettive di un luogo, per esempio quelle naturali, per attirare nuovi visitatori, ma, una volta individuate le motivazioni più diffuse dei potenziali turisti, si impegna a offrire condizioni e servizi adatti per soddisfarle.

IL CLONE DEL BELPAESE: L'ITALIA *MADE IN CHINA*

Negozi tra canali, campanili romanici, piazze medievali: Florentia Village sembra l'Italia ma non lo è. Viaggio nel più grande esempio di Occidente consumista.

WUONG - A Venezia il Canal Grande non ghiaccia mai. In Cina sì. A Roma il Colosseo è vecchio e tenerlo in piedi costa un patrimonio. In Cina è nuovo di zecca e rende palate di soldi. A Firenze il David di Michelangelo e la Primavera di Botticelli sono nudi. In Cina il primo indossa i jeans e la seconda minigonna e stivaloni al ginocchio. Benvenuti a Wuqing, l'ultimo brandello di Belpaese dove i negozi scoppiano di clienti, per le strade girano solo milionari e ai tavolini dei caffè siede gente che ride e si diverte. È emigrato qui, tra la periferia di Pechino e quella di Tianjin, il più straordinario esemplare di Occidente consumista in fuga dall'Europa e alla ricerca del nuovo eldorado dell'Asia. Si chiama "Florentia Village" ed è sorto dal nulla, in un anno e mezzo, dove prima resistevano campi di mais e distese di peschi. Sessantamila metri di marmi, mattoni e sanpietrini, con terrazze in legno e balconi fioriti affacciati su fontane simil-Bernini e sopra piazze medievali, da cui svettano il campanile di San Marco e quello di Giotto. Sotto i portici, avvolti tra i grandi classici della canzone napoletana, vagano quarantamila clienti al giorno, impegnati nella caccia grossa all'affare dell'anno. Professionisti dell'occasione e adoratori del marchio, scienziati dello sconto ed esibizionisti del lusso, drogati di shopping e cultori dell'arte, ma prima di tutto innamorati della fiaba italiana che si continua a narrare in Oriente. Perché a Florentia è tutto finto e i secondi piani degli edifici servono solo da scenografia per lo spettacolo di un'inesistente città roman-rinascimentale, catapultata nel cuore di una megalopoli cinese da cinquanta milioni di abitanti: ma alla nuova classe media più numerosa del pianeta non interessa affatto trovarsi in un luogo che non c'è, dentro un grottesco frullatore della storia, dell'arte e dell'architettura più chic del Vecchio Continente. I già inguaribili spendaccioni della capitale, o le masse partite in treno da Shanghai e in aereo da Shenzhen per un weekend in omaggio alla "Dolce Vita", pretendono l'*italian style*.

Un canale veneziano ricostruito nel centro commerciale Florentia Village in Cina.

(adattato da G. Visetti, "la Repubblica", 29 novembre 2011)

COMPETENZA DIGITALE

1 Lavora con internet

Fai una ricerca su Google Street View: ci sono diverse "gallerie" di luoghi che sono stati fotografati e si possono visitare online. Trova una località italiana e descrivi in un breve testo che cosa c'è da vedere.

2 Lezione — LE PRINCIPALI TIPOLOGIE DI TURISMO: BALNEARE, NATURALISTICO, SPORTIVO, CULTURALE

IL TURISMO BALNEARE

Il turismo balneare è quello largamente **più praticato** e consiste nel soggiornare, soprattutto nei mesi estivi, in località di mare. Questo tipo di vacanza si è diffuso dalla metà del secolo scorso ed è identificato dalle cosiddette tre "s": ***sea, sun and sand*** (mare, sole, sabbia). Tra gli anni Sessanta e Ottanta, infatti, la vacanza al mare era sinonimo di evasione dalla routine e l'abbronzatura ostentata al ritorno nei posti di lavoro testimoniava l'appartenenza alla nuova classe benestante. Ancora oggi, comunque, le vacanze al mare sono spesso le preferite e costituiscono una quota rilevante dell'offerta turistica.

La funzione turistica balneare contraddistingue le coste di molti paesi nel mondo, tra cui ovviamente l'Italia. Oggi, però, l'attrazione di una località di mare è esercitata non solo dalle sue caratteristiche naturali (il mare, il sole, la spiaggia), ma anche dalla presenza di altri servizi, in primo luogo quelli sportivi e quelli che riguardano la cura della persona.

IL TURISMO NATURALISTICO

Per naturalistico si intende un tipo di turismo che ha come destinazione principale un **ambiente naturale**, in genere caratterizzato da una **scarsa presenza umana** e con uno specifico valore paesaggistico. È il caso di parchi naturali, ghiacciai, cascate, grotte, delta di fiumi, scogliere, vulcani attivi, gole, cime montuose, deserti.

È evidente che oggi non esistono più luoghi incontaminati e intatti, soprattutto se raggiunti dal turismo; in ogni caso questi ambienti naturali molto spesso sono tutelati proprio per preservarli dal deterioramento e da eventuali sconsiderate azioni umane. Proprio in questi luoghi protetti come **parchi**, **riserve naturali** e **marine** è in crescita il movimento turistico, anche perché si possono praticare sport come trekking, cicloturismo, immersioni subacquee oppure ci si può dedicare ad attività come il birdwatching o il safari fotografico.

IL TURISMO SPORTIVO

Il turismo sportivo è sia quello ingenerato dalle **manifestazioni sportive** sia quello **praticato dal turista stesso**. Nel primo caso il turista si sposta per assistere allo spettacolo di gare sciistiche, automobilistiche, motociclistiche, campionati di calcio o grandi eventi come Mondiali e Olimpiadi. Nel secondo caso il turista si muove per praticare uno sport come lo sci, la vela, la caccia, la pesca, la nautica, canoa, kayak, il ciclismo, il golf, l'equitazione, il trekking.

In particolare la valorizzazione sportiva della **montagna**, che in Italia come in altri paesi alpini svolge un ruolo importante, è avvenuta negli ultimi vent'anni con la diffusione dell'**alpinismo** e dei cosiddetti **sport bianchi o della neve** quali lo **sci da discesa,** lo **sci alpinismo**, lo **sci estremo** fuori pista, lo **sci di fondo**. Ultimamente la crescita del numero degli sciatori si deve anche alle cosiddette **settimane bianche**, durante le quali, oltre alla vacanza, sono previsti corsi e lezioni per imparare le tecniche sciistiche.

La pratica dello sci nelle località montane dipende ovviamente da **fattori naturali**, in primo luogo l'innevamento, ma spesso è determinata da **fattori umani** ovvero la costruzione di attrezzature indispensabili come gli impianti di risalita.

IL TURISMO CULTURALE

La voglia e l'interesse di accrescere le conoscenze personali sono alla base del turismo culturale che si può suddividere in diverse tipologie:
- **il turismo archeologico**, le cui mete sono i grandi complessi monumentali e i musei delle civiltà antiche. In questa tipologia si può far rientrare

Birdwatching
Osservazione del comportamento degli uccelli nel loro ambiente naturale, per hobby o ricerca.

L'*houseboating* è una forma di turismo naturalistico che si sta diffondendo in paesi come Francia, Olanda ma anche in Italia. Noleggiare una barca attrezzata come una casa per navigare lungo canali e tratti fluviali, offre il vantaggio di praticare escursioni, passeggiate in bicicletta, percorsi enogastronomici sfruttando le offerte turistiche del territorio.

IL CERVINO

Un esempio di come non esistano più luoghi totalmente incontaminati è il monte Cervino, il cui caratteristico profilo costituisce un **iconema** (➔ *unità 1*) del paesaggio alpino. Alle quote più alte si trovano rifugi, bivacchi, corde e scale fisse, sui versanti della montagna gli impianti sciistici, mentre ai piedi sorgono i centri turistici di Cervinia, in Valle d'Aosta e di Zermatt nel Vallese (Svizzera).
Eppure il Cervino è raggiunto ogni anno da turisti desiderosi di sperimentare il contatto con una natura che nel loro immaginario viene identificata come incontaminata. L'ambiente, invece, è fortemente umanizzato.

il più recente **turismo archeologico-industriale** interessato agli stabilimenti e agli edifici della civiltà industriale dei secoli scorsi;

- **il turismo d'arte** riguarda l'intero patrimonio delle arti figurative quali pittura, scultura e architettura che si trovano nelle città d'arte e nei grandi musei, a cui bisogna affiancare luoghi che ospitano testimonianze importanti come castelli, monasteri, centri storici antichi, case rurali tipiche e musei della civiltà contadina;
- **il turismo degli spettacoli** musicali, teatrali, cinematografici e di manifestazioni folcloristiche e storiche (cortei, rievocazione di antiche feste, tradizioni, manifestazioni del Carnevale, competizioni ricorrenti);
- **il turismo del "ricordo"(o della memoria)**, cioè l'interesse per luoghi legati a personaggi letterari, delle arti o ad avvenimenti del passato. Si possono includere anche i luoghi storici come i cimiteri di guerra, gli ex campi di concentramento, le tombe di personaggi illustri, i luoghi legati a eventi bellici, i parchi letterari.

LE AREE PROTETTE IN ITALIA: I PARCHI NAZIONALI E I PARCHI REGIONALI

COMPETENZA DIGITALE

1 Lavora con il testo, la carta e internet

Fai una ricerca e **trova** informazioni sul Parco del Delta del Po. **Scrivi** una breve guida al parco indicando tutte le attività che si possono svolgere.

Il Parco del Delta del Po offre attività legate al turismo naturalistico.

I parchi e la protezione dell'ambiente in Italia

I parchi naturali e le aree protette in Italia attualmente coprono circa il 7% del territorio italiano. Il primo Parco Nazionale italiano, quello del Gran Paradiso, è del1922. Oggi i parchi sono 24, distribuiti soprattutto nelle aree montane e costiere. Dal 1970 sono stati istituiti anche numerosi parchi regionali (145 più uno interregionale) e riserve naturali, a cui si sono aggiunte dal 1991 anche le riserve marine (circa 30), zone costiere particolarmente ricche di fauna e flora marina.
In queste aree protette le attività economiche e gli insediamenti dell'uomo sono tenuti rigidamente sotto controllo e le specie animali e vegetali sono salvaguardate.

3 Lezione

LE ALTRE TIPOLOGIE DI TURISMO

IL TURISMO ETNICO

La **ricerca dell'altrove e del diverso** costituisce una motivazione turistica molto forte per gli abitanti dei paesi ricchi. Questo tipo di turismo consiste nel visitare luoghi dei paesi in via di sviluppo in cui vivono comunità che mantengono stili di vita tradizionali molto diversi da quelli occidentali. L'incontro tra le due culture viene considerato un momento di arricchimento (➜ *unità 6*).

All'interno di questa tipologia si inserisce il **turismo solidale** che si pone l'obiettivo di offrire aiuti concreti alle popolazioni dei paesi in via di sviluppo e al tempo stesso presenta l'opportunità di entrare in contatto con culture diverse. È un tipo di turismo in crescita anche grazie al contributo di associazioni laiche o religiose che organizzano campi di lavoro e soggiorni presso le popolazioni locali in molti paesi dell'Africa o dell'Asia.

IL TURISMO ALLA RICERCA DEL BENESSERE

È in forte espansione il turismo alla ricerca del benessere fisico (*fitness*) che si avvale di strutture che offrono trattamenti per la **cura della persona**. Le SPA, ovvero i centri benessere, offrono trattamenti di idroterapia e di cura del corpo. Legate originariamente alle località termali, oggi le SPA forniscono servizi di ogni genere: massaggi, idromassaggi, sauna, bagno turco, solarium, piscina, trattamenti estetici, musicoterapia. Questi centri sorgono spesso in località già meta di flussi turistici.

IL TURISMO ENOGASTRONOMICO

In forte crescita soprattutto in Italia, il **turismo enogastronomico** coinvolge località ricche di specialità alimentari e propone la degustazione di piatti prelibati, vini, birre e bevande particolari. Ciò che più conta è la tipicità della cucina e la genuinità dei cibi legati al territorio. Gli operatori turistici consigliano, infatti, svariati **itinerari** che hanno preso il nome di "strade del vino", "vie dell'olio", "strade del tartufo" per far conoscere i prodotti agroalimentari di determinate zone. Il turismo enogastronomico è associato anche a viaggi di lavoro o culturali. Non va dimenticato, infine, lo *street food*, il cibo di strada che negli ultimi anni sta avendo un grande successo.

IL TURISMO LUDICO

Il diffondersi del benessere economico e di uno stile di vita orientato al divertimento e al consumo ha favorito il turismo ludico, incentrato sui grandi **parchi**

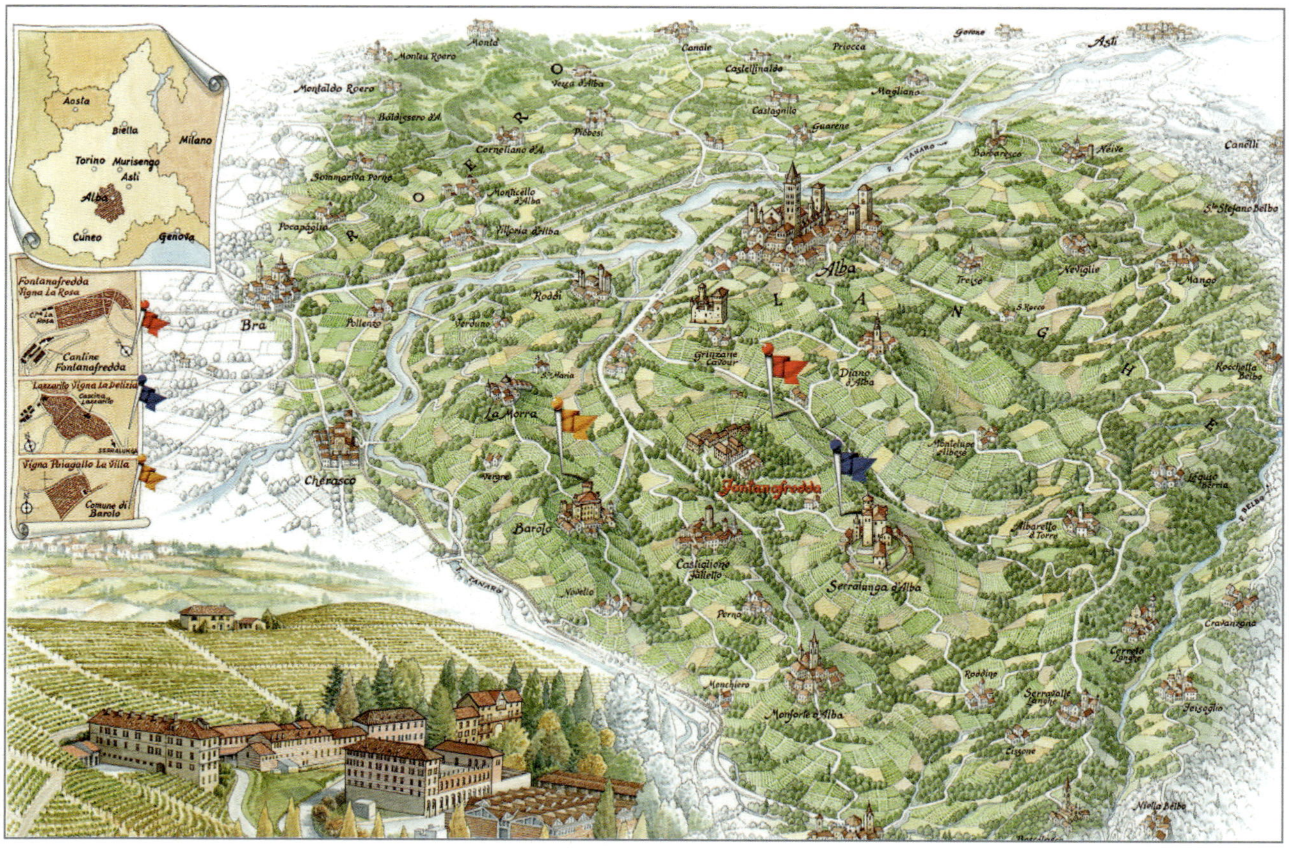

Gli itinerari del vino nelle Langhe, una regione storica del Piemonte che si trova tra le città di Asti e Cuneo. È costituita da estese colline ricoperte di vigneti che producono vini pregiati diventati famosi in tutto il mondo come il Barolo, il Barbera e il Barbaresco.

di divertimento. Si tratta di "parchi a tema" come Euro Disneyland, Legoland, Gardaland, Mirabilandia, "aquafan", zoosafari e grandi discoteche. Queste strutture, che attraggono un alto numero di visitatori, sorgono principalmente nelle **aree extraurbane**, dove sono facilmente disponibili grandi spazi a basso costo. Anzi, per garantire un flusso costante di pubblico, sono state costruite in prossimità di caselli autostradali o di aree densamente popolate o molto turistiche.

Lo stile architettonico e la tipologia di materiali di queste "cattedrali del divertimento" sono piuttosto uniformi, facilmente riconoscibili e non variano molto da regione a regione. In alcuni casi la loro concentrazione in aree circoscritte ha portato alla creazione di un "**ambiente artificiale**" destinato al divertimento. In Italia se ne trovano molti nella Riviera romagnola e nella Riviera veronese del Garda.

IL TURISMO RELIGIOSO

Il turismo religioso risale all'antichità (→ *unità 1*), ma ancora oggi mantiene un ruolo importante, infatti, sono numerosi i pellegrini di tutte le religioni che si spostano per andare a visitare i luoghi sacri e i centri religiosi, assecondando così la principale motivazione del viaggio che consiste nell'**affermare la propria fede**. Gli spostamenti dipendono dal calendario religioso e dal tipo di culto.

IL TURISMO RURALE E DI SOGGIORNO CLIMATICO

Chi vuole allontanarsi dalla vita frenetica delle aree urbane e desidera una **villeggiatura tranquilla e riposante** predilige il turismo rurale che si può praticare in zone di aperta campagna in cui il soggiorno è previsto in case rurali o aziende agricole e spesso è associato a sport come l'equitazione.

Il turismo di soggiorno climatico ha motivazioni simili a quello rurale, ma è legato a località che presentano **condizioni climatiche migliori** rispetto a quelle del luogo di residenza. La salubrità dell'aria, la bellezza del paesaggio e nuove forme di ospitalità, come l'agriturismo, sono gli elementi base di questa tipologia turistica. Il turismo di soggiorno climatico si può praticare in **zone collinari**, nella cosiddetta **mezza montagna** (fino a 1000 m di altitudine) o lungo le **rive dei laghi**.

IL TURISMO DI ESPERIENZA

Il turista che vuole vivere un'esperienza alternativa rispetto alla *routine* quotidiana la cerca intensa e da svolgere in un periodo di tempo breve. Rientrano in questa tipologia le **pratiche sportive estreme**, quali il *bungee-jumping*, le "settimane di sopravvivenza" o il **gioco d'azzardo**, illegale in Italia, ma praticato all'estero: Las Vegas negli Stati Uniti, capitale mondiale dei casinò, attira milioni di turisti.

Il TURISMO MICE

MICE è l'acronimo che sta per ***Meeting, Incentive, Conference, Event***. Si tratta di un turismo legato al **mondo del lavoro** che induce spostamenti per riunioni, conferenze, congressi che abitualmente si svolgono in luoghi turistici e che dispongono di strutture adeguate. Il turista improprio (→ *unità 1*) che partecipa a un congresso, a un convegno o a un seminario si trasforma spesso in turista proprio e cerca di dedicare una parte del tempo libero che gli resta allo svago o ad attività culturali. Nel caso del **turismo *incentive*** (di incentivazione), invece, l'attività è turistica in senso proprio in quanto si tratta di un viaggio-premio, con destinazioni anche lontane, organizzato dall'azienda o da un ente per motivare i dipendenti o farli partecipare a corsi di aggiornamento o presentazioni di nuove linee di prodotto.

ALTRI TIPI DI TURISMO

Ci sono infine altre forme di turismo come quello **commerciale**, determinato da iniziative promozionali come le fiere e gli ***outlet***, dove ci sono negozi di grandi marche che vendono a prezzi scontati. Infine il turismo può essere legato a **luoghi dove hanno girato film** o **serie televisive** di successo, alle **crociere** (→ *unità 6*), ai **viaggi di nozze**, alle **gite scolastiche**.

Il Rainbow MagicLand, uno dei parchi di divertimento più grandi del Lazio.

Piazza San Pietro gremita di pellegrini durante il Giubileo del 2016.

4
Lezione

VENEZIA, DESTINAZIONE TURISTICA PER ECCELLENZA

IL COMUNE E LA CITTÀ STORICA

Venezia è la città italiana più famosa nel mondo. Quando si parla di Venezia bisogna però fare una distinzione tra il nucleo storico e l'intero territorio comunale. Il comune di Venezia si estende in parte nella **laguna veneta** e in parte sulla **terraferma**. Nella laguna sorge la città storica, su un arcipelago di isole (118 collegate tra loro da 354 ponti) a 2 km dal mare aperto e a 4 km dalla terraferma, a cui è unita da un ponte ferroviario e stradale. Tra le isole alcune sono più lontane come Murano e Burano. Sulla terraferma sorgono altri agglomerati, tra cui Mestre e Marghera, dove abitano la maggioranza dei veneziani.

Dal punto di vista turistico si fa riferimento solo al centro storico limitato alla parte lagunare, tuttavia non ci si può dimenticare del resto del territorio.

UNA CITTÀ UNICA AL MONDO

La città presenta un **sito naturale unico al mondo**: una sorta di grande museo a cielo aperto diventato uno dei simboli dell'Europa. Venezia è un'**icona del mondo occidental**e, basti pensare che molte città europee, che hanno vie d'acqua e canali, cercano di imitare Venezia per promuovere la propria immagine turistica. Ecco, infatti, le "Venezie del nord " come Amsterdam, Stoccolma, Copenaghen, Bruges oppure la "Venezia del Baltico" come San Pietroburgo.

Venezia possiede capolavori artistici che vanno dall'antichità all'arte contemporanea, è ricca di storia, cultura, università prestigiose, teatri, cinema, artigianato. **Piazza San Marco** con la Basilica di San Marco, il Palazzo Ducale e il Campanile sono i luoghi più frequentati, poco distante c'è il **ponte di Rialto** sul Canal Grande. Altri monumenti importanti sono l'**Arsenale**, antica fabbrica di navi, oggi diventata un museo, la chiesa di **Santa Maria della Salute**, la **Basilica dei Frari**, gli antichi palazzi che si affacciano sui canali e molti altri ancora. Oltre a essere una delle città più visitate d'Italia con **22 milioni di turisti all'anno**, Venezia gode di un grande prestigio culturale e ospita manifestazioni internazionali come la Biennale d'Arte e la Mostra del Cinema.

UNA CITTÀ IN PERICOLO

Il problema principale della città è la sua stessa sopravvivenza. La **laguna è un ambiente naturale fragile** e la sua tutela è un problema spinoso. Fin dall'antichità, per mantenere l'equilibrio tra terra e acqua, i veneziani hanno realizzato numerose opere per "contenere" il mare: hanno costruito barriere artificiali e hanno deviato il corso dei fiumi (il Brenta e il Piave) che con i loro depositi rischiavano di insabbiare la laguna. Nonostante questi sforzi, a partire dagli anni Cinquanta del secolo scorso l'equilibrio fisico della città è sempre più a rischio e le condizioni della laguna sono nettamente peggiorate. La città è soggetta a maree improvvise che provocano l'acqua alta, causa di allagamenti e di erosione delle fondamenta degli edifici. Inoltre si sono aggravati i fenomeni dell'**abbassamento del suolo** e dell'**innalzamento del livello del mare**.

Il peggioramento della situazione si deve in larga parte alle esigenze del polo industriale di Porto Marghera, che hanno determinato lo scavo di canali sempre più profondi per consentire il passaggio nella laguna alle grandi petroliere. Inoltre i motori

Il ponte di Rialto.

IL TURISTA CURIOSO

❶ A eccezione del Canal Grande e del canale della Giudecca, tutti gli altri canali (in totale 170) sono chiamati *rii* (*rio* al singolare); le vie sono chiamate *calli*, gli spiazzi *campi* e *campielli;* l'unica piazza è San Marco. Le vie che corrono lungo i rii sono le *fondamenta.*

❷ La Venezia storica è suddivisa in sei sestieri (quartieri storici) di Cannaregio, Castello, San Marco, San Polo, Santa Croce e Dorsoduro.

❸ Il dialetto veneziano fa parte a pieno titolo della commedia italiana grazie alle opere di Carlo Goldoni (1707-1793), fecondo autore di commedie teatrali scritte appunto in veneziano.

delle barche provocano un forte moto ondoso che deteriora gli edifici. Anche il grande numero di turisti sottopone ogni giorno la città a una **presenza umana eccessiva** e per di più molti arrivano con le grandi navi da crociera, il cui passaggio in laguna è molto controverso.

È così che Venezia con la sua laguna, nonostante sia protetta da normative comunitarie e nazionali, e dal 1987 sia iscritta nel Patrimonio dell'UNESCO, è uno dei siti culturali e naturali più a rischio d'Europa. Per questo si stanno cercando delle soluzioni. Con l'obiettivo di difendere la città e la laguna dall'acqua alta, nel 2003, per esempio, è stata avviata un'opera di alta ingegneria chiamata **MOSE** (**MO**dulo **S**perimentale **E**lettromeccanico), tuttora in fase di realizzazione (il termine è previsto per la fine del 2018). Si tratta di un sistema che prevede la costruzione di gigantesche dighe mobili a scomparsa poste alle cosiddette bocche di porto, cioè i varchi che collegano la laguna al mare aperto, in grado di isolare la laguna durante l'alta marea. Parallelamente è in progetto anche lo spostamento del terminal petrolifero al di fuori della laguna.

AUMENTANO I TURISTI E DIMINUISCONO GLI ABITANTI

Un altro problema è rappresentato dal **continuo calo dei residenti del centro storico**. Il numero degli abitanti si è fortemente ridotto ed è oggi pari a un quinto di quelli dell'intero comune. In 15 anni, dal 2001 al 2016, il centro storico ha perso circa 11 000 abitanti e attualmente **ogni anno 1000 veneziani residenti del centro si trasferiscono** altrove. Le cause di questo fenomeno sono da ricercarsi nella difficoltà degli spostamenti, dei rifornimenti e dell'accesso ai servizi. Inoltre il costo eccessivo delle opere di conservazione e ristrutturazione degli edifici è un onere spesso insostenibile per i proprietari; infatti è significativo il fatto che oggi oltre un quarto delle abitazioni del centro storico sia di proprietà di non residenti, tra cui istituzioni private, banche, assicurazioni, enti internazionali e stranieri facoltosi.

Un'altra causa dello spopolamento è da ricercare proprio nel movimento turistico: Venezia, infatti, vive di turismo e allo stesso tempo ne soffre. I circa 60 000 visitatori giornalieri costituiscono un'**affluenza fuori controllo** e ciò è sempre più spesso fonte di disagi per i residenti, poiché i turisti occupano i vaporetti, affollano le calli, riempiono i negozi, ostacolando la vita quotidiana dei veneziani.

Una nave da crociera mentre passa sul Canal Grande.

UNESCO
Organizzazione delle Nazioni Unite per l'Educazione, la Scienza e la Cultura.

LA POPOLAZIONE DI VENEZIA

anno	centro storico	comune Venezia
1921	162 000	222 000
1951	175 000	250 000
1981	125 000	340 000
2001	66 000	276 000
2016	55 000	263 000

COMPETENZA DIGITALE

❶ Lavora con la carta e internet

Procurati una carta di Venezia, **fai una ricerca** e **scrivi un itinerario** per un turista che abbia a disposizione 2 giorni per visitarla che includa i principali monumenti, edifici storici, alcune delle chiese più significative, uno o due quartieri storici (sono 6). Non limitarti ai luoghi "classici" come piazza San Marco o il ponte di Rialto, ma proponi luoghi particolari per la loro storia o per una loro caratteristica. Calcola nei due giorni anche il tempo che occorre per i percorsi a piedi e per gli spostamenti in vaporetto.

Uno dei suggestivi canali veneziani.

Il palazzo Ca' d'Oro, è uno degli edifici più antichi della città, costruito nel Quattrocento. La sua facciata è interamente in marmo ed è uno dei massimi esempi di gotico. Oggi ospita un museo.

Il turista consapevole

La Riviera romagnola con la sua lunga spiaggia di sabbia e le strutture balneari e un tratto della Costa Smeralda con le baie di acqua cristallina.

DUE MODELLI OPPOSTI DI TURISMO BALNEARE: LA COSTA SMERALDA E LA RIVIERA ROMAGNOLA

Il turismo balneare in Italia

Con circa 7500 chilometri di costa, l'Italia dispone di litorali marittimi spettacolari per varietà e bellezza. La principale fonte di turismo è del resto proprio quella balneare. Ecco due esempi opposti per caratteristiche e obiettivi: la Costa Smeralda e la Riviera romagnola.

La Costa Smeralda: un luogo inventato per un turismo di lusso

La Costa Smeralda è un esempio di un territorio che nel giro di pochi anni si è trasformato da ambiente naturale incontaminato in uno dei luoghi turistici balneari più noti e prestigiosi a livello internazionale, ma del tutto sganciato dalla storia e dalla cultura locale. Un ambiente che, nell'immaginario collettivo, equivale a spiagge da sogno, alberghi di lusso, ville fantastiche, yacht, mondanità, locali dove si possono incontrare personaggi dello spettacolo e i vip del *jet set* internazionale.

La Costa Smeralda è un **tratto costiero di circa 60 km nel nord-est della Sardegna**, tra Olbia e l'arcipelago de La Maddalena, nella regione storica e geografica della Gallura. Il nome Costa Smeralda risale agli anni Sessanta del secolo scorso (fino ad allora la zona era conosciuta con il nome locale di Monti di Mola), quando un gruppo di industriali e finanzieri internazionali costituì il **Consorzio Costa Smeralda** con l'obiettivo di sfruttare turisticamente l'area, pressoché spopolata, e trasformarla in **luogo di vacanza per un turismo d'élite** approfittando della bellezza di una costa che presenta insenature rocciose, piccole spiagge, vegetazione a macchia, e un'acqua limpida e cristallina dal colore smeraldo, appunto. Un **paesaggio suggestivo e incontaminato** tanto più che questo tratto costiero, come molti altri della Sardegna, era disabitato perché paludoso e malarico fino a un recente passato, e come il resto dell'isola possedeva una cultura montana, legata al pascolo e alla pastorizia, quasi priva di tradizioni marinare.

Il Consorzio acquistò numerosi terreni sul mare, dove sorsero centri turistici e alberghi, dando così vita all'espansione urbanistica di tutta l'area. Nel 1962 fu realizzato, praticamente da zero e del tutto sganciato dalla tradizione locale, il primo centro abitato, **Porto Cervo** (frazione del comune di Arzachena), costruito in base a un modello urbanistico ispirato a un borgo medievale, con al centro l'area commerciale delle boutique. Venne utilizzato per le costruzioni il cosiddetto "stile mediterraneo", uno stile totalmente nuovo, adatto al contesto ambientale, con forme semplici, case basse di pietra, intonaci bianchi o di colori pastello. I primi alberghi vennero inseriti in mezzo alla vegetazione e destinati a un pubblico elitario. Presto si aggiunsero altre località, come **Porto Rotondo** e **Baia Sardinia**, tutti centri ideati a tavolino e abitati solo pochi mesi all'anno da turisti ricchi. Se all'inizio si cercò il più possibile di rendere le costruzioni rispettose del territorio circostante, negli anni seguenti, con l'obiettivo di attirare anche turisti di livello medio-alto, gli interventi hanno trasformato la costa in una successione ininterrotta di villaggi turistici, hotel, residence e seconde case che ha finito per stravolgere il paesaggio originario. Alla fine degli anni Sessanta, con il crescere del turismo, fu realizzato il vicino **aeroporto di Olbia-Costa Smeralda**.

La Riviera romagnola: un turismo popolare di lunga tradizione

La costa romagnola, che si affaccia al Mare Adriatico per circa 100 chilometri, è costituita da un'unica spiaggia sabbiosa. Si estende da Ravenna a Cattolica, passando per i centri di Cervia, Cesenatico, Bellaria, Rimini e Riccione. A differenza della Costa Smeralda è un'area di antico popolamento e un caso di **turismo balneare di lunga tradizione**, pienamente **inserito nel contesto sociale**, cioè legato alla cultura marittima locale, in passato esclusivamente peschereccia. La connotazione fortemente popolare della costa romagnola determina un'offerta turistica molto diversificata fatta di grandi numeri: oltre 25 milioni di presenze turistiche all'anno, tra italiani e stranieri, che usufruiscono di un alto numero di strutture ricettive, tutte a prezzi moderati per un pubblico molto ampio. Oggi la Riviera romagnola, con al vertice Rimini, può essere considerata, a buon diritto, la "capitale del turismo italiano".

Nella parte nord, cioè lungo la costa ravennate, le strutture turistiche sono intervallate da elementi naturali come le pinete e dalla sezione del Parco regionale del Delta del Po. Superato quest'ultimo in direzione sud, lungo il mare, gli insediamenti costieri si intensificano, dando vita a una lunga striscia fortemente antropizzata dove si susseguono alberghi, condomini, ristoranti, negozi, discoteche, stabilimenti balneari. È la **"città lineare costiera"** caratterizzata da **un'urbanizzazione avvenuta per fasi successive** nello spazio di 150 anni grazie alla costruzione della ferrovia, della strada statale e dell'autostrada. In questo spazio si trovano sia centri più antichi come Rimini e Cervia, sia nuclei nati in seguito allo sviluppo turistico. È il caso, per esempio, di Milano Marittima, che sorse come città giardino grazie all'iniziativa di un gruppo di famiglie milanesi nel 1911.

Il boom della Riviera romagnola risale agli anni Sessanta del Novecento con lo sviluppo del turismo balneare di massa. L'ampia spiaggia sabbiosa, i prezzi bassi, la cucina tradizionale, la capacità imprenditoriale e i buoni collegamenti con le città di turismo attivo della Pianura Padana furono gli elementi alla base di questo processo. Sul finire degli anni Ottanta però il peggioramento delle acque marine e l'affacciarsi sul mercato turistico di nuove località estere, più competitive sotto il profilo economico, provocarono una crisi del litorale romagnolo. Da qui la necessità di un rinnovamento profondo, grazie al quale la Riviera romagnola è riuscita a recuperare competitività e attirare nuovi turisti, soprattutto stranieri.

Si è sviluppato, infatti, un processo di **differenziazione dell'offerta turistica** che ha cercato di trovare alternative alla vita da spiaggia e di **destagionalizzazione del turismo**, cioè di allungamento del periodo turistico oltre i mesi estivi. Sono sorti, così, i grandi parchi a tema (come Mirabilandia a Ravenna o i parchi acquatici di Cesenatico e Riccione, e Fiabilandia a Rimini), ed è nato anche un turismo attento alla cura della persona, che ha favorito la ristrutturazione di vecchie stazioni termali riconvertite in SPA, e al mondo del lavoro con strutture congressuali. Infine anche le discoteche si sono ingrandite e offrono nuovi servizi.

La spiaggia, **vero punto di forza della Riviera romagnola**, è sempre più il centro della vita cittadina e in questo spazio si organizzano giochi, attività per le famiglie e i giovani, eventi mondani e culturali.

Porto Rotondo visto dall'alto.

Un parco acquatico a Riccione.

La chiesa Stella Maris, realizzata negli anni Sessanta dall'architetto Michele Busiri Vici con uno stile che si adatta perfettamente all'architettura circostante, è il simbolo storico di Porto Cervo. La chiesa ha una vista panoramica che abbraccia l'intera insenatura del porto da un lato e Monte Moro dall'altro.

COMPETENZA DIGITALE

1. Lavora con internet

Fai una ricerca e **trova** informazioni sui flussi turistici della Costa Smeralda.

a. Quanti sono gli italiani che fanno un soggiorno breve o lungo nell'area turistica della Costa Smeralda? Quanti gli stranieri?
b. Quali sono i centri che hanno un maggior numero di arrivi di turisti stranieri?
c. Quali sono le attività che si praticano sulla Costa Smeralda?

OBIETTIVO LAVORO

2. Lavora con internet

Organizza un soggiorno sulla Riviera romagnola destinato a una famiglia con due bambini.

Fai una ricerca e **trova** informazioni sui seguenti punti.

a. Possibilità di alloggio (hote , bed&breakfast, campeggi).
b. Attività che si possono fare in spiaggia.
c. Quali sono le città più visitate dagli stranieri.

1 Lezione

I DATI, LE FONTI STATISTICHE E LA LORO RAPPRESENTAZIONE GRAFICA

I DATI: UNO STRUMENTO DI ANALISI

Come per gli altri rami della geografia, anche la geografia turistica si avvale dell'uso di **dati statistici** che riguardano i movimenti turistici, le strutture ricettive che offrono ospitalità, il flusso di denaro relativo all'acquisto di beni e servizi, il numero di addetti che operano nel settore. Sono tutti elementi utili sia per valutare il fenomeno dal punto di vista geografico, sia per fare analisi economiche e svolgere in modo consapevole la promozione turistica da parte di istituzioni e operatori del settore.

Proprio per questo, nell'indagine su specifiche località, regioni o addirittura su interi paesi, assumono molta importanza i **dati storici**, che consentono di valutare l'andamento nel tempo del fenomeno in oggetto e di fare **confronti geografici**, per capire le differenze tra aree e luoghi diversi.

L'ISTAT E L'OMT

La statistica dei flussi turistici in Italia è curata dall'ISTAT, l'Istituto Nazionale di Statistica che effettua le rilevazioni e fornisce i dati:

- il **numero e le caratteristiche degli esercizi ricettivi**, divisi tra alberghieri ed extra-alberghieri;
- gli **arrivi e le presenze dei clienti**, distinti per nazionalità e area di soggiorno;
- la **durata (o permanenza media) della vacanza**, considerata breve, tra 1 e 4 notti di soggiorno, lunga, oltre i 4 giorni;
- il **tipo di turismo praticato** in base alla località scelta e alla tipologia (proprio o improprio).

Ulteriori dati si riferiscono al tipo di trasporto utilizzato, ai mesi dell'anno in cui si svolge la vacanza e se il viaggio è organizzato da un'agenzia o dal turista stesso. L'ISTAT è anche molto attento ai viaggi compiuti dagli italiani all'estero e anche ai motivi di chi non usufruisce di alcun periodo di vacanza. Molto importanti sono anche i dati di tipo economico che verranno trattati nella successiva unità (➜ *unità 4*).

In ogni caso il fenomeno turistico è per alcuni aspetti **difficilmente misurabile**, si pensi per

esercizi ricettivi
Comprendono alberghi ed esercizi extra alberghieri, cioè campeggi, villaggi turistici, agriturismi, ostelli per la gioventù, alloggi in affitto, case per ferie, rifugi di montagna, bed & breakfast.

arrivi
Numero dei clienti che hanno effettuato il *check-in* negli esercizi ricettivi.

presenze
Numero delle notti trascorse dai clienti negli esercizi ricettivi.

permanenza media
Rapporto tra presenze e arrivi in numero di giorni.

CARTOGRAMMA
IL NUMERO DI TURISTI ITALIANI E STRANIERI PER REGIONE (2015)

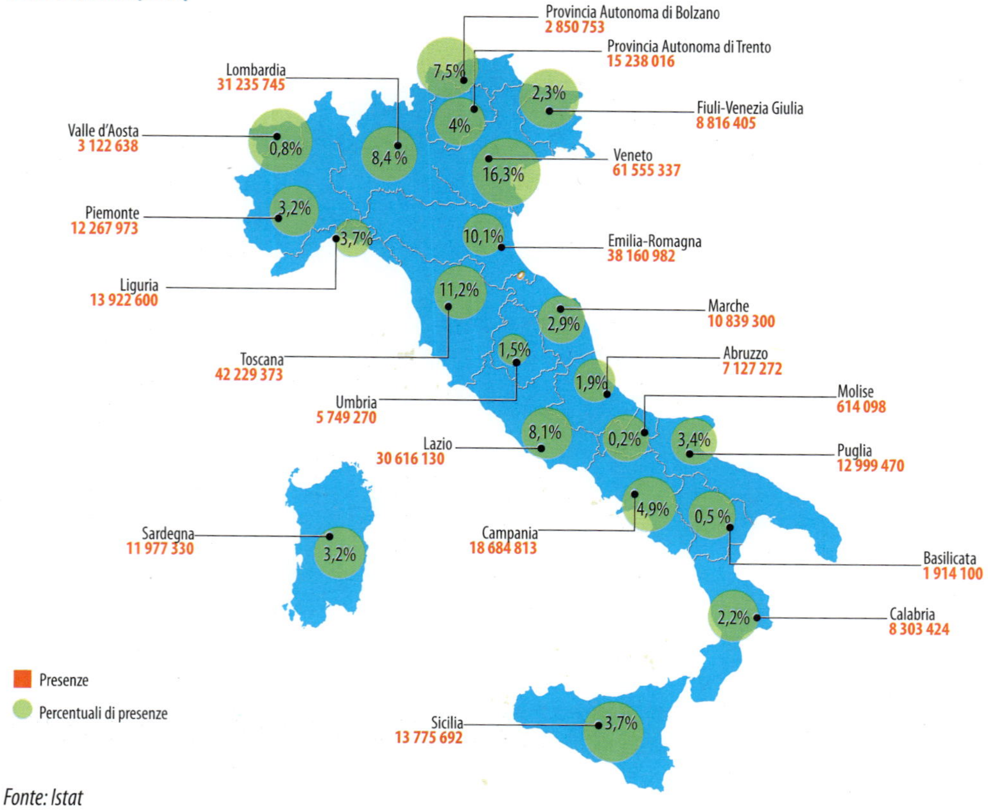

Fonte: Istat

AREOGRAMMA
PRESENZE PER LOCALITÀ DI INTERESSE TURISTICO (2015)

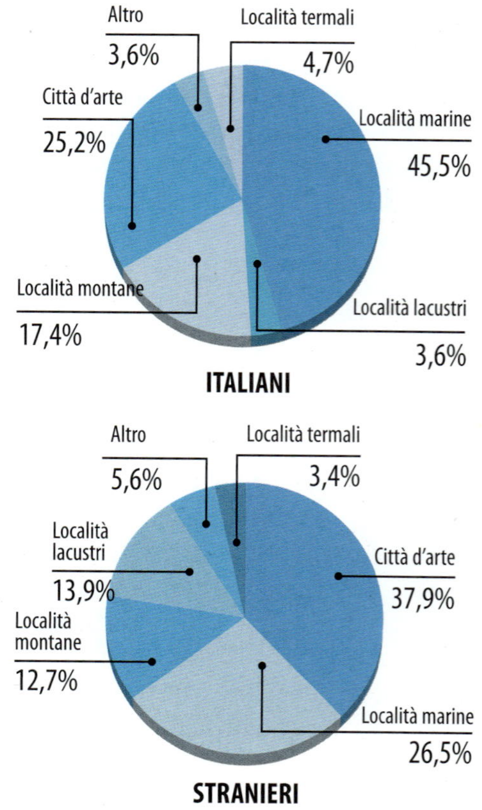

esempio a chi si sposta nella sua seconda casa di vacanza oppure a chi è ospitato da amici o parenti: questi movimenti spesso sfuggono alle statistiche ufficiali. Per questo oltre alle rilevazioni complete come le presenze nelle strutture ricettive, i dati sono spesso ricavabili da **indagini campionarie**, fatte cioè su un numero ridotto ma rappresentativo (il campione) del fenomeno.

A livello internazionale le statistiche sul turismo sono fornite dall'**Organizzazione Mondiale del Turismo** che è un'agenzia dell'ONU: il suo nome in inglese è UNWTO (*United Nations World Tourism Organization*). Ogni anno l'OMT pubblica un rapporto che permette di rilevare i flussi in entrata e in uscita relativi a ciascun paese del mondo.

LA RAPPRESENTAZIONE GRAFICA E CARTOGRAFICA DEL TURISMO

I dati possono essere visualizzati sotto forma di tabelle o di grafici. Come per la geografia generale i principali grafici sono gli istogrammi, i diagrammi e gli areogrammi.

Gli **istogrammi** sono grafici adatti a rappresentare quantità e grandezze come gli arrivi e le presenze turistiche. In genere sono costituiti da colonne che graficamente rappresentano certi valori per classi di ampiezza.

I **diagrammi** sono espressi in coordinate cartesiane e sono molto diffusi perché particolarmente adatti per mostrare l'andamento temporale di alcuni fenomeni quantitativi nell'arco di un tempo.

Gli **areogrammi** (o diagrammi a torta) sono grafici suddivisi in sezioni (o spicchi) e consentono di osservare visivamente in modo immediato la composizione quantitativa di un fenomeno; più areogrammi, affiancati l'uno all'altro, permettono confronti temporali o spaziali di uno stesso fenomeno.

I **cartogrammi** sono rappresentazioni che hanno come fondo una carta semplificata, priva cioè di qualsiasi elemento geografico come la morfologia del territorio, l'idrografia, i centri abitati ecc.; su questo fondo si sovrappongono i grafici che illustrano il fenomeno (istogrammi, diagrammi o areogrammi). I cartogrammi sono utilizzati soprattutto per il riferimento alla localizzazione di certi fenomeni che manca negli altri grafici.

I **coremi** sono grafici particolari in cui la forma del territorio è rappresentata in modo schematico secondo una convenzione nota, per esempio la Sicilia come un triangolo, l'Italia come uno stivale, la Francia come un esagono, e completata da altri elementi.

ISTOGRAMMA
I TURISTI STRANIERI IN ITALIA: I PRINCIPALI PAESI DI PROVENIENZA (2015)

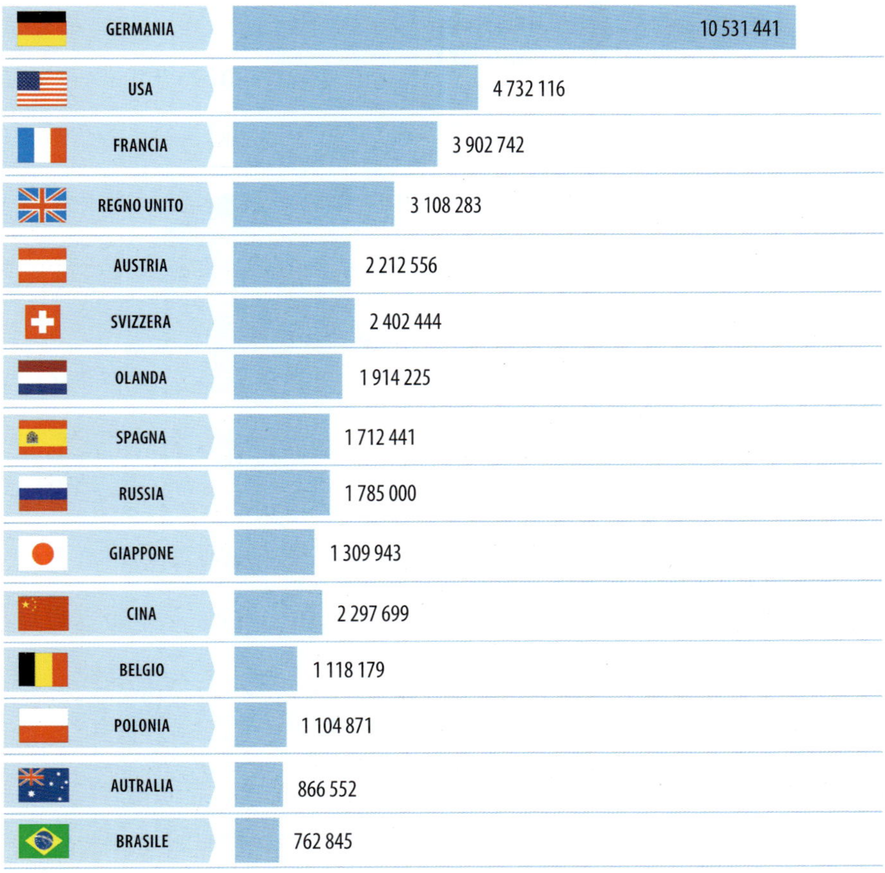

Fonte: Istat

TABELLA
TURISTI STRANIERI NELLE REGIONI ITALIANE (2015)

Regione	Arrivi	Presenze
Veneto	11 213 267	42 213 738
Trentino-Alto Adige	5 682 800	26 763 957
Toscana	7 062 693	23 947 505
Lombardia	8 129 895	21 733 272
Lazio	7 053 862	19 655 212
Emilia-Romagna	2 619 025	9 612 200
Campania	2 318 535	8 672 439
Sicilia	2 007 547	6 967 871
Piemonte	1 883 866	5 994 857
Sardegna	1 208 724	5 838 536
Liguria	1 967 660	5 737 319
Friuli-Venezia Giulia	1 104 118	4 304 970
Puglia	730 122	2 675 795
Marche	405 249	2 292 704
Umbria	709 031	2 177 649
Calabria	247 205	1 646 288
Valle d'Aosta	409 652	1 283 293
Abruzzo	171 265	814 265
Basilicata	95 797	228 961
Molise	13 369	47 099
TOTALE	**55 033 682**	**192 607 930**

Fonte: Istat

2 Lezione | LE CARTE TURISTICHE

CARTE TEMATICHE

Nell'organizzazione di un viaggio le carte turistiche hanno un ruolo importante perché sono carte tematiche con una **simbologia specifica**, adatta a mettere in evidenza le strutture e i luoghi di interesse di una località, di un paese o di una regione.

La consultazione di queste carte aiuta il turista a familiarizzare con la località o la regione scelte e a ricavare informazioni su che cosa vedere. Una volta sul posto, le carte consentono al turista di orientarsi e raggiungere le destinazioni individuate. Le carte turistiche sono **pratiche e maneggevoli**, spesso plastificate perché non si strappino per l'uso frequente durante il viaggio. Talvolta sono incluse nelle guide turistiche oppure compongono atlanti turistico-stradali quando più tavole coprono le diverse parti di un paese o di un continente.

CARTE IN SCALA DIVERSA

Le carte turistiche variano in base alla scala di riduzione. Tra quelle a scala più grande, tra 1:5000 e 1:20 000, ci sono le **planimetrie turistiche delle città**, che hanno lo scopo di guidare il visitatore alla scoperta del centro urbano, muovendosi di solito a piedi, in bicicletta o con i mezzi pubblici per trovare monumenti, quartieri, alberghi, ristoranti ecc. Nelle guide turistiche queste mappe urbane mettono in risalto, soprattutto per i centri storici che sono ricchi di luoghi di interesse, le maggiori attrattive con una raffigurazione prospettica o geometrica degli edifici. È anche presente un **reticolato chilometrico** contraddistinto da numeri e lettere per facilitare la ricerca.

Le **carte turistiche regionali** hanno una scala di riduzione di solito compresa tra 1:100 000 e 1:500 000 e sono utilizzate per gli spostamenti in automobile. Sono fondamentali quindi le indicazioni di strade e autostrade e le distanze chilometriche. Anche in questo tipo di carte i **simboli** sono importanti e si possono raggruppare in **4 tipologie** che adottano specifici segni convenzionali:

- **vie di comunicazione** cioè strade, ferrovie, canali, porti, aeroporti, stazioni ferroviarie e di autolinee, terminal di navi e *ferryboat,* funivie;
- **attrezzature turistiche** come alberghi, campeggi, rifugi alpini ecc.;
- **luoghi di interesse naturale** come cascate, grotte, parchi e riserve, spiagge;
- **luoghi di interesse storico**, **artistico**, **religioso**, **folcloristico**, **sportivo** ecc.

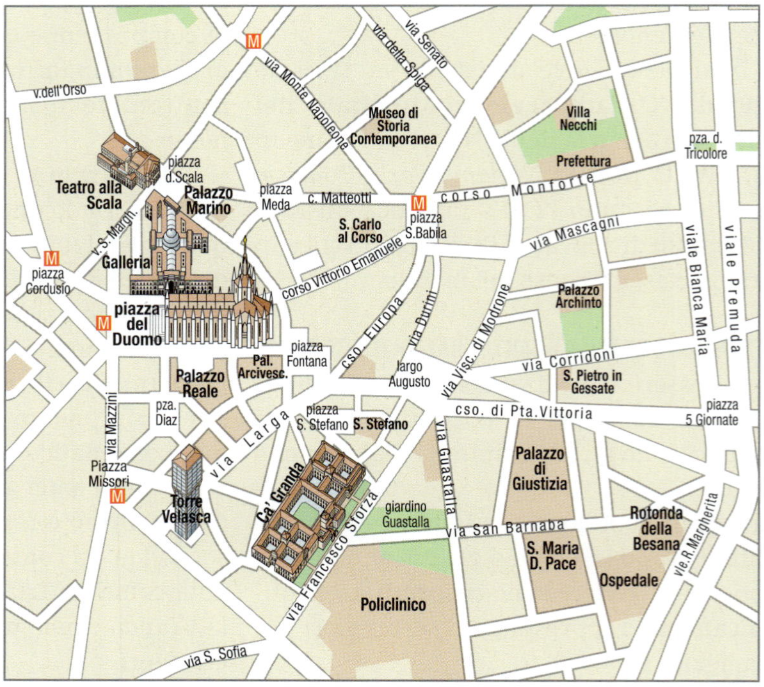

Un esempio di planimetria turistica del centro di Milano.

CARTE TURISTICHE SPECIALISTICHE

Esistono anche altre **carte turistiche specialistiche**, per esempio quelle che indicano i sentieri di montagna o i parchi nazionali, gli itinerari in bicicletta corredati da profili altimetrici per segnalare la difficoltà del percorso, oppure quelle per la navigazione marittima. Sono tutte carte utilizzate da determinate **categorie di turisti**.

Nei libri di geografia come questo, si mostrano **carte tematiche regionali** allo scopo di visualizzare a colpo d'occhio le risorse turistiche di un paese o di una regione. In questa categoria rientrano le carte che evidenziano una caratteristica artistica, naturale, museale di un territorio, come quella sulle bellezze naturali del Salento.

Infine esistono anche rappresentazioni particolari, estranee alla cartografia classica, che si possono definire **visioni prospettiche di un territorio**, realizzate per farne risaltare la configurazione geografica e le risorse turistiche. Questo tipo di raffigurazione è definito **ortorama** ed è molto utilizzato per far vedere l'estensione delle piste da sci.

LA CARTOGRAFIA ELETTRONICA

Sempre più diffusa, la cartografia elettronica si avvale di navigatori o smartphone collegati al **si-**

stema satellitare GPS (*Global Positioning System*); attraverso una rete dedicata di satelliti artificiali in orbita, fornisce informazioni sulle coordinate geografiche in ogni condizione meteorologica. La localizzazione avviene tramite la trasmissione di un segnale radio da parte di ciascun satellite e l'elaborazione dei segnali ricevuti da parte del ricevitore. Con la diffusione dei sistemi GPS molti produttori di smartphone hanno inserito un modulo GPS al loro interno, che offre servizi basati sul posizionamento. In questo modo automobilisti, motociclisti, ciclisti e persino pedoni possono verificare la propria posizione e raggiungere, scegliendo tra varie opzioni, la meta prefissata.

CARTA TURISTICA REGIONALE

CARTA TEMATICA REGIONALE

ORTORAMA

COMPETENZA DIGITALE

1 Lavora con internet

La schermata della Valle dei Templi ad Agrigento mostra un esempio di come funziona Google Maps. L'applicazione è disponibile oltre che sul computer anche su smartphone e tablet. Per calcolare un itinerario o cercare una località è l'ideale. Nelle mappe di Google ci sono molte informazioni: vie, numeri civici, incroci, siti internet, immagini satellitari che si possono vedere con la funzione Street View.

Fai una ricerca su Google Maps e **trova** informazioni su Piacenza.

a. Quali monumenti si possono visitare?

b. Con quali mezzi di trasporto si può raggiungere la città?

c. Quanto dista a piedi il centro storico dalla stazione ferroviaria?

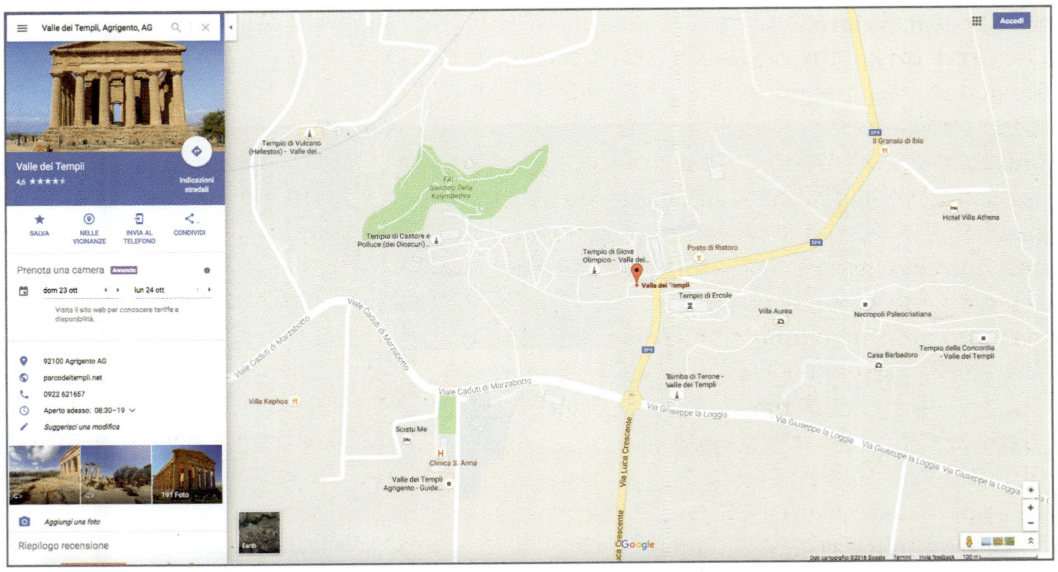

3 Lezione — LA LETTERATURA DI VIAGGIO E LE GUIDE TURISTICHE

LA LETTERATURA DI VIAGGIO

La letteratura di viaggio annovera resoconti, descrizioni di luoghi, **narrazioni di esperienze**, **diari**, eventi e racconta quello che l'autore vede durante gli spostamenti e il soggiorno in luoghi diversi da quelli abituali. È un genere letterario che ha **una lunga tradizione** poiché risale all'antichità, quando il desiderio di conoscenza dell'uomo per culture diverse dalla propria era già molto forte. Basta citare i resoconti più famosi del passato come *Il Milione* di Marco Polo o il diario di bordo di Cristoforo Colombo. Tra gli autori di letteratura di viaggio del Novecento troviamo i nomi di Bruce Chatwin, Luis Sepúlveda, Alberto Moravia e Isabel Allende che hanno aperto molte finestre sul mondo, oltre ai reportage di grandi giornalisti come Tiziano Terzani, Bill Bryson o Ryszard Kapuściński.

LA COSTRUZIONE DELL'IMMAGINARIO TURISTICO

Anche la **narrativa** continua ad avere un ruolo determinante nella costruzione dell'immaginario turistico. Romanzi di genere come il poliziesco, per esempio, hanno reso celebri i luoghi in cui si svolge la storia attraverso la loro descrizione. Basti pensare alla Londra di Sherlock Holmes, personaggio nato dalla fantasia di Conan Doyle o alla Parigi di Poirot, l'ispettore ideato da Agatha Christie, ma anche, più recentemente, alla Barcellona nelle pagine di Carlos Ruiz Zafón o alla Stoccolma di Stieg Larsson. I personaggi di questi romanzi hanno saputo raccontare così bene i luoghi che si possono paragonare a delle vere e proprie guide, tanto invogliano ad andarci.

Esistono anche molti programmi televisivi sui viaggi e si possono leggere in rete numerosissimi **blog** che ospitano racconti o diari di viaggio.

LA GUIDA TURISTICA

Per chi viaggia il principale strumento di consultazione è la **guida turistica** in formato cartaceo, ma anche in digitale. La guida contiene le informazioni pratiche indispensabili per l'organizzazione del viaggio e le descrizioni dettagliate di località turistiche, monumenti, siti di interesse culturale, tradizioni, gastronomia, mezzi di trasporto e possibilità di alloggio. Rispetto alla letteratura di viaggio, che è un racconto soggettivo di tipo narrativo ed esperienziale, la guida turistica fornisce informazioni abbastanza oggettive e imparziali. Si tratta di un prodotto recente che risale agli inizi del turismo moderno: le **prime guide turistiche** cominciarono a comparire, infatti, verso la metà dell'Ottocento.

IL TOURING CLUB ITALIANO

In Italia il **Touring Club Italiano (TCI)**, evoluzione del Touring Club Ciclistico Italiano nato a Milano nel 1894 sul modello del Cyclist's Touring Club inglese, ha avuto e ha tuttora un ruolo importante per la produzione editoriale di guide. Fin dall'inizio del Novecento le pubblicazioni prendono in considerazione tutte le nuove forme di turismo e da guide per ciclisti diventano guide per tutti. Ancora oggi il Touring, continuando a rinnovarsi, è una fonte autorevole di informazioni e di promozione turistica.

UNA PRODUZIONE VARIEGATA

L'editoria turistica offre **molti tipi di guide**, in grado di soddisfare le esigenze di turisti diversi per interessi e scelte della destinazione. Ci sono due grandi categorie: le guide **generaliste** e le guide **specializzate** (o tematiche). Le prime si suddividono a loro volta in altre tre categorie, le seconde offrono tante opportunità quante sono le tipologie di turismo e spaziano dalle guide **naturalistiche** (parchi e aree protette), a quelle che propongono **itinerari enogastronomici**, **percorsi alpini**, **itinerari in bicicletta o a piedi**, oppure per chi sceglie mete particolari (della memoria, vie dei pellegrini) o specifiche strutture di alloggio (ville d'epoca, castelli, campeggi ecc.). Ci sono guide anche per chi viaggia *low cost* oppure per chi ha a disposizione un solo weekend o per chi ha bambini piccoli o animali domestici.

Ogni guida è corredata da immagini, mappe e carte, e propone al lettore itinerari turistici, percorsi e consigli di viaggio. Tutte le guide sono accomunate dal **ruolo di mediazione e di informazione** che svolgono per il turista. E nonostante molte guide si possano consultare su smartphone o su tablet e sia smisurata la quantità di materiali turistici (programmi, app, mappe) che si possono trovare in **internet**, le guide cartacee continuano ad avere un ruolo importante.

LE GUIDE ENCICLOPEDICHE

Le guide generaliste trattano tutti gli aspetti turistici di un paese, una città o una regione e quindi il patrimonio storico, artistico e naturale, la cultura, le tradizioni ecc. In base all'impostazione editoriale esse danno maggiore o minore risalto alle informazioni pratiche, agli alloggi e all'intrattenimento.

Tra queste si possono individuare tre tipologie.

La prima è quella delle **guide enciclopediche** che si pongono l'obiettivo di descrivere in maniera sistematica, scrupolosa e approfondita le località e il territorio di interesse turistico. Di questa prima categoria fa parte sicuramente lo storico editore tedesco **Baedeker** (il primo nel 1863 a pubblicare guide turistiche) a cui si aggiungono in Italia le collane delle **Guide Rosse** (per le regioni e le maggiori città italiane) e le **Guide Blu** (per i paesi europei e del Mediterraneo) pubblicate dal **Touring Club Italiano**. In particolare le Guide Rosse, del tutto prive di informazioni pratiche, corrispondono perfettamente alla funzione enciclopedica, descrivendo in maniera dettagliata e completa il patrimonio storico, artistico e culturale di un paese.

LE GUIDE DIVULGATIVE

Nel secondo gruppo rientrano le **guide divulgative** che propongono contenuti e informazioni di carattere turistico-culturale, senza però porsi l'obiettivo di essere esaustive nella descrizione delle risorse turistiche. In questo gruppo rientra la collana delle **Guide Verdi del Touring** che oltre alle informazioni su monumenti e luoghi di interesse artistico, contengono notizie utili al turista per il soggiorno (indirizzi di alberghi e ristoranti con indicati i prezzi) e dedicano intere pagine alle attività che si possono praticare, ai divertimenti, allo shopping. Anche le **Guide Verdi** della casa editrice francese **Michelin** sono strutturate in modo simile.

Sempre in questa categoria le **Guide Mondadori**, invece, sono "guide visuali": puntano cioè sulle immagini e su una grafica accurata più che sul testo, ridotto all'essenziale, ma sufficiente per documentarsi su monumenti, musei, storia dell'arte, tradizioni, luoghi di interesse e informazioni pratiche. L'obiettivo di queste guide è quello di consentire al lettore di farsi un'idea visiva dei luoghi da visitare.

Le guide **National Geoprahic**, autorevole istituzione scientifica statunitense che pubblica la celebre rivista omonima, sono caratterizzate da un buon equilibrio tra immagini e testo.

Sia le guide enciclopediche sia quelle divulgative utilizzano un **linguaggio preciso, molto formale**, quasi impersonale, adatto a fornire un punto di vista quanto più oggettivo possibile.

LE GUIDE ESPERIENZIALI

Nella terza categoria rientrano le **guide esperienziali** caratterizzate da un **linguaggio colloquiale** che si rivolge al lettore e, in genere, incentrate su un'esperienza personale di viaggio dell'autore. Queste guide sono **ricche di consigli e valutazioni personali** e danno maggior risalto alla vita quotidiana e alle attività che si possono svolgere nei luoghi di destinazione, suggerendo un contatto più diretto con la realtà locale e i suoi abitanti. Vengono raccontate esperienze da non perdere, storie e notizie curiose e forniscono indicazioni sia sui luoghi da visitare, sia, soprattutto, sulle tipologie di alloggio Alberghi, bed and breakfast, case in affitto e ristoranti vengono verificati anonimamente e recensiti con molta attenzione proprio per aiutare il turista a scegliere una sistemazione confortevole e a vivere nel modo migliore la propria esperienza di viaggio.

Tra le case editrici di guide turistiche leader del settore c'è l'australiana **Lonely Planet**, che pubblica guide di tutti i paesi del mondo, seguita dall'inglese **Rough Guides** (tradotte in italiano dall'editore Feltrinelli) e dalla francese **Guide du Routard** (edita in Italia dal Touring). Si tratta di guide molto usate, di successo, che hanno un grande riscontro di lettori e viaggiatori. Molto consultati sono anche **siti social online** di comunicazione turistica, come **TripAdvisor** o **Foursquare**. Di questo argomento si parlerà in modo più approfondito nel volume 3.

Il turista consapevole

Piazza dei Miracoli a Pisa.

ITINERARI E RACCONTI DI VIAGGIO

Chi è il turista? Che cosa cerca chi viaggia? Che cosa spinge una persona a partire per una destinazione piuttosto che per un'altra?

Modi diversi di viaggiare

Il mondo del turismo cerca in continuazione di capire chi sia il turista per venire incontro alle esigenze del mercato e si sofferma a pensare quale persona si nasconda dietro la partenza. Se si vogliono scoprire le caratteristiche di chi viaggia, bisogna prendere in considerazione le differenze tra gli individui. È lì che si deve orientare il mercato del turismo. Essere differente significa che sono diverse le cose che si cercano in un'esperienza turistica.

In base al tipo di viaggiatore e al suo modo di viaggiare, il mondo del turismo può disegnare per la stessa meta **diverse esperienze turistiche** nelle quali gli individui si rispecchiano, a seconda della propria personalità.

Il turista si può identificare, di volta in volta, con chi ama soggiornare in una località che lo allontani più possibile dalla quotidianità preferendo il relax, la comodità e il dolce far niente; con chi cerca esperienze nuove, cultura, storia, stimoli e il cui viaggio si basa sull'esplorazione; con chi parte e non sa quando ritorna e intende staccarsi dai valori del suo contesto d'appartenenza per trovarne di nuovi altrove. Il turista di oggi non è guidato solo da offerte commerciali, cerca stima e autorealizzazione anche nell'esperienza turistica.

Qui di seguito ci sono due brani che riflettono due modi diversi di fare turismo: il primo è il viaggiatore che ama camminare ed è il destinatario della guida scritta da Enrico Brizzi su un giro a piedi in Liguria; il secondo è una riflessione dello scrittore Antonio Tabucchi sulla visita, spesso frettolosa, in questo caso di Pisa, del turismo di massa.

✓ Guide di viaggio. Il giro del Levante ligure a piedi

[...] Il primo scorcio del XXI secolo ha fatto registrare, anno dopo anno, un numero crescente di italiani desiderosi di riscoprire l'antica pratica dei viaggi a piedi.
[...] A noi che sentiamo fin da ragazzi il richiamo della strada e la gioia antica di percorrere il territorio a piedi, non resta che spiegare cosa ci porta a dedicare ogni scampolo di tempo libero a camminare con uno zaino in spalla.
Come mai ci piace così tanto stabilire una meta e guadagnarla a passo d'uomo? Perché è bello stare nella natura e condividere la strada fra amici, certo. Ma non solo.
Amiamo i viaggi a piedi perché ci permettono di rompere l'assedio della millimetrata vita di città, ritrovare il tempo perduto e assaporare sensazioni genuine.
Perché solo camminando riusciamo a tornare in contatto coi ragazzini curiosi che siamo stati, impazienti di sapere che aspetto avesse il mondo dietro le colline che ci sbarravano lo sguardo.
Perché traversare un territorio a piedi - che sia una contrada, una regione o una nazione intera - ci mette in condizione di conoscerlo sul serio, apprezzandone le storie, le particolarità, i costumi e, perché no, la gastronomia.
Perché muoversi allo stesso ritmo dei padri dei nostri padri ci consente di raccogliere sul serio la loro eredità, di comprenderli e di vedere il mondo coi loro stessi occhi: sono cambiate le rotte della viabilità principale, ma otto ore di cammino sono sempre otto ore di cammino, e colli, passi e guadi sono gli stessi di secoli fa.
Perché dormire ogni sera in un luogo diverso finisce per farci sentire a casa ovunque.
E, da ultimo, perché camminare ci mette in condizione di decidere della nostra vita: le giornate scandite dal ritmo dei nostri passi ci aiutano a riflettere, stabilire priorità, liberarci di zavorre, operare scelte. Lungo la strada ho visto amici maturare la decisione di cambiare lavoro, città, filosofia di vita. [...]

(adattato da Enrico Brizzi, *Il giro del Levante ligure. Quattro giorni dalle alture del Tigullio alle Cinque Terre*, Giunti).

✓ Letteratura di viaggio. Pisa, la città di Antonio Tabucchi

Pisa. Dove Leopardi rinacque.
La torre pendente è celebre in tutto il mondo e secondo una statistica è l'immagine italiana più celebre dopo il volto della Gioconda. In effetti il complesso formato da torre, duomo e battistero, disposti con sapienza geometrica sul verde di un immenso prato delimitato dalle mura medievali, costituisce una perfezione architettonica che ben merita il nome di Piazza dei Miracoli.
La fretta dei nostri tempi obbliga il viaggiatore a visite sempre più rapide e mirate: vista l'icona principale e scattata la fotografia di rito, l'automobile o il bus inghiottono il turista per altre destinazioni. Eppure anche il viaggiatore frettoloso o obbligato ad orari di gruppo può permettersi in pochi minuti una piccola deviazione e percorrere, a non più di cinquecento metri di distanza dalla celebre piazza, una deliziosa stradina per lo più ignota al turista. Dalla adiacente piazza dell'Arcivescovado si può imboccare infatti Via della Faggiola, sulla quale si affacciano antiche case e palazzi signorili. Quasi alla fine, prima di sbucare nella piazza dei Cavalieri, una lapide di marmo sulla facciata del palazzo che appartenne alla famiglia Soderini ricorda che Giacomo Leopardi, loro ospite, qui trascorse quasi un anno, dall'autunno del 1827 all'estate del 1828.
Pisa fu cara a Leopardi, e la città gli riservò una calda ospitalità. Leopardi ne amò il clima e i Lungarni, che preferì a quelli di Firenze. A Pisa scrisse *A Silvia* e *Il Risorgimento*, perché fu ben consapevole del proprio risorgere.

(adattato da Antonio Tabucchi, V*iaggi e altri viaggi*, Feltrinelli)

OBIETTIVO LAVORO

Lavora con internet

Individua una regione italiana a tua scelta e organizza un itinerario per due tipologie di turista: chi vuole fare una vacanza stanziale per riposarsi e divertirsi e chi vuole fare un giro itinerante alla scoperta di città d'arte e musei. Per ogni itinerario indica:

a. perché l'itinerario vale un viaggio
b. quali sono i punti di interesse della destinazione individuata
c. la presenza di strutture ricettive.

Fai una ricerca e **trova** informazioni in internet, su guide turistiche e libri che parlano di viaggi.

SEI PRONTO PER LA VERIFICA?

LOSAI? RIPASSA CON LO SMARTPHONE

IN 1 ORA

1 Dopo aver studiato le unità, completa la sintesi utilizzando le parole proposte. Attenzione ce ne sono 5 in più. ..... / 10

UNITÀ 1 – CHE COSA STUDIA LA GEOGRAFIA DEL TURISMO

● La geografia del turismo inizialmente analizzava solo le tre regioni della circolazione turistica, ossia la regione di turismo attivo, quella di turismo passivo e la regione di .... Oggi studia l'immagine turistica di un luogo, cioè il modo in cui viene "........................" Negli ultimi decenni la crescita dei movimenti turistici ha fatto sì che le regioni di .... e quelle di *outgoing* non siano più nettamente distinguibili.

● Nell'evoluzione storica del turismo si distinguono quattro fasi: quella del .... (fino al Settecento), quella del turismo .... (tra l'Ottocento e i primi del Novecento), quella del turismo di massa (a partire dagli anni .... del Novecento) e infine la fase del turismo contemporaneo. Con il nuovo clima culturale del .... (in Europa nel Cinquecento), i ceti più abbienti cominciano a concepire il viaggio come "svago" e nel Seicento si diffonde la moda del Grand Tour. Dalla metà del Settecento si diffonde anche la moda del viaggio .... alla scoperta delle rovine greche e romane.

● Nell'Ottocento il Romanticismo favorisce la scoperta dei paesaggi naturali delle Alpi, ha origine così l'........................ e nascono i primi Club Alpini. Si sviluppa anche il soggiorno termale, con la creazione dei primi .... e delle strutture ricreative richieste dall'élite dei turisti ricchi. Al turismo termale si affianca quello ...., legato alle località balneari (in inverno) e alla villeggiatura alpina (nella stagione estiva) o presso i laghi prealpini.

● Il turismo di massa si diffonde prima negli Stati Uniti e poi in Europa, grazie al miglioramento delle condizioni economiche: più tempo libero e .... retribuite, alla diffusione dell'........................ . Dagli anni Novanta al turista tradizionale, alla ricerca di luoghi sempre nuovi, si affianca il post-turista, meno interessato al luogo da visitare e più attratto da ...., tra loro indifferenziati.

UNITÀ 2 – DESTINAZIONI E MOTIVAZIONI TURISTICHE

● L'ONU differenzia il turista dal semplice .... e distingue tra turismo proprio e improprio. Le motivazioni alla base dei movimenti turistici sono molteplici, così come le tipologie di turismo. Oggi non è importante il luogo che si sceglie ma quello che esso rappresenta nell'immaginario del turista e si parla pertanto di .... del fenomeno turistico.

● Il tipo di turismo più diffuso è quello balneare, che si è affermato attorno alla metà del Novecento basato sul modello "*sun, sea and* ....". Altre tipologie turistiche molto diffuse sono il turismo naturalistico, sportivo e quello culturale. Numerose sono le altre tipologie di turismo: etnico, enogastronomico, del benessere (beauty farm, ... ecc.), ludico, religioso, rurale, climatico. In ascesa è inoltre un tipo di turismo chiamato .... praticato per sperimentare attività alternative alla routine quotidiana e una forma di turismo improprio indicato con l'acronimo MICE.

● La città più visitata in Italia è Venezia, unica al mondo e ricchissima di opere d'arte e splendidi palazzi. Oggi l'equilibrio fisico della città risulta a rischio a causa dell' .... del suolo, del traffico in laguna, dell'inquinamento e della eccessiva .... turistica.

UNITÀ 3 – GLI STRUMENTI DELLA GEOGRAFIA TURISTICA

● In Italia le indagini statistiche in campo turistico sono curate dall'ISTAT, a livello internazionale dall'........................ (agenzia dell'ONU). Istogrammi, diagrammi e ...., oltre ai cartogrammi, sono le rappresentazioni grafiche più utilizzate.

● Le carte turistiche rappresentano un tipo di carta .... che evidenzia le attrattive turistiche di una località e le attrezzature presenti. A .... scala sono le planimetrie turistiche delle città, mentre a scala più .... ci sono le carte turistiche regionali. Sempre più diffusa è la cartografia elettronica basata sul sistema ....

● Oggi le informazioni più oggettive per chi viaggia si trovano nelle guide turistiche. Quelle che trattano tutti gli aspetti turistici sono guide .... e tra esse si distinguono le guide enciclopediche, quelle divulgative e quelle esperienziali.

Parole da inserire: abbassamento • alpinismo • archeologico • areogrammi • automobile • centri termali • climatico • Cristianesimo • d'élite • deterritorializzazione • escursionista • esperienziale • ferie • generaliste • grafico • Grand Hotel • grande • *incoming* • locali • non-luoghi • OMT • percepito • piccola • plebe • pressione • pre-turismo • Rinascimento • sand • satellitare • Settanta • tematica • transito • Venti

ZTE ONLINE
Mettiti alla prova
con 20 esercizi interattivi

2 Indica se le frasi sono vere o false. (2 punti ciascuna) ..... / 14

a. Nella Grecia antica gli unici spostamenti di persone per "turismo" erano quelli diretti verso i santuari. **V F**
b. Nei primi secoli dopo la caduta dell'Impero romano i viaggi divennero più frequenti e più sicuri. **V F**
c. I viaggi culturali legati alla nascita delle prime università in Europa si diffusero a partire dal basso Medioevo. **V F**
d. Tra le prime mete dei viaggi archeologici nel Settecento c'era la Grecia. **V F**
e. Il numero di abitanti nel centro storico di Venezia è progressivamente in calo. **V F**
f. Il Romanticismo contribuì a far conoscere i paesaggi naturali e selvaggi delle Alpi. **V F**
g. I Grand Hotel legati al primo turismo termale erano destinati alla massa dei turisti. **V F**

3 Indica la risposta corretta. ..... / 2

Le tre più importanti mete dei pellegrinaggi medievali erano:

- ❑ Roma
- ❑ Lourdes
- ❑ Fatima
- ❑ Santiago de Compostela
- ❑ Gerusalemme
- ❑ la Mesopotamia

4 Collega ogni termine o tipo di località alla tipologia di turismo corrispondente. (1 punto ciascuna) ..... / 9

a. Centri fitness	❑	**1.** naturalistico
b. Lourdes	❑	**2.** sportivo
c. "Strade del vino"	❑	**3.** esperienziale
d. Birdwatching nel delta del Po	❑	**4.** del benessere
e. Rive del Lago Maggiore	❑	**5.** culturale
f. Gardaland	❑	**6.** religioso
g. Olimpiadi	❑	**7.** ludico
h. Campi di concentramento	❑	**8.** enogastronomico
i. Las Vegas	❑	**9.** climatico

5 Scrivi la definizione dei termini proposti. (5 punti ciascuna) ..... / 15

Via Francigena ....
....
....

Grand Tour ....
....
....

Regione di *incoming* ....
....
....

6 Rispondi alle domande. (10 punti ciascuna) ..... / 50

a. Qual è la differenza tra turismo "proprio" e turismo "improprio"?
....

b. Quali tipologie di turismo vengono indicate con l'acronimo MICE?
....

c. Da quale o quali lingue deriva il termine "turista"? Con quale significato?
....

d. Qual è la differenza tra un turista e un escursionista?
....

e. Che cosa si intende per turismo "sintetico" o "artificiale"? Fai un esempio.
....

PUNTEGGIO TOTALE
..... / 100

GEOGRAPHY HIGHLIGHTS – CLIL

THE CONNECTIONS BETWEEN TOURISM AND GEOGRAPHY

1. TOURISM GEOGRAPHY is the study of Travel & Tourism as an industry and as a social and cultural activity. The beginning of *Tourism Geography* as a science can be traced at the beginning of the 20th century. By the 1950s, *Tourism Geography* began to be accepted as its own **domain**, especially in scientific works from the USA and Germany. As the importance and popularity of Tourism increased, becoming one of the biggest industries in the world, so did the role of Tourism in Geography and its study.

2. Tourism and Geography are closely **intertwined**, having, as a main focus, the exploration of the world. Actually, tourists, while searching entertainment and amusement in a certain destination, have the opportunity to experience the *geography* of different realities, in terms of new *landscapes*, *lifestyle*, *traditions*, *culture* and even *cuisine*.

3. *Tourism Geography* covers a wide range of fields. In fact, this science has an **integrative** character, containing key elements from all fields of Geography: physical, human and economic. Besides this, *Tourism Geography* also has many common points with other sciences, including *History*, *Geology*, *Biology*, *Art*, *Economy* and so on. In more modern times, *Tourism Geography* also studies: the **environmental impact** of Tourism, the Tourism resources (*natural* or *man-made*), the Tourism infrastructure (*transportation, accommodation, etc.*), the types and forms of Tourism, the tourist circulation (*statistical research*), tourist markets, as well as other domains. Basically, Tourism and Geography are also linked to common specific terms such as: place, location, space, **accessibility**, scale and others.

4. Therefore, Geography is fundamental to the study of Tourism, because Tourism is geographical in nature. In fact, it occurs in *places*, it involves movement and *activities* between places, it considers the *relationships* that are created between people and places.

5. Consequently, Tourism and Geography can actually support each other and exchange knowledge.
They can learn from each other how to improve human life and promote environmental and cultural awareness.

6. Physical geography provides the essential background, against which tourist places are created. So environmental impacts and concerns become major **issues** in managing the development of tourism places

7. Above all, both disciplines have the potential to ensure that the **unceasing** changes, occurring throughout the world, may be inspired by a respectful attitude towards man and his environment.

COMPREHENSION

1 Match the **highlighted** words from the text (**1 - 8**) to their synonyms (**A - H**).

1. domain .... **A.** combinative
2. accessibility .... **B.** linked
3. intertwined .... **C.** problem
4. impact .... **D.** field
5. issues .... **E.** receptiveness
6. integrative .... **F.** effect
7. unceasing .... **G.** habitat
8. environmental .... **H.** continuous

COMPREHENSION

❷ Read **the text and** mark **these statements as True (T) or False (F) to show your knowledge about the importance of Tourism Geography.** Correct **the false statements.**

1. Tourism Geography is a science which does not need the support of other disciplines. T F
2. Tourism Geography was raised to the status of an independent science in the mid of the nineteenth century. T F
3. The main aim of Tourism and Geography is to increase the industry revenue. T F
4. Tourism Geography is a multidisciplinary science because it develops across several fields of study. T F
5. Tourism Geography has common points with science of Nutrition. T F
6. The interaction between Tourism and Geography can improve people's behaviour and foster respect towards their communities and environment. T F
7. Tourism Geography analyses both human and physical resources. T F
8. Tourism and Geography operate on a range of very different vocabulary. T F

COMPREHENSION

❸ Answer **the following questions by using complete sentences.**

1. **When** and **where** did Tourism Geography begin to be considered a science?
2. **Which** main focus do Tourism and Geography have in common?
3. **Why** is Tourism Geography defined as an *integrative* science?
4. **What** does Tourism Geography study in modern times?
5. **What** does it mean to say that 'Tourism is geographical in nature'?
6. **What** are the advantages deriving from the connections between Tourism and Geography?

COMPREHENSION

❹ Find out **which paragraph tells about:**

.... the mutual support between Tourism and Geography.
.... the common focus of Tourism and Geography.
.... the reason why Geography is a base for Tourism studies.
.... the definition and origin of Tourism Geography.
.... the potential of Tourism Geography to improve good environmental behaviours.
.... the connections of Tourism Geography with other sciences and fields.
.... the contribution of physical Geography to Tourism.

REVISION & PRODUCTION

❺ Complete **the following passage with the words in bold. Then** listen **&** check.

1

geographic - impacts - resources - people - physical - environments - industry - places - attention - consideration

Tourism has become one of the most significant forces for change in the world today.
Regarded by many as the world's largest 1............... , tourism prompts regular mass migrations of 2............... , exploitation of 3............... , processes of development and inevitable repercussions on 4............... , economies, societies and 5...............
It is a phenomenon that increasingly demands 6...............
Tourism Geography reveals how 7............... perspectives can inform and illuminate the study of Tourism. It offers a 8............... . of ways in which planning for tourism can assist in the regulation of development and reduce the negative 9.... .... on the 10............... environment.

REVISION & PRODUCTION

❻ Summarise **the content of the text THE CONNECTIONS BETWEEN TOURISM AND GEOGRAPHY in about 120 words.**

UNITÀ 4 L'ECONOMIA DEL TURISMO

1 Lezione — L'IMPORTANZA ECONOMICA DEL TURISMO NEL MONDO E IN ITALIA

UN SETTORE ECONOMICAMENTE RILEVANTE E IN CRESCITA

Il turismo è una risorsa decisamente importante dell'economia mondiale ed è un fenomeno in forte espansione. Negli ultimi due decenni la crescita del settore è stata rallentata dagli attentati terroristici che hanno colpito gli Stati Uniti e diversi paesi europei e dalla crisi economica del 2008-2009. Tuttavia questi avvenimenti non hanno inciso in misura significativa su un andamento che è costantemente positivo. Nel 2015 gli **arrivi turistici internazionali** sono stati pari a circa **1,2 miliardi di persone**, un valore più che doppio rispetto a quello di soli 20 anni prima. Le previsioni per il futuro sono altrettanto positive e si stima che nel 2030 gli arrivi internazionali supereranno il miliardo e 800 milioni di persone, cioè con un incremento di un terzo rispetto al valore attuale.
A conferma dell'importanza del ruolo economico svolto dal turismo, va aggiunto che il settore incide per circa il **10% sulla formazione del PIL mondiale** e che le sue entrate valutarie, pari a oltre 1,5 miliardi di dollari USA, superano quelle di importanti comparti come l'alimentare e l'automobilistico.

Il **turismo è in espansione in tutto il mondo**, soprattutto in quei paesi emergenti e in via di sviluppo che stanno puntando su questo settore proprio per ricavarne risorse economiche. Purtroppo alcune aree del pianeta, in particolare il Nordafrica e il Medio Oriente, sono in questi ultimi anni penalizzate dalla situazione politica instabile, dalle guerre in corso o dagli attentati terroristici.
L'**Europa è una delle principali mete turistiche mondiali** con oltre la metà del flusso turistico internazionale e, inoltre, 3 dei 5 paesi più visitati al mondo sono europei: nell'ordine Francia, Spagna

IL SOUVENIR

Il souvenir, da portare a casa come ricordo del viaggio, è un'antica abitudine: all'epoca dei pellegrinaggi erano le conchiglie del Camino di Santiago, mentre al tempo del Grand Tour erano sculture e incisioni. Rispetto a un artigianato autentico, come per esempio il vetro di Murano, spesso il souvenir è un prodotto omologato, uguale in molte località turistiche, un oggetto del tutto estraneo alla cultura locale. Molti di questi souvenir, infatti, come calamite, borse, magliette sono realizzati in serie, a basso costo, in altri paesi e non sono affatto prodotti di artigianato locale.

Un negozio di souvenir a Venezia.

INTROITI EXPORT PER CATEGORIA NEL MONDO NEL 2015 (in bilioni di dollari)

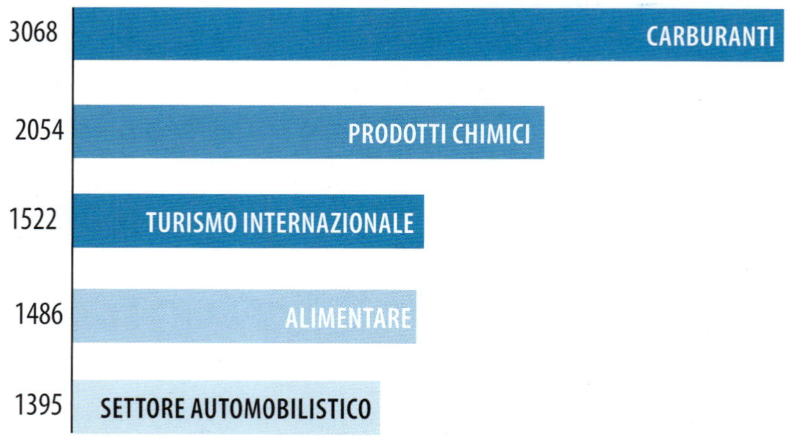

Turisti in visita alla Galleria degli Uffizi a Firenze.

e Italia. Gli altri due paesi extraeuropei sono gli Stati Uniti e la Cina.

OCCUPAZIONE E BILANCIA TURISTICA

Per quanto riguarda l'**occupazione**, il turismo impiega a livello mondiale **1 lavoratore su 11,** per una cifra di poco inferiore ai **300 milioni di addetti**. Si tratta non solo di chi lavora direttamente nel settore, ma anche di chi ne è coinvolto indirettamente, essendo impiegato in comparti collegati: è il caso dell'edilizia, delle costruzioni, dei trasporti, delle industrie che producono attrezzature come ombrelloni, lettini da spiaggia, sci, dell'artigianato (souvenir e articoli da regalo) e della stessa agricoltura.

Oltre al numero dei visitatori e degli occupati, un dato essenziale per valutare l'importanza turistica di un paese o di una regione è la **bilancia turistica**, cioè la **differenza tra le entrate e le uscite nel corso di un anno**. Facciamo l'esempio dell'Italia e del Regno Unito, due casi molto differenti. L'**Italia ha una bilancia turistica attiva** in quanto le entrate valutarie degli stranieri che visitano il nostro paese superano le spese degli italiani all'estero. Nel 2015 il saldo è stato positivo per oltre 13 miliardi di euro. All'opposto il Regno Unito ha un costante passivo (nello stesso anno pari a 12,5 miliardi di euro) ed è un paese in cui il settore turistico ha quindi un saldo negativo.

L'ITALIA: QUINTA POTENZA TURISTICA MONDIALE E PRIMO PAESE PER PATRIMONIO UNESCO

Nel settore turistico l'Italia ricopre ancora oggi un ruolo di primaria importanza a livello internazionale. Il nostro paese è una **potenza turistica** mondiale che nel 2015 ha accolto oltre **55 milioni di visitatori stranieri**; a questi vanno aggiunti i viaggi degli italiani stessi all'interno dei confini nazionali pari, sempre nel 2015, a oltre 58 milioni. Un totale quindi di **oltre 113 milioni di turisti** con circa 393 milioni di pernottamenti.

Il **turismo** è quindi una voce importantissima dell'economia: il settore incide per quasi il **12%** sul **Pil** e occupa oltre **2 milioni e mezzo di persone**. Questi dati dimostrano la capacità di attrazione del nostro paese che possiede una straordinaria ricchezza di risorse naturali, paesaggistiche, culturali e artistiche. L'Italia si colloca quindi al **primo posto a livello mondiale per il numero di siti Patrimonio dell'umanità dell'UNESCO** (51 su 1052).

ARRIVI TURISTICI INTERNAZIONALI (2015)

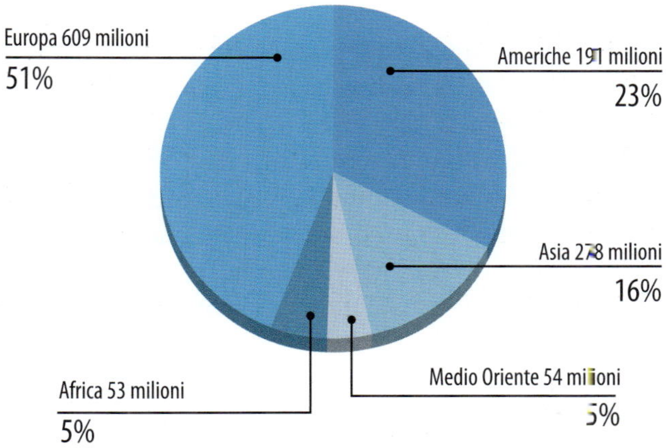

I NUMERI DEL TURISMO

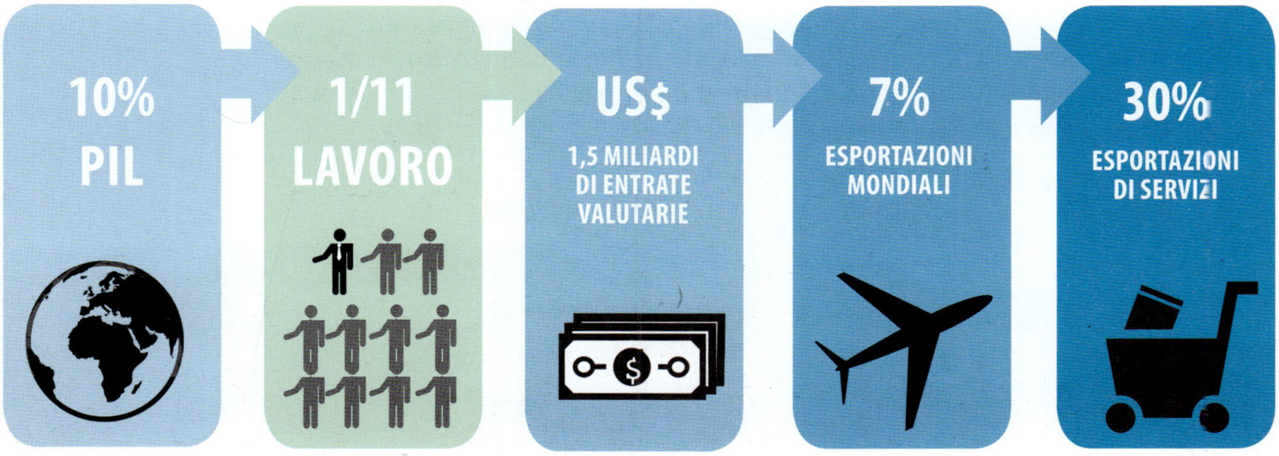

COMPETENZA DIGITALE

1 Lavora con i dati e internet

Fai una ricerca sul sito dell'Osservatorio nazionale del Turismo www.ontit.it e **trova** i dati relativi agli arrivi di turisti stranieri nella regione dove abiti.

2 Lezione L'OFFERTA TURISTICA IN ITALIA

PERNOTTAMENTI LUNGHI E BREVI

Il turismo, inteso come fruizione del patrimonio culturale, artistico, naturale, ricreativo di un territorio, è associato all'**utilizzo delle strutture ricettive** presenti. L'**offerta (o capacità) ricettiva**, cioè il numero degli esercizi alberghieri ed extra-alberghieri e i relativi posti letto disponibili, è uno dei principali indicatori per valutare il grado di sviluppo del turismo in un paese. In Italia le regioni del Nord e del Centro hanno una maggiore capacità ricettiva rispetto a quelle del sud.

I **luoghi di interesse turistico** si caratterizzano a seconda del **numero medio di notti trascorse** dai clienti negli esercizi ricettivi: valori elevati, corrispondenti a periodi di soggiorno lunghi, si rilevano nelle aree costiere e nelle zone montane, frequentate soprattutto da un turismo stagionale dei mesi estivi. Le regioni del turismo balneare, come il Veneto, l'Emilia-Romagna, le Marche e tutto il Sud presentano valori della permanenza superiori alla media italiana. Viceversa i soggiorni brevi sono generalmente associati al turismo culturale, in particolare nelle città d'arte, e al "turismo per affari", concentrati perlopiù nel Centro e nel Nord del paese.

LE REGIONI ITALIANE PIÙ VISITATE

Per quanto riguarda il dato complessivo dei viaggi, **le regioni più visitate** per numero di presenze sono **il Veneto, il Trentino-Alto Adige, la Toscana, l'Emilia-Romagna, il Lazio e la Lombardia** che ospitano i due terzi del flusso turistico totale. Veneto e Lazio sono le destinazioni nelle quali prevale la presenza di stranieri, anche grazie a città come Venezia e Roma, mentre la regione prescelta dagli italiani è l'Emilia-Romagna. Tra i **turisti stranieri** ci sono nell'ordine **tedeschi, statunitensi, francesi, britannici e svizzeri**, mentre tra gli italiani la quota di viaggiatori provenienti dalle regioni del Sud è costantemente più bassa rispetto a quella proveniente dagli altri territori italiani.

Inoltre l'Italia con 51 siti inclusi nella lista del **Patrimonio dell'umanità dell'UNESCO**, è in testa a tutti i paesi per numero di riconoscimenti e luoghi che hanno un particolare valore storico, artistico e culturale a livello mondiale.

LA *SHARING ECONOMY*

Il turismo è uno dei settori in cui nuove modalità di offerta basate sul sistema della ***sharing economy***, cioè l'economia della condivisione, hanno avuto una diffusione molto ampia ed economicamente rilevante grazie alla possibilità per il turista di risparmiare sui costi del viaggio e del soggiorno. Il sistema di scambi e di condivisione di beni e servizi ha dato vita, per esempio, a **siti internet social** come **Airbnb** e **Wimdu** per gli alloggi e **BlaBlaCa**r per gli spostamenti in automobile. Sono i casi più rappresentativi del successo mondiale di queste nuove forme di turismo organizzato autonomamente e di scambio di servizi tra viaggiatori. In particolare Airbnb in pochissimi anni è diventato il concorrente più temibile delle strutture ricettive tradizionali. L'offerta alberghiera deve quindi confrontarsi con le offerte dalla *sharing economy*, che è un fenomeno sempre più in crescita e molto rilevante dal punto di vista economico.

Nel 2015 si contano 167 000 esercizi ricettivi con più di 4,8 milioni di posti letto. Il numero di alberghi è pari a 33 200 unità con 2,2 milioni di posti letto.

LA RICETTIVITÀ TURISTICA IN ITALIA (2015)

ESERCIZI ALBERGHIERI

Tipologia ricettiva	Numero di esercizi	Posti letto
alberghi 5 stelle e stelle lusso	442	70 735
alberghi 4 stelle	5609	755 629
alberghi 3 stelle	15 355	957 580
alberghi 2 stelle	6014	191 933
alberghi 1 stella	2959	68 830
residenze turistico alberghiere	2820	206 011
Totale esercizi alberghieri	**33 199**	**2250 718**

ESERCIZI EXTRA-ALBERGHIERI

Tipologia ricettiva	Numero di esercizi	Posti letto
campeggi e villaggi turistici	2708	1 365 661
alloggi in affitto gestiti in forma imprenditoriale	73 075	610 641
agriturismi	18 525	251 179
ostelli per la gioventù	592	31 750
case per ferie	2325	132 976
rifugi di montagna	1091	33 878
altri esercizi ricettivi	5819	45 694
bed and breakfast	30 384	156 836
Totale esercizi extra-alberghieri	134 519	2 628 615
TOTALE	**167 718**	**4879 333**

Fonte: Istat

I SITI PATRIMONIO DELL'UNESCO IN ITALIA

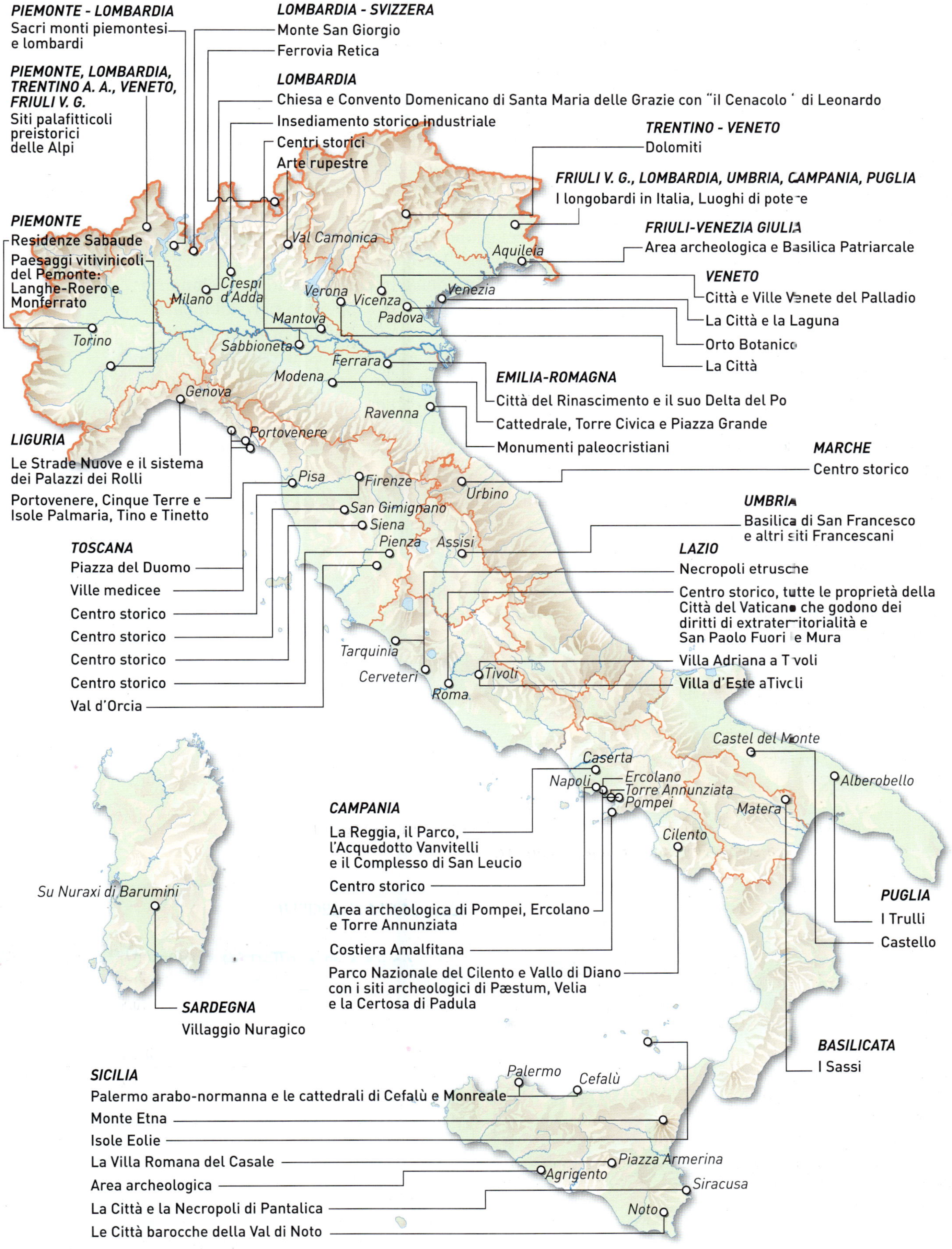

3 Lezione — LA PROMOZIONE TURISTICA IN ITALIA

UNA FORTE CONCORRENZA TRA LE DIVERSE METE TURISTICHE

L'emergere di nuovi paesi nell'offerta turistica mondiale, l'evoluzione della domanda e la richiesta di nuove forme di viaggio hanno determinato una **concorrenza sempre più forte e aggressiva tra le diverse mete turistiche**; la competizione oggi si disputa sempre più sul campo della pubblicità e del marketing. La promozione turistica viene attuata sia dagli enti pubblici nazionali e locali sia da organizzazioni e agenzie private.

L'Italia è stata uno dei primi paesi a dotarsi di un ente speciale adibito a promuovere l'immagine turistica del paese. Nel 1919, infatti, venne creato l'**ENIT**, l'**Agenzia Nazionale del Turismo** che ha come obiettivo quello di far conoscere gli innumerevoli luoghi di interesse culturale e naturale, di realizzare strategie di sostegno alla commercializzazione dell'offerta turistica, di curare la promozione integrata all'estero delle risorse turistiche dell'Italia in collaborazione con le regioni.

GLI ENTI LOCALI E LE ASSOCIAZIONI DI PROMOZIONE TURISTICA

Le **regioni** stesse promuovono autonomamente il loro territorio, avendone la competenza esclusiva in tema di turismo. Si avvalgono del contributo di speciali aziende come le APT, Aziende di Promozione Turistica e della collaborazione con i **comuni** che dispongono di appositi uffici (gli IAT, uffici Informazione e Accoglienza Turistica) e soprattutto delle **Pro loco**, organismi privati, nati a partire dalla fine dell'Ottocento, basati sul volontariato degli associati che cooperano per sviluppare la conoscenza e la promozione del proprio territorio.

Esistono anche altri organismi che si occupano della pubblicizzazione turistica, come i consorzi e le cooperative creati da imprenditori del comparto: le **associazioni di categoria** (albergatori, proprietari di camping, gestori di ostelli della gioventù) e i **tour operator**, cioè gli intermediari che operano sia a livello nazionale sia internazionale per organizzare e vendere pacchetti di viaggio.

Ci sono, infine, associazioni a carattere nazionale

COMPETENZA DIGITALE

1 Lavora con internet

Fai una ricerca sul sito www.enit.it vai alla sezione "studi", poi "focus paese", scegli un paese europeo e segui la traccia.

a. Indica se l'Italia è una delle destinazioni preferite.
b. Analizza i punti di forza o di debolezza della destinazione Italia.
c. Elenca i trasporti che collegano il paese in oggetto con l'Italia.
d. Delinea almeno una strategia per incrementare il flusso turistico verso l'Italia del paese che hai scelto.

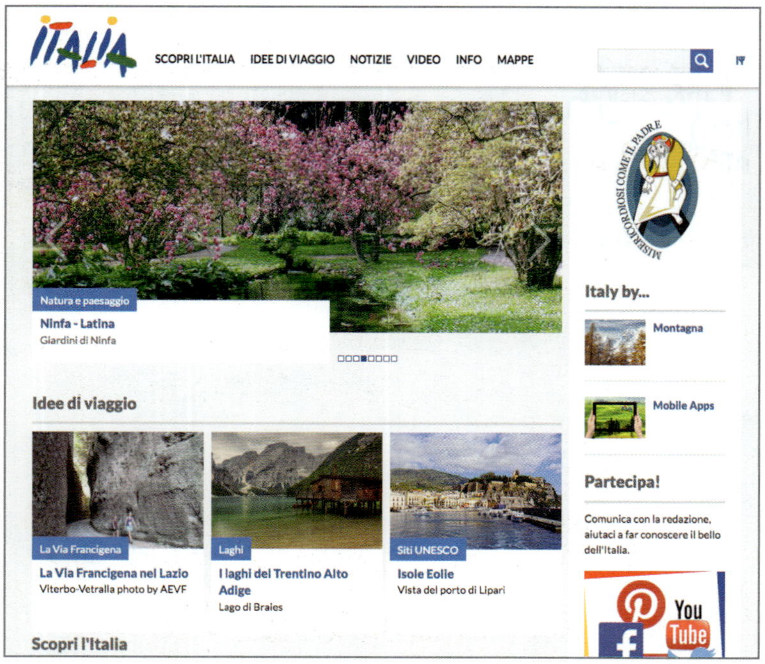

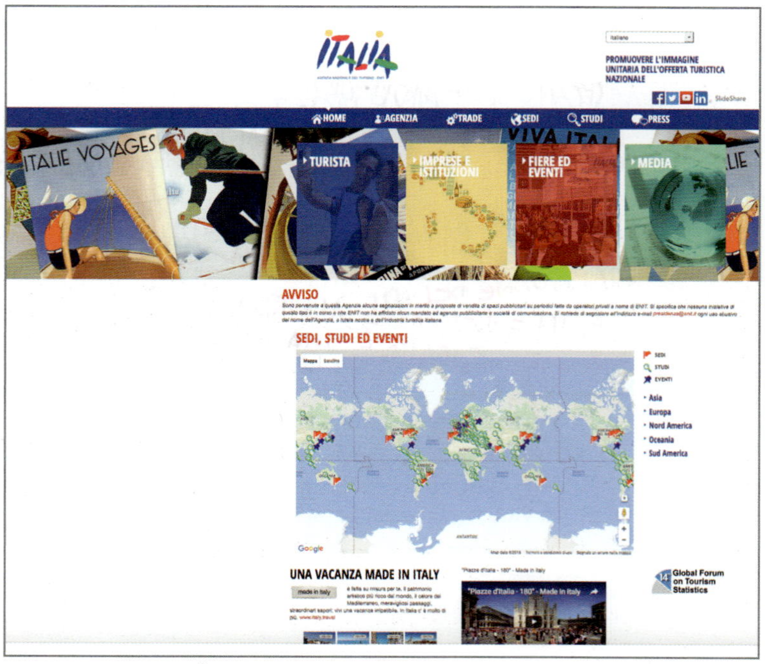

che si occupano di sviluppare l'attività turistica in Italia: è il caso del **CAI** (**Club Alpino Italiano**) che promuove lo sviluppo delle attività alpinistiche e contribuisce alla tutela del patrimonio montano italiano, del **TCI Touring Club Italiano** (➜ *unità 3*) e dell'**ACI** (**Automobile Club Italiano**) che favorisce il turismo automobilistico.
Naturalmente tutti questi enti e associazioni dispongono di **siti web** molto ben fatti e ricchi di informazioni che sono diventati uno strumento indispensabile nella promozione turistica.

NUOVI TOPONIMI

La promozione turistica dell'Italia ha determinato anche il **cambiamento di alcuni toponimi storici** ritenuti poco adatti all'immagine turistica di alcune località. Per esempio nell'isola d'Elba Porto Longone (sede di un penitenziario) è stato modificato in Porto Azzurro, mentre Punta Troja (Grosseto) è divenuta Punta Ala, Valle delle Pozze (Pistoia) ora si chiama Val di Luce.
In alcuni casi, per valorizzare la caratteristica di un elemento naturale o di un territorio sono stati sfruttati i **nomi di colori** ritenuti particolarmente accattivanti per la promozione delle località costiere: tra i tanti è il caso di Costa Smeralda, Costa Dorata e Costa Verde in Sardegna, di Costa Viola in Calabria, delle Spiagge Bianche in Toscana, di Rivazzurra in Romagna.
In altri casi, soprattutto negli anni Sessanta-Settanta del secolo scorso, sono stati introdotti i termini "marina" o "lido" per distinguere i centri costieri generati per sviluppo edilizio da quelli dell'interno: è il caso di Catanzaro Lido e di Marina di Ragusa. Recentemente sono stati invece adottati toponimi che non tengono più conto di quel criterio: un esempio è offerto dai Lidi ferraresi, chiamati "degli Estensi", "delle Nazioni", "degli Scacchi", "di Volano", "di Pomposa".

Il BIT, la Borsa internazionale del turismo, è una manifestazione internazionale che si svolge ogni anno a Milano, alla quale partecipano operatori turistici e aziende di promozione turistica.

Il turista consapevole

Una veduta del paese con le numerose strutture ricettive e le case di recente costruzione.

IL CASO SESTRIERE

Uno sviluppo recente

Sestriere è oggi una della stazioni di sport invernali più famose dell'intero arco alpino; sorge a 2035 m sul rilievo che collega l'alta valle di Susa, dove scorre la Dora Riparia, alla valle del Chisone. **Fino alla metà dell'Ottocento** la località era spopolata e **corrispondeva a un'area di alpeggi** vicino al confine francese. La costruzione del primo albergo risale agli anni Venti del secolo scorso, adatto allora per ospitare i pochi visitatori che d'estate si recavano a Sestriere. D'inverno, mentre in altre montagne del Piemonte si cominciava a diffondere lo sci come pratica sportiva, il turismo a Sestriere era ancora inesistente.

Nel 1930, però, **la storia di Sestriere cambia**. A partire da quell'anno, infatti, Giovanni Agnelli, fondatore della casa automobilistica FIAT, decide di investire sulla località, acquista molti terreni e avvia la **realizzazione di un centro d'avanguardia**, che rompe qualsiasi legame con l'architettura tradizionale montana. Prima vengono costruiti due alberghi, le famose "torri", poi sorgono nuove case, strade, un trampolino per il salto con gli sci, un campo da golf e tre funivie dirette ai vicini monti Sises, Banchetta e Fraiteve. Il comune viene costituito nel 1934 e da allora Sestriere sarà per lungo tempo legato alla famiglia Agnelli.

Dalla Seconda guerra mondiale a oggi

Dopo la Seconda guerra mondiale e la ricostruzione, il trentennio che va dagli anni Cinquanta alla fine degli anni Settanta è una **continua crescita** e un **successo turistico**. Si realizzano nuovi impianti di risalita e piste per la discesa; i collegamenti stradali in direzione delle valli Chisone e di Susa vengono migliorati e Sestriere diventa una località per lo sci di massa. Del resto a partire dal 1967, anno della Coppa del Mondo di sci, Sestriere accresce il suo prestigio ospitando innumerevoli eventi sportivi a carattere internazionale.

Nel 1987 nasce la "**Via Lattea**", un comprensorio sciistico internazionale, tra i più grandi d'Europa, formato da 5 località piemontesi, Sestriere, Sauze d'Oulx, Sansicario, Cesana, Claviere e dalla francese Montgenèvre per un totale di circa 200 piste con un'estensione lineare di oltre 400 km, in buona parte coperte da innevamento artificiale.

Dieci anni dopo, nel 1997, con i Mondiali di sci, la cittadina si ingrandisce ulteriormente aumentando le strutture ricettive e i servizi. Si costruiscono due torri più piccole sullo stesso stile delle prime per il villaggio atleti, e un grande centro commerciale; infine, per migliorare la viabilità, viene realizzata la circonvallazione. Un'ulteriore occasione di sviluppo sono le gare di sci alpino dei **XX Giochi Olimpici Invernali di Torino nel 2006**.

Una stazione sciistica specializzata

Sestriere costituisce un **modello di stazione sciistica artificiale d'alta quota**, specializzata nell'offerta turistica degli **sport invernali**. L'altitudine elevata e la vastità del comprensorio sciistico l'hanno resa famosa e la stazione è diventata meta di eventi sportivi di rilievo internazionale. Uno dei più importanti punti di forza è la buona accessibilità stradale, grazie alla vicinanza dell'autostrada. Il comune si è quindi sviluppato economicamente come un centro a preponderante attività turistica, con un terzo della popolazione impiegata nelle attività del settore (alberghi e ristorazione). I flussi turistici si concentrano nei mesi tra dicembre e marzo, quando si ha circa il 75% delle presenze totali annuali.

Un modello turistico all'avanguardia con un'ampia offerta turistica

Sestriere è stata una delle prime stazioni specializzate nel turismo sciistico, anticipando di trent'anni l'affermazione di questo modello in altre parti d'Italia e delle Alpi. L'obiettivo originario era di creare una località destinata al divertimento invernale, soprattutto per l'élite dei cittadini torinesi.

Nell'ultimo decennio, a causa della crisi economica, le presenze turistiche hanno segnato una flessione, ma il comune riesce a fronteggiare la diminuzione delle vacanze sciistiche grazie alla **diversificazione dell'offerta turistica**. Pur mantenendo come elemento centrale lo sci da discesa, si amplia la proposta di altre discipline sportive per la pratica agonistica e amatoriale, d'estate e d'inverno. Per questo sono state ristrutturate e riqualificate strutture come il campo da calcio, la pista di atletica, il campo da golf, mentre gli impianti di risalita invernali d'estate sono riadattati ad attività come la mountain bike e lo sci d'erba.

La storia di Sestriere racconta quindi la transizione da un modello turistico monofunzionale, basato esclusivamente sullo sci, a un modello turistico polifunzionale.

Le proposte di percorsi a piedi per l'estate nei dintorni di Sestriere.

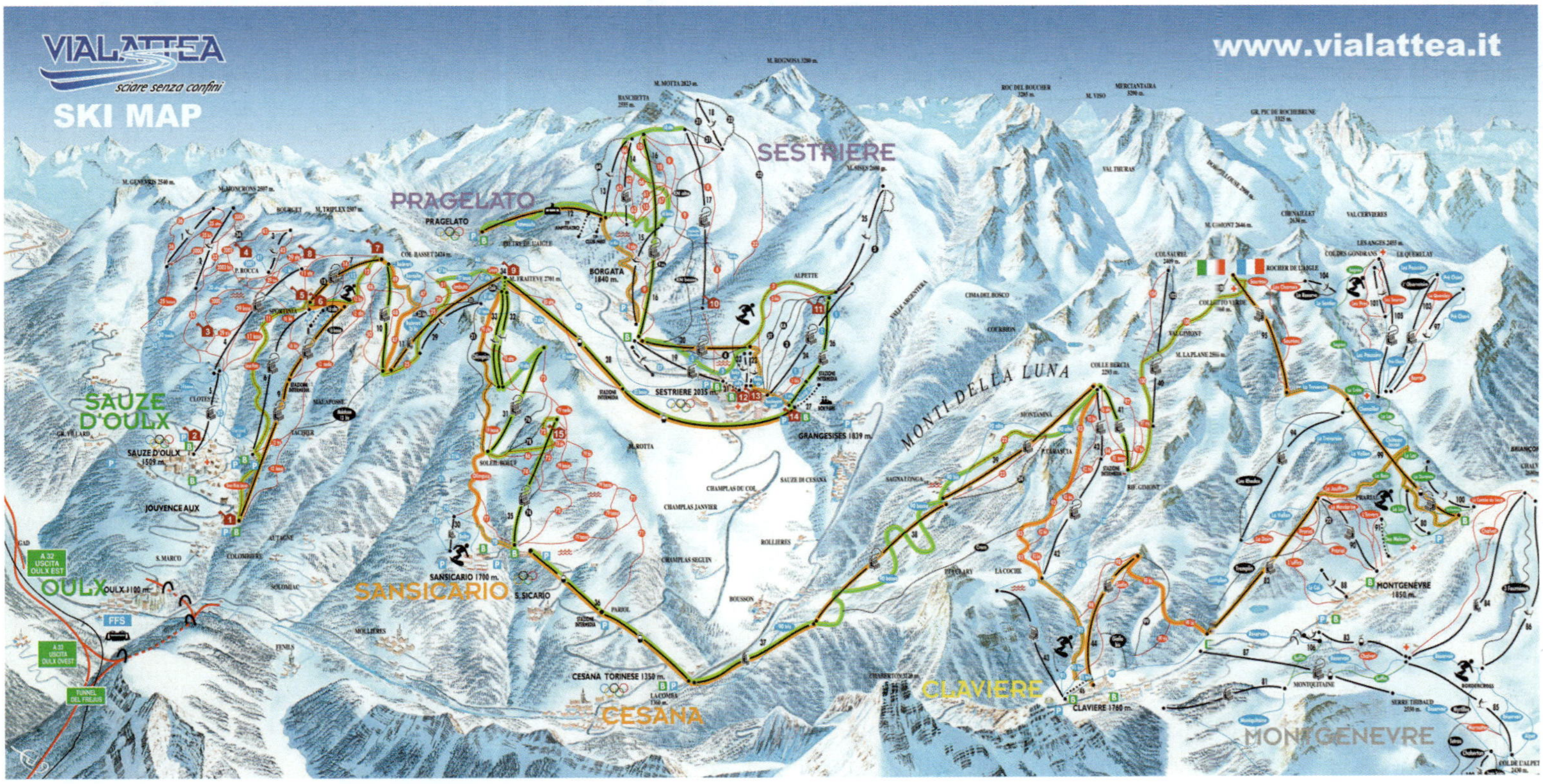

Ortorama del comprensorio sciistico della Via Lattea.

COMPETENZA DIGITALE

1. Lavora con internet

a. Fai una ricerca e **trova** informazioni su Sestriere. Completa la tabella.

Arrivi turistici in inverno	
Arrivi turistici in estate	
Strade e autostrade che collegano Sestriere a Piemonte e Liguria	
Strade e autostrade che collegano Sestriere alla Francia	
Numero degli hotel presenti	
Numero dei ristoranti presenti	
Numero delle scuole di sci	

OBIETTIVO LAVORO

2. Lavora con internet

Fai una ricerca e **trova** informazioni sulle attività che si possono svolgere a Sestriere. Fai una breve presentazione che metta in luce le caratteristiche della località montana. Segui la traccia.

a. Quali sono le attività che si possono svolgere in inverno?
b. Quali sono le attività che si possono svolgere in estate?
c. Quali sono le proposte del comune?
d. Quali sono le diverse strutture ricettive?

1 Lezione — DISTANZE E TURISMO

LA DISTANZA COME SPAZIO-TEMPO E SPAZIO-COSTO

Tra i principali fattori che determinano il successo di una meta turistica c'è la **distanza** tra le aree di turismo attivo (aree di partenza) e di turismo passivo (aree di arrivo). Non bisogna dimenticare che nella geografia turistica il concetto di distanza non va definito in valore assoluto, cioè nella misura lineare tra due zone della superficie terrestre, ma piuttosto in termini di **spazio-tempo** e di **spazio-costo**.

Per il primo si intende la misurazione del tempo necessario per spostarsi dal luogo di partenza a quello di arrivo, mentre lo spazio-costo è la valutazione della spesa da sostenere per effettuare lo spostamento. Rispetto al nostro punto di partenza, nella geografia turistica, **una località è più vicina di un'altra** (anche se più lontana in valore assoluto) **quando i collegamenti sono più veloci e meno costosi**.

Facciamo un esempio concreto. Roma dista dalle isole Canarie (arcipelago appartenente alla Spagna che si trova davanti all'Africa occidentale) 3500 km; lo spazio-tempo cioè la distanza in termini di tempo, dato per scontato che occorre prendere un aereo, è di 4 ore e mezzo, che corrisponde alla durata del volo tra le due località. Lo spazio-costo, cioè la spesa del biglietto, per un volo di sola andata in bassa stagione, è di circa 100 euro a persona.

Un turista terrà in considerazione questi due aspetti, cioè il tempo e il costo e valuterà se scegliere le isole Canarie che possono risultare "più vicine" rispetto a località italiane da raggiungere in auto o in treno.

Lo stesso ragionamento di valutazione si può fare per decidere se andare a Parigi oppure a Sanremo per un turista che abita a Roma (➜ *tabella nella pagina a fianco*).

La scelta del mezzo di trasporto può naturalmente variare sia per Parigi sia per Sanremo, qui si è scelta l'opzione più probabile e veloce. Per Sanremo sono state valutate due alternative, quella stradale e quella ferroviaria; la prima è più conveniente se si viaggia in più persone. La tabella visualizza come le località lontane possano essere "più competitive e vicine" in termini di spazio-tempo e spazio-costo.

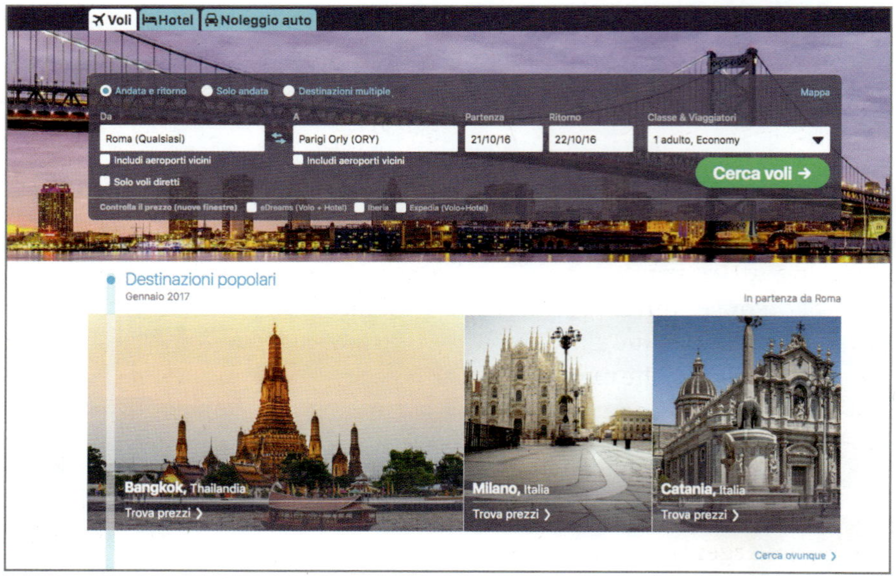

Skyscanner.it è uno dei siti più conosciuti per cercare voli *low cost*.

Il TGV che collega Roma a Parigi.

L'aeroporto di Orly a sud di Parigi.

AB = 3 IN ITALIA / AEREOPORTO INTERNAZIONALE / COMPAGNIA DI BANDIERA

UN VIAGGIO ROMA-PARIGI IN AEREO E UN VIAGGIO ROMA-SANREMO IN AUTOMOBILE O IN TRENO *

	Roma-Parigi	Roma-Sanremo	Roma-Sanremo
Distanza	1100 km (distanza lineare)	650 km (distanza stradale)	640 km (distanza ferroviaria)
Mezzo del trasferimento scelto	aereo	automobile	treno
Tempo del trasferimento	2 h (volo diretto)	7 h e 10' (via autostrada senza traffico)	7 h
Tempo aggiuntivo necessario per raggiungere l'aeroporto di Fiumicino e per andare dall'aeroporto parigino di Orly in città o per raggiungere la stazione ferroviaria	2 h		15'
Costo del trasferimento	40 euro (per una persona con arrivo aeroporto di Orly, compagnia low cost, ma volo diretto)	130 euro (benzina, pedaggio autostradale)	80 euro
Costo del trasferimento da e per l'aeroporto o per la stazione ferroviaria	30 euro		1,50 euro (biglietto de bus)
Totale distanza / tempo	4 h (dal centro di Roma)	6 h e 30'	7 h e 15'
Totale distanza / costo	70 euro	130 euro in due (65 euro a persona)	81,50 euro

** per l'analisi dei tempi e dei costi è stata fatta una ricerca online il 20 di ottobre 2016 per una ipotetica partenza per venerdì 11 di novembre. Per la consultazione online sono stati utilizzati i siti di Trenitalia, Skyscanner, Viamichelin, GoogleMaps.*

LOCALITÀ EMERGENTI E TURISMO DEL WEEKEND

A seguito dell'evoluzione tecnologica dei mezzi di trasporto e la riduzione dei tempi di percorrenza, le distanze intese come spazio-tempo e come spazio-costo sono diventate molto variabili. Di fatto **località molto lontane si sono affermate sul mercato turistico internazionale** facendo concorrenza a regioni di turismo passivo più vicine ai luoghi di partenza. È con questo meccanismo che un numero sempre più alto di turisti intraprende volentieri **viaggi a raggio sempre più ampio**.

Negli ultimi decenni, infatti, si è configurata una **nuova geografia del turismo**, con nuove località emergenti. Al tempo stesso le convenienti tariffe per i voli *low cost* (→ *lezione 2*) hanno incrementato enormemente il **turismo del weekend** e delle **vacanze brevi** verso quelle città dell'Europa che dispongono di uno scalo aeroportuale raggiunto dalle principali rotte aeree.

Infine bisogna dire che in questi ultimi anni, oltre alla durata del viaggio e al suo costo, ha notevolmente inciso sulla scelta di una destinazione turistica la sua **sicurezza in termini di rischio di attentato terroristico**: Sharm-el Sheikh sul Mar Rosso e la Tunisia, per esempio, dopo il boom di presenze turistiche degli scorsi anni, hanno perso una parte molto consistente di turisti a seguito dei recenti attentati. Lo stesso è accaduto ad altri paesi europei dopo gli attentati del 2015 e del 2016.

Una pubblicità online propone un weekend a Matera a basso costo.

Viaggiare.it è uno dei tanti siti che organizza pacchetti di viaggio.

2 *Lezione*

MEZZI DI TRASPORTO E VIE DI COMUNICAZIONE: I CAMBIAMENTI RECENTI

MODALITÀ + CONVENIENTE: INDIVIDUA IL METODO + RAZIONALE x TEMPO/COSTI   DA: A: MEZZO COSTO

BOLOGNA - LIONE (FRANCIA)   CATANIA - BORDEAUX   SIENA - UDINE
ROMA - EDIMBURGO   VERONA - BUCAREST   CUNEO - NIZZA

I MEZZI DI TRASPORTO PERCORRONO QUALSIASI DISTANZA

Gli enormi **progressi dei mezzi di trasporto** hanno dato un notevole impulso all'espansione turistica degli ultimi decenni. Fino agli inizi del Novecento, i viaggi turistici erano limitati non soltanto per ragioni sociali ed economiche, ma anche per via di un sistema di trasporti poco adatto a un movimento di massa. Oggi i mezzi di trasporto come l'**automobile**, il **treno**, l'**aereo** e la **nave** permettono di raggiungere qualsiasi meta grazie a un capillare e articolato sistema di **vie di comunicazione**, cioè strade, autostrade, ferrovie, vie marittime e rotte aeree.

Anche se la rivoluzione tecnologica ha ridotto la durata dei viaggi, la scelta del mezzo di trasporto dipende dalle destinazioni finali: è ancora poco probabile riuscire a percorrere più di 1000 km in autostrada e più di 10 mila km in aereo in una sola giornata. Ne consegue che prevale l'uso dell'aereo per le destinazioni lontane o per i soggiorni brevi; si tende a scegliere il treno o l'automobile per distanze medie; la nave, invece, si utlizza quando si devono raggiungere le isole o per fare una crociera.

SPOSTAMENTI PIÙ FACILI NEI PAESI AVANZATI

La facilità di spostamento, una volta giunti a destinazione, è sicuramente più agevole nei paesi avanzati, cioè in **Europa, Nord America, Giappone**, dove si ha la **più forte concentrazione mondiale dei mezzi e delle attrezzature di trasporto**, a cominciare dalle automobili e dalla rete stradale.

I paesi in via di sviluppo, nonostante molti di essi abbiano puntato sul turismo facendo investimenti per il potenziamento del proprio sistema di trasporti, hanno maggiori difficoltà a causa di una rete delle comunicazioni ancora poco fitta e mal organizzata. Ancora oggi in alcuni di questi paesi la mobilità turistica è più complicata, ad eccezione dei circuiti turistici più frequentati.

TRE CAMBIAMENTI NEL TRASPORTO AEREO

La possibilità di muoversi più velocemente e a prezzi più favorevoli, negli ultimi vent'anni, ha favorito lo sviluppo del turismo e ha determinato **tre grandi trasformazioni** nel settore dei trasporti.

In primo luogo il **successo delle compagnie *low cost*** in Europa ha rivoluzionato i collegamenti aerei. In tutto il continente europeo si è verificato un

L'EVOLUZIONE DEI VETTORI AEREI

Douglas DC-4	
Costruttore	Douglas Aircraft Company (USA)
Data primo volo	giugno 1938
Lunghezza	28,60 m
Apertura alare	35,81 m
Altezza	8,38 m
Passeggeri	fino a un massimo di 86
Velocità max	442 km/h
Velocità di crociera	326 km/h
Autonomia	3450 km

Boeing 737	
Costruttore	Boeing (USA)
Data primo volo	aprile 1967
Lunghezza	33,40 m
Apertura alare	35,8 m
Altezza	11,13 m
Passeggeri	fino a 189
Velocità max	945 km/h
Velocità di crociera	840 km/h
Autonomia	4668 km

Airbus A380	
Costruttore	Airbus (consorzio europeo)
Data primo volo	aprile 2005
Lunghezza	72,72 m
Apertura alare	79,75 m
Altezza	24,09 m
Passeggeri	fino a 853
Velocità max	1176 km/h
Velocità di crociera	1041 km/h
Autonomia	15 200 km

incremento del flusso turistico nelle mete raggiunte dalle rotte a basso costo e oggi il viaggio *low cost* viene utilizzato dalla maggior parte dei viaggiatori. Dei voli *low cost* hanno beneficiato le **capitali e le città d'arte europee**, ma anche i centri minori fino a poco tempo fa ai margini dello sviluppo turistico.

In secondo luogo, i viaggi *low cost* hanno **ridimensionato i voli *charter***, cioè quel servizio di trasporto aereo economico effettuato con aerei non di linea, ma noleggiati dalle compagnie aeree.

Infine si è assistito al **rilancio dei piccoli aeroporti** che, esclusi dalle rotte delle grandi compagnie aeree, apparivano destinati alla chiusura. Su questi scali minori, invece, hanno puntato le compagnie *low cost* con il risultato di una straordinaria crescita del movimento dei passeggeri. I terminal si sono ingranditi sul modello dei grandi *hub* internazionali con strutture che offrono maggiori servizi ai viaggiatori: parcheggi auto, servizi di autobus per raggiungere il centro cittadino, prenotazioni degli hotel, noleggio auto, negozi, ristoranti ecc. Significativo è il boom dello scalo bergamasco di **Orio al Serio** (→ *Il turista consapevole*, p. 54), oggi terzo aeroporto italiano per passeggeri.

Il successo del sistema dei voli a basso costo è stato tale per cui le grandi compagnie, per far fronte alla concorrenza, hanno creato propri vettori *low cost*: è il caso, per esempio, della tedesca Lufthansa con le *low cost* Eurowings e German Wings.

CROCIERE POPOLARI E TRENI AD ALTA VELOCITÀ

La seconda grande trasformazione riguarda il viaggio in **crociera**, che da vacanza d'***élite*** è diventato una vacanza popolare. Con la costruzione delle **grandi navi veloci**, che hanno la capacità di ospitare migliaia di passeggeri, si è reso possibile, infatti, l'abbassamento dei prezzi, oggi alla portata di un **pubblico di massa**. L'idea del viaggio in crociera, soprattutto nel Mediterraneo e nei mari tropicali come i Caraibi, si è andata sempre più diffondendo tanto che le navi sono "villaggi turistici galleggianti" con tutti i comfort e innumerevoli strutture ricreative e sportive. Dello sviluppo del turismo crocieristico si sono avvantaggiati tanti porti italiani, che hanno attrezzato aree per lo sbarco e l'imbarco dei passeggeri delle crociere.

La terza innovazione riguarda i **treni ad Alta Velocità** che hanno radicalmente accorciato i tempi di percorrenza e hanno determinato **ripercussioni positive sui flussi turistici nelle città raggiunte da questo servizio**. In particolare in Italia, la rete dell'Alta Velocità "avvicina" ulteriormente **città già interessate da notevoli flussi di visitatori** come Roma, Firenze e Milano oggi raggiungibili in poche ore. Addirittura, sulle medie distanze, cioè fino a 600-700 km, l'alta velocità ferroviaria fa concorrenza all'aereo in quanto collega le città "da centro a centro", evitando il dispendio di tempo per raggiungere gli aeroporti spesso molto distanti dal centro urbano.

hub
Grande aeroporto intercontinentale che costituisce un importante nodo del traffico aereo come centro di raccolta dei passeggeri da e per le località minori.

A PREZZO DI ALTRI DISAGI
VOLI LOW COST: AZIENDA PRIVATA (ES. RYNAIR), CON PREZZI COMPETITIVI, MA CON PERSONALE RIDOTTO, (LAVORANO IN RETE
LE PERSONE SI FANNO I BIGLIETTI DA SOLI
NO DESK, SOLO PER CONSEGNA BAGAGLIO (PAGATO A PARTE)
USO DI SCALI SECONDARI (COSTANO MENO) NO OFFERTE CIBO, SI ATTERRA LONTANO (PULMINI)

PRIVATIZZAZIONE:

3 VOLI: DI LINEA, CHARTER, LOW COST
CONTROLLATA +50% -50%
DI SOLITO COMPAGNIA DI BANDIERA (AZIENDA A CAPITALE MISTO) NASCEVA COME DI STATO (ALITALIA)
VOLO CHE NON SUBISCE LA STAGIONALITÀ (DA... A...) TUTTI I GIORNI A UN DETERMINATO ORARIO COLLEGA DUE SCALI

COMPETENZA DIGITALE

❶ Lavora con internet

Fai una ricerca e **trova** i collegamenti ferroviari ad Alta Velocità tra Milano e Roma e calcola il tempo del percorso. Fai la stessa ricerca sui collegamenti aerei, poi costruisci una tabella di confronto tenendo conto anche del tempo necessario per raggiungere gli aeroporti di Milano e Roma.

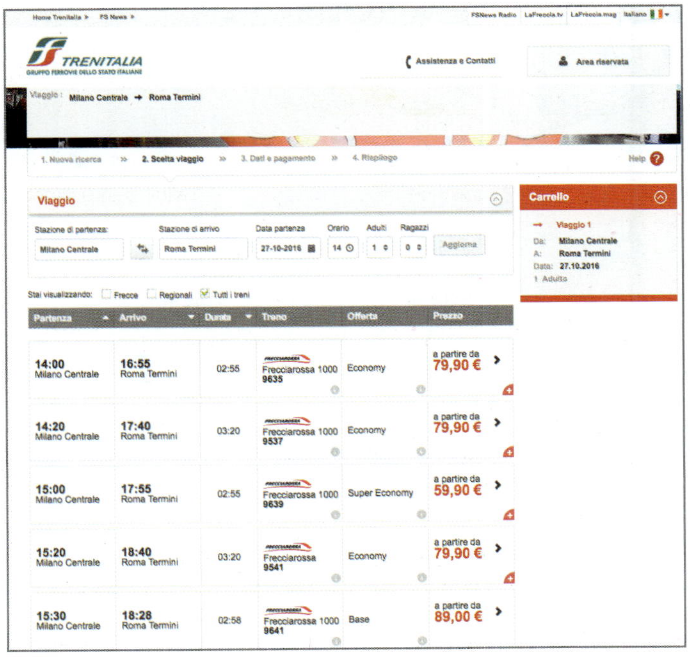

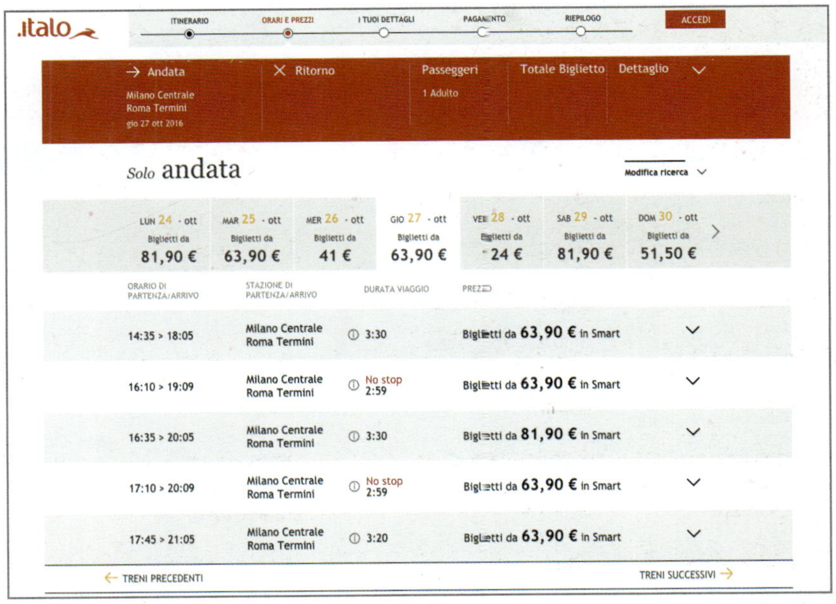

I treni ad Alta Velocità di Trenitalia e di Italo che collegano Milano e Roma.

3 *Lezione* LE VIE DI COMUNICAZIONE IN ITALIA

L'AUTOMOBILE: IL MEZZO DI TRASPORTO PIÙ UTILIZZATO

In Italia il **trasporto su gomma** (automobile e autobus) **prevale** ancora nettamente negli spostamenti turistici, seguono aereo e treno. Del resto l'Italia si colloca ai **primissimi posti per numero di automobili** circolanti in rapporto alla popolazione: più di 600 autovetture ogni 1000 abitanti. La rete stradale e autostradale italiana garantisce un ottimo sistema di comunicazioni ed **è articolata lungo due assi: il primo** corre sulla direttrice Nord-Sud, mentre **il secondo** attraversa la Pianura Padana in senso Est-Ovest.

La rete stradale copre in tutto oltre 600 000 kilometri di strade e circa 6800 kilometri di autostrade. Le principali strade statali seguono ancora oggi i tracciati delle antiche strade romane di cui hanno conservato il nome: Aurelia, Cassia, Flaminia. Le autostrade più importanti sono l'A1 (o Autostrada del Sole) che da Milano va a Napoli e la A4 (chiamata Serenissima nel tratto centro-orientale) che unisce Torino a Trieste passando per Milano.

Ideale per le escursioni del fine settimana, per i viaggi di media e corta percorrenza e per gli itinerari con più tappe, **l'automobile è il mezzo più flessibile** per gli spostamenti, anche se il **più inquinante e rischioso** sia per il traffico sia per l'alto numero di incidenti stradali.

VOLI CHARTER: COMPAGNIA PRIVATA
PER CUI NON ESISTE UN VOLO DI LINEA
COLLEGA 1 LOCALITÀ CON UNA DEST. TURISTICA
ES. BOLOGNA-SANTORINI.
STAGIONALE
NOLEGGIATO DAI TOUR OPERATOR
(PROGETTA PACCHETTI TURISTICI)
O CATALOGO
PER ANDARE A SANTORINI SENZA CHARTER
BOLOGNA -> ATENE
ATENE -> SANTORINI
AEROPORTO -> COMPETENZA ENTE PUBBL
IN ITALIA -> TROPPI AEROPORTI INUTILE

NUMEROSI SCALI AEROPORTUALI

L'Italia conta attualmente un **consistente numero di aeroporti**; gli scali più importanti sono Roma-Fiumicino, Milano-Malpensa, Milano-Linate, Bergamo-Orio al Serio, Venezia e Catania-Fontanarossa. I passeggeri che si imbarcano e sbarcano negli aeroporti italiani si aggirano intorno ai 150 milioni all'anno, dei quali oltre la metà intraprendono rotte internazionali. La principale compagnia *low cost* è la Ryanair, alla quale segue Etihad-Alitalia.

LA RETE FERROVIARIA ITALIANA

La rete ferroviaria italiana si compone di oltre 16 000 km di linee, delle quali la maggior parte gestite da Trenitalia. Il movimento passeggeri è pari a oltre 850 milioni di viaggiatori all'anno. L'**Alta Velocità**, pari a poco più di 1400 km, è **ancora inferiore a quella dei maggiori paesi europei**: la linea più importante corre lungo la dorsale Torino-Milano-Bologna-Firenze-Roma-Napoli-Salerno, alla quale si aggiungono brevi tratti sulla Milano-Venezia.

In alcune regioni italiane si stanno rilanciando a scopo turistico le tratte ferroviarie dismesse alcuni anni fa. Al tempo stesso altri tratti ferroviari abbandonati sono stati riattivati e recuperati come *greenway*, cioè strade verdi con percorsi a piedi o in bicicletta.

I TRASPORTI MARITTIMI E LE VIE D'ACQUA INTERNE

Le **navi traghetto** costituiscono il servizio di trasporto marittimo più diffuso in Italia con un movimento annuale di passeggeri intorno ai 70 milioni fra arrivi e partenze. I servizi di **trasporto passeggeri** e veicoli interessano la Sardegna, la Sicilia, le isole minori (arcipelaghi toscano e campano, Egadi, Eolie, Tremiti ecc.), oltre alle linee di servizio per gli altri paesi mediterranei (Grecia, Corsica, Croazia).

I **maggiori porti** per movimento passeggeri sono le coppie Messina-Villa San Giovanni (tra Sicilia e Calabria) e Piombino-Portoferraio (tra Toscana e isola d'Elba), Napoli, Capri, Olbia, Porto d'Ischia, Genova e Civitavecchia. Il **movimento turistico delle crociere**, per il quale l'Italia nel Mediterraneo emerge davanti agli altri paesi, utilizza soprattutto Genova e Napoli, poi seguono gli scali di Civitavecchia, Livorno, Palermo, Messina, Venezia e Savona.

Dal punto di vista turistico in Italia rivestono molta importanza anche i servizi di navigazione interna, soprattutto nei grandi laghi prealpini, nella Laguna di Venezia, lungo il corso del fiume Po e lungo i canali di alcune aree urbane (Milano, Livorno).

MOVIMENTI DI PASSEGGERI SU VOLI NAZIONALI, INTERNAZIONALI, DI LINEA E CHARTER PER I PRINCIPALI AEROPORTI ITALIANI. (2015, valori assoluti)

Aeroporti	Passeggeri
Roma-Fiumicino	40 463 208
Milano-Malpensa	18 582 043
Bergamo-Orio al Serio	10 404 625
Milano-Linate	9 689 635
Venezia	8 751 028
Catania	7 105 487
Bologna	6 889 742
Napoli	6 163 188
Roma-Ciampino	5 834 201
Pisa	4 804 812
Palermo	4 910 791
Torino	3 666 424

COMPETENZA DIGITALE

❶ **Lavora con internet**

Fai una ricerca e **trova** quali sono le linee ferroviare italiane dismesse (cioè abbandonate) che sono state trasformate in itinerari pedonali o piste ciclabili. Spesso attraversano località interessanti sia dal punto di vista naturale sia culturale. Indica quelle principali e spiega perché vale la pena percorrerle.

Dove oggi si pedala sulla ciclabile del Garda, un tempo correvano i binari della ferrovia M.A.R. (Mori, Arco, Riva) che collegava quella del Brennero alla riva nord del Garda. Era una ferrovia che rimase in funzione dal 1891 al 1936 unendo Riva del Garda a Mori e, a partire dal 1925 sotto la gestione delle ferrovie italiane, anche a Rovereto. Lo sviluppo e la diffusione del trasporto automobilistico e su strada causarono la crisi della linea che nel 1936 fu sospesa. Abbandonata a lungo è stata poi convertita in anni più recenti in pista ciclabile dalla Regione Trentino-Alto Adige.

COMPETENZA DIGITALE

❷ **Lavora con internet**

Fai una ricerca e **trova** quali sono le linee ferroviarie dei treni turistici che, in collaborazione con Trenitalia, hanno mantenuto in vita antichi percorsi e hanno restaurato treni d'epoca. Inizia da www.ferrovieturistiche.it poi trova altri siti che ti possono dare altre notizie.

Un antico treno a vapore con la locomotiva nella stazione di Asciano Scalo in Toscana.

Il turista consapevole

L'immagine è una panoramica della zona aeroportuale di Orio al Serio, presa dalla rampa del cavalcavia a ovest della pista di volo, lungo la strada a due carreggiate di accesso con provenienza da Bergamo. Sulla sinistra lo spazio della pista di volo, al centro i parcheggi e gli edifici aeroportuali con la torre di controllo.

IL CASO DELL'AEROPORTO DI ORIO AL SERIO

Il terzo aeroporto italiano

L'aeroporto internazionale di Bergamo - Orio al Serio, è situato nel comune di Orio al Serio, a 5 km di distanza da Bergamo e a 50 km dal centro di Milano; lo spazio aeroportuale occupa anche parti dei vicini comuni di Seriate e Grassobbio. Oggi è sia per numero di passeggeri trasportati che per movimento merci il **terzo scalo italiano dopo Roma Fiumicino e Milano Malpensa**; proprio con Milano Malpensa (nel varesotto) e con l'aeroporto di Milano Linate (l'unico dei tre situato nel capoluogo lombardo) costituisce il **sistema aeroportuale milanese** con oltre 36 milioni di passeggeri annui. Dal 2011 l'aeroporto è intitolato al pittore Michelangelo Merisi, detto *Il Caravaggio* ed ha quindi assunto la denominazione ufficiale "Aeroporto Internazionale Il Caravaggio".

Uno scalo recente per l'aviazione civile

L'aeroporto **nasce nel 1937 come scalo militare**. Bisogna però attendere il 1970 quando viene costituita la SACBO (Società per l'Aeroporto Civile di Bergamo - Orio al Serio) e si realizzano le infrastrutture necessarie ad avviare l'attività per il traffico aereo civile. Il 20 marzo del 1972 il DC9 della compagnia Itavia proveniente da Roma Ciampino inaugura la stagione dei voli di linea. Nel primo anno di attività ai voli di linea e a quelli dirottati da Linate, causa nebbia, si aggiungono i voli charter, i quali incidono con un volume di traffico pari al 30 % del totale passeggeri (circa 130 000). Anche il movimento delle merci aeree trasportate si rivela subito apprezzabile.

Soggetto a partire dal 1976 a una continua serie di opere di ammodernamento, nel 1999 l'aeroporto supera per la prima volta la quota annuale di 1 milione di passeggeri; a questo dato contribuisce in modo sempre più importante il traffico charter, che trasporta i movimenti stagionali dei turisti della neve e di quelli diretti alle località estive dei vicini laghi prealpini.

L'arrivo di Ryanair e dei voli low cost

Col nuovo millennio avviene il punto di svolta per l'aeroporto parallelamente all'avvento dei voli e delle **compagnie *low cost***. Il 14 febbraio 2002 la compagnia irlandese Ryanair inaugura il primo volo proveniente da Francoforte, seguito poi da quello tra Bergamo e Londra Stansted; nello spazio di un anno si aggiungeranno nuovi collegamenti: con Barcellona Girona, Bruxelles Charleroi, Amburgo Lubecca, Parigi Beauvais e Londra Luton. Il successo è enorme e tra il 2002 e il 2003 il movimento dei passeggeri passa da 1,2 a 2,7 milioni annui. Ryanair fa di Orio lo scalo di riferimento del nord Italia e del sud Europa. La **crescita di Ryanair** è costante e nell'estate 2010 la compagnia irlandese raggiunge il traguardo dei 25 milioni di passeggeri trasportati dall'inizio delle attività, pari a 1/4 del movimento passeggeri negli scali italiani nello stesso periodo. Il successo di Ryanair induce anche **altri vettori *low cost*** a puntare sullo scalo bergamasco.

Una crescita costante anche nel settore cargo

Fin dai primi anni di attività commerciale, la **movimentazione delle merci** ha assunto una notevole importanza per l'aeroporto bergamasco. Le merci trasportate riguardano soprattutto documenti e piccoli pacchi, prodotti farmaceutici e ricambi. DHL Aviation è stato il primo dei grandi corrieri espresso ad operare nello scalo; ad essa è seguita UPS che ha fatto di Orio il principale centro del corriere espresso in Italia. L'aeroporto di Milano Bergamo è oggi il **terzo aeroporto italiano per merce aerea trasportata**.

Un indotto con 20 000 posti di lavoro

Con l' avvento del traffico *low cost*, l'aeroporto di Milano Bergamo ha registrato una crescita tale da superare la quota dei 10 milioni di traffico passeggeri nel 2015, posizionandosi così al terzo posto tra gli scali italiani e superando la stessa Milano Linate.

La posizione strategica ne ha certamente favorito il successo. Situato lungo l'asse autostradale A4 che taglia la Pianura Padana da ovest a est, vicino alle principali arterie e direttrici di traffico su gomma, l'aeroporto è facilmente raggiungibile dal centro di Milano, da cui dista circa 50 minuti. Sotto il profilo economico l'aeroporto contribuisce per l'8% al reddito del territorio bergamasco con circa 3 500 occupati diretti che diventano 20 000 comprendendo tutte le attività dell'indotto. Del resto proprio nelle vicinanze dell'aeroporto sorge uno dei più grandi e frequentati centri commerciali del paese, l'Oriocenter, inaugurato nel 1998 e che oggi dispone di oltre 200 tra negozi, bar e ristoranti. Tra il 2006 e il 2015 (in coincidenza con l'apertura dell'Expo di Milano) nuovi potenziamenti hanno migliorato le strutture dall'aerostazione, la cui superficie totale è più che raddoppiata. Le opere realizzate hanno potenziato anche le aree commerciali destinate alla ristorazione e allo shopping.

Un paesaggio trasformato

Il paesaggio intorno allo scalo è fortemente segnato dai servizi di appoggio all'aeroporto: parcheggi, zone commerciali, alberghi, hangar, magazzini merci. Sotto il profilo paesaggistico Orio al Serio costituisce quindi un esempio di netta conversione di un piccolo campo da volo situato in un'area agricola in un importante scalo internazionale. Ciò ha avuto anche conseguente sull'inquinamento acustico della zona, aspetto che ha finito per suscitare la protesta delle popolazioni locali.

Le destinazioni delle partenze da Orio al Serio.

OBIETTIVO LAVORO

Lavora con internet

Fai una ricerca e **trova** informazioni sui seguenti punti.

a. Quali sono le compagnie aeree che utilizzano l'aeroporto di Orio al Serio come scalo.

b. Quali sono le tratte aeree internaziona i non europee che fanno scalo a Orio al Serio.

c. Quali servizi offre l'aeroporto.

Tabella sulle principali rotte nazionali e internazionali

Posizione	Città	Passeggeri
1	Bari	220 236
2	Cagliari	197 884
3	Palermo	189 291
4	Lamezia Terme	186 135
5	Catania	185 522
6	Brindisi	184 290
7	Trapani	119 471
8	Alghero	91 414

Rotte nazionali più trafficate (2015)

Posizione	Città	Passeggeri
1	Londra Stansted, Regno Unito	493 376
2	Barcellona El Prat, Spagna	356 322
3	Bruxelles Charleroi, Belgio	281 942
4	Madrid, Spagna	255 326
5	Dublino, Irlanda	240 682
6	Valencia, Spagna	227 852
7	Parigi Beauvais, Francia	222 205
8	Bucarest, Romania	180 511
9	Vilnius, Lituania	155 558
10	Manchester, Regno Unito	147 265

Posizione	Città	Passeggeri
11	Atene, Grecia	143 691
12	Berlin-Schönefeld, Germania	143 423
13	Siviglia, Spagna	126 820
14	Cracovia, Polonia	126 596
15	Porto, Portogallo	125 706
16	Budapest, Ungheria	125 635
17	Lisbona, Portogallo	125 616
18	Eindhoven, Paesi Bassi	116 514
19	Varsavia, Polonia	114 444
20	Stoccolma, Svezia	112 705

Rotte europee più trafficate (2015)

SEI PRONTO PER LA VERIFICA?

LOSAI? RIPASSA CON LO SMARTPHONE

IN 1 ORA

1 Dopo aver studiato le unità, completa la sintesi utilizzando le parole proposte. Attenzione ce ne sono 5 in più. ...../10

UNITÀ 4 – L'ECONOMIA DEL TURISMO

● Il fenomeno turistico è in forte espansione nonostante gli attentati terroristici e la recente crisi economica globale; gli arrivi turistici internazionali sono più che .... negli ultimi vent'anni e nel 2015 sono stati circa .... Il settore contribuisce per circa il 10% alla formazione del PIL. L'Europa accoglie oltre .... del flusso turistico internazionale, anche se nei paesi emergenti e in via di sviluppo il settore è in espansione. In Italia il turismo costituisce quasi il 12% del PIL e occupa più di 2,5 milioni di persone, la bilancia turistica è .... Il nostro paese possiede il più alto numero di siti patrimonio dell'umanità dell'UNESCO.

● Per valutare la dimensione del settore turistico in un paese occorre prendere in considerazione la .... ricettiva, cioè il numero di posti letto presenti. La maggiore capacità ricettiva in Italia è presente nelle regioni del Nord e del .... , dove prevalgono i soggiorni brevi associati al turismo culturale e d'affari. Le regioni più visitate d'Italia sono il Veneto, il Trentino-Alto Adige, la Toscana, l'Emilia-Romagna, il Lazio e la .... La diffusione della *sharing economy* ha portato alla nascita di forme .... di viaggio e soggiorno.

● Pubblicità e marketing sono strumenti fondamentali per promuovere le diverse mete turistiche. Già dal 1919 in Italia è nato l'........................ , ente che si è poi trasformato in Agenzia Nazionale del Turismo e che ha lo scopo di promuovere all'estero le risorse turistiche italiane. Anche le regioni svolgono opera di promozione turistica attraverso le APT, Aziende di .... Turistica, mentre i comuni dispongono di appositi uffici di .... e Accoglienza Turistica (IAT). Basate sul volontariato degli associati sono infine le Pro loco, organismi privati nati per promuovere il proprio territorio. Associazioni nazionali italiane legate allo sviluppo del turismo sono infine il CAI, il TCI e l'........................ .

UNITÀ 5 – I MEZZI DI TRASPORTO E LE VIE DI COMUNICAZIONE

● La distanza di un luogo dalle regioni di partenza dei flussi turistici non è importante tanto in termini di chilometri effettivi quanto lo .... , ossia il tempo necessario per raggiungerla, e lo .... , ossia il prezzo necessario per effettuare lo spostamento. Entrambi, a differenza dell'oggettiva distanza chilometrica, variano in funzione dell'evoluzione .... e delle variazioni nelle .... : in base a queste variabili località molto lontane possono risultare più convenienti di altre situate a una minor distanza. Proprio i cambiamenti nel sistema dei trasporti hanno fatto emergere una nuova geografia del turismo e hanno acquistato .... quelle città i cui aeroporti sono raggiunti dalle principali rotte dei voli *low cost*.

● L'espansione turistica attuale è stata favorita dai progressi dei trasporti, che hanno reso possibili spostamenti a un costo accettabile anche per un movimento .... Resta il fatto che la distanza condiziona il mezzo di trasporto più .... Mezzi e attrezzature di trasporto sono presenti in modo più organizzato e .... nelle regioni più avanzate mentre nei paesi in via di sviluppo la mobilità turistica è spesso ancora difficile. I movimenti turistici sono stati favoriti negli ultimi vent'anni da alcun cambiamenti importanti: la diffusione dei voli .... , la trasformazione del viaggio di .... in una vacanza popolare e infine l'avvento dei treni ad ....

● In Italia il mezzo di trasporto più utilizzato, non solo in ambito turistico, è il trasporto su .... : il paese si colloca ai primissimi posti nel mondo per numero di automobili .... in rapporto alla popolazione; l'auto si conferma il mezzo più .... , ma anche il più inquinante e rischioso. L'Italia dispone di un elevato numero di aeroporti e di oltre 16 000 km di rete ferroviaria, l'Alta Velocità è presente ma in misura .... a quella dei maggiori paesi europei. Nel trasporto marittimo in Italia sono importanti soprattutto i .... per il collegamento con le isole e le crociere, per le quali l'Italia si colloca al primo posto nel Mediterraneo.

Parole da inserire: 1,2 miliardi • ACI • Alta Velocità • alternative • attiva • capacità • centro • circolanti • conveniente • crociera • di massa • d'élite • ENIT • fitto • flessibile • gomma • importanza • inferiore • Informazione • la metà • Lombardia • *low cost* • Promozione • Puglia • raddoppiati • rotaia • spazio-costo • spazio-tempo • Sud • superiore • tariffe • tecnologica • traghetti

ZTE ONLINE
Mettiti alla prova con 20 esercizi interattivi

❷ Indica se le frasi sono vere o false. (1 punto ciascuna) ..... / 7

a. Nel nostro paese tra i turisti italiani la quota maggiore di viaggiatori proviene dalle regioni del Sud. V F
b. L'evoluzione tecnologica ha contribuito ad "avvicinare" località molto lontane. V F
c. La scelta del mezzo di trasporto non dipende dalla distanza da percorrere. V F
d. I paesi in via di sviluppo che hanno investito nel turismo possiedono ormai, come quelli più avanzati, una efficace e organizzata rete di comunicazione. V F
e. Solo una piccola parte dei viaggiatori che utilizzano l'aereo usa oggi i voli *low cost*. V F
f. La diffusione dei voli *low cost* ha permesso di rilanciare piccoli aeroporti prima poco utilizzati. V F
g. Anche l'industria dell'edilizia e l'artigianato possono essere positivamente coinvolti dallo sviluppo turistico. V F

❸ Indica la risposta corretta. (2 punti ciascuna) ..... / 8

a. La regione del mondo più visitata dai turisti è:
❏ il Nord America ❏ l'Europa
❏ il Nord Africa ❏ l'Asia orientale
❏ il Medio Oriente

b. I periodi di soggiorno più lunghi negli esercizi ricettivi da parte dei viaggiatori si registrano:
❏ nei centri d'affari ❏ nelle città d'arte
❏ nelle aree balneari

c. Le due regioni maggiormente interessate dai viaggi di crociera sono:
❏ gli Stati Uniti e il Messico
❏ la Cina e il Giappone
❏ il Mediterraneo e i Caraibi
❏ il Mediterraneo e le coste dell'Africa

d. Le autovetture circolanti in Italia ogni 1000 abitanti sono:
❏ circa 200
❏ quasi 300
❏ circa 500
❏ oltre 600
❏ quasi 800

❹ Scrivi la definizione dei termini proposti. (5 punti ciascuna) ..... / 15

Bilancia turistica ....
....
CAI ....
....
TCI ....
....

❺ Rispondi alle domande. (10 punti ciascuna) ..... / 60

a. Per quali motivi l'Italia viene considerata una "potenza turistica"?
....
....
b. Fai qualche esempio di trasformazione della toponomastica ai fini della promozione turistica.
....
....
c. In che modo la *sharing economy* ha cominciato a trasformare anche il settore turistico?
....
....
d. Che cosa si intende con il concetto di "spazio-tempo" e di "spazio-costo"?
....
....
e. Perché sulle medie distanze i treni ad Alta Velocità sono preferibili agli aerei?
....
....
f. Che cosa ha contribuito a fare delle crociere un tipo di vacanza popolare?
....
....

PUNTEGGIO TOTALE
..... / 100

GEOGRAPHY HIGHLIGHTS – CLIL

MEANS OF TRANSPORT

The history of transport is largely one of technological innovation. Advances in technology have allowed people to travel farther, explore more territory, and expand their influence over larger and larger areas. The field can be divided into: INFRASTRUCTURE, VEHICLES and OPERATIONS.

The infrastructure is the ***network*** where things and people are carried. Infrastructure includes ***airports, railway stations, bus stations*** and ***seaports***.

Vehicles or vessels travel on the infrastructure. Vehicles include ***cars, trucks, trains*** and ***airplanes***. Vessels include ***ships, boats, ferries***, and ***barges*** which travel on canals and use ***docks*** and ***seaports***.

Operations control the system and include: ***traffic signals, railway signals*** and ***air traffic control***.

There are three main different ways to travel, by: LAND - WATER - AIR.

LAND transport is divided into ***rail*** and ***road*** transport. ***Rail*** transport is where a train runs along a ***railway*** or ***railroad***. ***Intercity trains*** are ***long-haul*** services connecting cities; modern ***high-speed rail*** is capable of speeds up to 430 km/h (270 mph), but this requires specially built tracks. ***Regional*** and ***commuter*** trains serve cities from suburbs and surrounding areas, while ***intra-urban*** transport is performed by high-capacity ***tramways*** and ***rapid transits (underground / subway)*** .

The most common ***road*** vehicle in the developed world is the ***automobile***; other road vehicles include ***motorcars, motorcycles, buses, coaches, trucks, bicycles.***

WATER transport involves transport by a ***vessel***, such as a ***barge, boat, ship, cruise liner, cargo ship, ferry, hydrofoil***, or ***sailboat***, over a sea, ocean, lake, canal or river.

AIR travel can be separated into two general classifications: ***national/domestic*** and ***international*** flights.

Flights from one point to another within the same country are called ***domestic flights***.

Flights from a point in one country to a point within a different country are known as ***international flights***. The typical procedure is: ***check-in***; ***border control***; ***airport security baggage*** and ***passenger check*** before entering the ***gate***; then ***boarding***; ***take-off***, ***flying***; and, after ***landing***: ***pick-up*** of luggage at the ***carousel*** and - limited to international flights - another border control at the host country's border.

COMPREHENSION

1 Match these words from the text (1- 20) to their Italian translations (A - T).

1. railway station
2. lorry (*Br. Eng.*) / truck (*Am..Eng*)
3. high-speed
4. commuter trains
5. suburb
6. coach
7. ferry
8. hydrofoil
9. gate
10. boarding
11. baggage / luggage pick up
12. take-off
13. cruise liner
14. carousel
15. landing
16. barge
17. underground (*Br. Eng.*) / subway (*Am..Eng*)
18. domestic flight
19. docks
20. border control

A. volo nazionale ....
B. decollo ....
C. traghetto ....
D. treno pendolare ....
E. controllo della frontiera ....
F. atterraggio ....
G. stazione ferroviaria ....
H. pullman (bus turistico) ....
I. metropolitana ....
J. alta velocità ....
K. aliscafo ....
L. cancello (di imbarco) ....
M. prelievo bagaglio ....
N. camion ....
O. molo, banchina ....
P. barcone ....
Q. nave da crociera ....
R. zona periferica ....
S. imbarco ....
T. nastro portabagagli ....

COMPREHENSION

❷ **Read the text and mark these statements as True (T) or False (F) to show your knowledge about the importance of Means of Transport. Correct the false statements.**

1.	The fundamental facilities serving a country, city, or area (transportation and communication systems) are called infrastructure.	T	F
2.	Air traffic control is an example of infrastructure.	T	F
3.	Vehicles travel on water and vessels on land.	T	F
4.	Mph stands for: mile per hour.	T	F
5.	Trains travelling from suburbs to cities are called Intercity trains.	T	F
6.	Road vehicles run along a railroad.	T	F
7.	Domestic flights are from our home country to a foreign country.	T	F
8.	National flights involve border control at the destination airport.	T	F

COMPREHENSION

❸ **Answer the following questions by using complete sentences.**

1. **Which** advantages has technology in transport produced?
2. **How** is the transport sector divided into?
3. **How** many travelling and transportation methods are there?
4. **What** types of land transport are there?
5. **Where** do vessels travel on?
6. **How** is air travel generally classified?

COMPREHENSION

❹ **Solve the following transportation riddles: choose the correct answer and translate these terms for transportation vehicles and vessels.**

1. *I do not have wings but I can fly. I can go straight up or down. I can go sideways or forward or backward. I can land almost anywhere.*
   A. air balloon   B. helicopter   C. rocket   D. Jet

2. *I am simple and very strong. I have four wheels and a million uses. I do jobs around the farm. I help farmers grow crops.*
   A. van   B. dump truck   C. fire engine   D. tractor

3. *I have two wheels. I have no motor. Sometimes I have a bell or a horn. You can ride on me.*
   A. motor scooter   B. cart   C. bicycle   D. rickshaw

4. *I have no wheels or wings or motor. The wind makes me move. You could sail me on a little pond. We could sail the seven seas.*
   A. sail ship   B. rowboat   C. windsurf   D. parachute

REVISION & PRODUCTION

2 ❺ **Complete the following passage with the words in bold. Then listen & check.**

oceans – railway – take off – water – land – ship – rocket – hydrofoil – land – technological - travel - helicopter

Recent developments in transport by 1............... , sea and air, have been made necessary by the modern, 'high-pressure' age in which we live, and made possible by scientific and 2............... development. Most modern countries have electrified their 3........systems, cars have become fast, comfortable and reliable. The 4............... by means of its compressed air jets, is becoming a useful method of making sea voyages. The nuclear-powered ship or sub-marine can travel on or in the 5............... for months on end, without refuelling. The 6............... can hover, 7............... and land vertically, in a jungle clearing, on the deck of a 8............... , or on the roof of a building. And in the sphere of fast air transport, the jet-engine has revolutionised speeds and heights at which aircraft can 9......., and so made the crossing of 10............... and continents a matter of hours. While in the grandest sphere of all, that of outer space, the 11............... propelled spacecraft can orbit the globe or reach the moon, enabling humans to 12............... there.

❻ **Write a paragraph outlining the advantages and disadvantages of the different means of travelling (about 200 words).**

UNITÀ 6 TURISMO E IMPATTO AMBIENTALE

1 Lezione LO SPAZIO TURISTICO E L'IMPATTO AMBIENTALE

DALLO "SPAZIO VISITATO" ALLO "SPAZIO CONSUMATO"

Il turismo trasforma lo spazio con la costruzione di nuove vie di comunicazione per migliorare la mobilità, con la realizzazione di strutture ricettive per l'accoglienza e l'ospitalità, con lo sfruttamento delle risorse locali come acqua, suolo, cibo, energia. Gli spazi turistici sono, quindi, spazi modificati e la loro trasformazione dipende dalle fasi e dal tipo di sviluppo turistico di una località.

Lo spazio turistico è prima di tutto uno **"spazio visitato"**, cioè è oggetto di visita da parte del turista, e nella fase iniziale di sviluppo il turismo non incide in modo significativo sull'ambiente poiché il territorio presenta le infrastrutture di base e le strutture ricettive minime.

Con l'incremento dei flussi di visitatori, lo spazio turistico diventa uno **"spazio organizzato"** sul quale crescono le attrezzature che lo caratterizzano come territorio turistico: ai servizi essenziali come alberghi, campeggi, linee ferroviarie, strade e autostrade, si aggiungono strutture come impianti sportivi, stabilimenti balneari o termali, porti turistici, impianti di risalita per lo sci, teatri, case da gioco, fino ai grandi parchi divertimento.

La trasformazione dell'ambiente in questa fase è notevole e lo spazio turistico, se non viene adeguatamente tutelato facendo attenzione a salvaguardarne le caratteristiche paesaggistiche e culturali, può diventare uno **«spazio consumato»**, cioè danneggiato con gravi e irreversibili modifiche all'ambiente. Su questo tema sono fondamentali le scelte delle comunità locali e delle istituzioni.

IL TURISMO A VOLTE PUÒ DISTRUGGERE L'AMBIENTE?

Da qualche decennio il **rapporto tra turismo e ambiente** è oggetto di un acceso dibattito, a cui partecipano ambientalisti, politici, ricercatori. Sull'argomento sono emerse **due posizioni contrapposte**: da una parte ci sono le ragioni di chi sostiene la necessità di **proteggere gli ambienti naturali** dal turismo, dall'altra le ragioni di chi spinge per lo **sfruttamento a tutto campo** delle località che attraggono i visitatori. I primi sottolineano i danni che il turismo provoca sull'ambiente; i secondi sostengono che, per il patrimonio naturale, il turismo non è più dannoso di altre attività umane.

Entrambe le posizioni sono accettabili: non sempre il turismo è un fattore di degrado, si pensi per esempio al turismo naturalistico, ma è anche vero che i casi di alterazione dei paesaggi naturali provocati da un'espansione incontrollata del turismo sono innumerevoli. È quindi ormai appurato che il turismo di massa provoca effetti sull'ambiente.

Una veduta di Rapallo dove si nota la distesa di case costruite fino al mare.

LA CRESCITA INDISCRIMINATA NEGLI ANNI SESSANTA E SETTANTA

Negli anni Sessanta e Settanta del secolo scorso, cioè nel periodo in cui l'Italia ha vissuto il boom economico e una forte espansione del turismo di massa, si è verificata sia nelle località marittime sia in quelle montane una **crescita indiscriminata dell'edilizia**; sono stati costruiti, infatti, alberghi, condomini, villette a schiera, seconde case, impianti e strutture turistiche di vario tipo e, con la diffusione dell'automobile, è stata realizzata una rete capillare di nuove vie di comunicazione.

Proprio in quegli anni per definire il fenomeno di questa crescita edilizia fuori controllo venne coniato il termine **"rapallizzazione"**, utilizzando come simbolo la cittadina ligure di Rapallo dove alcuni quartieri sono stati oggetto di una vera e propria cementificazione.

I NUOVI PAESAGGI DEL TURISMO DI MASSA

Sempre negli anni Sessanta e Settanta **una radicale trasformazione del paesaggio** si è appunto verificata in particolare nelle **regioni costiere**, cioè quelle interessate dal turismo balneare. Città poco popolate fino a qualche decina di anni prima sono diventate fittamente edificate; sono sorti molti edifici, talvolta veri e propri grattacieli, raramente in sintonia con lo stile architettonico locale. Per far fronte alle crescenti esigenze dei turisti sono stati costruiti porticcioli turistici e strutture ricreative di vario genere come parchi a tema, luna park e discoteche che hanno cambiato notevolmente il paesaggio. In molti casi sono stati **distrutti elementi naturali tipici dell'ambiente costiero** come le pinete, le distese di macchia mediterranea o le dune sabbiose.

Anche il **turismo invernale** ha inciso pesantemente sugli ambienti naturali originari. La costruzione di impianti di risalita, alberghi, complessi residenziali **ha segnato in modo profondo l'aspetto di molte valli e villaggi montani**, soprattutto alpini. In alcuni casi, in località di alta quota - oltre i 1500 m -, dove un tempo c'erano solo alpeggi, sono state realizzate **stazioni sciistiche** dotate di gigantesche strutture del tutto estranee all'ambiente montano.

Le **città d'arte**, infine, hanno visto crescere, con l'aumento dei turisti, i problemi legati alla congestione del traffico, all'inquinamento e alla mancanza di parcheggi.

QUANDO IL TURISMO HA CONSERVATO PAESAGGI E TRADIZIONI

Bisogna tuttavia sottolineare che alcune località turistiche hanno saputo conservare e proteggere le caratteristiche del paesaggio tradizionale attraverso una promozione turistica intelligente e attenta, oltre che a **un'edificazione controllata**, poco invasiva e rispettosa dell'ambiente e del territorio. In questi casi si è puntato su un turismo non di massa, più a misura d'uomo, che riutilizza le strutture del passato come le baite alpine o le masserie nel sud Italia. In molte località, infatti, queste antiche costruzioni sono state ristrutturate e trasformate in alberghi mantenendo lo **stile architettonico originario e utilizzando materiali locali** come la pietra o il legno. Si è evitato di realizzare grandi complessi e le nuove strutture turistiche sono state perfettamente integrate nel paesaggio, spesso costruite in base ai principi della bio-architettura. Inoltre, per non occupare altro territorio e fare in modo che gli introiti del turismo restino ai locali, si è puntato sulle strutture già esistenti attraverso la creazione dell'**albergo diffuso**, che ospita i turisti nelle case dei residenti.

Tutti questi esempi positivi esistono nel Salento in Puglia e in alcune zone della Sicilia per quanto riguarda il turismo balneare e culturale, oppure in Piemonte o nel Trentino-Alto Adige per quanto riguarda il turismo montano, o ancora in molti centri minori per il turismo d'arte. Per alcuni centri la costruzione di importanti strutture culturali e museali, o la ristrutturazione di quelle esistenti ha valorizzato il territorio locale: è quello che è avvenuto a Rovereto (Trento) con il Museo d'arte contemporanea (MART), a Caserta con la Reggia e il suo parco o a Torino con il Museo egizio.

alpeggi
Pascoli di alta montagna.

albergo diffuso
Forma di ospitalità che utilizza strutture abitative esistenti, con stanze dislocate nelle case di un centro storico o di un borgo.

Un'antica masseria in Puglia diventata agriturismo, che ha conservato i trulli, le tipiche costruzioni locali di un tempo.

La terrazza panoramica a Punta Helbronner, nel massiccio del Monte Bianco in Val d'Aosta, a 3500 metri, offre ai turisti panorami mozzafiato ad alta quota. Sia pur costruita con raffinati criteri architettonici, non si può dire che non abbia modificato l'ambiente naturale circostante.

Un casale in Toscana trasformato in agriturismo che offre l'opportunità di vivere una vacanza in un'atmosfera familiare stando a contatto con la natura.

2 Lezione — STRUMENTI DI TUTELA AMBIENTALE

GLI INDICATORI DEGLI EFFETTI DEL TURISMO SULL'AMBIENTE

I principali effetti che il turismo provoca sull'ambiente possono essere schematizzati in 8 punti:

- inquinamento acustico, dell'aria, delle acque marine;
- perdita di terreni per l'agricoltura e l'allevamento;
- distruzione della vegetazione e della fauna;
- degrado del paesaggio e dei siti artistici e monumentali;
- uso eccessivo delle risorse, per esempio spreco dell'acqua nei grandi alberghi;
- congestione del traffico;
- abbandono delle attività tradizionali da parte delle popolazioni locali;
- sofferenza della popolazione per l'eccessiva presenza di turisti (➜ *unità 2*).

Per misurare le conseguenze ambientali che il turismo produce su un territorio, si utilizzano due parametri: la **valutazione di impatto ambientale** (VIA) e la ***carrying capacity*** (capacità di carico).

La valutazione di impatto ambientale analizza gli effetti sull'ambiente di qualsiasi opera umana costruita sul territorio e quindi anche le strutture e le infrastrutture turistiche, soprattutto quelle di grandi dimensioni; la *carrying capacity* viene definita come la capacità di una regione di accogliere turisti evitando di provocare danni irreparabili all'ambiente. Sia la valutazione di impatto ambientale sia la *carrying capacity* necessitano di studi che vengono esposti in corposi dossier da parte di tecnici e ricercatori con conseguenti valutazioni politiche prima di tradursi in provvedimenti.

Entrambi questi strumenti non si limitano a un'analisi ambientale effettuata solamente dal punto di vista naturale, ma tengono in considerazione anche temi sociali, culturali ed economici.

TUTELA AMBIENTALE E VALORIZZAZIONE TURISTICA

Come abbiamo visto non sempre il turismo è causa di degrado ambientale; al contrario, può essere uno **strumento di tutela del territorio**. Attraverso la **valorizzazione turistica** di un'area, infatti, è più facile ottenere la sua protezione che altrimenti non verrebbe presa in considerazione.

Gli strumenti più idonei per la tutela di un territorio consistono soprattutto nella realizzazione di **parchi naturali** (➜ *unità 2*) e di **aree marine protette** con l'obiettivo della salvaguardia della diversità biologica e delle risorse naturali e culturali.

LE AREE MARINE PROTETTE IN ITALIA

Il mare costituisce per l'Italia un patrimonio preziosissimo grazie alla notevole varietà di specie animali e vegetali, alle molteplici testimonianze archeologiche, storiche e architettoniche e alla presenza di paesaggi unici. Questo patrimonio, purtroppo, è costantemente minacciato e necessita di una tutela adeguata ed efficace. Tra le strategie adottate per tutelare gli ecosistemi marini e costieri, vi è l'istituzione (1982) delle Aree Marine Protette (AMP). Le AMP, definite come quegli «ambienti marini costituiti da acque, fondali e tratti di costa che presentano un rilevante interesse per le loro caratteristiche naturali, geomorfologiche, fisiche e biochimiche», hanno come obiettivi quelli di contrastare la riduzione delle risorse ittiche (pesce), di conservare la biodiversità marina e di proteggere il territorio senza però danneggiare le attività umane. In ogni area marina protetta esistono diversi livelli di protezione; ogni area di territorio-mare è divisa in tre zone a diverso grado di tutela e, pur non prevedendo un limite assoluto alle tradizionali attività legate al mare (turismo e pesca), ne regolano lo svolgimento in base alle differenti necessità di conservazione. In Italia esistono 30 aree marine protette.

LE CERTIFICAZIONI DI QUALITÀ

Le certificazioni (o marchi) di qualità sono nate con lo scopo di certificare il livello qualitativo dei prodotti e dei servizi offerti da un'impresa. Successivamente sono state attribuite anche a enti locali territoriali come i comuni e infine ai luoghi turistici. Per questi ultimi si tratta di uno strumento importante poiché ne **favorisce la conoscenza**, assicurando un aumento dell'afflusso turistico.

Esistono appositi enti nazionali e internazionali che riconoscono le certificazioni di qualità per i siti turistici. Il marchio internazionale più famoso è quello dei siti patrimonio dell'umanità tutelati dall'UNESCO. In Italia, tra i tanti, i più importanti sono quattro: **Bandiere Blu**, **Vele**, **Bandiere Arancioni** e **Borghi più belli d'Italia**.

- Il marchio di qualità delle **Bandiere Blu** è assegnato annualmente e premia le **località marine** che si sono impegnate concretamente nel miglioramento dell'ambiente, promuovendo lo sviluppo sostenibile. Il marchio è conferito dalla *Foundation for Environmental Education,* un'organizzazione non governativa internazionale sulla base di alcuni parametri relativi alla qualità delle acque di balneazione, al corretto smaltimento dei rifiuti, alla cura delle spiagge e alle iniziative di educazione ambientale.
- Il marchio **Vele** è un sistema di valutazione annuale della **qualità delle acque balneabili** realizzata dall'associazione ambientalista Legambiente. Oltre alla qualità delle acque si tiene conto della validità delle strutture e dei servizi collegati (per esempio l'accessibilità ai disabili) e vengono prese in considerazione le eccellenze del territorio come centri storici ben conservati, tradizioni folkloristiche, gastronomia tipica, assegnando un punteggio a ciascuna località.
- Il marchio **Bandiere Arancioni** è di qualità turistico-ambientale ed è rivolto alle piccole località dell'entroterra (sotto i 15 000 abitanti), senza tratti costieri marini. È assegnato dal Touring Club Italiano (➜ *unità 3*) per premiare i luoghi ricchi di risorse turistiche, culturali e ambientali che offrono un'accoglienza di qualità e sostenibile. La Bandiera Arancione è valida per un periodo di due anni.
- La certificazione **Borghi più belli d'Italia** è assegnata dall'ANCI (Associazione Nazionale Comuni Italiani) ed è nata con lo scopo principale di tutelare quei **piccoli comuni italiani** (anche in questo caso sotto i 15 000 abitanti) che possiedono **un centro storico** o una frazione dalla spiccata identità artistica e storica. La località si deve distinguere per l'armonia architettonica del tessuto urbano, la bellezza estetica del patrimonio artistico ed edilizio e la qualità dei servizi offerti al visitatore (➜ *atlante*).

NON LUOGO: TROPPO TURISTICO, FINTO CREATO ARTIFICIAL

MATERA: ALB. DIFF. (+ SOSTENIBILE)

POLINESIA MICRONESIA MALINESIA

COMPETENZA DIGITALE

1 Lavora con internet NIENTE NUOVO STRUTT.

Collegati al sito www.borghipiubelliditalia.it, clicca sulla carta, poi su una regione che conosci e fai una breve presentazione di 3 borghi (a tua scelta) che hanno ottenuto la certificazione elencandone le caratteristiche e spiegando perché sono stati premiati.

3 Lezione
SVILUPPO SOSTENIBILE E TURISMO RESPONSABILE

LO SVILUPPO SOSTENIBILE

Lo sviluppo sostenibile è un concetto che si è diffuso negli anni Novanta del secolo scorso, quando si è iniziato a prendere coscienza della crisi ambientale del pianeta. Si tratta di una forma di sviluppo economico compatibile con la salvaguardia dell'ambiente che tiene conto della necessità di **soddisfare i bisogni del presente impegnandosi a garantire alle generazioni future le stesse opportunità**. I tre aspetti entro cui si articola sono:

- la **sostenibilità ambientale** per conservare le risorse naturali facendone un uso rispettoso che assecondi la loro capacità di rigenerazione e di assorbimento da parte dei sistemi ecologici;
- la **sostenibilità economica** che deve integrare nel conto economico di un intervento sul territorio anche la voce delle risorse ambientali, cioè l'insieme dei sistemi naturali, dei prodotti della natura e il patrimonio artistico delle società umane del passato;
- la **sostenibilità sociale** che richiede il rispetto del patrimonio culturale e delle tradizioni, nonché il miglioramento qualitativo delle condizioni di vita degli abitanti di una località.

Con il diffondersi della teoria sullo sviluppo sostenibile, nasce di conseguenza il concetto di **turismo sostenibile** che è riassunto nella **Carta del Turismo Sostenibile**, chiamata anche **Carta di Lanzarote** (Canarie, 1995) nella quale si sostiene che «lo sviluppo del turismo deve essere basato sul criterio della sostenibilità, ciò significa che deve essere ecologicamente sostenibile nel lungo periodo, economicamente conveniente, eticamente e socialmente equo nei riguardi delle comunità locali».

GLI OBIETTIVI DI SVILUPPO DEL MILLENNIO

Nel 2000 l'ONU ha adottato gli Obiettivi di sviluppo del Millennio (*Millennium Developments Goals*), cioè una serie di obiettivi concreti e quantitativi da raggiungere entro il 2015. Nel 2015 si sono esauriti gli Obiettivi di Sviluppo del Millennio e a partire dal 2016 l'ONU si è dato nuovi e più ambiziosi programmi da realizzare entro il 2030. Si tratta degli **Obiettivi di Sviluppo Sostenibile**: **sono 17** e prevedono, accanto all'eliminazione della povertà, uno **sviluppo economico e sociale** che sia **compatibile con l'ambiente**.

IL TURISMO RESPONSABILE

Nei paesi in via di sviluppo il turismo sostenibile che tutela e salvaguardia l'ambiente è strettamente collegato al **turismo responsabile**, inteso come un insieme di comportamenti da parte del turista che rispettino la natura, la cultura e le comunità locali.

Il turismo responsabile, parallelamente alla difesa dell'ambiente, si basa appunto sul concetto di responsabilità. È definito come «un modo responsabile di viaggiare in aree naturali, conservando l'ambiente e sostenendo il benessere delle popolazioni locali».

Si basa su tre punti:

- l'**uso ottimale delle risorse naturali** che devono essere conservate;
- il **rispetto delle tradizioni e dell'identità socio-culturale** delle popolazioni;
- l'**equa distribuzione dei benefici economici** provenienti dal turismo in una determinata località per tutta la popolazione.

LE REGOLE DEL TURISMO RESPONSABILE

Ogni individuo può fare molto per contribuire a un turismo responsabile. Se stai per intraprendere un viaggio o ne hai uno in programma, puoi leggere queste linee guida per prendere spunto su come comportarti responsabilmente.

- Scegli gli alberghi che mettono in pratica una reale **politica di difesa dell'ambiente**, ossia tutti quelli che intendono diminuire lo spreco di energia e di risorse idriche e che si adoperano per ridurre i rifiuti, alla quale puoi contribuire anche tu stando attento a non dimenticare la luce accesa in camera mentre non sei nell'hotel.
- Evita di accendere in anticipo il **condizionatore** in camera. I sistemi di aereazione sono molto efficienti, basterà accenderlo quando davvero se ne ha la necessità.
- Gli alberghi di solito cambiano e lavano le **lenzuola e gli asciugamani** che usi ogni giorno. A volte non è necessario. Davvero hai bisogno di lenzuola e di asciugamani puliti ogni giorno? Se non è così, chiedi all'albergo di non cambiarli quotidianamente ma di farlo a giorni alterni o secondo le tue necessità.
- Se possibile scegli un **alloggio semplice** e non di grandi dimensioni. Se vai in un hotel, sono preferibili edifici di recente costruzione. Quelli più vecchi spesso sono meno efficienti perché hanno sistemi di riscaldamento/raffreddamento obsoleti, perdite idrauliche e tecnologie non all'avanguardia.
- Informati riguardo la **cultura**, la **storia** e la situazione del luogo che intendi visitare e **rispetta** anche le usanze che possono apparire strane. Dopotutto sei un ospite in "casa" di altri.
- Prepara intelligentemente i **bagagli**. Tutto ciò che non serve lascialo a casa. Anche un kg in meno per passeggero contribuisce in maniera rilevante a una diminuzione della quantità di CO_2 prodotta dagli aerei. Un aeromobile, per ogni chilogrammo in meno a bordo, risparmierebbe circa 34 000 litri di carburante in un anno. Se la distanza e il tempo lo permettono, valuta anche spostamenti in nave o con treni.
- Una volta giunto a destinazione usa la **bicicletta** o i mezzi pubblici per spostarti nelle vicinanze piuttosto che noleggiare auto.
- **Riutilizza le bottiglie di acqua**. Secondo il "Container Recycling Institute" solo negli Stati Uniti vengono gettate più di 60 milioni di bottigliette di plastica al giorno. Riciclando o riutilizzando queste bottiglie si risparmierebbe energia pari a quella che serve per alimentare per un intero giorno lampadine da 60W in 15 milioni di abitazioni.
- Usa batterie **ricaricabili** se disponi di apparecchiature elettroniche, eviterai così di doverle continuamente gettare e acquistarne di nuove.
- Utilizza **buste riciclabili** per i tuoi acquisti, meglio se **biodegradabili**.
- **Sostieni l'economia locale**. Se desideri acquistare qualcosa, orientati verso l'**artigianato locale** piuttosto che verso prodotti estranei alla comunità. In questo modo contribuisci a distribuire ricchezza in modo equo.
- Scegli una **guida locale**, nel caso ne avessi bisogno, e assaggia le **specialità culinarie** locali in ristoranti gestiti dalla comunità.

(adattato dal sito www.puretourism.it)

COMPETENZA LINGUAGGIO DELLA GEOGRAFIA

❶ Lavora con il testo

Leggi le regole del turismo responsabile e prepara una presentazione.
Poi scegli una località turistica italiana e **realizza un depliant** informativo che descriva le possibilità di fare del turismo responsabile. Segui la traccia.

a. Descrivi le caratteristiche naturali.
b. Indica le strutture ricettive sostenibili.
c. Fai un elenco delle attività che si possono svolgere.

LE 10 REGOLE DEL PERFETTO TURISTA SLOW

1. SCEGLI GLI AGRITURISMI, B&B SOSTENIBILI O ALBERGHI DIFFUSI
2. UTILIZZA LA BICICLETTA L'AUTO ELETTRICA, I MEZZI PUBBLICI
3. NON USARE PIATTI, BICCHIERI O BOTTIGLIE DI PLASTICA
4. SVILUPPA UNO SPIRITO DI ADATTAMENTO IN TUTTE LE SITUAZIONI
5. NON DISTURBARE GLI ANIMALI DEL POSTO NON ACQUISTARE ANIMALI A RISCHIO DI ESTINZIONE
6. PER IL TUO VIAGGIO EVITA I NON LUOGHI O I LUOGHI COMUNI
7. RICICLA CORRETTAMENTE I RIFIUTI IN QUALUNQUE LUOGO TI TROVI
8. STUDIA LA CULTURA DEL PAESE CHE TI OSPITA, IMPARA QUALCHE PAROLA DELLA LINGUA E LE USANZE DEL POSTO. DOCUMENTATI SU STORIA E CULTURA PRIMA DI PARTIRE
9. ACQUISTA PRODOTTI LOCALI PER RILANCIARE L'ECONOMIA DEL PAESE CHE TI OSPITA. PRODOTTI ECOLOGICI LOCALI O ABBIGLIAMENTO IN FIBRE NATURALI
10. AFFRONTA IL VIAGGIO CON IL SORRISO!

Il turista consapevole

Il paese di Sesto Pusteria in estate.

L'IMPATTO AMBIENTALE DELLO SCI: PROBLEMI E STRATEGIE DI INTERVENTO

Escursionismo nelle Dolomiti.

	Abitazioni per residente
Sestriere	5,3
Bardonecchia	3
Ponte di Legno	2,7
Sesto Pusteria	0,4

Nelle Alpi prevale il turismo estivo di soggiorno

Le Alpi, con una media di circa 70 milioni di presenze all'anno, sono una regione a forte impatto turistico. La **gran parte delle presenze** si registra **nei mesi estivi** ed è quindi legata a un **turismo di soggiorno**, con un giro d'affari nettamente superiore a quello invernale; solo nelle località a forte vocazione sciistica il dato si inverte. Il turismo legato allo sci, oltre a presentare una forte concentrazione nei mesi invernali, si pratica in un numero piuttosto ristretto di località, mentre il turismo di soggiorno ha una durata temporale maggiore, dalla primavera inoltrata all'inizio dell'autunno ed è distribuito in modo diffuso su tutto il territorio alpino.

Il divario tra le due tipologie di turismo alpino è, secondo le previsioni, destinato ad accentuarsi per una serie di ragioni. In primo luogo, negli ultimi anni, si assiste da una parte a un prolungamento della stagione turistica di soggiorno alla primavera e all'autunno, mentre dall'altra il **turismo invernale vede ridursi il numero delle presenze**, soprattutto a causa dell'aumento del numero di sciatori che preferiscono praticare questo sport in una sola giornata, rientrando al luogo di residenza anziché pernottare nelle stazioni turistiche.

Inoltre, a compromettere ulteriormente la pratica degli sport invernali, sono gli effetti dei cambiamenti climatici che saranno sempre più negativi proprio nella regione alpina, con aumenti di temperatura maggiori rispetto alla media globale e riduzione delle precipitazioni nevose.

I cannoni che sparano neve artificiale.

Ortorama delle piste da sci nella zona di San Martino di Castrozza nelle Dolomiti.

L'impatto ambientale del turismo invernale da sci

Gli effetti negativi del turismo invernale sono molteplici. Le piste da sci sulle Alpi italiane coprono circa 4000 km. Si tratta di una cifra elevata che ha conseguenze evidenti prima di tutto sul **paesaggio dei versanti montani** e che si traduce in una **frammentazione degli ambienti alpini,** finendo per spezzare la continuità tra boschi, pascoli, praterie alpine.

Questo cambiamento del paesaggio originario influisce parecchio sull'attrattiva turistica dell'area stessa, nuocendo alla potenziale crescita dei periodi di villeggiatura nella stagione estiva.

Anche l'innevamento artificiale e la manutenzione delle piste provocano l'**erosione** e il **degrado** chimico e fisico **dei suoli**, rendendo difficile la semina del manto erboso.

Al tempo stesso lo **sviluppo edilizio eccessivo** comporta un **consumo di suolo elevatissimo** per far posto a strutture abitative, strade, parcheggi, impianti di risalita, funivie ecc. Infine l'aumento del traffico e gli **effetti negativi dell'inquinamento** hanno ridotto la vegetazione e alterato la biodiversità.

Le strategie di intervento per far crescere il turismo invernale ed estivo

Per far fronte alla situazione critica del turismo invernale nel prossimo futuro si può far ricorso a tre tipologie di strategie di intervento: tecnologica, adattativa e multifunzionale. La **strategia tecnologica** prevede l'intensificazione dell'innevamento artificiale, mentre quella adattativa sposterebbe "più in alto" gli impianti sciistici. Entrambe queste soluzioni sono però caratterizzate da alti costi di investimento e di gestione, oltre che da ripercussioni negative sugli ambienti di media e alta montagna. Da una parte la produzione di neve artificiale comporta spese di manutenzione oltre a un grande consumo di acqua e di energia; l'innevamento programmato sarà economicamente sostenibile soltanto oltre i 1800-2000 m circa, mentre a quote inferiori il riscaldamento climatico potrebbe compromettere la funzionalità degli impianti anche in pieno inverno. Dall'altra la realizzazione di nuovi comprensori sciistici finirebbe per aumentare i già gravi problemi ambientali della montagna alpina.

La **strategia** più incoraggiante economicamente e più sostenibile dal punto di vista ambientale è senza dubbio quella **multifunzionale** che punta a una differenziazione dell'offerta turistica. Bisognerebbe ampliare la gamma dei servizi sia nel periodo invernale, incrementando il turismo escursionistico-naturalistico, congressuale e dei centri benessere, sia nel periodo estivo proponendo attività come l'arrampicata, il trekking, gli itinerari culturali e naturali.

È ormai diffusa l'opinione, in primo luogo quella del CAI (Club Alpino Italiano), che è necessaria una **progressiva conversione delle attività turistiche in vista delle nuove condizioni climatiche**, il più possibile slegata dall'esclusività dello sci da discesa.

Alcuni interessanti esempi di sviluppo turistico sostenibile e di successo di questa strategia multifunzionale si possono trovare già ora in alcune aree dell'Alto Adige e nell'Altopiano di Asiago. Anche stazioni storicamente legate allo sci invernale come Sestriere hanno adottato strategie per ampliare la propria offerta turistica.

OBIETTIVO LAVORO

1. Lavora con internet

Fai una ricerca e **trova** informazioni sulle località di Sesto Pusteria in Trentino-Alto Adige e di Ponte di Legno in Lombardia. Completa la tabella.

	Sesto Pusteria	Ponte di Legno
Arrivi turistici in inverno		
Arrivi turistici in estate		
Offerta turistica alternativa allo sci		
Numero degli hotel presenti		
Numero dei ristoranti presenti		

OBIETTIVO LAVORO

2. Lavora con internet

Fai una ricerca e **trova** informazioni su altri esempi di località montane che adottano strategie di sviluppo sostenibile.

1 Lezione IL TERRITORIO

UNA LUNGA PENISOLA

L'Italia è situata nella **parte meridionale dell'Europa** e, con una superficie di circa 300 000 km², occupa il 3% delle terre del nostro continente. È costituita da una lunga penisola che si protende per circa 1300 km nel Mediterraneo e da diverse isole delle quali la Sicilia e la Sardegna sono le più grandi. Si trova in una posizione equidistante tra il Polo Nord e l'Equatore e il suo territorio a nord è delimitato dal sistema alpino, mentre a ovest, a est e a sud dalle acque del Mediterraneo.

Circa il 40% delle terre italiane è occupato da **colline** che non superano gli 800 m di altezza; oltre un terzo, invece, è coperto da **catene montuose**, tra cui le Alpi e gli Appennini. Meno di un quarto del suolo è costituito da **pianure**, tra le quali solo la Pianura Padana ha grandi dimensioni. Le **coste** si sviluppano per circa 7500 km e sono bagnate dal Mar Mediterraneo che prende localmente nomi diversi.

Il territorio, a elevato rischio sismico, si può dividere in **due grandi regioni naturali**: a Nord l'Italia continentale che include l'arco alpino e la Pianura Padana, al Centro e al Sud l'Italia peninsulare e insulare con il lungo allineamento montuoso degli Appennini e i rilievi di Sicilia e Sardegna.

L'ITALIA CONTINENTALE

Nell'**Italia continentale**, la catena delle **Alpi** costituisce un imponente arco montuoso esteso per circa 1200 km da ovest a est. La catena, attraversata da valli profonde come la Valtellina, la Val d'Aosta e la val Venosta, raggiunge le massime elevazioni nelle sezioni occidentale e centrale, dove numerose cime, come il Monte Bianco (4807 m), il Gran Paradiso, il Monte Rosa, il Cervino e il Bernina, superano i 4000 m. A est, invece, l'altitudine diminuisce e poche vette oltrepassano i 3000 m. La morfologia alpina è ovunque caratterizzata da forme aspre, da ripidi pendii e grandi ghiacciai. Nelle Alpi orientali spicca il **gruppo delle Dolomiti**, noto per le guglie appuntite e le pareti verticali. A sud la catena è affiancata dalle Prealpi, fascia di rilievi raramente superiori ai 2000 m che si innalzano tra i **grandi laghi di origine glaciale** come quelli di Garda, il più esteso del paese, Maggiore e di Como. Nell'Italia continentale si estende l'unica vasta area pianeggiante, la **Pianura Padana,** di origine alluvionale, che da sola occupa oltre il 60% di tutte le pianure italiane. Nonostante la lunghezza modesta (652 km) rispetto agli altri corsi europei, il **fiume Po**, con i suoi affluenti (tra gli altri il Tanaro, l'Adda e l'Oglio) scorre su un vasto bacino idrografico e trasporta un cospicuo volume di acque. Dal Monviso (Alpi occidentali) dove nasce, il Po attraversa tutta la Pianura Padana per gettarsi nell'Adriatico con un ampio delta; allo stesso mare si dirige anche il secondo fiume italiano, l'Adige, che attraversa la regione alpina orientale.

L'ITALIA PENINSULARE

L'**Italia peninsulare** è perlopiù occupata dalla catena montuosa degli **Appennini** che si allungano per circa 1350 km dalla Liguria alla Sicilia nord-orientale. Al contrario delle Alpi, il sistema appenninico è fortemente eroso e presenta una morfologia dolce e arrotondata con la massima elevazione del Gran Sasso a 2914 m. Nella sezione settentrionale l'Appennino ha un andamento compatto con una lunga dorsale da cui si diramano catene minori, i contrafforti, separati da strette valli in cui scorrono i fiumi.

Nella parte centrale l'Appennino si smembra in più catene parallele, separate da ampie conche interne (di Rieti, Sulmona, Terni) e da valli fluviali (Valdarno, val Tiberina). L'Appennino meridionale è invece scomposto in massicci e gruppi isolati, disposti irregolarmente. Ai margini della dorsale principale si innalzano i rilievi minori del Preappennino (o Antiappennino) adriatico e tirrenico (le Murge pugliesi o i rilievi vulcanici del napoletano, tra cui il Vesuvio) che terminano in strette pianure costiere quali la Maremma, l'Agro Romano, la pianura campana e il Tavoliere delle Puglie.

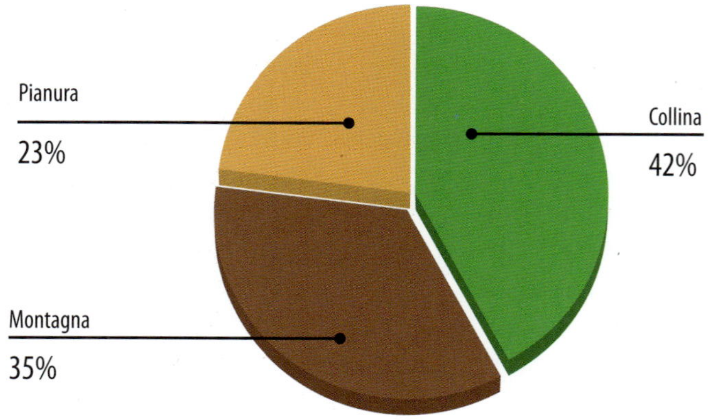

superficie	302 073 km²
nome ufficiale	Repubblica Italiana
popolazione (2016)	60 592 000
densità	201 ab/km²
moneta	Euro
ordinamento dello stato	Repubblica
capitale	Roma
Sigla	I

origine alluvionale
Pianura formata dai detriti trasportati dai fiumi.

bacino idrigrafico
Territorio le cui acque vanno ad alimentare un fiume principale.

conche interne
Bacini intermontani degli Appennini disposti tra più massicci montuosi.

Nell'**Italia insulare** il rilievo è di tipo collinare in **Sardegna** ed è diviso dalla pianura del Campidano; in **Sicilia** si trovano a nord-est le ultime propaggini dell'Appennino, mentre al centro e al sud prevalgono le strutture ad altopiano. A est, ai margini della piana di Catania, sorge l'Etna, il più alto (3323 m) vulcano attivo d'Europa. Nell'Italia peninsulare gli unici corsi d'acqua di una certa importanza si gettano nella parte centro-settentrionale del Tirreno: è il caso del Tevere e dell'Arno.

IL CLIMA

Per via dell'estensione in latitudine, il clima del paese è piuttosto vario. A grandi linee è di tipo **continentale temperato a nord**, con estati calde e afose e inverni relativamente freddi; **mediterraneo a sud**, con estati calde e asciutte e inverni miti. Notevoli sono le variazioni dovute alla presenza del mare (il Tirreno e lo Ionio sono più caldi dell'Adriatico) e all'altitudine sia nell'area alpina sia in quella appenninica.

Per le caratteristiche naturali e umane nel territorio italiano si possono individuare 4 paesaggi regionali principali: Alpi, Pianura Padana, Appennino settentrionale e centrale, Mezzogiorno.

Mezzogiorno
Sinonimo di sud; comprende il Mezzogiorno continentale e il Mezzogiorno insulare (Sicilia e Sardegna).

COMPETENZA LOCALIZZAZIONE

❶ Lavora con la carta e le immagini

Trova sulla carta in quale regione sono situate le località raffigurate nelle immagini.
Rispondi alle domande.

a. In quale regione si trova il lago Trasimeno?
b. In quale regione si trova il Monte Cimone?
c. Dove sono situate le isole Tremiti? E le Eolie?
d. Quali sono i nomi dei mari italiani, cioè le suddivisioni locali del Mediterraneo?

Trekking in Val Ferret, con il Monte Bianco sullo sfondo.

Un tratto della Costa Smeralda.

Il Parco Nazionale del Monte Pollino.

Piazza del Plebiscito a Napoli.

2 Lezione I PAESAGGI REGIONALI

LE ALPI

La **regione alpina** presenta un ambiente di montagna profondamente trasformato dall'uomo, soprattutto in seguito al recente sviluppo turistico.

Nelle **alte vallate** sono sorte molte stazioni sciistiche: tra le altre, Madonna di Campiglio, Cortina d'Ampezzo, Bormio e Sestriere. Il paesaggio risulta caratterizzato da un'urbanizzazione ad **alta quota** (intorno ai 1500 m), con cittadine ben collegate alle principali vie di comunicazione e dotate di piste da sci, impianti di risalita, alberghi. Numerosi boschi di conifere sono stati tagliati per fare posto alle attrezzature necessarie per gli sport invernali, mentre gli antichi villaggi hanno assunto le dimensioni di grossi centri con villette, condomini, supermercati, ristoranti, negozi ecc. Lo sfruttamento immobiliare della montagna si è anche esteso a località di soggiorno non sciistiche, nelle **valli meno elevate**. Qui, accanto all'intensa attività edilizia, sono proliferate le agenzie di compravendita di appartamenti, ville, terreni, pubblici esercizi.

Il **fondovalle** presenta nelle valli principali, come quella dell'Adige, la Valtellina o la Valcamonica, un paesaggio di tipo urbano con un'edificazione compatta ed estesa; vi si concentra la gran parte della popolazione e si trovano attività industriali, centri commerciali, coltivazioni e naturalmente le autostrade e le linee ferroviarie più importanti.

LA PIANURA PADANA

Nella Pianura Padana coesistono paesaggi molto diversi tra loro. L'**alta pianura**, costituita dalle fasce esterne della regione padana prossime alle Alpi e agli Appennini, è un'area intensamente popolata e urbanizzata e attraversata dalle principali vie di comunicazione: da Torino a Venezia passando per Milano e da quest'ultima città fino a Rimini via Bologna. Gli edifici, le strade, le ferrovie diventano più fitti nei pressi delle maggiori aree metropolitane, prime fra tutte quelle di Torino e Milano.

La **bassa pianura**, ossia la parte meno elevata e più vicina al Po, non è molto popolata e, grazie all'abbondanza di acque, all'impermeabilità e fertilità dei terreni, è una zona agricola e di allevamento. Le attività del primario sono oggi praticate con tecniche moderne: il paesaggio è contraddistinto da grandi appezzamenti di terreno dai perimetri regolari, coltivati a cereali, ortaggi, foraggio, alberi da frutta e spesso delimitati da filari di alberi. Altri elementi caratteristici sono le stalle moderne, i silos e le cascine, gli stabilimenti industriali, in particolare quelli alimentari di trasformazione dei prodotti dell'agricoltura o dell'allevamento (latticini, carne). La sezione di **pianura affacciata sull'Adriatico** presenta alcuni tratti formati da lagune (Venezia, Chioggia) e aree palustri (Valli di Comacchio e delta del Po) con canneti e lunghe strisce sabbiose. La fascia costiera romagnola, con i noti centri turistici di Rimini e Riccione, costituisce infine un'estesa e fitta area urbana lunga 120 km,

immobiliare
Che riguarda beni immobili (non trasferibili da un luogo all'altro) come case e terreni.

silos
Contenitore di forma cilindrica in cui si conservano i raccolti di foraggio e cereali.

cascina
Costruzione rurale formata da edifici disposti a quadrilatero attorno all'aia, cioè un grande cortile interno. Oggi è raramente utilizzata per i lavori agricoli.

Una veduta aerea della Valtellina.

La laguna di Chioggia vista dall'alto.

in cui si susseguono ininterrottamente alberghi, condomini, ristoranti, negozi, stabilimenti balneari, discoteche.

L'APPENNINO SETTENTRIONALE E CENTRALE

La regione dell'Appennino settentrionale e centrale occupa una larga fascia del territorio nazionale. L'**alta montagna appenninica** vera e propria è poco popolata. A differenza delle Alpi, il turismo invernale qui non ha avuto un grande sviluppo; poche sono infatti le stazioni sciistiche, tra le quali le più frequentate sono quelle di Sestola, dell'Abetone, del Gran Sasso, del Terminillo. I versanti montani sono tuttora ricoperti da estesi boschi di querce, faggi, castagni e abeti.

Ai bordi dell'**Appennino centrale**, in Toscana, Umbria e Marche, si estende uno dei più celebri paesaggi italiani, quello delle **campagne collinari** che si distingue per le linee armoniose, la varietà dei colori delle coltivazioni, spesso delimitate da filari di cipressi. Le colture sono in prevalenza quelle della vite, dell'ulivo e dei cereali. Il territorio collinare è punteggiato da numerosi borghi e cittadine di origine medievale che sorgono in cima alle alture.

Vicino alle conche interne e alle maggiori valli fluviali si snodano le principali vie di comunicazione e i paesaggi sono variegati: si alternano coltivazioni, fabbriche e centri urbani. Le zone più densamente edificate sono rappresentate dall'asse Firenze-Prato-Pistoia e dall'area di **Roma**.

Le **coste** sono densamente popolate e attraversate dalle maggiori vie di comunicazione: è il caso del litorale adriatico marchigiano e abruzzese, o, sul Tirreno, della Versilia toscana e della sottile striscia ligure che ospita città, centri turistici, colture industrie, porti, autostrade e ferrovie. Meno popolate sono le pianure costiere un tempo paludose, come la Maremma tra Toscana e Lazio.

IL MEZZOGIORNO

Il Mezzogiorno costituisce un insieme regionale omogeneo ed è occupato in gran parte dai rilievi dell'**Appennino meridionale,** con massicci montuosi disposti disordinatamente e alternati a valli aspre e strette. Il paesaggio appare piuttosto brullo, anche a causa dell'intenso disboscamento operato in passato; fitte foreste si trovano solo nelle zone più elevate. I suoli sono poveri e poco fertili, spesso franosi e soggetti a sismi. Per questo motivo l'Appennino meridionale è scarsamente popolato: solo nei bassi pendii montani rimangono piccoli gruppi di case sparse o paesi isolati, a volte arroccati sulle pendici montuose, con le abitazioni addossate le une alle altre.

Nelle **zone interne** meno elevate il paesaggio è ancora più arido, la campagna è deserta e assolata, caratterizzata da pochi alberi e da sterminate lande steppose. Ancora oggi vi si pratica la coltivazione di cereali e permangono pochi pascoli utilizzati per la pastorizia, ma i grandi spazi del vecchio **latifondo** sono ormai abbandonati e lasciati incolti. Gran parte della popolazione e delle attività economiche si concentra lungo le **coste,** soprattutto nell'area tra Napoli e Salerno, la più densamente abitata d'Italia.

Non si possono dimenticare le popolose aree metropolitane di Palermo, Bari, Catania e Cagliari, oltre a centri medi e piccoli. Sempre sulla costa si addensano le zone di agricoltura più redditizia (ortaggi e primizie, ma anche olivi e mandorli) e molte **località turistiche**. Il paesaggio appare un insieme disordinato, in cui si susseguono aree urbane, strutture turistiche, zone agricole, stabilimenti industriali, macchie di vegetazione mediterranea dai tipici arbusti sempreverdi come oleandro e alloro.

latifondo
Grande estensione di terreno che appartiene a un unico proprietario.

La città di Taormina in Sicilia.

Il borgo medievale di Tursi in Basilicata.

3 Lezione — LA POPOLAZIONE E LE CITTÀ

IL QUINTO PAESE EUROPEO PER POPOLAZIONE

L'Italia, con un numero di abitanti di poco superiore ai **60 milioni**, è il quinto paese europeo per popolazione. La densità media è pari a circa 200 abitanti per km^2, dato tra i più alti in Europa; la **distribuzione** della popolazione sul territorio è **irregolare** e in gran parte è il risultato di massicci spostamenti di persone avvenuti fin dall'unificazione nazionale (1861). Da allora le migrazioni interne sono state intense e hanno seguito **cinque direzioni principali**: dalla montagna verso la pianura, dall'interno verso le coste, dalle campagne verso le città, dalle regioni meridionali verso quelle settentrionali, da quelle orientali a quelle occidentali.

Il flusso maggiore si è avuto nella fase dello sviluppo industriale, quando, tra il 1955 e il 1970, oltre 9 milioni di italiani si sono trasferiti in una regione diversa rispetto a quella di nascita. In quegli anni le aree settentrionali del "triangolo industriale" Milano, Genova e Torino, ma anche la capitale, Roma, richiamarono moltissime persone dal Sud alla ricerca di lavoro. In direzione soprattutto di Milano e Torino emigrarono anche abitanti, soprattutto veneti, del Nord-Est, che in quel periodo era un'area economicamente piuttosto arretrata.

Oggi la maggior parte degli italiani vive nelle aree pianeggianti e in quelle costiere, mentre poco popolate risultano le zone di montagna e le aree collinari più interne.

IL CALO DELLA NATALITÀ E DELLA MORTALITÀ

Dopo aver registrato una crescita costante a partire dall'Unità d'Italia, la popolazione è da oltre 20 anni in **calo naturale** poiché il numero delle morti supera quello delle nascite. Negli ultimi vent'anni il tasso di natalità e l'indice di fecondità (pari a 1,4 figli per donna), infatti, sono fortemente diminuiti in conseguenza d'importanti trasformazioni sociali, quali, per esempio, l'urbanizzazione, il lavoro femminile, l'aumento della scolarizzazione. Allo stesso tempo, grazie alle migliori condizioni di vita, è diminuito il tasso di mortalità e si è verificato un costante allungamento della durata media della vita. Questa situazione, identica a quella di gran parte dell'Europa occidentale, ha determinato un processo di progressivo **invecchiamento** della popolazione. Ciò desta serie preoccupazioni circa il futuro demografico e sociale del paese, caratterizzato da pochi lavoratori attivi e da molti pensionati. In questo quadro un'importante risorsa è costituita dall'arrivo di cittadini stranieri, nella quasi totalità giovani e in età da lavoro.

Con l'invecchiamento della popolazione sono aumentate le proposte di viaggio e i servizi studiati per gli anziani in vacanza. Un'opportunità per il mondo del turismo che va presa in considerazione.

L'INVERSIONE MIGRATORIA

La diminuzione naturale, tuttavia, è oggi compensata dall'**immigrazione straniera**. L'Italia rappresenta il punto di arrivo per migliaia di immigrati provenienti da paesi poveri, soprattutto dall'Europa dell'Est (Romania, Albania e Ucraina), dal Nordafrica (Marocco, Tunisia) e dall'Asia (Cina, Filippine, India). Attualmente gli stranieri residenti nel paese sono poco più di 5 milioni, pari all'8% della popolazione totale.

In poco tempo il paese ha così conosciuto il fenomeno dell'**inversione migratoria**, cioè da paese di emigranti è diventato un paese di immigrati. In passato, infatti, e per oltre un secolo gli italiani sono stati costretti a emigrare all'estero per cercare lavoro: **26 milioni** di concittadini si trasferirono in paesi stranieri tra il 1861 e il 1970. Gli italiani che abbandonarono la propria terra si diressero, tra Ottocento e Novecento, nelle Americhe e, dopo la Se-

IL TURISTA CURIOSO

❶ Il termine campanilismo deriva dal campanile della chiesa che, specie in passato era il punto di riferimento del centro abitato.

conda guerra mondiale, nei paesi dell'Europa centro-settentrionale. Per la maggior parte contadini, analfabeti o quasi, provenivano soprattutto dalle regioni meridionali; nei luoghi di arrivo venivano destinati ai lavori più umili ed erano vittime di emarginazione e talvolta di soprusi di tipo razzista.

A partire dagli anni Settanta del secolo scorso, con la diffusione del benessere economico in tutto il paese, le grandi **migrazioni interne** e verso l'estero sono **rapidamente diminuite**. Negli ultimi anni quelle interne sono riprese, anche se non come in passato; esse hanno coinvolto **giovani provenienti dal sud del paese** con un buon livello di istruzione e alla ricerca di migliori occasioni di lavoro: le loro mete sono, in particolare, la Lombardia, l'Emilia-Romagna, la Toscana e il Veneto.

IL PAESE DELLE CENTO CITTÀ

Oltre 2 italiani su 3 vivono in città. L'Italia ha un'antichissima **tradizione urbana** che l'ha accompagnata nel corso della sua storia ed è nota come il «paese delle cento città». Questo nome si deve alla presenza di un gran numero di città importanti e all'equilibrio tra loro esistente. Tale situazione è legata alla storia del nostro paese e soprattutto alle sue secolari divisioni politiche. Fino a poco più di cento anni fa non solo Roma, ma anche Torino, Firenze e Napoli erano capitali di piccoli stati; persino città come Lucca, Parma, Ferrara o Mantova svolsero per un certo periodo il ruolo di capitali, seppur di piccole entità statali.

Ancora oggi, specie nel mondo dello sport, è diffuso tra gli italiani il **campanilismo**, cioè l'attaccamento fazioso ed esasperato alla propria città in rivalità molto accesa con i centri vicini. Le città italiane hanno in comune un **patrimionio architettonico di notevole interesse turistico**: esse infatti conservano nel centro storico le testimonianze del loro passato, risalente a periodi diversi e a culture e dominazioni differenti.

COMPETENZA DIGITALE

❶ Lavora con internet

Fai una ricerca e per ciascuna città raffigurata nelle immagini scrivi un elenco delle principali attrattive turistiche che attirano i visitatori.

Veduta di Lucca famosa per essere una città d'arte tra le più belle del centro Italia e per la sua cinta muraria cinquecentesca.

Il Ponte Vecchio a Pavia, città di origine romana, attraversata dal fiume Ticino e ricca di monumenti religiosi e storici importanti.

Il castello di San Giorgio a Mantova, che è stata uno tra i principali centri del Rinascimento italiano.

Ragusa-Ibla in Sicilia è una delle città più ricche di testimonianze dell'arte barocca in Italia.

4
Lezione

STORIA ED ECONOMIA

DALL'ANTICHITÀ AL RINASCIMENTO

L'Italia è **uno stato relativamente giovane**, che però ha radici storiche e culturali molto profonde. Nell'antichità, infatti, sulle coste italiane sorsero numerose colonie fenicie e, soprattutto, greche, che, insieme alle città etrusche, dominavano gli scambi marittimi. Con l'affermarsi di **Roma** l'Italia assimilò la lingua latina e divenne il centro della vita economica e politica del Mediterraneo e dell'Europa fino alla caduta definitiva, nel 476 d.C., dell'Impero romano d'occidente.

In seguito **l'Italia non ebbe più per secoli un'unità politica**. Il consolidarsi, tuttavia, del potere politico del **Papato**, che aveva sede a Roma, fece della penisola italiana il **centro di irradiazione in Europa del cristianesimo**. Inoltre **nel basso Medioevo e nel Rinascimento** l'affermarsi dell'autonomia politica di diverse città (comuni) e il sorgere di principati e signorie locali come i Medici a Firenze, i Visconti e gli Sforza a Milano, i Gonzaga a Mantova, i Montefeltro a Urbino, nonché di floride repubbliche marinare (Venezia, Genova, Pisa, Amalfi), favorirono uno **straordinario sviluppo economico, culturale e artistico**.

DALLA FINE DEL QUATTROCENTO AL NOVECENTO

Alla fine del Quattrocento, la scoperta delle Americhe e il conseguente spostamento del baricentro dei commerci europei verso le coste atlantiche accelerarono la **decadenza politica ed economica** della penisola. Indebolita dalle guerre interne, l'Italia divenne per secoli **terra di conquista delle maggiori potenze continentali**. La situazione mutò solo nell'Ottocento, quando, con il **Risorgimento,** iniziò a prender piede una coscienza politica nazionale. Nel 1861, infine, l'Italia raggiunse l'indipendenza e l'unificazione sotto la guida del Regno di Sardegna e del primo ministro Cavour. Ma fu solo nel 1870, dopo la sconfitta delle truppe dello Stato pontificio, che Roma divenne la capitale.

All'inizio del Novecento l'Italia partecipò alla **Prima guerra mondiale** al termine della quale riconquistò Trento e Trieste, a costo di un alto numero di morti e ingenti distruzioni che misero a dura prova il paese. Approfittando delle difficoltà del dopoguerra, il **fascismo** salì al potere nel 1922 con metodi illegali e violenti, soppresse le istituzioni e le libertà democratiche nate dal Risorgimento, sciolse i partiti e i sindacati e instaurò una **dittatura**. L'Italia si alleò poi con il regime nazista a fianco del quale combatté tra il 1940 e il 1945 nel corso della **Seconda guerra mondiale**.

Alla fine della guerra, dopo la sconfitta del fascismo da parte degli alleati anglo-americani e della **Resistenza** antifascista, l'Italia si diede nuovi ordinamenti democratici con l'instaurazione della **Repubblica** dopo il referendum del 1946 e una nuova costituzione.

L'OTTAVA POTENZA ECONOMICA MONDIALE

Con un alto reddito per abitante e consumi elevati, l'Italia è **uno tra i paesi più avanzati** d'Europa e l'ottava potenza economica del mondo. Dopo anni di intenso sviluppo tra gli anni Cinquanta e Settanta del secolo scorso, l'economia italiana è però entrata a partire dagli anni Novanta in una **fase**

La cupola di Brunelleschi a Firenze, uno dei simboli del Rinascimento italiano.

La nascita della Repubblica Italiana avvenne a seguito del referendum del 2 e 3 giugno 1946, indetto per determinare la forma di governo da dare all'Italia dopo la Seconda guerra mondiale.

di decrescita. Oltre all'insufficiente sviluppo del Mezzogiorno e al permanere di sensibili disparità nella distribuzione del reddito tra i ceti sociali, il principale punto debole è costituito dalla scarsa innovazione tecnologica del sistema produttivo e dagli esigui investimenti destinati al settore della conoscenza e della ricerca. È così che l'Italia è quasi assente dalla competizione internazionale per quanto riguarda i settori a **tecnologia avanzata** quali l'elettronica, l'informatica, l'aeronautica e le biotecnologie, mentre il *Made in Italy*, cioè tutte quelle produzioni che puntano sulla qualità e sul gusto del prodotto italiano, dall'abbigliamento al tessile, alle calzature, risente della crescente concorrenza dei paesi in via di sviluppo che producono a costi molto più bassi. A ciò si aggiunge un dato strutturale del sistema produttivo e cioè la **mancanza di materie prime**, in particolare di petrolio che è la prima voce dell'import e che incide pesantemente sugli acquisti dall'estero. Completa il quadro delle difficoltà nazionali il **debito enorme** dello Stato che si è accumulato negli ultimi trent'anni e che è superiore all'ammontare complessivo del PIL, il reddito nazionale.

I MARCHI DI QUALITÀ

I marchi di qualità sono attestazioni concesse ad alcuni alimenti prodotti nell'area UE e rilasciate da **enti di certificazione** riconosciuti dal Ministero delle politiche agricole, alimentari e forestali per **promuovere, tutelare e garantire** al consumatore la **provenienza originale** e le **caratteristiche qualitative** dei prodotti agroalimentari. Sui prodotti alimentari è possibile trovare i seguenti marchi:

- **D.O.P.** (Denominazione di Origine Protetta): indica che la produzione e l'elaborazione dei prodotti avviene in un'area geografica delimitata e definita. Le qualità e le caratteristiche dipendono dall'ambiente geografico.
- **I.G.P.** (Indicazione Geografica Protetta): indica che la qualità è attribuita all'origine geografica.

Accanto ai marchi sopra elencati vi è il criterio di "**Denominazione di origine controllata**": un **sistema di certificazione nazionale** che contraddistingue esclusivamente i **vini**. Sui **prodotti vitivinicoli** i marchi sono i seguenti:

- **D.O.C.G.** (Denominazione di Origine Controllata e Garantita): il marchio, attribuito ai vini più pregiati, garantisce l'origine e la qualità del prodotto.
- **D.O.C.** (Denominazione di Origine Controllata): il marchio è concesso a vini di qualità originari di zone limitate.
- **I.G.T.** (Indicazione Geografica Tipica): il marchio indica **vini da tavola** di qualità che hanno regole meno restrittive di quelli richiesti per i vini DOC e DOCG e le cui aree di produzione sono ampie.

I SETTORI ECONOMICI

L'**agricoltura** è attualmente il settore meno efficiente dell'intero sistema economico nazionale e presenta un forte **deficit** poiché le importazioni superano ampiamente il valore delle esportazioni. I cereali costituiscono le coltivazioni più diffuse, ma soltanto il **riso** si può considerare una coltura molto redditizia. Altrettanto remunerative sono le coltivazioni di **ortaggi** e **frutta**, destinate, come il riso, al mercato estero. La coltivazione della vite consente un'abbondante e **qualificata produzione di vino**. Se la pesca è un'attività che ha scarso peso, un elemento positivo è costituito dalla notevole diffusione in tutto il paese dell'**agricoltura biologica,** per la quale l'Italia è tra le prime nazioni al mondo.

Il **settore industriale** poggia su un vasto tessuto di piccole e medie imprese e presenta un ventaglio molto ampio di produzioni. Pur ridimensionati rispetto a qualche decennio fa, importanti rimangono i settori tradizionali dell'abbigliamento, del tessile e delle calzature, oltre all'**alimentare**, quest'ultimo una vera eccellenza a livello mondiale.

Hanno una posizione di rilievo anche i settori a tecnologia media, come la **meccanica** (autovetture, macchinari per industria e agricoltura, elettrodomestici) e la **chimica** (derivati dalla lavorazione del petrolio come benzine, materie plastiche, gomma e fibre tessili sintetiche).

Il **terziario**, il settore principale per addetti e formazione, è composto da svariate e rilevanti attività, che vanno dal commercio al settore bancario e finanziario (Milano ospita la Borsa Valori più importante del paese), ai servizi forniti dalla pubblica amministrazione. Naturalmente tra le sue maggiori attività c'è il **turismo** che è in grado di garantire guadagni maggiori dell'intero settore agricolo.

COMPETENZA DIGITALE

❶ Lavora con internet

Leggi l'estratto dell'articolo di "Repubblica" e **fai una ricerca** su quali sono i marchi italiani che hanno più successo all'estero. Prendi in considerazione la moda, i cibi, i vini e il design.

Il valore dei marchi italiani. Brand Finance, una società di consulenza che analizza le performance economiche dei marchi nel mondo, ha misurato il valore del marchio Made in Italy e ha rilevato che, rispetto al 2014, nel 2015 cresce del 21%. Le performance del Made in Italy sono particolarmente buone anche in relazione a quelle degli altri principali paesi, infatti tra i primi 10, solo Cina, Giappone e Francia hanno un livello di crescita analogo. USA e India crescono intorno al 10%, mentre Regno Unito e Australia rimangono sostanzialmente stabili. Germania e Canada arretrano leggermente. (*adattato da "la Repubblica", 18 ottobre 2016*)

Le calzature sono tra i prodotti del *Made in Italy* più esportati all'estero.

5 Lezione — LE RISORSE TURISTICHE

IL BELPAESE, UN PATRIMONIO ENORME E VARIEGATO

L'Italia dispone di un insieme straordinario e sorprendentemente vario di risorse turistiche. Il clima mite, la **ricchezza del patrimonio storico e artistico**, la singolare bellezza dei suoi ambienti naturali giustificano il soprannome di **Bel Paese**. Ovunque è visibile l'intreccio di **paesaggi umani** costruiti con un sapiente lavoro da parte delle comunità locali in perfetta simbiosi tra ambiente e cultura, a testimonianza delle civiltà che si sono susseguite dall'antichità ai giorni nostri. A ciò si aggiungono le tradizionali risorse turistiche che vanno dalle stazioni balneari a quelle montane, alle terme, alla natura, alle tradizioni artigianali, all'enogastronomia. Fin dall'epoca del Grand Tour (➜ *unità 1*) la singolare bellezza e il fascino della penisola hanno attirato i visitatori.

LE RISORSE MARITTIME E LACUSTRI

Il turismo balenare è di gran lunga quello più significativo e, con i suoi 7500 km di litorale, l'Italia offre un'**estrema varietà di coste con isole, penisole, golfi, insenature, approdi naturali, porti turistici**. Le coste del Tirreno e dello Ionio sono in genere rocciose e frastagliate, mentre sono sabbiose e in alcuni casi lagunari quelle dell'Adriatico. Tra le isole, oltre a Sicilia e Sardegna, **numerosi sono i piccoli arcipelaghi**: quello toscano con **l'isola d'Elba**, della Maddalena in Sardegna, quello Campano con **Ischia e Capri**, le isole Pontine nel Lazio, le Tremiti in Puglia, le siciliane Pelagie, tra cui Lampedusa, Eolie - con i **vulcani attivi, Stromboli e Vulcano** - e Egadi.

Tra i litorali più noti si possono citare le Cinque Terre, la Costiera Amalfitana e il promontorio del Gargano, oltre alle frequentate **riviere liguri**, la **Versilia** in Toscana e la popolare **costa romagnola**.

Tra i **laghi** spiccano quelli prealpini come il **Garda, Maggiore e di Como**. Le spiagge lungo le rive permettono la balneazione, ma la bellezza dei paesaggi ne fa importanti stazioni di soggiorno e villeggiatura.

LE RISORSE MONTANE E LE ARE PROTETTE

La montagna italiana offre al turista **località suggestive**, adatte al turismo naturalistico, di soggiorno e per gli sport invernali. Le **Alpi** presentano scenari naturali di ineguagliabile bellezza (tra tutti le **Dolomiti**), borghi storici e località sciistiche e di villeggiatura rinomati come **Cervinia, Sestriere, Livigno, Bormio, Cortina d'Ampezzo, Madonna di Campiglio**. L'**Appennino** è costituito da rilievi di minore altezza rispetto alle Alpi, ma anche qui sorgono comprensori sciistici e paesaggi di estrema bellezza. In considerazione della sua estensione, la vegetazione dell'Italia è straordinariamente varia. Molti sono i **Parchi Nazionali** (➜ *unità 2*) che attirano i turisti: il Gran Paradiso, lo Stelvio e le Dolomiti Bellunesi nelle Alpi, il Gran Sasso, il Circeo, il Cilento - Vallo di Diano e l'Aspromonte nell'Appennino, infine le aree protette dei vulcani Vesuvio ed Etna.

IL PATRIMONIO ARTISTICO, CULTURALE E STORICO

Il patrimonio artistico-culturale italiano è uno dei principali al mondo. L'Italia ha il maggior numero di siti inseriti nella lista del **Patrimonio dell'umanità dell'UNESCO** (➜ *unità 4*). Si tratta di luoghi conosciuti come le Dolomiti, le città di Vero-

Il mare della bellissima isola di Capri.

Le montagne innevate a Livigno.

na e **Venezia**, Ferrara e il Delta del Po, il sito di archeologia industriale di Crespi d'Adda al Nord; il centro storico di San Gimignano e quelli di **Firenze, Siena, Pisa** e **Roma**, Villa Adriana e Villa d'Este a Tivoli, nel Centro Italia; il centro di **Napoli**, **i Sassi di Matera**, la Costiera Amalfitana, le Isole Eolie, il **barocco siciliano,** le aree archeologiche di **Pompei e Agrigento** al Sud. Il territorio è comunque disseminato di molte altre città d'arte con centri storici piccoli e grandi di incomparabile bellezza. I numeri sono eloquenti: 95 000 chiese monumentali, 40 000 fra rocche e castelli, 30 000 dimore storiche con 4000 giardini, 36 000 fra archivi e biblioteche, 20 000 centri storici, 5600 musei e aree archeologiche, 1500 conventi.

Non meno importanti i **musei di fama mondiale**, come la Galleria degli Uffizi a Firenze, i Musei Capitolini a Roma e la Pinacoteca di Brera a Milano.

I Sassi di Matera in Basilicata.

Pellegrini in visita al Santuario di Loreto.

IL TURISMO RELIGIOSO E GLI EVENTI CULTURALI

Centro della cristianità per la presenza di Roma, l'Italia è **terra di luoghi di devozione e di culto**: oltre alla capitale si possono ricordare Assisi, la città di San Francesco, il santuario di Loreto e la città di San Giovanni Rotondo, dove è vissuto e ha operato Padre Pio. Per i pellegrinaggi e le strade storiche della fede, tra tutte si segnala la Via Francigena.

L'Italia è anche sede di **eventi culturali internazionali** come la mostra del cinema alla Biennale di Venezia e la stagione operistica alla Scala di Milano e all'Arena di Verona, di **festival letterari**, di **manifestazioni** legate al Carnevale e di **rappresentazioni storiche e religiose**.

Per i suoi scenari, l'Italia ha inoltre ospitato il set cinematografico di molti film e serie televisive.

LE TERME, GLI ITINERARI ENOGASTRONOMICI E IL MADE IN ITALY

L'Italia conta diverse **destinazioni termali**: tra le più conosciute Saturnia, Montecatini, San Gimignano, Abano e Salsomaggiore solo per citarne alcune.

Con la cucina tra le più apprezzate al mondo e un'incredibile varietà di piatti e di ricette diverse in ogni territorio, gli **itinerari gastronomici** costituiscono uno dei punti di forza dell'offerta turistica nazionale. Tra i prodotti alimentari più famosi il Parmigiano Reggiano, il prosciutto di Parma e di San Daniele, l'aceto balsamico di Modena, il pesto ligure, la mozzarella di bufala campana, il tartufo di Alba e i salumi, senza dimenticare le icone nazionali come la pizza e la pasta. Del resto la **dieta mediterranea**, caratterizzata da un modello nutrizionale efficace e costituita principalmente da olio di oliva, cereali, frutta, verdure, legumi, spezie e una moderata quantità di pesce e latticini, è stata inserita tra i beni immateriali patrimonio dell'umanità. Non va tralasciata l'importanza dei **vini italiani**, famosi in tutto il mondo, tra i quali il Chianti, il Barolo, il Nero d'Avola, il Prosecco e il Lambrusco.

Grazie al ***Made in Italy*** i prodotti italiani sono particolarmente ricercati sui mercati mondiali per la qualità, la fantasia e l'originalità del *design*.

IL TURISTA CURIOSO

Tra i beni immateriali protetti dall'Unesco come patrimonio dell'umanità, oltre alla dieta mediterranea, in Italia vi sono l'Opera dei Pupi siciliani, l'artigianato tradizionale del violino a Cremona, le macchine a spalla per le processioni religiose, il canto a tenore della cultura pastorale sarda e la pratica di coltivazione della vite ad alberello dell'isola di Pantelleria.

Il turista consapevole

Una collina di ulivi in Toscana.

I PAESAGGI DEL CIBO IN ITALIA

Paesaggi e prodotti alimentari

L'Italia ha una **straordinaria varietà di paesaggi,** da quelli montani, a quelli collinari, pianeggianti e costieri. I prodotti alimentari che la terra offre, anch'essi molteplici, ne sono un elemento fondamentale.

I cereali

La descrizione dell'abbondanza di prodotti, in Italia, non può che partire dal grano, materia prima che si trasforma in farina, poi in pasta, pane, pizza e focaccia. La qualità di grano tenero dal quale si ricavano farine raffinate predilige climi freschi e piovosi e prevale quindi al Nord, nella Pianura Padana. Il Sud, per esempio la Puglia (famosa per il pane di Altamura, nella Murgia) è invece terra del **grano duro**, la materia di partenza per semole più rustiche e granulose adatte alla produzione di pasta. Dai campi di spighe mature, che in estate assumono il colore delle sfumature dell'oro, si passa, restando in pianura ma andando verso il Veneto, a un altro tipo di cereale: il **mais**, la cui farina è l'ingrediente principe della polenta, piatto nordico per eccellenza, condita con vari ingredienti.

I paesaggi dell'Ovest, invece, ospitano le risaie e il **riso** chiude il cerchio dei cereali in Italia. Tra Piemonte e Lombardia, in primavera, il mosaico di specchi d'acqua riflette i cascinali, i piccoli borghi e i pioppeti, poi il chicco di riso diventa un piatto prelibato: risotto giallo con lo zafferano e il brodo di carne a Milano, la panissa a base di riso e fagioli nel vercellese, oppure al Barolo, al tartufo o ai porcini in Piemonte.

Le carni, i salumi e i formaggi

I principali produttori, soprattutto di **carni suine**, vivono in Lombardia e in Emilia-Romagna, ma non c'è regione italiana che non abbia la sua pregiata razza locale. Il risultato è la grande varietà dei salumi, dal prosciutto di Parma e San Daniele del Friuli alla bresaola valtellinese, alla mortadella di Bologna, al ciauscolo marchigiano, al salame Corallina di Norcia. Tra Lombardia, Veneto, Piemonte ed Emilia-Romagna si concentra anche il 60% dei **bovini nazionali**, con l'eccellenza della pregiata razza piemontese anche se nel mondo è forse più famosa la razza Chianina in Toscana, che si trasforma in bistecca alla fiorentina.

Di fama internazionale, il **Parmigiano Reggiano** è legato alla tradizione dell'allevamento dei bovini della Pianura Padana, mentre per gustare latte e yogurt dai sapori autentici bisogna andare in Alto Adige, dove il territorio è costellato dai masi, fattorie di origine feudale immerse in pascoli e alpeggi. L'arida terra della Sardegna è, invece, ricca di pecore e capre.

La grande varietà di pesce dei mari italiani.

L'olio

L'olio è il condimento indispensabile di tutte le specialità italiane. Ecco, infatti, le **colline punteggiate di ulivi** di oltre 500 varietà, destinate alla produzione di oli raffinati. Un viaggio in Puglia o in Toscana è un'immersione negli uliveti, circondati da muretti a secco, che donano tinte argentee al paesaggio delle masserie e dei frantoi. Gli ulivi caratterizzano anche lo scenario ligure e concorrono al piatto simbolo della regione: il pesto alla genovese, una miscela di basilico, olio abbondante, aglio e pinoli.

Risaie nella Lomellina, in Lombardia.

Le risorse del mare

I due principali porti pescherecci italiani sono Mazara del Vallo e San Benedetto del Tronto, ma tutti i mari italiani abbondano di pesce. Il **pesce azzurro** vive in tutto il Tirreno e l'Adriatico, i tonni vicino alle due isole maggiori, mentre il pesce spada si pesca nello stretto di Sicilia. Sono molte le pescherie dove si può acquistare pesce fresco. Le **saline naturali** come quelle di Cervia o Trapani, producono ancora il sale in modo naturale e non con procedimenti chimici. Una vacanza al mare non potrà prescindere dalla degustazione di brodetti e zuppe, fritture, primi piatti con cozze e vongole.

Gli ortaggi e la frutta

Ortaggi e frutta tingono di colori vivaci le terre d'Italia. Profumano di **agrumi** la Sicilia, la Campania e la Puglia, e lo scenario di queste regioni è caratterizzato anche da fichi e fichi d'India. La mela è coltivata prevalentemente al Nord. Cipolle, melanzane, pomodori, carciofi e zucchine perlopiù al Centro e al Sud. Un ottimo radicchio si trova tra Veneto e Friuli e la zucca, invece, nel mantovano, da gustare nei ravioli fatti a mano.

Il vino

Non c'è tavola italiana senza la presenza del vino, non c'è paesaggio italiano che non veda protagonista la vite: **oltre quattrocento i vitigni autoctoni**, cioè produttivi nella loro terra di origine. Il primato va alle Langhe piemontesi, dove ogni toponimo corrisponde a un vino, dal Barolo al Barbaresco, terra di vini eccezionali, dove il turismo non a caso è prevalentemente enologico: tedeschi e svizzeri arrivano in automobile, per tornare a casa con bottiglie pregiate, in quei *wine tour* che sono diventati un *must* del turismo italiano. Verso il centro si scende in Toscana, nel *Chiantishire*, le colline tra Firenze e Siena che sono un fiore all'occhiello dell'enologia mondiale. Poi c'è Montalcino, patria del Brunello, con quattro versanti collinari che discendono dal borgo omonimo dominato dal castello. Ma in ogni angolo d'Italia si trovano **buonissimi vini locali**: i prosecchi nell'area veneta di Conegliano, i verdicchi marchigiani, i passiti di Pantelleria, le malvasie del Salento pugliese, i Franciacorta lombardi, nell'area del bresciano.

OBIETTIVO LAVORO

Lavora con internet

Fai una ricerca e **organizza** tre itinerari enogastronomici in Italia.
Immagina di dover preparare un viaggio di 3 giorni per due tipologie di turista:
- il turista che ama cibi e piatti tipici del Nord.
- il turista che intende assaggiare i vini e alcune specialità tipiche del Sud.

Per entrambe le tipologie fai un elenco di almeno 4 località, 3 piatti tipici, 2 etichette di vini.
Per ogni proposta sarebbe opportuno indicarne le caratteristiche per mettere il turista nella condizione di scegliere.
Alla fine prepara due brevi presentazioni in PowerPoint (al massimo 3-4 slide ciascuna), corredate da immagini, per i due tipi di turisti destinatari.

SEI PRONTO PER LA VERIFICA?

LOSAI? RIPASSA CON LO SMARTPHONE

IN 1 ORA

1 Dopo aver studiato le unità, completa la sintesi utilizzando le parole proposte. Attenzione ce ne sono 5 in più. ...../ 10

UNITÀ 6 – TURISMO E IMPATTO AMBIENTALE

- Lo spazio turistico è uno spazio "visitato" dai turisti, poi si trasforma in spazio .... e poi, se manca un'adeguata salvaguardia, può diventare spazio ".........................", con modifiche irreversibili all'ambiente. In Italia il territorio si è trasformato per via del turismo negli anni Sessanta e Settanta del Novecento, quando si sono diffusi il turismo .... e l'uso dell'auto e sono cresciute l'.......................... e la costruzione delle vie di comunicazione. Si sono trasformate soprattutto le regioni .... e le aree montane interessate dal turismo invernale. I centri storici delle città d'arte hanno dovuto far fronte all'arrivo dei turisti con problemi di .... del traffico. Quando il turismo si è sviluppato in ritardo, si è cercato di conservare il paesaggio tradizionale con un'edificazione .... , la ristrutturazione di edifici preesistenti e la creazione di alberghi ....

- Il turismo trasforma l'ambiente in vari modi: inquinamento, perdita di terreni destinati all'agricoltura e allevamento, distruzione di flora e fauna originari ecc. Il turismo può diventare uno strumento di tutela del territorio quando promuove la realizzazione di parchi naturali o aree marittime .... Esistono delle .... di qualità relative ai luoghi turistici; in Italia ci sono la Bandiera Blu, le Vele, le Bandiere .... e I borghi più belli d'Italia.

- Dagli anni Novanta del secolo scorso si è diffuso il concetto di sviluppo .... che si è esteso anche al turismo, concretizzandosi in quella che si chiama la Carta di .... Per quanto riguarda i paesi in via di sviluppo si è diffuso anche il concetto di turismo ....

UNITÀ 7 – L'ITALIA: IL PATRIMONIO TURISTICO

- Il territorio italiano è costituito soprattutto da colline e da .... È a elevato rischio sismico e viene suddiviso in due grandi regioni: l'Italia continentale e quella peninsulare e insulare. Il clima varia in base alla latitudine, alla presenza dei rilievi e del mare. Quattro sono i paesaggi regionali principali.

- Le Alpi sono state molto trasformate dal turismo e oggi la maggior parte della popolazione si concentra nei grandi .... dove si è diffuso un paesaggio di tipo urbano. La Pianura Padana si divide in alta e bassa pianura. L'Appennino ha visto un minor sviluppo del turismo invernale e una minor trasformazione dell'ambiente, ai bordi del suo tratto centrale sono presenti ampi paesaggi .... punteggiati da cittadine medievali. Le coste sono densamente abitate e percorse dalle principali vie di comunicazione. Il Mezzogiorno è costituito dall'Appennino meridionale, dal paesaggio brullo, poco popolato, con lande deserte nell'interno dove era diffuso il .... La popolazione, le principali città, l'agricoltura più redditizia e le località turistiche si concentrano lungo le coste.

- Con oltre 60 milioni di abitanti l'Italia è al quinto posto in Europa. La densità media è elevata ma la distribuzione è .... , soprattutto per i grandi flussi migratori avvenuti nel dopoguerra e oggi la popolazione si concentra nelle pianure e lungo le coste. Si assiste a un progressivo .... della popolazione, con un basso tasso di natalità, un basso indice di fecondità e un graduale allungamento della durata media della vita, oltre che al fenomeno dell'.......................... migratoria. Gli italiani vivono soprattutto nelle città.

- Nell'antichità il territorio italiano è stato sede di importanti insediamenti fenici, greci, ... e poi centro dell'impero romano. Nei secoli successivi l'Italia ha vissuto fino al 1861 senza unità politica. Dopo la Seconda guerra mondiale è diventata una repubblica. Oggi è l'ottava potenza economica mondiale, le sue principali debolezze sono l'arretratezza del Mezzogiorno, lo scarso sviluppo dei settori a tecnologia avanzata, la mancanza di .... , l'elevato debito pubblico, la concorrenza dei paesi in via di sviluppo nei settori del ....

- La ricchezza del patrimonio storico e artistico italiano, assieme alla varietà e alla bellezza dei paesaggi naturali, hanno conferito all'Italia l'appellativo di "..........................". Il settore principale del turismo è quello .... Importanti sono anche le mete del turismo .... , i centri termali e luoghi e itinerari di rilevanza eno-gastronomica.

Parole da inserire: • Arancioni • balneare • Belpaese • catene montuose • certificazioni • cinesi • collinari • congestione • consumato • controllata • costiere • di massa • diffusi • edificazione • etruschi • fondovalle • giganteschi • invecchiamento • inversione • irregolare • Lanzarote • latifondo • *Made in Italy* • materie prime • organizzato • pianure • portuali • protette • religioso • regolare • responsabile • sostenibile

ZTE ONLINE
Mettiti alla prova con 20 esercizi interattivi

2 Indica se le frasi sono vere o false. (2 punti ciascuna) ..... / 20

a. Le attività turistiche non sono mai responsabili di gravi danni ambientali. V F
b. Gli alpeggi sulle Alpi spesso hanno distrutto gli insediamenti turistici. V F
c. Le Bandiere Blu vengono assegnate alle località marine, quelle Arancioni alle piccole località dell'entroterra. V F
d. Le pianure in Italia occupano solo quasi un quarto della superficie. V F
e. Le pianure alluvionali si formano a causa delle piogge molto intense. V F
f. Il Po sfocia nell'Adriatico con un grande delta. V F
g. Lo sviluppo turistico ha trasformato le Alpi molto più degli Appennini. V F
h. Nel Mezzogiorno la maggior parte della popolazione si concentra lungo le coste. V F
i. L'Italia è sempre stata terra di immigrazione. V F
l. Con la scoperta dell'America la penisola italiana visse un periodo di rinascita politica ed economica. V F

3 Indica la risposta corretta. (2 punti ciascuna) ..... / 6

a. La penisola italiana si protende nel Mediterraneo per circa:
❏ 300 ❏ 1000 ❏ 1300 ❏ 3100 km

b. I laghi di Garda e di Como sono di origine:
❏ vulcanica ❏ tettonica ❏ glaciale ❏ artificiale

c. Il "triangolo industriale" era formato da:
❏ Milano-Venezia-Torino
❏ Milano-Genova-Torino
❏ Milano-Genova-Firenze

4 Attribuisci ciascuna delle seguenti caratteristiche al tratto corrispondente dell'Appennino. ..... / 2

a. Appennino settentrionale
b. Appennino centrale
c. Appennino meridionale

Presenza di catene parallele ....
Andamento compatto e lineare ....
Presenza di ampie conche interne ....
Presenza di massicci montuosi isolati e irregolari ....
Lunga dorsale fiancheggiata da contrafforti ....

5 Scrivi la definizione dei termini proposti. (4 punti ciascuna) ..... / 12

Rapallizzazione ....
....
....
Capacità di carico ....
....
....
Albergo "diffuso" ....
....
....

6 Rispondi alle domande. (10 punti ciascuna) ..... / 50

a. Che cosa si intende per "sviluppo sostenibile"? E per "turismo responsabile"?
....
....
b. Nella Pianura Padana quali caratteristiche differenziano l'alta dalla bassa pianura?
....
....
c. Quali sono, secondo te, i principali effetti negativi del turismo sull'ambiente?
....
....
d. Indica quali sono state le principali direzioni che hanno seguito le migrazioni interne in Italia dall'unificazione in poi.
....
....
e. Perché l'Italia viene chiamato il paese "delle cento città"?
....
....

PUNTEGGIO TOTALE
..... / 100

GEOGRAPHY HIGHLIGHTS – CLIL

THE ENVIRONMENTAL IMPACTS OF TOURISM

The quality of the Environment, both natural and man-made, is essential to Tourism.
Unfortunately, as the Tourism industry continues to expand globally, there are also concerns about its harmful impacts on the environment, on local economy, society and culture. Uncontrolled, **conventional** Tourism raises potential **threats** to the natural environment deriving from the increasing pollution caused by:
1 Emissions of gases and harmful substances in Air, Water and Soil 2 Pollution of litter & solid waste 3 Releases of **Sewage**, *Oil and Chemicals 4 Noise Pollution 5 Consumption of Natural Resources (Water, Energy, Soil, Landscape Deforestation) 6 Natural Habitat and Biodiversity Loss.*
Many of these effects are linked with the construction of **infrastructures** such as roads and airports, and of Tourism facilities, including resorts, hotels, restaurants, shops, golf courses and marinas. These negative impacts can gradually destroy the environmental resources.
This **depletion** occurs when the level of visitor use is greater than the ability of the environment to cope with this use. Therefore, uncontrolled Tourism poses risks to many natural areas worldwide, such as *soil erosion, increased pollution, discharges into the sea, natural habitat loss, increased pressure on endangered species forest clear-cutting*. Tourism development increases the depletion of natural resources, such as water, especially fresh water. The overuse of water resources for hotels, swimming pools, golf courses and personal use of water by tourists, results in water **shortages** and degradation of water supplies, as well as generating a greater volume of **wastewater**. Then the provision of tourist facilities is usually based on the *overuse of land*, fertile soil, forests, beaches for the construction of accommodation and other infrastructures. Besides, typical physical impacts include the degradation of species-rich ecosystems such as attractive landscape sites, sandy beaches, lakes, riversides, and mountain tops and slopes.
An ecosystem is a geographic area including all the living organisms (*people, plants, animals, microorganisms*), their physical surroundings (*soil, water, and air*) and the natural cycles that **sustain** them.
The ecosystems which are most threatened with degradation, are ecologically fragile areas such as *alpine regions, rain forests*, **wetlands**, *mangroves, coral reefs* and seagrass beds. The threats to and pressures on these ecosystems are often severe because such places are very attractive to both tourists and developers. However, Tourism has the potential to create also beneficial effects on the environment by contributing to environmental protection and conservation. It is a way to raise **awareness** of environmental values and it can serve as a tool to finance protection of natural areas and increase their economic importance.

COMPREHENSION

❶ **Read the text and identify the type of pollution (1- 6) corresponding to each picture.**

A...

B...

C...

D...

E...

F...

COMPREHENSION

❷ Match the **highlighted** words from the text (1- 10) to their definitions (A - J).

1. conventional	......	A.	to give support
2. sewage	......	B.	knowing a lot about what is happening in the world or around you
3. infrastructures	......	C.	areas (*as marshes or swamps*) that are covered with shallow water
4. depletion	......	D.	common, ordinary or traditional
5. shortages	......	E.	consumption of a resource, especially a natural resource
6. wastewater	......	F.	the possibility that something bad or harmful could happen
7. wetlands	......	G.	states in which there is not enough of something that is needed
8. sustain	......	H.	water that has been used
9. threats	......	I.	waste material or liquids carried in a system of pipes
10. awareness	......	J.	system of public works as roads and bridges necessary in a country

COMPREHENSION

❸ **Read the text and mark these statements as True (T) or False (F) to show your knowledge about the importance of the environmental impacts of Tourism. Correct the false statements.**

1. Tourism development as an industry relies on the quality of the environment. T F
2. The environment improves as Tourism continues to expand globally. T F
3. Conventional Tourism has positive impacts on environment, local economy, and society. T F
4. Building hotels and infrastructures for tourists can impoverish land, beaches and forests. T F
5. Natural resources are mainly threatened by noise pollution. T F
6. Biodiversity loss occurs when there is *increased pressure on endangered species*. T F
7. Salt water lack represents one of the most critical resources. T F
8. Ecological areas are not profitable tourist destinations. T F

COMPREHENSION

❹ **Answer the following questions by using complete sentences.**

1. **What** is essential to the development of Tourism?
2. **What** are the main impact areas of Tourism?
3. **When** does the environmental depletion occur?
4. **Which** potential threats does uncontrolled conventional Tourism pose?
5. **What** is the cause for the shortages and the degradation of water supplies?
6. **What** is an ecosystem?

REVISION & PRODUCTION

3

❺ **Complete the following passage with the words in bold. Then listen & check.**

resources - sustainable - littering - supply - local - threat - ecosystem - benefits - unregulated impacts - environmental - positive

It is well known that the Tourism Industry brings tremendous 1............... to a country's development and it may be one of the major sources of income. Unfortunately, despite the obvious 2............... aspects, there are some negative 3............... as well. It is agreed that the growing Tourism sector poses a 4 .... to a region's natural and cultural 5 .... To tackle these issues, some positive government solutions can be: to issue severe fines to travellers for 6............... , or damaging the 7............... of the country they visit and to impose strict penalties to businesses polluting resources such water 8 .... , beaches, coral reefs, heritage sites and others.
It is the 9............... quality of a place that will determine the success of the Tourism Industry, since it is its principal attraction. But Tourism, if unplanned and 10............... can be extremely harmful to the environment, and therefore needs a better, more 11............... alternative that involves the 12............... population in the planning and management of Tourism.

❻ **Write a paragraph focusing on: a) Negative environmental impacts of Tourism. b) Positive socio-cultural impacts of Tourism. Give suitable examples relating to a tourist destination in your area (about 200 words).**

UNITÀ 8 LA VALLE D'AOSTA

1 Lezione — IL TERRITORIO E I PAESAGGI

superficie	3261 km^2
popolazione (2016)	126 793 ab.
densità	39 ab./km^2
capoluogo regionale	Aosta

QUANDO ANDARE?

La stagione più adatta per gli sport legati allo sci è naturalmente quella invernale. Per tutte le attività escursionistiche e le visite ai parchi naturali, invece, il periodo migliore va dalla tarda primavera (maggio-giugno) all'inizio dell'autunno (settembre-ottobre). La città di Aosta e i castelli del fondovalle possono essere visitati in ogni momento dell'anno.

IL TERRITORIO

La Valle d'Aosta si estende nell'Italia nord-occidentale ed è **la più piccola** regione italiana. Il suo territorio coincide con una delle **principali valli della catena alpina**: di origine glaciale, è delimitata dagli imponenti gruppi delle **Alpi Graie** e **Pennine**. Tra questi spiccano i massicci montuosi del **Monte Bianco** (4807 m), del **Cervino** (4478 m), del **Monte Rosa** (4634 m) e del **Gran Paradiso** (4061 m), tutte vette tra le più alte dell'intero arco alpino. Il **territorio** è classificato come **montuoso** e anche nel fondovalle le aree in piano sono molto ridotte.

IL TURISTA CURIOSO

❶ Il traforo del Monte Bianco, galleria autostradale lunga 11,5 km a 1350 m di altitudine media, collega Courmayeur a Chamonix (Francia). Il traforo del Gran San Bernardo, invece, è lungo quasi 6 km e si situa a ben 1900 m s.l.m.

❷ La funivia dei Ghiacciai (o del Monte Bianco) collega in poco meno di un'ora Courmayeur (Italia) a Chamonix (Francia) scavalcando completamente la catena delle Alpi. Il punto più alto si tocca a 3462 m, superando un dislivello di oltre 2000 metri.

I FIUMI, I LAGHI E I GHIACCIAI

La regione corrisponde all'alto bacino idrografico della **Dora Baltea**, affluente di sinistra del Po. Il fiume ha numerosi **affluenti**, tra i quali la Dora di Valgrisenche e il Lys.
I laghi sono circa 700; essi sono di alta quota (in genere oltre 1800 m) e occupano conche glaciali. Non sono molto estesi, ma particolarmente suggestivi. I principali sono il lago Blu di Verra, il lago di Laures, il lago del Miage e il lago di Place Moulin. Oltre 200 sono i ghiacciai: i maggiori sono della **Brenva** e del **Miage** nel massiccio del Monte Bianco.

LE VALLI LATERALI

La Valle d'Aosta è articolata in numerose **valli secondarie**, anch'esse intensamente modellate dai ghiacciai. Tra le principali, seguendo il corso della Dora Baltea, si hanno: **a sinistra** la Val Ferret, la Valle del Gran San Bernardo, la Valpelline, la Valtournenche, la Val d'Ayas e la Valle di Gressoney; **a destra** la Valle di La Thuile, la Valgrisenche, la Valsavarenche e la Val di Cogne.

IL CLIMA E I VERSANTI

Il clima è di **tipo alpino**, con inverni lunghi e freddi ed estati fresche. Nella piana di Aosta e nel basso fondovalle, a clima continentale, si registra una **forte escursione termica** annua, con clima afoso in estate. La **posizione**

LE VIE DI COMUNICAZIONE

La principale via di comunicazione che attraversa la regione è l'**autostrada A5 Torino-Aosta** che, dopo aver percorso tutto il fondovalle, si raccorda al **traforo del Monte Bianco**, principale collegamento tra Italia e Francia insieme al **tunnel del Frejus** in Piemonte. Altri valichi storici sono il **Gran San Bernardo**, che collega l'omonima valle al cantone Vallese in Svizzera, e il **Piccolo San Bernardo**, tra la valle di La Thuile e la Francia.
Nelle **ferrovie** la direttrice maggiore è la linea Aosta-Ivrea-Chivasso-Torino; l'altra linea, interamente in territorio valdostano è la Aosta-Pré-Saint-Didier, che termina poco prima di Courmayeur.
L'unico **aeroporto** valdostano è quello regionale "Corrado Gex" di Saint-Christophe, a circa 2 km da Aosta.

riparata della valle principale rispetto alle perturbazioni occidentali limita fortemente le precipitazioni, con medie annue molto ridotte (inferiori ai 600 mm). La disposizione prevalente Est-Ovest della valle principale favorisce una buona insolazione del **versante settentrionale**, consentendo le **colture agricole** fino a 1300 m di quota; il **versante meridionale**, dove l'insolazione è minore, è più ricco di **boschi e pascoli** e anche l'insediamento umano è più rado.

LA FLORA E LA FAUNA

Metà della superficie della regione è occupata da **prati e boschi**. La **vegetazione** valdostana vanta la presenza di **circa 2000 specie** diverse: il piano collinare, **fino a 800 m**, ospita alberi da frutto, vigneti, castagni; salendo progressivamente **dagli 800 ai 2000 m** si passa dalle latifoglie (betulle e aceri) alle aghifoglie (pino cembro, pino montano e silvestre, abete bianco e rosso, larice); **al di sopra dei 2000-2500 m** si hanno stelle alpine, ericacee, ginepri e rododendri.

Per quanto riguarda la **fauna**, lo **stambecco** e il **camoscio** vivono solo a quote molto elevate. La **marmotta** e la **lepre variabile** sono i piccoli mammiferi più tipici dell'alta montagna; poi si trovano l'**ermellino**, la **piccola donnola**, la **faina**, la **martora** e il **tasso**.

Lepre variabile
Detta anche *lepre bianca* o *lepre alpina*, è così chiamata perché in grado di cambiare colore del manto a seconda della stagione, da bianco candido durante l'inverno a bruno-rossiccio in estate.

IL PARCO NAZIONALE DEL GRAN PARADISO

Situato a cavallo tra Valle d'Aosta e Piemonte e in continuità con il Parco nazionale della Vanoise al di là del confine francese, quello del Gran Paradiso è il **primo parco nazionale** istituito in Italia (1922). Creato sulla base della riserva reale di caccia donata dai Savoia allo Stato nel 1920, copre circa il **13% del territorio regionale** e ha come simbolo lo **stambecco**, di cui si contano in zona oltre 4000 esemplari. In Valle d'Aosta ci sono tre centri di visita al parco, che attira ogni anno circa un milione di turisti nei suoi boschi di abeti rossi e bianchi, larici, pini cembro e silvestre. Il **patrimonio faunistico** del parco include, oltre allo stambecco, anche camosci, marmotte, ermellini, donnole, martore e faine. È frequente imbattersi anche in rapaci come l'aquila e il gipeto, tornato recentemente a nidificare nell'area protetta, la poiana, il gheppio e lo sparviero. Anche il **paesaggio antropico** del Parco è tutelato: i villaggi con le case in pietra e legno vicine le une alle altre per evitare la dispersione del calore, gli alpeggi ad alta quota, i muretti a secco dei terrazzamenti, le mulattiere selciate.

COMPETENZA LOCALIZZAZIONE

❶ Lavora con la carta e le immagini

Osserva la carta e rispondi alle domande.

a. Quali sono i valichi della regione?

b. Quale valle e cittadina si trovano ai piedi del Gran Paradiso?

c. Dove nasce la Dora Baltea? Dal Monte Bianco o dal Monte Rosa?

d. Come è strutturata la rete viaria della regione? Quali sono le principali vie di comunicazione? E i più importanti trafori?

COMPETENZA LINGUAGGIO DELLA GEOGRAFIA

❷ Riconosci il paesaggio

Abbina le immagini alle definizioni corrette inserendo le lettere negli appositi spazi.

a. paesaggio di alta montagna **b.** paesaggio di media montagna **c.** paesaggio di fondovalle

☐ La Valle d'Aosta all'altezza di Point-Saint-Martin.

☐ La Val di Cogne durante la stagione autunnale.

☐ Il rifugio Capanna Regina Margherita, situato sulla vetta della punta Gnifetti, nel gruppo del Monte Rosa a quota 4554 m s.l.m., è il più alto rifugio alpino d'Europa.

2 Lezione
LA GEOGRAFIA UMANA

LA POPOLAZIONE E LE CITTÀ

La Valle d'Aosta, con circa **127 000 abitanti**, è la **regione meno abitata** e quella con la **più bassa densità di popolazione** d'Italia.

I **maggiori centri** sorgono **nel fondovalle** principale, come Chatillon e Saint-Vincent, o coincidono con le più importanti **località turistiche**, come Courmayeur. Sempre nel fondovalle si trova **Aosta**, l'unica vera città, il capoluogo regionale. Dal punto di vista demografico la regione è sostanzialmente **stabile**, con una lieve tendenza alla diminuzione a causa dei saldi naturale e migratorio appena negativi.

In Valle d'Aosta è riconosciuto il **bilinguismo italiano e francese**; la maggioranza della popolazione parla comunque il ***patois valdôtain***, una varietà dialettale della lingua franco-provenzale, riconosciuta anch'essa come ufficiale. Per questa particolare **situazione etnica** la Valle d'Aosta **è una delle cinque regioni italiane a statuto speciale** e beneficia quindi di ampi poteri sul territorio.

L'ECONOMIA

La Valle d'Aosta è **molto prospera** economicamente. Alla **viticoltura** e all'**allevamento** bovino, che forniscono le materie prime per la produzione di pregiati salumi (lardo) e formaggi, si affiancano **attività industriali** come quelle alimentari, chimiche, dell'informatica e dell'energia (centrali idroelettriche).

Il settore prevalente è il **terziario** e la principale fonte di reddito è il **turismo**, sia estivo sia invernale, che conta su numerosi centri come Breuil-Cervinia, Courmayeur, Valtournenche, Champoluc, Gressoney e Saint-Vincent. Al benessere concorre anche il **regime fiscale** derivante dal riconoscimento dell'autonomia, che assegna alla regione particolari benefici.

L'IDENTITÀ CULTURALE E L'IMMAGINE TURISTICA

La Valle d'Aosta ha mantenuto il ruolo, svolto da sempre, di **zona di passaggio** dall'Italia verso la Francia e la Svizzera tramite i valichi alpini. Per i **Romani**, che la conquistarono nel 25 a.C. vincendo i Celti Salassi, la valle era importante per il **controllo militare** delle vie alpine. Legata fin dal Medioevo alla **dinastia dei Savoia**, nel 1948 la regione ha ottenuto maggiore autonomia dallo Stato centrale grazie allo statuto speciale che ne riconosce la forte **unità geografica e culturale**.

Questa piccola regione costituisce infatti un'**area simbolo** del mondo alpino proprio per la predominanza nel paesaggio delle **celebri vette** note come "Giganti delle Alpi": il **Monte Bianco**, secondo in Europa solo all'Elbrus nel Caucaso; il **Cervino**, dalla caratteristica forma a piramide; il **Monte Rosa**, seconda montagna delle Alpi per altezza; e il **Gran Paradiso**, unico "4000" interamente compreso in territorio italiano. La montagna valdostana è stata esaltata, fin dal Settecento, da grandi viaggiatori, naturalisti, pittori e letterati di tutta Europa, che ne hanno descritto gli **emozionanti scenari**. In seguito, tra Settecento e Ottocento, la regione ha visto nascere l'**alpinismo** grazie alle prime scalate delle sue maggiori vette, e oggi costituisce una delle principali mete del **turismo montano di massa**.

Le città principali	abitanti (2016)
Aosta (AO)	34 321

COMPETENZA DIGITALE

1 Lavora con internet

I "giganti delle Alpi", ovvero Monte Bianco, Cervino, Monte Rosa e Gran Paradiso, sono entrati a far parte della storia dell'alpinismo. **Fai una ricerca** e trova notizie su:

a. Quali caratteristiche e difficoltà di scalata presentano queste quattro vette?
b. Quando e da chi sono state scalate per la prima volta?
c. Che cos'è il *Tor des Géants*? Quando si svolge? In che cosa consiste?

Courmayeur, nell'alta Valdigne, è una rinomata località turistica invernale.

Una delle ultime edizioni del celebre *Tor des Géants*.

3 *Lezione* LA CULTURA, LE TRADIZIONI E IL PATRIMONIO STORICO E ARTISTICO

L'ARTIGIANATO

La regione produce manufatti che sono eredità della **cultura contadina montanara**, specialmente in **legno**: la grolla, una coppa con cui bere in compagnia caffè corretto o vin brulé, maschere e sculture, mobili, oggetti per la cucina. Altri materiali hanno una lunga tradizione, come il **ferro battuto**, da sempre impiegato per realizzare recipienti, catene per il bestiame, chiavi e serrature. Tra i tessili, **canapa e lana** sono le materie prime più usate per vestiti e biancheria, che dovevano essere caldi e resistenti; anche il **cuoio** e la **pietra ollare** sono ancora lavorati secondo antiche tecniche per farne complementi di abbigliamento o d'arredo.

LE FESTE E LE TRADIZIONI

La maggioranza dei valdostani è **cattolica,** ma una minoranza importante è quella **valdese**, confessione protestante presente da secoli nella regione. Tra le **ricorrenze religiose**: la **festa di San Giovanni**, a Gressoney-Saint-Jean, in cui tutte le frazioni sfilano in costume tradizionale walser; e la **festa della Madonna delle Nevi** con processioni e pellegrinaggi.

Tra le feste folcloristiche, diffuse in tutta la regione sono le ***veillà*** ("veglie"), termine franco-provenzale che indicava le lunghe serate invernali trascorse nelle stalle insieme a familiari e amici: un'occasione, per i contadini-pastori, per raccontarsi storie e leggende. Oggi le *veillà* che si svolgono in molte località della *Vallée* – Aosta, Arnad, Cogne, Etroubles, Valtournenche, Morgex – rievocano la vita del passato e mostrano a visitatori e turisti **antichi mestieri** e attività del mondo contadino.

L'ENOGASTRONOMIA

La cucina valdostana è **distante dalle tradizioni culinarie italiane** e mostra grandi affinità con le regioni transalpine vicine (la Savoia, l'Alta Savoia e il Vallese). Rispetto al resto della penisola, si nota l'assenza del frumento, che ha portato all'impiego della **segale** per il pane, e del **burro** al posto dell'olio d'oliva. I prodotti principali sono essenzialmente **cereali** di montagna, **formaggi e derivati caseari** bovini e caprini, **carni** (bovina, suina e di camoscio), **verdure** (rape, porri, cipolle), **patate** e **frutta** (castagne, mele, pere). Tra i principali riconoscimenti con il marchio DOP il **lardo di Arnad** e la **fontina**; tra i piatti tipici, la **fonduta** di formaggio e la **polenta concia**.

Per quanto riguarda gli alcolici, oltre al noto **liquore di génépì**, c'è **una sola denominazione DOC**, la "Valle d'Aosta-*Vallée d'Aoste*", che racchiude i principali vini rossi e bianchi della regione.

L'ARTE E L'ARCHITETTURA

Gli edifici-simbolo della Valle d'Aosta sono i **castelli**. Di alcuni restano solo rovine; altri invece, ben conservati, sono attrazioni turistiche. Tra i più conosciuti vi sono quelli di **Aymavilles**, **Bard**, **Fénis**, **Issogne**, **Saint-Pierre**, **Sarre**, **Ussel** e **Verrès**.

Aosta ha una lunga storia di cui conserva molte testimonianze: dall'epoca **romana**, con l'arco di Augusto, la porta Pretoria, il teatro e l'anfiteatro, all'epoca **medievale**, con il complesso di Sant'Orso, la cattedrale e le torri.

La grolla, realizzata in legno lavorato al tornio, ha un coperchio e più beccucci per consentire a più persone di bere il caffè corretto con grappa, zucchero e scorze di agrumi.

walser
Popolazione di origine germanica presente in Valle d'Aosta e Piemonte.

COMPETENZA DIGITALE

❶ Lavora con internet

La fiera di Sant'Orso è il momento più importante dell'anno per l'artigianato valdostano.

Fai una ricerca e trova notizie su:

a. Dove e quando si tiene la fiera?
b. A quando risale l'evento?
c. Quale valore aveva la fiera in passato e che cosa rappresenta invece oggi?

La preparazione del lardo di Arnad con spezie e aromi.

La fontina valdostana con la quale si fa la fonduta.

4 Lezione LE RISORSE TURISTICHE

Il turismo della Valle d'Aosta è incentrato soprattutto sulle **risorse naturali e paesaggistiche** e sulle **ATTIVITÀ SPORTIVE** a esse collegate. Le **strutture ricettive** sono eccellenti: oltre ai molti appartamenti in affitto la Valle d'Aosta dispone di una vasta gamma di soluzioni: hotel, residence, bed and breakfast.

Quanto al **TURISMO INVERNALE**, in Valle d'Aosta si possono praticare sport un po' dovunque. Per lo **sci da discesa** ci sono **cinque comprensori sciistici** particolarmente attrezzati: il primo ha il suo centro a **Gressoney** e si estende anche in Val d'Ayas e nell'alta Valsesia piemontese; il secondo, a **Breuil-Cervinia** ai piedi del Cervino, comprende anche la stazione sciistica sul ghiacciaio del Plateau Rosa e permette di praticare lo **sci estivo**; il terzo si trova a **Pila**, a pochi chilometri da Aosta; il quarto è situato nella fredda valle di **La Thuile**, lungo la strada che conduce al colle del Piccolo San Bernardo; il quinto, a **Courmayeur**, è dotato di piste particolarmente impegnative. Gli appassionati di **sci alpinismo** hanno solo l'imbarazzo della scelta, dalle brevi salite su facili pendii ai percorsi di più giorni su ghiacciaio, mentre per lo **sci di fondo** la meta ideale è **Cogne**, che offre 70 km di piste di ogni difficoltà.

Per quanto riguarda il **TURISMO ESTIVO**, tutte le valli secondarie della regione offrono innumerevoli possibilità per **escursioni** di ogni tipo, dalle semplici **passeggiate** alle **arrampicate** più impegnative, senza tralasciare le **uscite alpinistiche**, i **percorsi attrezzati** e i **trekking** di più giorni. Tra le località più rinomate vi sono la conca di **Gressoney**, alla base del Monte Rosa, quella di **Champoluc**, in cima alla Val d'Ayas, e le valli di **Veny e Ferret**, alla base del massiccio del Bianco, a cui si accede da **Courmayeur**. La **Val di Rhemes** e la **Valsavarenche** costituiscono gli accessi all'immersione naturalistica nel Parco del Gran Paradiso.

Aosta
La Porta Pretoria era un tempo la porta di ingresso orientale della città romana di *Augusta Praetoria Salassorum*, oggi Aosta.

Cervino
Il monte Cervino è la quinta cima dell'intera catena alpina.

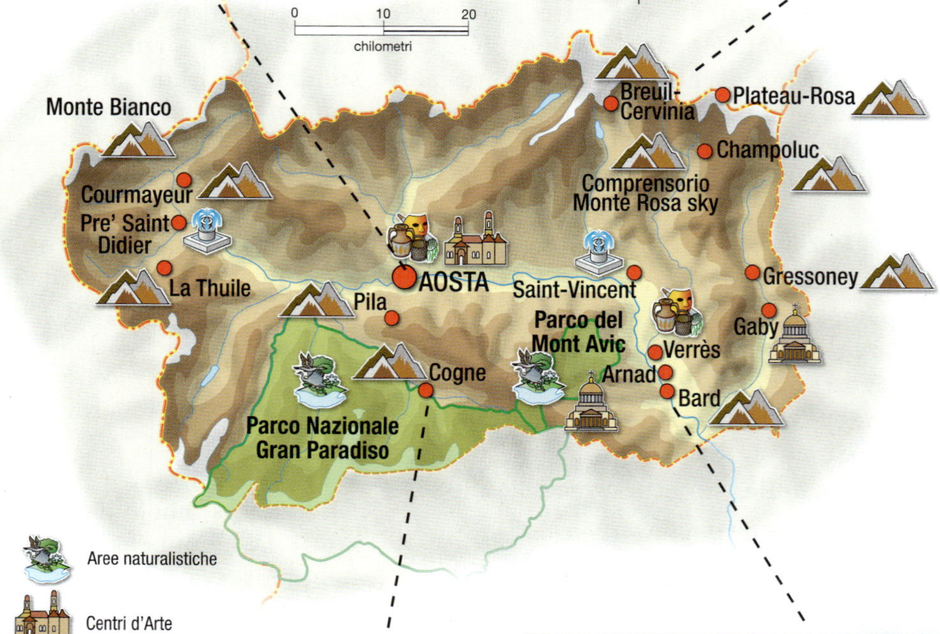

Bard
Già citato nelle cronache altomedievali come simbolo di inespugnabilità, il forte di Bard è stato più volte ristrutturato nel corso dei secoli.

Cogne
Le cascate di Lillaz, in Val di Cogne, sono formate da salti rocciosi sui quali scorrono le abbondanti acque del torrente Urtier.

SCRIVI UN TESTO IN 200 PAROLE

Lavora con il testo, la carta, internet e le immagini seguendo i punti elencati

a. Descrivi il turismo estivo della regione.

b. Indica le principali località di interesse artistico.

5 *Lezione*

ALLA SCOPERTA DELLA VALLE D'AOSTA

CARTA INTERATTIVA IN DIGITALE

L'ITINERARIO

I castelli valdostani: da presidi difensivi a centri di gravità turistici (3 giorni)

L'itinerario mette in rilievo la continuità storica del ruolo della *Vallée* come luogo di transito e comunicazione attraverso le Alpi. I castelli, con le loro posizioni strategiche e le loro strutture difensive, avevano il ruolo di controllare le vie di comunicazione e di preservare autonomie politiche e identità locali, ma furono di fatto anche luoghi di incontro con le culture e i popoli di passaggio, in un perenne oscillare tra apertura e isolamento.

Si entra nella Valle da quello che è sempre stato il suo accesso storico: il grande ponte romano di Pont Saint-Martin, lungo 31 metri e risalente al I sec. a.C., che costituiva il passaggio obbligato della via delle Gallie e della via Francigena che scendeva dal Gran San Bernardo collegando la Francia a Roma.

❶ GIORNO

Pont-Saint-Martin – Forte di Bard

Arrivo a Pont-Saint-Martin, situata all'imbocco esatto della Valle d'Aosta, e passando sul **ponte romano**, che attraversa il fiume Lys poco prima della sua confluenza nella Dora Baltea, si può visitare il **castello di Pont-Saint-Martin** (XII secolo), detto anche "castellaccio" o "castello vecchio". Nel pomeriggio trasferimento all'antico **forte di Bard**: l'edificio, situato su di un promontorio roccioso che domina strategicamente una strettoia della valle principale, è perfettamente restaurato; ospita concerti, mostre temporanee e diverse esposizioni permanenti, tra cui lo spettacolare **museo delle Alpi**.

❷ GIORNO

Issogne – Verrès – Ussel

Visita dell'elegante **castello di Issogne**: la sua funzione, a differenza del forte di Bard, non era tanto difensiva quanto residenziale, come dimostrano i raffinati affreschi del porticato (raro esempio di pittura alpina medievale), gli arredi sobri e la delicata **fontana del melograno**. I **castelli di Ussel e di Verrès** (XIV e XIII secolo rispettivamente), invece, per la loro posizione strategica e la forma squadrata e le fortificazioni, servivano a controllare l'imbocco della Val d'Ayas e del fondovalle; il secondo è particolarmente interessante per l'architettura razionale e i vasti ambienti (scalone d'onore, cucine, sale d'armi e da pranzo).

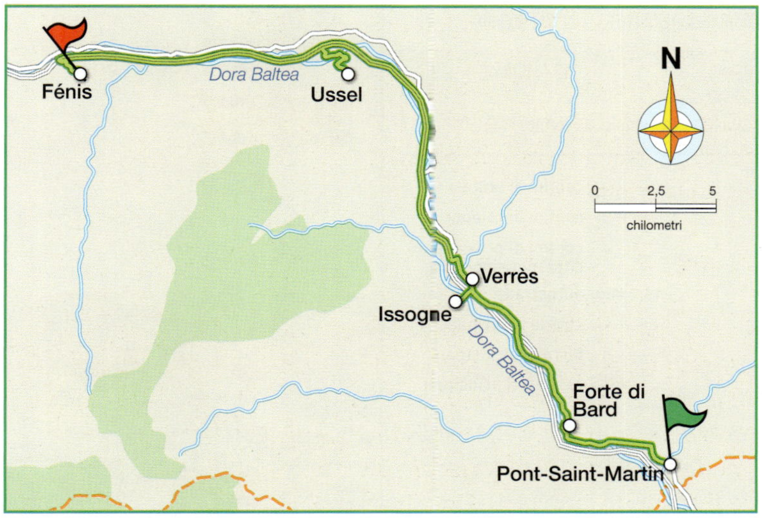

❸ GIORNO

Castello di Fénis – Museo dell'artigianato valdostano

Visita del **castello di Fénis** (XII secolo), il più famoso tra tutte le fortezze valdostane per la ricchezza e la complessità della sua struttura architettonica: torri, torrette e camminamenti di ronda gli conferiscono un'immagine quasi fiabesca, mentre gli affreschi testimoniano chiaramente il passaggio dal castello feudale con funzione difensiva al castello-palazzo rinascimentale adibito a dimora di corte. Il vicino **museo dell'artigianato valdostano di tradizione** mette in mostra non solo le migliori creazioni dell'artigianato storico, ma anche fedeli ricostruzioni degli spazi della vita sociale contadina – la casa rurale, la scuola, il forno –, offrendo un contatto immediato con la cultura materiale locale.

ORGANIZZA TU UN ITINERARIO

Il centro storico di Aosta

Procurati una mappa della città di Aosta e costruisci un itinerario che includa i monumenti, le architetture e le località più interessanti. Con Google Maps visualizza il punto di partenza e quello di arrivo e, dopo aver deciso con quale mezzo sia meglio muoversi, calcola i tempi di permanenza e le distanze. Per ogni luogo scrivi in poche righe le principali caratteristiche e attrattive.

Distanza > 5 km ca.

Durata > 6 o 8 ore

Luoghi da visitare

1. Arco di Augusto
2. Porta Pretoria
3. Teatro romano
4. Anfiteatro romano (convento di Santa Caterina)
5. Museo archeologico regionale
6. Foro e terme romane
7. Collegiata di Sant'Orso
8. Cattedrale di Santa Maria Assunta e San Giovanni Battista
9. Area megalitica di Saint-Martin-de-Corléans

1 Lezione

IL TERRITORIO E I PAESAGGI

superficie	25 399 km²
popolazione (2016)	4 397 069 ab.
densità	173 ab./km²
capoluogo regionale	Torino

confini di stato
confini di regione
confini di provincia e città metropolitana
autostrade
strade principali
ferrovie principali
aeroporti principali

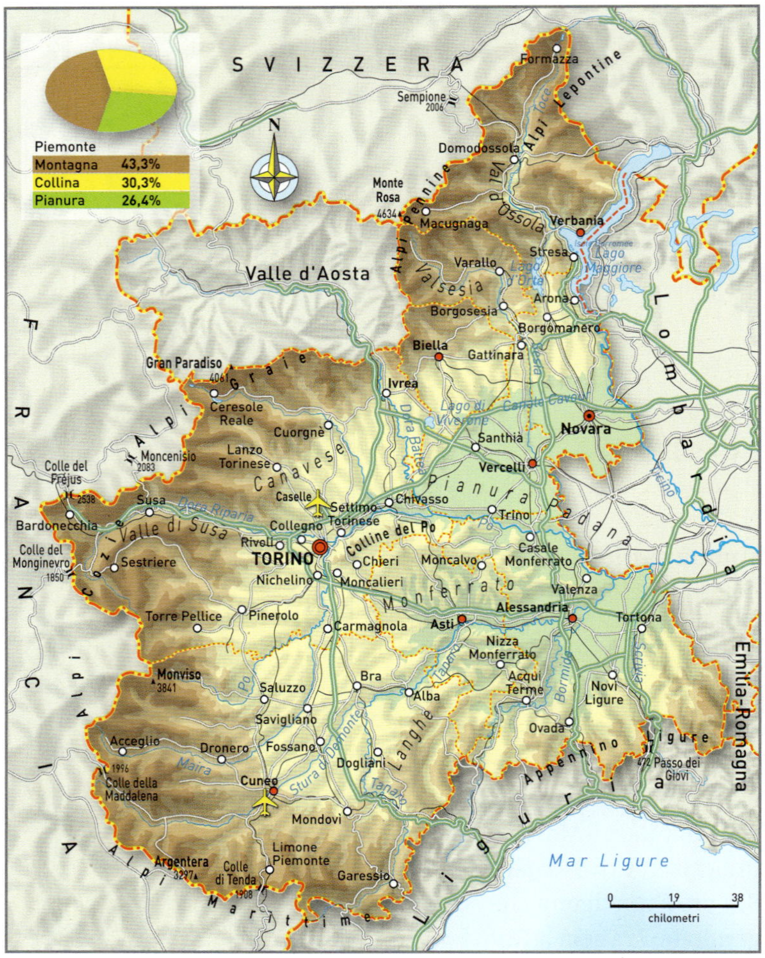

LE VIE DI COMUNICAZIONE

Il sistema dei trasporti collega la regione con il resto dell'area padana, i porti liguri e, attraverso **valichi alpini**, i paesi d'oltralpe.

La **rete ferroviaria** del Piemonte, la più estesa d'Italia, conta oltre 70 stazioni e circa 2000 km di linee, tra cui la tratta Torino-Milano, recentemente potenziata con la **linea ad alta velocità**.

Oltre a una fitta rete di **strade statali**, il territorio presenta numerose **autostrade**: dal Piemonte partono due delle principali direttrici per la Francia, una attraverso il **traforo del Frejus** e l'altra attraverso il **traforo del Monte Bianco**. Importanti sono i collegamenti con **Milano-Venezia-Trieste**, **Savona** e **Genova**.

Gli **aeroporti** sono cinque, di cui due (il "Sandro Pertini" di Torino Caselle e quello di Cuneo) internazionali. I principali **porti fluviali** (in particolare sul Po) e **lacustri** (sul Lago Maggiore).

IL TERRITORIO

Il Piemonte si estende nell'Italia **nord-occidentale** ed è la seconda regione più grande d'Italia dopo la Sicilia. Il territorio è in prevalenza montuoso, ma anche collina e pianura ne occupano una parte consistente.

LE MONTAGNE

I monti principali sono quelli del **sistema alpino** e racchiudono la regione a nord e a ovest. Essi sono costituiti dalle **Alpi Marittime, Cozie, Pennine e Lepontine** e comprendono alcuni tra i gruppi montuosi più elevati d'Italia, quali il **Monte Rosa** e il **Gran Paradiso**, che superano i 4000 m. Le montagne alpine hanno forme aspre, con cime appuntite e versanti ripidi. Sono incise da profonde valli, in cui scorrono i maggiori fiumi. A differenza di quelle lombarde, le Alpi piemontesi non sono affiancate dalle Prealpi, e **scendono bruscamente** sulla fascia di colline che circonda la pianura.

LE COLLINE E LA PIANURA

L'area collinare comprende a nord le colline moreniche del **Canavese** e le **colline del Po** e, a sud, i rilievi del **Monferrato** e delle **Langhe**, che appartengono al **sistema appenninico**. Al centro della regione, grosso modo tra il Po e il Ticino, si estende la parte occidentale della **Pianura Padana**. Essa è molto fertile grazie alla diffusione dei terreni impermeabili e alla presenza delle risorgive che alimentano molti canali di irrigazione.

I FIUMI E I LAGHI

I fiumi piemontesi, numerosi e ricchi di acque, sono quasi tutti **affluenti del Po**, che attraversa l'intera regione da ovest a est ricevendo le acque dei corsi che discendono dalle vallate piemontesi: il **Ticino**, il **Sesia**, la **Dora Baltea** e il **Tanaro**. Alla regione appartiene la sponda occidentale del **Lago Maggiore**, mentre la sponda orientale è in Lombardia.

risorgiva (o fontanile)
Sorgente d'acqua alimentata da una falda freatica che riaffiora in pianura.

IL CLIMA

Il Piemonte ha due principali tipi di clima: **continentale** nelle aree pianeggianti e collinari, **alpino** nelle aree montuose.

Nelle aree a clima continentale si hanno **temperature rigide in inverno**, con forti escursioni annue e giornaliere. Nelle zone di pianura gli inverni sono freddi e nebbiosi, le **estati calde e afose**, ma più fresche nelle aree collinari. Le precipitazioni, più intense a nord del Po, sono più scarse nelle pianure meridionali. In inverno la **neve** è piuttosto frequente anche a basse quote.

IL PAESAGGIO DELLA MONTAGNA ALPINA

Il paesaggio della **montagna alpin**a è un'area a basso popolamento, in prevalenza occupata da boschi e pascoli e percorsa da grandi vie di attraversamento delle Alpi (autostrade e trafori). I centri abitati si trovano nei fondovalle e le attività sono in genere modeste. Fanno eccezione le **zone turistiche**, in particolare quelle degli sport invernali, concentrate nel territorio di Oulx-Sestriere-Bardonecchia. Qui l'**urbanizzazione ad alta quota** ha determinato la crescita edilizia, con impianti di risalita, alberghi, strade, negozi, condomini e ha raggiunto i versanti più elevati. Sestriere, che sorge a oltre 2000 m, è stata negli anni Trenta del secolo scorso la prima stazione alpina creata dal nulla e interamente dedicata allo sci.

IL PAESAGGIO PEDEMONTANO E COLLINARE

Il **pedemonte alpino e le colline settentrionali** presentano un paesaggio urbano industriale che da Torino raggiunge Ivrea e Biella e poi si spinge fin quasi al Lago Maggiore. È un ambiente di alta pianura poco fertile, movimentato da colline e caratterizzato da un'**urbanizzazione diffusa e lineare** con un susseguirsi di città, centri commerciali, stabilimenti industriali e aree residenziali.

IL PAESAGGIO DELLA PIANURA

Il **paesaggio della pianura** si estende nella fascia pianeggiante compresa tra Po e Ticino. È un'area fertile per la presenza di risorgive, fiumi e canali, tra cui il celebre canale Cavour. L'agricoltura è efficiente; nell'area del vercellese e novarese domina il paesaggio della **risaia**. L'insediamento è concentrato in **grossi centri**.

I PAESAGGI DELLE COLLINE MERIDIONALI

Il **paesaggio delle colline meridionali** si estende tra il Po e l'Appennino Ligure, cioè nelle Langhe e nel Monferrato e presenta un ambiente agricolo basato sulle pregiate colture di **alberi da frutto e vite** e intervallato da città medie e piccole.

Infine, vi è il **paesaggio lacustre** del Lago Maggiore, dove il clima mite ha permesso lo sviluppo di attrezzature per il soggiorno turistico.

QUANDO ANDARE?

Il momento dell'anno più indicato per visitare il Piemonte è quello autunnale, compreso tra la fine di settembre e ottobre: questo periodo ha infatti il pregio di avere giornate ancora tiepide e la possibilità di ammirare la vendemmia nelle aree collinari della regione (Monferrato, Langhe). Un altro periodo può essere la primavera, anche se questa stagione è piovosa in alcune aree della regione.

IL TURISTA CURIOSO

❶ Dopo Valle d'Aosta e Trentino, il Piemonte è la regione più montuosa d'Italia.

❷ Il Po con i suoi 652 km di corso attraversa quattro regioni (Piemonte, Emilia-Romagna, Veneto e Lombardia) e bagna 183 comuni.

COMPETENZA LOCALIZZAZIONE

❶ Lavora con la carta e le immagini

Osserva la carta e rispondi alle domande.

a. Qual è la cima più alta della regione? Che altitudine raggiunge?
b. Che altezza raggiunge il gruppo del Monviso? Quale fiume vi nasce?
c. Quali sono i quattro passi situati al confine con la Francia?
d. Quale città capoluogo è bagnata dal Po?
e. Quali linee autostradali passano per Torino e dove si dirigono?
f. Quali città sorgono sul lago Maggiore?

COMPETENZA LINGUAGGIO DELLA GEOGRAFIA

❷ Riconosci il paesaggio

Abbina le immagini alle definizioni corrette inserendo le lettere negli appositi spazi.

a. paesaggio montano turistico
b. paesaggio di pianura irrigua
c. paesaggio delle colline meridionali

☐ Le risaie inondate del Vercellese.

☐ Le Langhe con i loro piccoli centri circondati da distese di vigneti e le Alpi sullo sfondo.

☐ Il comprensorio sciistico internazionale di Sestriere offre oltre 200 piste, per uno sviluppo complessivo di circa 400 km.

2 LA GEOGRAFIA UMANA

Lezione

LA POPOLAZIONE E LE CITTÀ

Il Piemonte, con oltre **4,4 milioni di abitanti**, ha una densità di poco inferiore alla media nazionale. La regione presenta però un **forte squilibrio nella distribuzione della popolazione**: le zone più abitate sono l'area tra Torino e Biella e la pianura compresa tra Vercelli, Novara e il lago Maggiore.

La rete urbana è dominata da **Torino**, il capoluogo regionale, che svolge funzioni di livello avanzato. La sua area metropolitana, che comprende tra gli altri i centri di Moncalieri, Rivoli, Collegno e Nichelino, ospita circa 1,8 milioni di abitanti, più del 40% della popolazione dell'intera regione. Seconda città del Piemonte per importanza economica e abitanti è **Novara**. La terza città piemontese, **Alessandria**, si trova nel Monferrato. Gli altri capoluoghi sono **Biella**, **Vercelli, Asti, Cuneo** e **Verbania.**

UNA REGIONE SOGGETTA A GRANDI FLUSSI MIGRATORI

Tra gli anni Cinquanta e Settanta del secolo scorso la regione ha avuto una **massiccia immigrazione dal meridione** che, per la presenza della FIAT, si riversò nell'area di Torino. In seguito il flusso si è arrestato e, con il **calo delle nascite** e il rientro di molti nelle regioni di origine, la popolazione è diminuita. Oggi, invece, grazie all'**immigrazione** di lavoratori stranieri che compensa il **calo naturale della popolazione**, il numero di abitanti è **in leggera crescita**.

L'ECONOMIA: UN SETTORE ALL'AVANGUARDIA

Il Piemonte è una delle regioni **economicamente più sviluppate** d'Italia con un reddito per abitante superiore alla media nazionale.

L'**agricoltura è moderna**: le **filiere agroalimentari**, tutte altamente specializzate, si basano sulla coltivazione di riso e altri cereali nel basso Novarese e nel Vercellese e sulla vitivinicoltura nelle aree collinari delle Langhe e del Monferrato. Consolidata e redditizia è anche l'**ortofrutticoltura** e le coltivazioni di foraggi, barbabietole, noccioli e pioppi.

L'**industria** è il **punto di forza** dell'economia regionale: grazie all'abbondanza di **risorse idroelettriche** e alla presenza di iniziativa imprenditoriale, il Piemonte ha avuto un'industrializzazione intensa. Per tutto il Novecento il settore trainante è stato il **metalmeccanico** e in particolare il **comparto automobilistico**, con la presenza a Torino della FIAT e del suo indotto. Oggi, dopo la fusione con Chrysler e il trasferimento all'estero della **Fiat Chrysler Automobiles (FCA)**, sono stati mantenuti a Torino solo due stabilimenti (Mirafiori e Grugliasco).

Altre industrie operano nel settore **tessile** e dell'**abbigliamento** (nel biellese), nell'**orafo** (Valenza Po-Alessandria) e nell'**agroalimentare**, quest'ultimo specializzato nella produzione dolciaria (Alba, Cuneo), di spumanti (Asti) e vini pregiati.

IL TURISMO: UN PATRIMONIO DA VALORIZZARE

Importante per la regione è il **movimento turistico** connesso agli sport invernali, alle località di soggiorno sul Lago Maggiore e all'enogastronomia diffusa nelle Langhe e nel Monferrato. Tuttavia, il **patrimonio ambientale e artistico non è ancora valorizzato** quanto meriterebbe: molte valli del Piemonte sono sconosciute e piccoli centri storici, abbazie e castelli, sparsi in tutta la regione, sono trascurati dai grandi flussi turistici.

Le città principali	abitanti (2016)
Torino (TO)	889 600
Novara (NO)	104 471
Alessandria (AL)	93 861
Asti (AT)	76 173
Cuneo (CN)	56 065
Biella (BI)	44 659
Vercelli (VC)	46 618
Verbana (VB)	30 866

filiera
Complesso delle attività, delle tecniche e delle risorse necessarie alla creazione di un determinato prodotto.

comparto
Specifico sotto-settore di attività.

indotto
Insieme delle attività produttive legate a un certo complesso industriale.

COMPETENZA DIGITALE

❶ Lavora con internet

Le XX Olimpiadi invernali del 2006 hanno contribuito a far conoscere non solo i siti montani dell'alta Valle Susa e della Val Chisone, ma anche la storia e l'architettura di Torino.

Fai una ricerca e trova notizie su:

a. Quanti arrivi sono stati registrati a Torino nel periodo delle Olimpiadi?
b. Quali infrastrutture sono state potenziate in città?
c. Chi è l'architetto che le ha progettate?

Il logo ufficiale dei XX Giochi olimpici invernali di Torino 2006.

La facciata della sede storica della FIAT al Lingotto di Torino.

3 Lezione | LA CULTURA E LE TRADIZIONI

L'ARTIGIANATO

Il Piemonte ha una solida **tradizione artigianale** e una passione per l'**antiquariato**. Numerose fiere propongono manufatti tipici del mondo alpino in **legno**, **pietra**, **merletti** e **ferro battuto**; mercatini antiquari vengono allestiti in centri come Cherasco, Mondovì, Casale Monferrato, Varallo Sesia e nella stessa Torino, dove il quartiere di Borgo Dora ospita lo storico mercato delle pulci detto ***Balon***. Attivo fin da metà Ottocento, il *Balon* si tiene tutti i sabati e attrae non solo per gli oggetti *vintage* e di antiquariato ma anche per la vivace atmosfera creata dagli artisti di strada.

LE FESTE E LE TRADIZIONI

Molte sono le ricorrenze sacre e popolari. Tra le più note c'è il **carnevale di Ivrea**, durante il quale si svolge la celebre "battaglia delle arance"; il **palio di Asti**, dedicato al patrono San Secondo ogni terza domenica di settembre e le **danze occitaniche**. Non mancano, infine, le rassegne a tema gastronomico, come **CioccolaTò** a Torino, la **sagra della Panissa** a Vercelli e le **fiere del tartufo** nelle Langhe.

TORINO: "CITTÀ LABORATORIO"

Spesso definita "città laboratorio", Torino è sede di eventi culturali di grande importanza, sia nazionale sia internazionale. Il **Salone del Libro**, per esempio, è un evento editoriale frequentato da migliaia di visitatori. A fine novembre il **Torino Film Festival** è da sempre attento al cinema d'avanguardia e ai registi emergenti. In ambito musicale il **MITO** è un insieme di concerti che si svolgono tra Milano e Torino. Per la gastronomia l'appuntamento più importante è il **Salone del Gusto**, che diffonde i principi alimentari di *Slow Food*.

L'ENOGASTRONOMIA

I **formaggi**, definiti "l'oro bianco" della regione, i **funghi** e i **tartufi** delle colline del Basso Piemonte, i **salami** e il **riso** di Vercelli e Novara costituiscono le prelibatezze della regione. I piatti tipici sono caratterizzati da un'ampia ricchezza di sapori. Tra i primi si possono gustare: la **panissa**, un risotto che, nella variante vercellese, è arricchito da fagioli, cipolle, vino rosso, lardo e salame; gli **agnolotti**, pasta fresca ripiena di carne; i ***tajarin***, pasta fresca all'uovo lunga e sottile accompagnati, in genere, da sughi a base di carne. Tra i secondi: la **bagna cauda**, una salsa calda a base di aglio, olio e acciughe in cui si intingono cardi, peperoni e verdure varie; il **fritto misto** di carni, frattaglie, amaretti e mela. Tra i dolci non possono mancare il ***bonèt***, un budino con cacao, liquore e amaretti, e le numerose specialità di **cioccolateria**.

Riguardo ai **vini**, il Piemonte ha un patrimonio di eccellenze, provenienti soprattutto dalle Langhe e dal Monferrato. Tra queste, vi sono **16 etichette DOCG** (tra cui i celebri Barbaresco, Barbera d'Asti, Barolo, Brachetto d'Acqui, Dolcetto di Diano d'Alba) e **42 DOC** (tra cui il Barbera del Monferrato, il Dolcetto d'Alba, il Grignolino d'Asti e il Nebbiolo d'Alba).

LA TRADIZIONE PIEMONTESE DEL CIOCCOLATO

Il particolare impasto noto come *gianduia*, creato all'inizio dell'Ottocento, nasce dall'incontro tra il cacao e la nocciola tonda delle Langhe. Da esso derivano i **gianduiotti**, i cioccolatini dalla tipica forma trapezoidale, ma anche **creme spalmabili** di cui la **Nutella** è la variante più diffusa nel mondo. Altrettanto antico è il ***bicerin***, bevanda calda a base di caffè, cacao e crema di latte: lo si può gustare nelle cioccolaterie sotto i portici del centro di Torino, insieme a una grande varietà di **cioccolatini pralinati** – detti *Cri cri* – e ai **cuneesi al rum**, che racchiudono un doppio strato di meringa.

Occitania
Regione che occupa in Piemonte parte del cuneese e del torinese.

COMPETENZA DIGITALE

❶ Lavora con internet

Il Piemonte è la "patria" di *Slow Food*, un movimento culturale internazionale che difende il recupero della genuinità e del gusto in cucina.

Fai una ricerca e trova notizie su:

a. Dove e quando è nato il movimento.

b. Quali principi difende e quali progetti promuove.

Il *Balon*, mercato storico delle pulci della città di Torino, si svolge dal 1857 tutti i sabati dalle 7 alle 17.

La "battaglia delle arance" di Ivrea, che ha luogo negli ultimi tre giorni del Carnevale, richiama molti visitatori.

4 Lezione — IL PATRIMONIO STORICO, ARTISTICO E NATURALE

UNA CULTURA DI CONFINE

La posizione del Piemonte come terra di confine tra il **mondo romano e latino** da una parte e il **mondo occitano e francese** dall'altra ha contribuito a formare nel corso dei secoli la sua particolare identità culturale e il suo patrimonio artistico. Restano infatti molte testimonianze del passato più remoto sia lungo la **via Francigena**, ancora oggi importante via di pellegrinaggio, che era il passaggio principale verso il mondo transalpino, sia nei centri come Torino e Susa, che costituivano le roccaforti della dominazione romana: la tipica **pianta a scacchiera romana**, derivata dal *castrum*, è ancora oggi molto evidente a Torino.

L'eredità del Medioevo in Piemonte è visibile soprattutto nelle **abbazie**, autentici capolavori dell'**arte romanica** costruiti o in punti cruciali per il controllo delle valli come la **Sacra di San Michele** in bassa Val di Susa o l'**abbazia di Novalesa** sulla strada del Moncenisio, o al centro di aree messe a coltura dai monaci come l'**abbazia di Staffarda** o quella di **Santa Maria di Vezzolano**.

Dalla Francia si diffuse, all'inizio del Quattrocento, il **gotico internazionale**, che in Piemonte è visibile specialmente nell'area dell'ex marchesato di Saluzzo con gli affreschi del maestro d'Elva e del castello della Manta ed ebbe la sua massima espressione negli affreschi dell'abbazia di Sant'Antonio di Ranverso, all'inizio della Val di Susa.

TORINO CAPITALE: IL PERIODO D'ORO

Nel 1563 il trasferimento della corte dei Savoia da Chambéry a Torino inaugura l'epoca d'oro dello sviluppo artistico della città, che avrà il suo culmine nel **periodo barocco,** del quale protagonisti principali furono gli architetti **Guarino Guarini** (1624-1683) e **Filippo Juvarra** (1678-1736), che lasciarono alla città monumenti come la Real chiesa di San Lorenzo e la cappella della Sindone, meta di turismo religioso in quanto vi è esposto un lenzuolo che la tradizione cristiana identifica con quello che ha avvolto il corpo di Gesù. I due architetti hanno progettato anche il santuario della Consolata (Guarini), la basilica di Superga, la chiesa di San Filippo Neri e il palazzo Madama (Juvarra).

A partire dal Settecento, quando il Ducato divenne un Regno, i Savoia profusero ulteriori sforzi finanziari per conferire alla città ancor più bellezza e prestigio. La Torino dell'epoca assolutistica si circondò di **regge, palazzi e castelli**, come la palazzina di caccia di **Stupinigi**, il castello di **Rivoli** e quello di **Racconigi** o la gigantesca **Venaria Reale**.

COMPETENZA DIGITALE

1 Lavora con internet

La Mole Antonelliana è l'edificio-simbolo di Torino.

Fai una ricerca e trova notizie su:

- **a.** L'epoca di costruzione, l'architetto che la concepì e lo stile a cui si ispira.
- **b.** Forma, materiali impiegati, numero di piani e altezza complessiva.
- **c.** Modalità di accesso alla "Lanterna" della guglia.

Veduta aerea della palazzina di Stupinigi: la residenza, adibita alla pratica della caccia, fu eretta per i Savoia su progetto di Juvarra tra il 1729 e il 1733.

La Mole Antonelliana, ben riconoscibile sulla sinistra, è stata per anni l'edificio più alto di Torino.

DALL'OTTOCENTO A OGGI

In seguito, tornata a essere un "semplice" capoluogo regionale, Torino ha raccolto interessanti segni dell'evoluzione culturale e sociale. Alla seconda metà dell'Ottocento risale la Mole Antonelliana. La crescita economica tra Otto e Novecento ha dato alla borghesia i mezzi per l'edificazione di deliziosi **quartieri residenziali** in stile liberty o di **villaggi operai** modello come il villaggio Leumann. In qualità di capitale dell'industria dell'automobile, Torino è stata sede di **grandi complessi produttivi** come il **Lingotto**, poi riqualificato come centro espositivo e congressuale.

In epoca recente sono nati nuovi **musei** legati alla cultura figurativa contemporanea: è il caso della **galleria civica d'arte moderna e contemporanea (GAM)**, fondata nell'ultimo decennio del XIX secolo e prima nel suo genere in Italia; del **museo d'arte contemporanea** al castello di Rivoli, inaugurato nel 1978 e animato da un programma di mostre temporanee di livello internazionale; e del **museo nazionale del cinema** che, ospitato nell'edificio della Mole Antonelliana, custodisce al suo interno un ricchissimo patrimonio di documenti, film, foto, manifesti e sceneggiature originali, oltre che di allestimenti interattivi che riproducono le ambientazioni tipiche dei vari generi cinematografici. Anche il **museo egizio**, uno dei maggiori e dei più antichi al mondo nel suo genere, è stato recentemente rinnovato: grazie alla superficie espositiva raddoppiata, è diventato sede di conferenze e mostre, si è dotato di nuovi spazi per la didattica e possiede inoltre una biblioteca specializzata e un laboratorio di restauro. Degno di nota è pure l'**auditorium RAI "Arturo Toscanini"**: costruito alla fine dell'Ottocento per ospitare rappresentazioni equestri e radicalmente ristrutturato più volte, dal 1952 è sede dell'Orchestra Sinfonica Nazionale della RAI e ospita eventi concertistici di alto livello.

Anche le **architetture contemporanee** sono diventate ormai parte del paesaggio urbano, come il centro commerciale **Palatino** di Massimiliano Fuksas, la nuova **stazione di Porta Susa**, la sede delle **facoltà umanistiche** di Norman Foster, la **chiesa del Santo Volto** di Mario Botta e i numerosi altri progetti mirati al recupero e alla riconversione delle aree industriali dismesse.

TORINO E LE LANGHE NELLE PAGINE DEGLI SCRITTORI

Forse per il carattere un po' schivo e misterioso attribuito ai suoi abitanti, Torino sembra particolarmente adatta al **genere giallo**: numerosi **romanzi polizieschi** e le **fiction televisive** a essi ispirate, tra cui *La donna della domenica* di Fruttero e Lucentini o le imprese della professoressa detective di Margherita Oggero, sono infatti ambientati nella capitale piemontese.
Nel suggestivo paesaggio delle Langhe si svolgono i romanzi di due celebri scrittori dell'immediato dopoguerra: **Cesare Pavese** (*La luna e i falò, La casa in collina, Paesi tuoi*) e **Beppe Fenoglio** (*Il partigiano Johnny, La malora*), che delle loro colline hanno raccontato la povertà, la solitudine e la guerra, ma anche la grande dignità delle culture contadine che le abitavano.

IL TURISTA CURIOSO

❶ Ben cinque sono le lingue storiche riconosciute in Piemonte oltre all'italiano: il *dialetto piemontese*, l'*occitano* (parlato in alcune valli del Torinese e del Cuneese), il *francoprovenzale* (intorno a Susa e nei territori lungo il confine con Francia e Valle d'Aosta), il *francese* (presso la comunità valdese) e il *walser* (di origine germanica, nei comuni di Macugnaga, Rimella, Alagna Valsesia e Formazza).

❷ Torino è stata la prima capitale dell'Italia unita dal 1861 al 1864.

L'esterno della moderna chiesa del Santo Volto, edificata tra il 2004 e il 2006 su progetto di Mario Botta.

Il teatro Carignano, ricostruito da Benedetto Alfieri nel 1752 e tra i più importanti di Torino, era destinato al genere comico (le tragedie venivano invece inscenate al teatro Regio).

5 *Lezione* LE RISORSE TURISTICHE

Il Piemonte ha una lunga tradizione di **PARCHI NATURALI**: il **primo parco nazionale italiano**, quello del **Gran Paradiso,** fu istituito nel 1922. Inoltre oggi le aree protette comprendono sia ecosistemi alpini come il parco nazionale della **Val Grande**, sia i **parchi regionali**, tra cui quelli delle **Alpi Marittime** e dell'**Alta Valsesia**. Sono inoltre tutelate le **fasce fluviali del Po e del Ticino**.

Tra le mete del **TURISMO MONTANO** sono note **Alagna** in Alta Valsesia e **Macugnaga** ai piedi del Monte Rosa, che uniscono la bellezza dei paesaggi alla cultura dei Walser, popolazione di origine germanica. **Bardonecchia**, in alta Val di Susa, offre molte infrastrutture ricettive e impianti di risalita; **Sestriere**, in Val Chisone, è un centro sciistico che attira turisti da tutta Europa.

Torino è il centro del **TURISMO CULTURALE** con i suoi palazzi, l'elegante centro storico, i portici e l'ampia zona pedonale che comprende **piazza San Carlo** e **piazza Castello**, il **parco del Valentino** lungo il Po, **piazza Carignano** e il **teatro Carignano**. Vicino al Valentino si può visitare il **museo dell'automobile**, che ospita una collezione permanente di oltre 200 vetture appartenenti a 80 case automobilistiche. Appena fuori città valgono una gita le residenze sabaude con i loro **parchi**, tra cui quello **della Mandria** della Venaria Reale.

Quanto al **TURISMO LACUSTRE**, sulla sponda piemontese del Lago Maggiore e sul lago d'Orta si susseguono paesi, ville e giardini frequentati per la dolcezza del clima e del paesaggio: **Stresa, Verbania, Arona e le Isole Borromee**.

Il **TURISMO ENOGASTRONOMICO** ha le principali mete nelle **colline delle Langhe e del Monferrato**, che offrono itinerari alla scoperta di borghi medievali, castelli e aziende vitivinicole di antica fondazione, come quella di Fontanafredda.

Torino
Palazzo Carignano a Torino, attuale sede del museo nazionale del Risorgimento italiano, ospitò nel XIX secolo la Camera dei deputati del Parlamento del Regno di Sardegna.

Venaria Reale
Le 50 sale della Venaria Reale, che si sviluppano su due chilometri, sono state restituite al pubblico nel 2007 dopo un restauro durato quasi dieci anni.

Valle Maira
Gli alti pascoli e le vette della selvaggia valle Maira, nel Cuneese.

Il patrimonio dell'UNESCO
Residenze sabaude di Torino e dintorni
Sacri Monti del Piemonte e della Lombardia (Varallo, Orto San Giulio, Serralunga di Crea, Biella, Valperga, Ghiffa, Domodossola)
Villaggi palafitticoli preistorici dell'arco alpino (Azeglio, Viverone, Mercurago)
Paesaggio vitivinicolo del Piemonte: Langhe-Roero e Monferrato

Per la lista completa vai su: http://whc.unesco.org/en/list/

- Aree naturalistiche
- Centri d'Arte
- Tradizioni
- Centri religiosi
- Benessere
- Località montane
- Mete lacuali

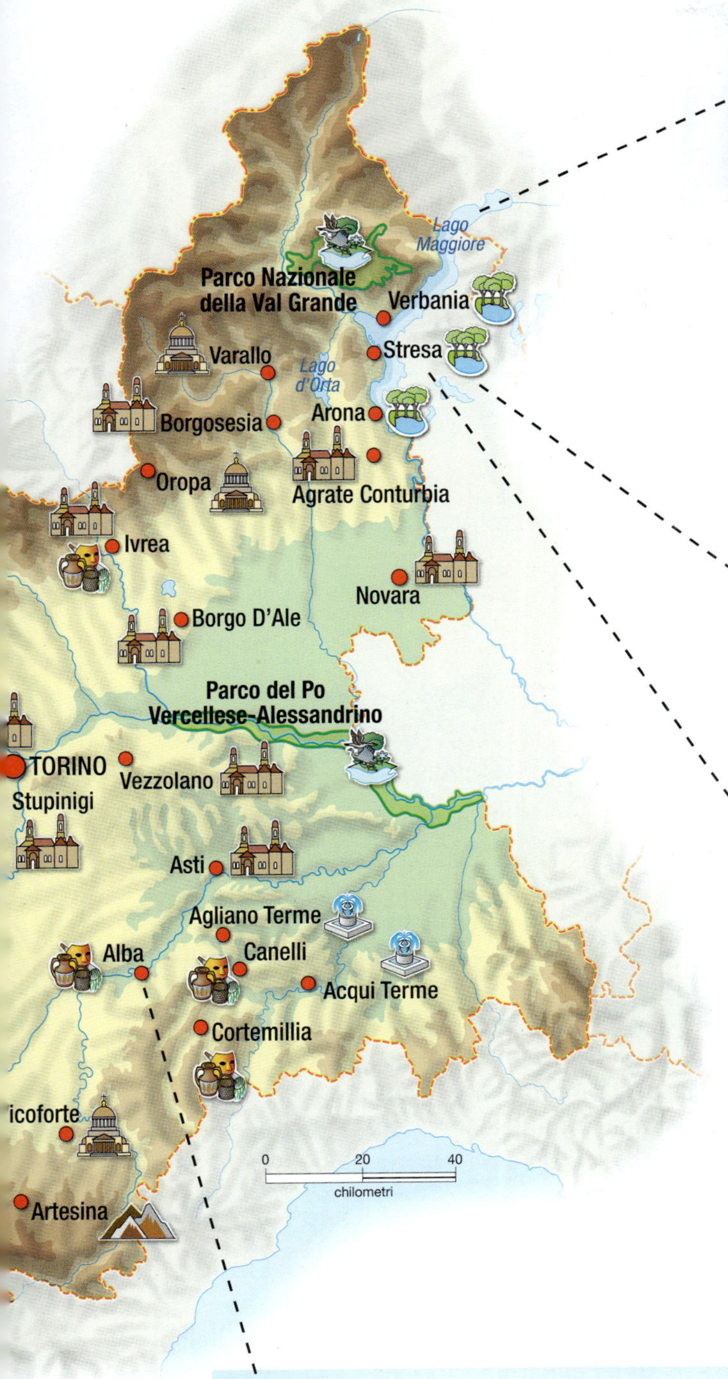

Lago Maggiore
Veduta dall'alto dell'Isola Bella, una delle cinque dell'arcipelago delle Isole Borromee, nel medio Lago Maggiore.

Macugnaga
Una casa walser a Macugnaga, con basamenti in pietra, strutture e interni interamente in legno di larice e tetto a due falde ricoperto di *beole* in pietra.

Verbano-Cusio-Ossola
Il Lago Maggiore visto dal parco nazionale della Valgrande.

Serralunga d'Alba
I vigneti di Fontanafredda, frazione di Serralunga d'Alba (Cuneo), uno degli undici comuni che compongono la DOCG Barolo.

SCRIVI UN TESTO IN 200 PAROLE

Lavora con il testo, la carta, internet e le immagini seguendo i punti elencati

a. Per ognuno dei parchi naturali principali descrivi la flora e la fauna.

b. Riassumi le principali attrattive del turismo montano.

6
Lezione

ALLA SCOPERTA DEL PIEMONTE

CARTA INTERATTIVA IN DIGITALE

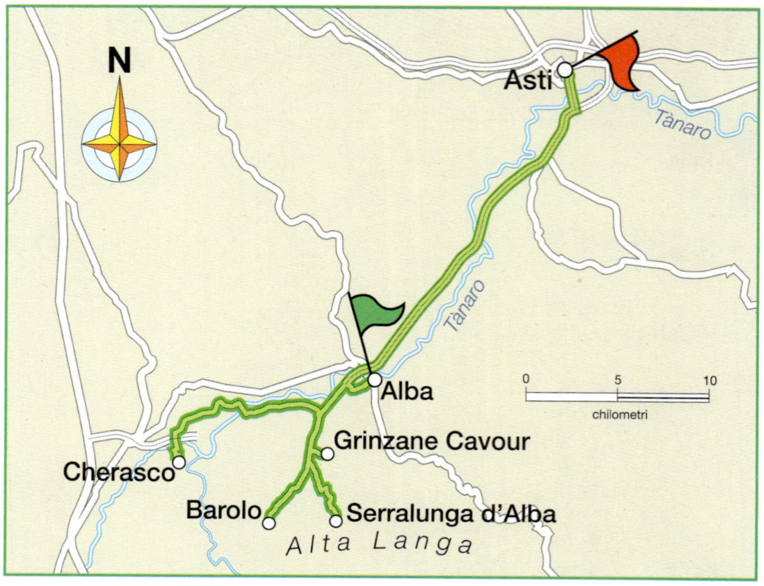

L'ITINERARIO

Le Langhe e il Monferrato: delizia per gli occhi, la mente e il palato (6 giorni)

L'itinerario alterna il paesaggio vitivinicolo delle Langhe e del Monferrato alla visita di centri storico-architettonici e di luoghi significativi per la storia e la letteratura italiane.

Il periodo più suggestivo sarebbe l'autunno, quando i vitigni assumono le sfumature dei verdi, dei gialli, dei marroni e dei rossi, mettendone in risalto la bellezza e la varietà. Il percorso si snoda attraverso borghi e castelli dove, per secoli e secoli, non solo si è coltivata la vite come mezzo di sostentamento, ma la viticoltura è diventata una vera e propria forma d'arte.

Si parte da Alba e, dopo aver visitato Cherasco, Grinzane Cavour, Barolo e Serralunga d'Alba, ci si addentra nell'Alta Langa per raggiungere la valle Belbo e alcuni dei luoghi più significativi del parco letterario diffuso delle Langhe, del Monferrato e del Roero. L'itinerario si conclude ad Asti, città natia di Vittorio Alfieri (1749-1803).

❶ GIORNO
Alba

Arrivo ad **Alba**. Tour del **centro storico medievale** con visita della **cattedrale di San Lorenzo**, il duomo cittadino, e della **chiesa di San Domenico**, esempio di stile gotico. Nel borgo di **Pollenzo**, antica colonia romana, si trovano la **Facoltà di scienze gastronomiche** e la **Banca del vino**. Visita, degustazione e incontro con docenti e studenti.

❷ GIORNO
Cherasco – Grinzane Cavour – Barolo

Trasferimento a **Cherasco** e visita del borgo e del **museo della magia**. Si prosegue per **La Morra** e ci si ferma alla **cantina comunale**, dove è possibile degustare vini pregiati come Barolo, Nebbiolo, Dolcetto e Barbera di oltre 70 produttori. Tappa al **castello di Grinzane Cavour** (Patrimonio UNESCO), sede dell'**enoteca regionale piemontese** e al **castello di Barolo**, dove sono visitabili la **biblioteca storica** ordinata da Silvio Pellico, il **museo delle contadinerie** e la prestigiosa **enoteca regionale del Barolo**.

❸ GIORNO
Serralunga d'Alba – L'Alta Langa

Trasferimento a **Serralunga d'Alba** e visita del **castello** trecentesco nel cuore delle terre del Barolo. Nel pomeriggio, giro panoramico nell'**Alta Langa** fra boschi e falesie di marne e arenarie, con tappe nei centri di Murazzano, Bossolasco, Cortemilia.

❹ GIORNO
Valle Belbo: i luoghi di Pavese e Fenoglio

Si percorre la **valle Belbo** soffermandosi sui luoghi di **Cesare Pavese** (Santo Stefano Belbo e Canelli) e **Beppe Fenoglio** (Canelli, Mombarcaro, Castino, epici scenarii della guerra partigiana), compresi nel **parco letterario diffuso** delle Langhe, del Monferrato e del Roero.

❺ GIORNO
Tour del Monferrato

Percorso sulle **colline a nord di Asti**. Visita guidata di un'azienda vitivinicola a **Castagnole Monferra-**

Il maestoso castello di Grinzane Cavour, risalente al XII secolo.
Il paesaggio vitivinicolo del Monferrato.
L'abbazia di Santa Maria di Vezzolano, in stile gotico e romanico.

to e di tre gioielli romanici: la **chiesa dei Santi Nazario e Celso**, che si erge isolata a circa due chilometri in direzione nord-est da Montechiaro d'Asti sulle pendici di una verde collina; la **chiesa di San Secondo**, situata fuori dall'abitato di Cortazzone; e l'**abbazia di Santa Maria di Vezzolano**, tra i più importanti monumenti medievali del Piemonte.

❻ GIORNO
Asti: itinerario medievale e barocco-alfieriano

Arrivo ad Asti. Visita del **centro storico** con la **cattedrale** dedicata a Santa Maria Assunta, la **collegiata di San Secondo**, dove sono custodite le reliquie del patrono della città, e la **rotonda di San Pietro in Consavia**, sede nel Medioevo del priorato gerosolimitano di Lombardia. Si prosegue con una visita ai principali **edifici medievali**: palazzo Catena, palazzo Zoya, il palazzo del Podestà o del Comune, la torre Asinari, la torre Comentina, la torre e il palazzo Gazzelli, la torre De Regibus, la torre Guttuari, la torre e i palazzi Natta, la torre Quartero, la torre Solaro, la torre Troyana.

La seconda tappa della visita ad Asti si può dedicare agli **edifici barocchi**. Tra gli edifici religiosi si possono vedere le **chiese di Santa Caterina**, **di San Martino**, **di San Rocco** e **della Consolata** con l'annesso monastero cistercense. Tra gli edifici civili, il **palazzo Ottolenghi**, il **palazzo civico** e **palazzo Verasis-Asinari**. La giornata si conclude in piazza e corso Alfieri con visita della **casa natale di Vittorio Alfieri** e del **museo alfieriano**.

ORGANIZZA TU UN ITINERARIO
Il centro storico di Torino

Procurati una mappa di Torino e costruisci un itinerario che includa i monumenti, le architetture e le località più interessanti. Con Google Maps visualizza il punto di partenza e quello di arrivo e, dopo aver deciso con quale mezzo sia meglio muoversi, calcola i tempi di permanenza e le distanze. Per ogni luogo scrivi in poche righe le principali caratteristiche e attrattive.

Distanza > 20 km ca.

Durata > 2 giorni

Luoghi da visitare

1. Palazzo Carignano
2. Palazzo Madama
3. Duomo
4. Porta Palatina
5. Parco archeologico
6. Santuario della Consolata
7. Torino liberty (quartiere Crocetta)
8. Piazza San Carlo
9. Torino golosa (Baratti&Milano, caffè Fiorio, caffè San Carlo)

1 IL TERRITORIO E I PAESAGGI

Lezione

superficie	5416 km^2
popolazione (2016)	1 566 848 ab.
densità	289 ab./km^2
capoluogo regionale	Genova

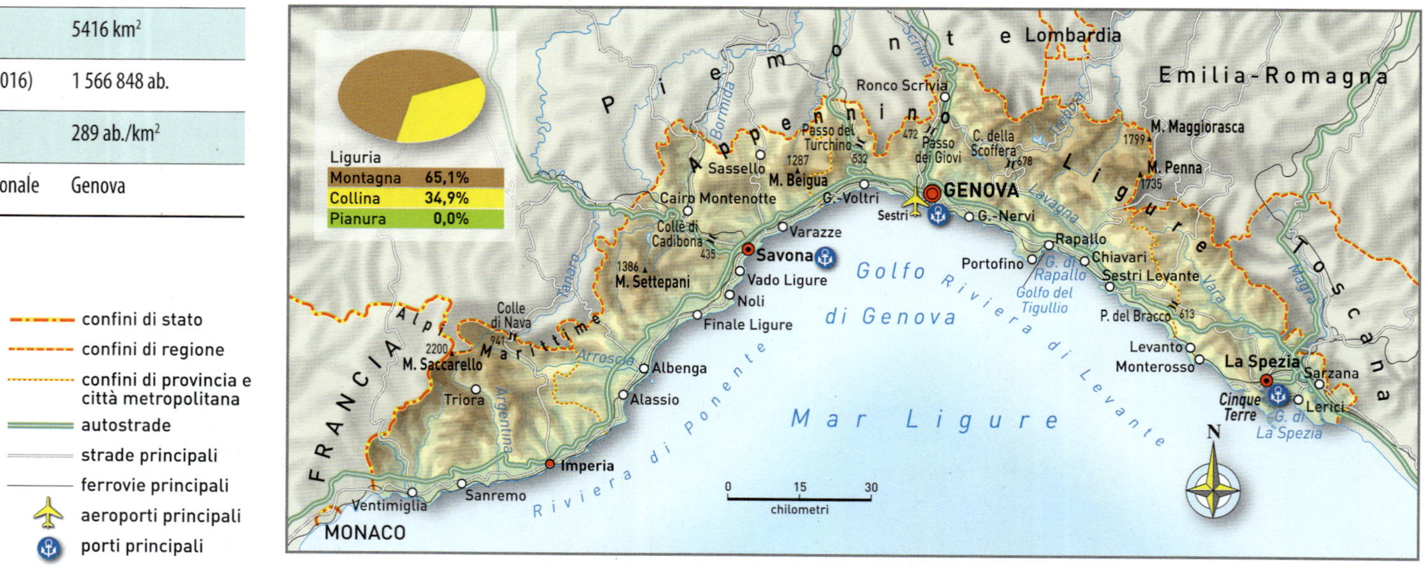

IL TERRITORIO

La Liguria, una delle più piccole regioni della penisola, si estende nell'Italia nord-occidentale. Il suo territorio, **per due terzi montuoso**, è formato da una **striscia di terra lunga e stretta** disposta ad arco lungo la costa del Mar Ligure. La regione è priva di vere e proprie pianure ed è occupata dai rilievi montuosi e collinari delle **Alpi Marittime** e dell'**Appennino Ligure**, che la dividono dalla Pianura Padana. Le **poche aree pianeggianti** si estendono solo in alcuni tratti di costa e nelle valli interne.

TRA ALPI E APPENNINI

La **sezione occidentale** della regione è occupata dalle **Alpi Marittime**, mentre quella **centrale e orientale** rientra nell'**Appennino Ligure**. I **rilievi** si presentano **più aspri ed elevati nella parte occidentale**, lungo il confine con la Francia, dove la cima alpina del monte Saccarello costituisce la massima altitudine regionale. Nella **sezione appenninica** invece, caratterizzata da una **morfologia più dolce**, la principale vetta è rappresentata dal monte Maggiorasca.

Nonostante la montuosità del territorio, **numerosi valichi dalle elevazioni modeste** consentono facili comunicazioni con le città della Pianura Padana: i principali passi sono il **colle di Cadibona**, quello del **Turchino** e quello dei **Giovi**. Il **colle di Nava** consente, invece, il collegamento con la valle del Tanaro (Piemonte). Le montagne appenniniche e alpine scendono al mare con **pendii ripidi e promontori rocciosi**; le uniche **aree pianeggianti** di una certa entità sono quelle di origine alluvionale di **Albenga e Chiavari**, che si trovano rispettivamente alle foci del Centa e dell'Entella.

LE DUE RIVIERE, I FIUMI E IL CLIMA

La costa ligure, con uno sviluppo di circa 350 km, si divide in due parti: una occidentale, la **Riviera di Ponente**, e una orientale, la **Riviera di Levante**; il punto di contatto viene considerato l'apice dell'arco ligure a Voltri, presso Genova. Nella Riviera di Levante, dove le spiagge sono più rade, si aprono i **golfi del Tigullio** e di **La Spezia**.

La rete idrografica della regione, priva di corsi d'acqua di una certa importanza, comprende **due classi di fiumi**: i **tributari del Po** – Tanaro, Bormida, Scrivia e Trebbia – sono **più ricchi di acqua**, ma appartengono alla Liguria solo nel tratto superiore; gli altri invece – Impero, Polcevera, Entella, Vara – sono interamente o in gran parte liguri, **sfociano nel Mar Ligure** e hanno **percorsi brevi** e **carattere torrentizio**, con piene in primavera e magre in estate.

Grazie all'influenza mitigatrice del mare e al riparo offerto dai monti, il **clima** è generalmente **mite** e consente lo sviluppo di una **vegetazione tipicamente mediterranea** con la presenza di pini marittimi, olivi, pal-

LE VIE DI COMUNICAZIONE

Il carattere montuoso del territorio ha per secoli ostacolato i **collegamenti via terra** tra i diversi centri della regione. Solo nell'Ottocento venne completata la **via Aurelia**, che attraversa tutta la costa ligure, e furono realizzate le **linee ferroviarie** costiere.

Dopo il 1950 la costruzione delle grandi **autostrade** (Ventimiglia-Livorno, Genova-Serravalle-Milano, La Spezia-Parma, Savona-Alessandria) aprì la via al **turismo di massa**.

I **grandi porti** liguri – Genova, Savona, Imperia e La Spezia – svolgono l'importante ruolo di "porta verso il Mediterraneo". La realizzazione in atto del **Terzo valico dei Giovi** tra Genova, Novi Ligure e Tortona, parte della rete strategica transeuropea di trasporto tra Reno e Alpi, mira a rafforzare i collegamenti tra la Liguria, Pianura Padana ed Europa centrale.

L'**aeroporto** più importante della regione è l'internazionale "Cristoforo Colombo" di **Genova-Sestri Ponente**, inaugurato nel 1962.

me e di arbusti come mirto, ginepro e corbezzolo. Nelle aree interne, tuttavia, soprattutto in prossimità del **versante padano**, il clima assume tratti **continentali**, con temperature rigide e inverni nevosi. Le piogge, abbondanti sul Levante, sono concentrate nei mesi autunnali e invernali.

UN TERRITORIO CON DUE "ANIME"

Il paesaggio ligure è segnato da un **forte dualismo tra costa ed entroterra**: sul litorale, densamente popolato, i centri storici sono cresciuti con l'espansione dell'**edilizia turistica** e, soprattutto a partire dagli anni Sessanta, delle **infrastrutture**; nell'interno, invece, già a partire dalla fine dell'Ottocento, un intenso **movimento migratorio** ha svuotato i centri agricoli e le valli, impervie e difficili da coltivare, provocando l'**abbandono** degli orti, degli oliveti terrazzati e delle *crêuze*, gli stretti e ripidi sentieri che portavano da un borgo all'altro o dalla collina al mare. Nel Novecento la crescita del **commercio marittimo** e la facilità di accesso al porto di Genova per compiere il grande passo dell'emigrazione, hanno favorito lo **spopolamento** dell'entroterra; oggi, invece, le **nuove forme di turismo** (rurale, agricolo, cicloturismo) tendono a riscoprirlo e a valorizzarne la natura selvaggia e incontaminata.

I PAESAGGI REGIONALI

Gran parte della **fascia costiera ligure**, specie il Savonese e il Genovese, **è oggi fortemente urbanizzata**: gli edifici (condomini, seconde case, strutture turistiche, fabbriche, centri commerciali) si susseguono senza interruzione e sono intervallati da porti, ferrovie, strade, viadotti, serre e coltivazioni. Solo **alcuni tratti di costa**, quelli più scoscesi e difficilmente raggiungibili, hanno mantenuto il loro **carattere originario**, con i **borghi arroccati** a picco sul mare e i versanti collinari **terrazzati**; è questo il caso del Levante, come per esempio le Cinque Terre.

L'**interno** della regione, poco noto ma in via di valorizzazione turistica, offre **paesaggi boscosi** e ricchi di **biodiversità**, in cui prevalgono faggete e castagneti. Tuttavia, l'emigrazione del secolo scorso e l'abbandono dei terrazzamenti e delle coltivazioni hanno favorito il **dissesto idrogeologico**, evidente nelle **frane** e nelle **alluvioni** che hanno colpito negli ultimi anni soprattutto l'area di Genova e il Levante.

QUANDO ANDARE?

Le condizioni mediterranee rendono il clima dei mesi estivi caldo e secco, particolarmente adatto per il turismo balneare. Per il turismo di villeggiatura climatica, invece, la mitezza delle temperature durante tutto il corso dell'anno favorisce un soggiorno anche nei mesi invernali. La dolcezza del clima, tuttavia, rende la Liguria adatta al turismo escursionistico e culturale anche nel tardo inverno e in primavera, quando le giornate si sono già allungate e le precipitazioni sono comunque meno frequenti che in autunno.

dissesto idrogeologico
insieme dei processi di erosione della pioggia e dei venti che mettono a rischio il paesaggio naturale e gli insediamenti umani causando alluvioni e frane.

COMPETENZA LOCALIZZAZIONE

1 Lavora con la carta e le immagini

Osserva la carta e rispondi alle domande.

a. Qual è il principale golfo della regione?
b. Alle spalle di Genova si estendono le Alpi o gli Appennini?
c. Che altezza raggiunge il monte Saccarello? In quale gruppo si trova?
d. Quanto è alto il monte Maggiorasca? In quale gruppo si trova?
e. La Riviera di Ponente si trova a ovest o a est di Genova? E la Riviera di Levante?
f. A che altezza si trovano il Passo de Giovi e quello del Turchino? Quale città ligure collegano?
g. La direzione delle vie di comunicazione stradali e ferroviarie è disposta prevalentemente da nord a sud oppure da est a ovest?
h. Quale colle posto a 435 m separa gli Appennini dalle Alpi?

COMPETENZA LINGUAGGIO DELLA GEOGRAFIA

2 Riconosci il paesaggio

Abbina le immagini alle definizioni corrette inserendo le lettere negli appositi spazi.

a. paesaggio incontaminato dell'entroterra **b.** costa con limitata espansione edilizia **c.** costa densamente edificata

☐ Veduta panoramica della città di Ventimiglia.

☐ Il borgo marinaro di Riomaggiore nelle Cinque Terre.

☐ Il parco del Beigua, situato a cavallo tra le province di Genova e Savona.

2 LA GEOGRAFIA UMANA

Lezione

LA POPOLAZIONE E LE CITTÀ

La Liguria ha circa **1 600 000 abitanti** con una **densità di popolazione tra le più elevate** in Italia. Gli abitanti si concentrano lungo la **fascia costiera**, in particolare nell'area genovese. **Genova**, capoluogo regionale, è **situata** al centro della regione e si estende su una striscia stretta tra il mare e le montagne lunga 33 km. Nell'Est o Levante si trova, nel golfo omonimo, **La Spezia**, secondo centro regionale. Nell'Ovest o Ponente, e sempre sulla costa, si trovano gli altri due capoluoghi, **Savona** e **Imperia**. Il centro più popoloso della zona occidentale è **Sanremo** seguita da **Rapallo**, **Chiavari** e **Ventimiglia** nella parte orientale. Nell'entroterra, invece, le densità maggiori si hanno nelle due vallate che dal mare arrivano a **Ronco Scrivia** e a **Cairo Montenotte**.

MOLTI ANZIANI E POCHE NASCITE

Dopo piccoli segnali di ripresa, da alcuni anni a questa parte **la popolazione è tornata a calare**. Il saldo migratorio, positivo grazie all'arrivo di cittadini stranieri, non riesce più a compensare le perdite dovute a un saldo naturale fortemente negativo con un **tasso di natalità pari alla metà di quello di mortalità**. La popolazione regionale è infatti la più anziana d'Italia con un indice di vecchiaia molto al di sopra della media nazionale.

UN'ECONOMIA SVILUPPATA

La Liguria, con un reddito per abitante superiore alla media nazionale, è una regione **ricca e sviluppata**. La sua economia è dominata dalle **attività terziarie**, quasi tutte legate al mare. Tra queste spicca il **settore portuale**, che si avvale degli scali di Genova (il primo porto in Italia e uno dei maggiori del Mediterraneo), Savona e La Spezia. Al commercio marittimo si legano le **attività armatoriali**, assicurative e finanziarie. L'**agricoltura** è specializzata nella produzione di **fiori**, praticata in serra soprattutto lungo la Riviera di Ponente, e pari a circa la metà dell'intera produzione nazionale; colture importanti sono anche quelle di ortaggi, frutta, vite e **ulivo**. Le **industrie** principali sono quelle meccaniche, dei cantieri navali e della raffinazione del petrolio intorno a Genova.

UN TURISMO DI LUNGA TRADIZIONE

Il **turismo** è importantissimo perché è molto **redditizio e attivo tutto l'anno**: oltre ai picchi di afflusso durante la stagione estiva, infatti, numerosi sono gli **abitanti delle vicine città padane** (Milano, Torino) che, grazie al clima particolarmente mite, soggiornano d'inverno in riviera. Il turismo ha una lunga tradizione e risale all'**Ottocento**, quando si svilupparono i primi centri costieri.

Le città principali	abitanti (2016)
Genova (GE)	585 081
La Spezia (SP)	93 282
Savona (SV)	61 174
Imperia (IM)	42 056

indice di vecchiaia
Rapporto tra il numero di over 65 (anziani) e under 15 (giovani).

armatoriale
Che riguarda gli armatori, cioè chi allestisce navi e opera nel commercio marittimo.

COMPETENZA DIGITALE

1 Lavora con internet

I jeans sono un'icona della moda che non tramonta mai. La loro storia, però, è molto più "italiana" di quanto non si pensi.

Fai una ricerca e trova notizie su:

a. Come venivano chiamate le stoffe di fustagno che i mercanti genovesi esportavano in Inghilterra a partire dal Cinquecento.

b. In che modo i jeans sbarcarono negli Stati Uniti d'America e chi, nel 1874, ebbe l'idea di depositare un brevetto.

Vista aerea di Genova: al centro il porto turistico, sulla sinistra l'aeroporto "Cristoforo Colombo" che sorge su una penisola artificiale.

La raccolta e la lavorazione delle rinomate olive taggiasche nei pressi di Imperia.

3 Lezione — LA CULTURA, LE TRADIZIONI E IL PATRIMONIO STORICO E ARTISTICO

L'ARTIGIANATO

Nei comuni montani è molto fiorente l'estrazione dell'**ardesia**, la "pietra nera" esportata in tutto il mondo. Di tradizione sono la produzione di **filigrana d'oro e argento**, la fabbricazione delle **ceramiche** ad Albissola e del **vetro** nell'entroterra savonese, la **tessitura** dei damaschi e dei velluti a Zoagli, la produzione di **pizzi e merletti al tombolo** a Chiavari, dove si possono acquistare le raffinate **sedie "campanino"** tipiche dell'artigianato in legno.

LE FESTE E LE TRADIZIONI

Nelle località rivierasche la **cultura marinara** è il filo conduttore di molte delle principali manifestazioni **gastronomiche**, come nel caso della **sagra del pesce di Camogli**. A Pietra Ligure si tiene invece la rassegna **Dolcissima Pietra**, dedicata ai prodotti dolciari e ai vini da dessert. Tra gli eventi del mondo della **floricoltura** vale una gita **Euroflora**, che si svolge ogni anno a Genova.

In ambito musicale, oltre al **festival di Sanremo**, appuntamento fisso per gli appassionati di musica, non si può dimenticare il **premio Tenco**, un prestigioso riconoscimento attribuito alla carriera di artisti che si sono distinti nella canzone d'autore.

L'ENOGASTRONOMIA

La cucina ligure unisce i prodotti di mare con quelli della terra e fa ampio uso delle **erbe aromatiche** che crescono su tutto il territorio. Tra i primi piatti i più tipici sono i **pansoti**, un tipo di pasta ripiena di erbe selvatiche tra cui la **borragine**, solitamente serviti con salsa di noci. La **farinata di ceci o** ***fainâ***, cotta in una teglia rotonda in ferro battuto, ha origini assai antiche. Altre specialità liguri sono la **focaccia genovese** e la **focaccia col formaggio**, di cui quella **di Recco**, prodotta senza lievito e protetta dal marchio IGP dal 2011, è una delle varianti più apprezzate. Tra i dolci, infine, i **biscotti del Lagaccio** o *bescheutti do Lagasso* inventati nel 1593.

Per quanto riguarda il patrimonio vitivinicolo, in Liguria si coltivano vitigni sia a bacca bianca – tra cui spiccano il Pigato e il Vermentino – sia a bacca rossa. Ci sono **8 etichette DOC** (Cinque Terre, Cinque Terre Sciachetrà, Colli di Luni, Colline di Levanto, Golfo del Tigullio, Riviera Ligure di Ponente, Rossese di Dolceacqua, Val Polcevera e Pornassio) e **3 IGT** (Colline del Genovesato, Colline Savonesi e Golfo dei Poeti) comprendenti vini fermi, frizzanti, novelli e passiti.

GENOVA

Anche se cresciuta disordinatamente verso l'entroterra e verso ovest, Genova mantiene un carattere originale nella sua **accentuata verticalità** e nell'assetto urbanistico del centro storico, costituito da **stretti vicoli**, i *carruggi*, ma anche da strade fiancheggiate dalle **eleganti dimore** di banchieri e mercanti di epoca rinascimentale. Il **centro storico** è uno dei più estesi d'Italia: si incontrano **cattedrali romaniche**, come **San Lorenzo** e **San Matteo**, i **palazzi dei Doria** e i **Palazzi dei Rolli**, residenze nobiliari di Strada Nuova, alcune delle quali sono oggi musei. La meta più frequentata di Genova è il **porto antico**: per secoli fulcro della vita economica e sociale della città, è diventato uno spazio di incontro e cultura e ospita strutture espositive moderne tra cui il **museo del mare** e l'**acquario**.

COMPETENZA DIGITALE

1 Lavora con internet

Il pesto è il simbolo per eccellenza della cucina ligure. **Fai una ricerca** e trova notizie su:

a. Quali ingredienti prevede la ricetta ufficiale e a quando può essere fatta risalire?

b. Come si prepara e quali sono le principali varianti?

La preparazione della focaccia col formaggio a Recco.

La basilica di San Lorenzo a Genova.

4 LE RISORSE TURISTICHE

Lezione

Oltre al noto **parco nazionale delle Cinque Terre** comprendente i borghi marinari di Monterosso al Mare, Vernazza, Corniglia, Manarola e Riomaggiore, il **TURISMO NATURALISTICO** conta ben **nove parchi regionali** (tra i più estesi, il parco delle Alpi Liguri, al confine con la Francia, il parco del Beigua, sopra Arenzano, e il parco dell'Aveto, sopra Chiavari), **quattro riserve naturali** e **due aree marine protette** (Portofino e Cinque Terre). Particolarmente spettacolare è l'**alta via dei monti liguri**, che percorre tutta la linea dorsale dell'Appennino da Ventimiglia al confine con la Toscana, toccando una gran quantità di borghi, castelli e fortificazioni.

Sebbene diffuso su tutta la costa, il **TURISMO BALNEARE E CULTURALE** si concentra soprattutto in alcuni tratti delle due Riviere. Partendo da ovest, si incontra la **Riviera dei Fiori**, che va dal confine francese a Imperia e le cui località più note sono **Bordighera e Sanremo**, con le ville e i giardini che appartennero all'alta borghesia inglese e francese e rappresentano forti attrazioni turistiche, insieme alle spiagge, piccole ma numerose, e ai pittoreschi nuclei medievali (Taggia, Porto Maurizio, Cervo). Sempre nel Ponente, molto caratteristico è **Finale Ligure** con le vicine **Noli** e **Varigotti**; più note e popolari, anche per la migliore ricettività, **Albenga**, **Alassio** e **Loano**. A Levante, i paesaggi più spettacolari si trovano tra il golfo Paradiso e il golfo del Tigullio, da **Camogli** a **Santa Margherita** e **Rapallo** passando per il **promontorio di Portofino** e l'**abbazia di San Fruttuoso**; e nel golfo di La Spezia, con località come **Porto Venere** e **Lerici**.

Nascosti nell'entroterra, ci sono molti **BORGHI MEDIEVALI**: è il caso di **Triora**, di **Dolceacqua** dove, ai piedi del monte Rebuffao, si trova l'austero castello dei Doria e di **Pigna**, nell'alta Val Nervia, con le antiche case abbarbicate sul pendio.

San Fruttuoso
L'abbazia di San Fruttuoso, incastonata in una baia all'interno del parco naturale terrestre e marino del monte di Portofino.

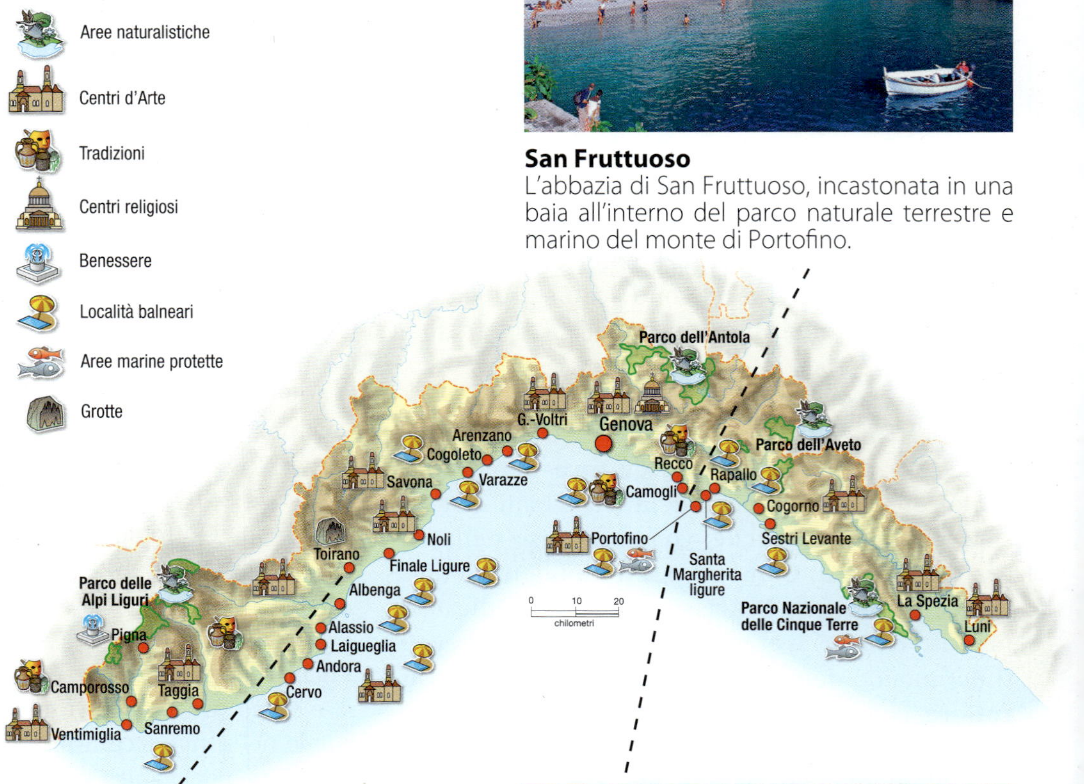

Toirano
Le grotte di Toirano, a pochi chilometri da Loano e Borghetto Santo Spirito, sono composte da cinque cavità principali e custodiscono resti ossei dell'orso delle caverne e testimonianze riferibili all'uomo preistorico.

Camogli
Il porticciolo e le coloratissime case sul mare della cittadina attirano ogni anno migliaia di turisti da tutto il mondo.

UNESCO

Il patrimonio dell'UNESCO

Porto Venere, Cinque Terre e le Isole (Palmaria, Tino e Tinetto)
Le Strade Nuove e il sistema dei Palazzi dei Rolli a Genova

Per la lista completa vai su: http://whc.unesco.org/en/list/

SCRIVI UN TESTO IN 200 PAROLE

Lavora con il testo, la carta, internet e le immagini seguendo i punti elencati

a. Fai una descrizione del territorio delle Cinque Terre con i borghi presenti.
b. Riassumi le caratteristiche del turismo naturalistico e culturale.

5
Lezione

ALLA SCOPERTA DELLA LIGURIA

CARTA INTERATTIVA IN DIGITALE

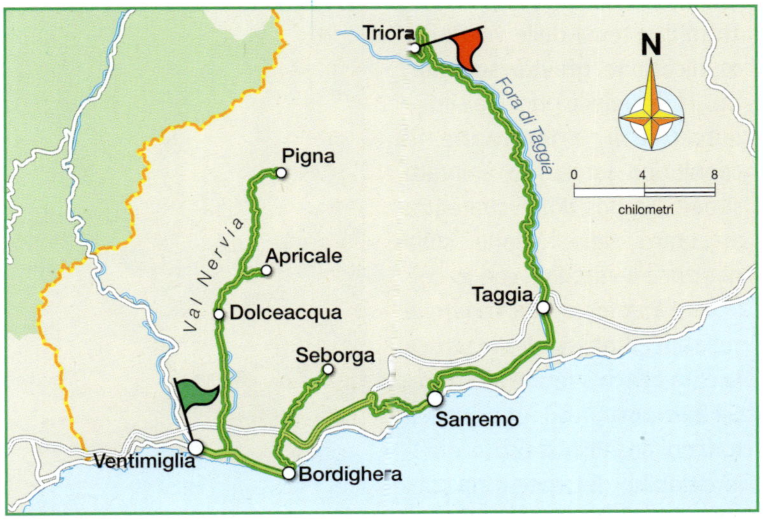

L'ITINERARIO

Tra mare e montagna nell'estremo Ponente (3 giorni)

La Riviera di Ponente si estende dal confine con la Costa Azzurra sino a Cogoleto per circa 150 km. Le sue spiagge sono da sempre una meta di turismo tra le più rinomate e premiate in Europa. Nell'entroterra le montagne raggiungono quote maggiori rispetto alla Riviera di Levante, ma solo in pochi punti si gettano a picco sul mare.

L'itinerario parte dal confine francese e arriva a Bordighera scorrendo i paesaggi del litorale, ma addentrandosi anche nell'interno con continue deviazioni: un'occasione unica per cogliere l'essenza della Liguria, cioè quel rapporto ravvicinato e complementare tra mare e montagna dato dall'originalità delle singole valli e delle località marinare.

❶ GIORNO
Ventimiglia e la Val Nervia

Al mattino giro del **centro storico medievale** con le sue chiese, arroccato su un rilievo che domina la foce del fiume Roia, e visita dei **giardini botanici Hanbury** sul promontorio della Mortola, che occupano una superficie di 18 ettari e ospitano migliaia di specie botaniche di origine mediterranea e tropicale. Gli splendidi giardini furono realizzati a partire dal 1867 grazie al viaggiatore inglese Thomas Hanbury che acquistò i terreni.

Al pomeriggio partenza per la **Val Nervia**: dopo aver passeggiato per le viuzze dei pittoreschi borghi di **Dolceacqua** e **Apricale** si arriva a **Pigna**, che conserva perfettamente intatta la struttura urbana medievale. All'interno della chiesa di San Michele si possono ammirare gli **affreschi** e il polittico **di Giovanni Canavesio**, due semisconosciuti capolavori rinascimentali.

❷ GIORNO
Bordighera e Seborga

Dopo una passeggiata sul **lungomare di Bordighera** e una pausa di relax in spiaggia, il percorso prosegue tra **ville e giardini** di fine Ottocento (Villa Etelinda, Villa Margherita, Villa Garnier, Villa Mariani e il Municipio). Dopo pranzo partenza per **Seborga**, grazioso borgo medievale che, dichiaratosi principato indipendente negli anni Cinquanta del XX secolo, batte anche una moneta locale, il *Luigino*.

❸ GIORNO
Sanremo e la Valle Argentina da Taggia a Triora

Al mattino si può scegliere se percorrere con biciclette a noleggio i circa 20 km della **pista ciclabile della Riviera dei Fiori**, che si snoda tra San Lorenzo a Mare e Sanremo sul percorso panoramico della linea ferroviaria dismessa, oppure se recarsi direttamente a Sanremo per visitare il **centro storico** chiamato **Pigna** per via della forma richiusa su se stessa e la **città moderna** con il Casinò e gli alberghi d'epoca. Al pomeriggio si raggiunge **Taggia**, famosa in tutto il mondo per le **olive** e sede degli **affreschi del Parmigianino e del Canavesio** presso il convento di San Domenico, e infine visita di **Triora**, piccolo comune della valle Argentina immerso in un bellissimo scenario naturale e noto per essere stato il "paese delle streghe".

ORGANIZZA TU UN ITINERARIO
Il centro storico di Genova

Procurati una mappa della città di Genova e costruisci un itinerario che includa i monumenti, le architetture e le località più interessanti. Con Google Maps visualizza il punto di partenza e quello di arrivo e, dopo aver deciso con quale mezzo sia meglio muoversi, calcola i tempi di permanenza e le distanze. Per ogni luogo scrivi in poche righe le principali caratteristiche e attrattive.

Distanza > 5 km ca.

Durata > 6 o 8 ore

Luoghi da visitare

1. Isola delle Chiatte e acquario di Genova
2. Cattedrale e museo del tesoro di San Lorenzo
3. Caffè degli Specchi
4. Porta Soprana (Urbica di Sant'Andrea)
5. Casa di Cristoforo Colombo
6. Panificio Mario
7. Piazza De Ferrari
8. Via Garibaldi e i Rolli
9. Belvedere Montaldo (Spianata Castelletto)
10. Palazzata di Sottoripa

1 Lezione
IL TERRITORIO E I PAESAGGI

LE VIE DI COMUNICAZIONE

Tutto il sistema delle vie di comunicazione **gravita su Milano**, il fulcro delle principali linee **autostradali e ferroviarie**. Il capoluogo lombardo è infatti situato in posizione strategica al centro della regione, sulla direttrice **Ovest-Est**, che lo collega al Piemonte e al Veneto, e sulla linea **Nord-Sud**, che unisce la città alla Svizzera e all'Emilia. Gli **aeroporti**, tutti funzionali al traffico milanese, sono tre: quello cittadino di Linate e gli scali esterni di Malpensa e Orio al Serio. I principali **porti** fluviali sul Po sono Mantova e Cremona.

superficie	23 861 km²
popolazione (2016)	10 010 643 ab.
densità	419 ab./km²
capoluogo regionale	Milano

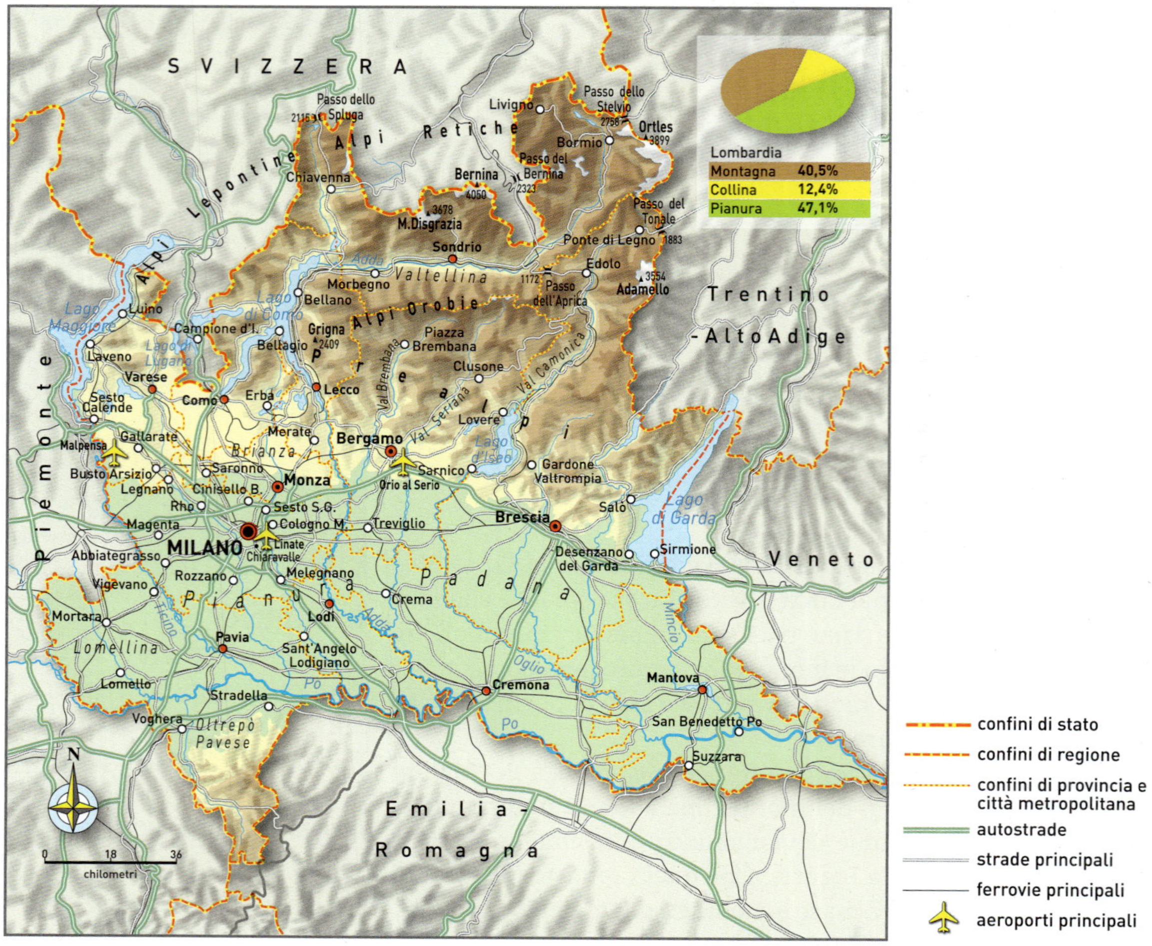

IL TERRITORIO

La Lombardia si estende al centro dell'Italia settentrionale ed è per superficie la quarta regione del nostro paese. Il territorio lombardo è **interamente montuoso a nord**, area in cui si innalzano i rilievi delle **Alpi** e delle **Prealpi**, mentre **a sud** si estende la **Pianura Padana**, che copre quasi la metà della superficie regionale. Tra la zona di montagna e quella di pianura si colloca una stretta **fascia di colline** che sorgono a ridosso dei **grandi laghi prealpini**: i principali sono quelli **Maggiore, di Como e di Garda**. In prevalenza collinare è anche l'Oltrepò Pavese, che occupa la parte sud-occidentale della regione.

LE MONTAGNE

La montagna alpina ha forme aspre e cime aguzze. Essa comprende una piccola parte delle **Alpi Lepontine** e un lungo tratto delle **Alpi Retiche** con diverse vette superiori ai 3500 m. A sud, i rilievi delle **Prealpi Lombarde** hanno un aspetto più dolce ed elevazioni minori.

LE PIANURE E I FIUMI

La pianura lombarda è attraversata dal **Po** e da numerosi suoi affluenti (tra i principali, il **Ticino**, il **Lambro**, l'**Adda**, l'**Oglio** e il **Mincio**). Essa è costituita da due ambienti molto diversi: nella fascia a nord, più elevata, si estende l'**alta pianura**, che ha terreni sterili e asciutti, mentre a sud, al di là dei fontanili, sorge la **bassa pianura**, fertile e umida.

IL CLIMA

Anche se generalmente caratterizzato da inverni rigidi ed estati calde, il clima lombardo varia molto in funzione della **quota**: è **continentale in pianura**, con inverni freddi ed estati afose e umide, ma assai **rigido nelle zone di montagna**, dove gli inverni sono

Oltrepò
Territorio situato oltre la sponda destra del fiume Po: è diviso in Oltrepò Pavese e Oltrepò mantovano.

fontanile (o risorgiva)
Sorgente d'acqua che riaffiora in pianura; la linea dei fontanili, cioè la successione di tali sorgenti, separa l'alta dalla bassa pianura e passa appena a sud della città di Milano.

silo
Contenitore a forma cilindrica e di grandi dimensioni in cui si conservano i raccolti.

freddi e le estati brevi. Intorno ai maggiori laghi le grandi masse d'acqua rendono, invece, il clima **mite** che favorisce specie vegetali mediterranee come il cipresso e l'olivo.

IL PAESAGGIO DELLA MONTAGNA ALPINA E PREALPINA

La montagna lombarda è poco popolata tranne che nelle **valli principali** (specie la Valtellina e la Valcamonica), dove sorgono i centri maggiori, le colture agricole specializzate, le industrie e le centrali idroelettriche, che riforniscono di energia le città padane. Una risorsa importante di questa fascia è costituita dal **turismo**, grazie soprattutto alle **stazioni sciistiche** che, poste tutte al di sopra dei 1000-1500 m, hanno profondamente modificato il paesaggio naturale con strade, piste da sci, impianti di risalita, alberghi, villette e condomini. Lo **sfruttamento della montagna** lombarda si è anche esteso a **località di soggiorno** a quote più basse, dove una parte rilevante del patrimonio edilizio è oggi costituita da seconde case di proprietà degli abitanti delle città di pianura.

IL PAESAGGIO DELL'AREA URBANA CENTRALE

Al centro della Lombardia si estende una zona che comprende la **fascia pedemontana**, le **colline** del Varesotto e della Brianza e tutta l'alta pianura con l'**agglomerato milanese**, vasta area densamente costruita e abitata che unisce Milano ai comuni vicini in un raggio di 20 km. Tutto questo territorio costituisce un **grande insieme urbano, fittamente abitato**, con un paesaggio caratterizzato da un susseguirsi di centri abitati, strade, autostrade, svincoli, capannoni industriali e centri commerciali. L'**espansione edilizia** ha soffocato ogni spazio di campagna.

IL PAESAGGIO DELLA BASSA PIANURA

A sud la bassa pianura e l'Oltrepò Pavese costituiscono una **zona di agricoltura e allevamento**, attività praticate con tecniche moderne e macchinari **all'avanguardia**. L'area, grazie alla ricchezza delle acque e alla fertilità dei suoli, è caratterizzata da grandi appezzamenti di terreno coltivati a **cereali** e a **foraggio** e delimitati dai filari di pioppi che corrono lungo gli argini dei canali. Fanno parte del paesaggio le stalle, i silos e le cascine, queste ultime ormai poco utilizzate per le attività del primario. I centri abitati sono distanziati tra loro e non mancano gli stabilimenti industriali, in particolare quelli collegati alla trasformazione dei prodotti dell'allevamento come i **caseifici**, dove si producono formaggio e burro.

QUANDO ANDARE?

Le stagioni ideali in cui visitare la Lombardia sono i mesi primaverili (marzo-giugno) e autunnali (settembre-ottobre) per le città d'arte e la pianura, quelli estivi per il turismo lacustre e montano, e quelli invernali, naturalmente, per le stazioni sciistiche alpine e prealpine.
Le precipitazioni in autunno e primavera di solito non sono abbondanti nelle aree di pianura, lungo la fascia prealpina e in prossimità dei principali bacini (Maggiore, di Como e di Garda).

COMPETENZA LOCALIZZAZIONE

❶ Lavora con la carta e le immagini

Osserva la carta e rispondi alle domande.

a. Qual è la cima più elevata della regione? Si trova nelle Alpi Lepontine o Retiche?
b. Dove si trovano i passi dello Stelvio e dello Spluga?
c. In quale valle sorge la città di Sondrio?
d. Quale città capoluogo bagna il Ticino prima di confluire nel Po?
e. Dove si trova l'aeroporto di Orio al Serio? E quello di Malpensa?
f. Quali sono le due importanti città lombarde poste ai margini dell'autostrada che da Milano corre in direzione del Veneto?
g. Qual è la via più breve per raggiungere la Svizzera da Milano tramite autostrada? Quale città lombarda attraversa?
h. Bergamo e Lecco sono collegate dalla ferrovia?

COMPETENZA LINGUAGGIO DELLA GEOGRAFIA

❷ Riconosci il paesaggio

Abbina le immagini alle definizioni corrette inserendo le lettere negli appositi spazi.

a. paesaggio della montagna **b.** paesaggio agglomerato milanese **c.** paesaggio bassa pianura

☐ Il punto in cui il fiume Lambro si getta nel Po.

☐ Le Prealpi lombarde (in primo piano) e le Alpi Retiche (in secondo piano) viste da Bellagio, al centro del lago di Como.

☐ Una veduta panoramica del capoluogo lombardo.

2 Lezione — LA GEOGRAFIA UMANA

LA POPOLAZIONE E LE CITTÀ

La Lombardia è la **regione più popolata** del nostro paese: un italiano su sei è lombardo. La **popolazione** si concentra **nella fascia centrale** dove si trovano la grande metropoli di **Milano** e le città capoluogo di **Monza, Varese, Como, Lecco, Bergamo e Brescia**.

Nell'**area alpina e prealpina** il tessuto urbano è meno fitto, specie nell'area montana, dove l'unica città di rilievo è **Sondrio**, in Valtellina.

Nella **bassa pianura** lombarda i centri maggiori sono **Lodi, Pavia, Cremona e Mantova**.

UNA REGIONE CHE ACCOGLIE NUMEROSI IMMIGRATI

La Lombardia è interessata dal fenomeno della **crescita zero**. Il numero dei residenti, però, aumenta ogni anno di alcune migliaia di abitanti grazie alla storica capacità della Lombardia, e di Milano in particolare, di **attrarre molti immigrati** e consente oggi di controbilanciare il calo naturale.
Gli **stranieri**, pari a oltre il 20% del totale italiano, sono circa 1 200 000 e provengono dai paesi dell'Est europeo, dell'Asia, dell'Africa e del Sudamerica.

L'ECONOMIA: UN SETTORE ALL'AVANGUARDIA

La Lombardia con 1/5 del reddito totale nazionale è il "**motore economico del paese**". La regione ha un'**economia completa** e all'avanguardia.

L'**industria** è caratterizzata da un fitto tessuto di medie imprese che, meglio di altre aree, hanno saputo resistere alla recente crisi economica. Le produzioni prevalenti sono quelle meccaniche, chimiche, tessili, delle calzature e del mobile.

Le **attività agricole** sono molto avanzate. Area agricola per eccellenza è la bassa pianura, in cui un ruolo rilevante riveste l'**allevamento**, praticato in stalle moderne ed efficienti. La Lombardia detiene il primato nazionale per il numero di bovini e suini, con un'alta produzione di latte, formaggi, insaccati, burro e carne.

Nel **terziario** la città di **Milano** ha un ruolo di primo piano ed è un centro di servizi qualificati oltre a essere sede della principale **Borsa Valori** d'Italia, l'unica di livello europeo. A Milano e nella sua area metropolitana si trova la gran parte delle **sedi direzionali** di grandi aziende e banche, delle case di moda, delle agenzie pubblicitarie, dei centri di ricerca, delle case editrici, delle aziende di design e di quelle che operano nel multimediale, nelle televisioni, nella consulenza alle imprese.

IL TURISMO: UNA RISORSA IN CRESCITA

Il turismo lombardo ha i suoi punti di forza negli **sport invernali** praticati nella zona alpina e prealpina e nelle **attività balneari e di soggiorno estivo** lungo i bacini lacustri. **Milano** attira un buon numero di visitatori per via delle numerose **esposizioni** della grande zona fieristica dell'area di Rho-Pero e della presenza di **ospedali specializzati** all'avanguardia. Milano ha inoltre visto crescere in modo esponenziale il numero di turisti grazie all'**EXPO**, l'esposizione universale tenutasi nel 2015.

Le città principali	abitanti (2016)
Milano (MI)	1 350 487
Brescia (BS)	196 359
Monza (MB)	122 728
Bergamo (BG)	119 806
Como (CO)	84 378
Varese (VA)	80 629
Pavia (PV)	72 689
Cremona (CR)	72 095
Lecco (LC)	48 101
Lodi (LO)	44 935
Mantova (MN)	49 066
Sondrio (SO)	21 683

COMPETENZA DIGITALE

1 Lavora con internet

L'aggettivo "meneghino" è l'equivalente di "milanese" con riferimento agli aspetti più tipici della città e dei suoi abitanti.
Fai una ricerca e trova notizie su:

a. Quali sfumature di utilizzo implica la parola? **b.** Quali sono le sue origini storiche? **c.** Quali valori incarna?

Il padiglione Italia all'Expo di Milano 2015.

Un'antica cascina riconvertita ad agriturismo nella Brianza lecchese.

La città alta di Bergamo.

3 Lezione — LA CULTURA E LE TRADIZIONI

L'ARTIGIANATO

La Lombardia ha una **produzione artigianale ampia e diversificata**, con **specializzazioni territoriali**. Tra queste ultime, in Brianza, emerge la lavorazione del **mobile**. A Cantù è diffusa la confezione di **merletti**, mentre nell'area di Como e Lecco la produzione di **forbici, coltelli** e soprattutto della **seta**. A Vigevano e nel Varesotto primeggia la lavorazione del **cuoio** e a Cremona la **fabbricazione di violini** e altri **strumenti ad arco**.

LE FESTE E LE TRADIZIONI

Numerose sono le espressioni di **cultura religiosa e popolare** legate a particolari ricorrenze. Storie di **fatti miracolosi e apparizioni** sono all'origine di una vasta fioritura di **santuari**, come quello della Madonna di Tirano o di Santa Maria della Fonte a Caravaggio, e di **cappelle**, tra cui quelle del **Sacro Monte** di Varese e di Ossuccio.

Manifestazioni di **folclore** caratterizzano le **feste patronali** o di santi protettori, tra cui si ricordano la festa di Sant'Ambrogio a Milano, con la fiera degli *Oh Bej! Oh Bej!*, e la festa di San Pietro e Paolo al monastero bresciano di San Pietro in Oliveto, con la fiera dei *perulì*, primi frutti di una varietà di pere.

L'ENOGASTRONOMIA

La cucina lombarda è **varia** e **ricca di piatti** tipici. Le **dominazioni** che si sono succedute nei secoli hanno influenzato il metodo di cottura delle **carni** (bolliti, stufati, stracotti), e la preparazione di piatti come la **cotoletta alla milanese** che è una ricetta di origine viennese. Di origini austriache è pure la **michetta** di Milano. Piatti come l'**ossobuco** e il **risotto alla milanese** sono famosi in tutto il mondo.

Svariate sono le tipicità locali: dai **pizzoccheri** della Valtellina (tagliatelle di farina di grano saraceno) ai **formaggi** (robiola e taleggio della Valsassina, il bitto della Valtellina, il *formai de mut* dell'alta Val Brembana, lo stracchino, il grana padano, il quartirolo, il gorgonzola), ai **salumi** (il salame di Varzi, la coppa mantovana, la mortadella di fegato, la luganega e la bresaola) alla **pasticceria** (il **panettone** a Milano, la torta paradiso a Pavia, la sbrisolona a Mantova, il torrone a Cremona).

Per i **vini**, alla Lombardia sono riconosciute **5 etichette DOCG** (Franciacorta, Oltrepò Pavese Metodo classico, Moscato di Scanzo, Sforzato di Valtellina e Valtellina Superiore), **22 DOC** (tra cui il Bonarda, il Pinot Grigio e il Pinot Nero dell'Oltrepò Pavese, il Valcalepio e il Lambrusco mantovano) e **oltre 15 IGT**.

LA *MICHETTA*

La michetta milanese nasce nel 1700, quando i funzionari dell'Impero austro-ungarico, cui la Lombardia faceva capo, portarono a Milano alcune novità alimentari tra cui il *Kaisersemmel*, un panino di 50-90 grammi di peso e dalla forma a rosetta. Per via del clima umido, però, il Kaisersemmel a Milano non rimaneva, come a Vienna, fresco e fragrante, ma si rammolliva velocemente divenendo gommoso. Bisognava alleggerirlo eliminando la mollica e rendendo il pane soffiato: i maestri panificatori milanesi riuscirono nel loro intento e nacque così la *michetta*, diminutivo di "micca" o "mica", un pane fragrante e leggero riconoscibile dal tipico stampo a stella con cappello centrale.

COMPETENZA DIGITALE

1 Lavora con internet

A Cremona si realizza ancora oggi una prestigiosa produzione di strumenti ad arco, un "saper fare liutario" che è tramandato di generazione in generazione.

Fai una ricerca e trova notizie su:

a. L'epoca a cui risale quest'arte. Le principali famiglie che ne sono protagoniste.

b. Quale importante riconoscimento mondiale ha ottenuto.

La manifestazione del Carnevale a Bagolino (Brescia).

La produzione di strumenti ad arco a Cremona.

4 Lezione — IL PATRIMONIO STORICO E ARTISTICO

UNA POSIZIONE GEOGRAFICA PARTICOLARE

La Lombardia, **importante crocevia** di popoli e culture sin dal passato, è **oggi un nodo di convergenza** fra le principali direttrici dei traffici che hanno luogo nell'ambito della Pianura Padana, fra l'Italia centro-settentrionale e i paesi d'Oltralpe, e tra l'Europa sud-occidentale, atlantica e balcanica.

L'IDENTITÀ REGIONALE E LE DIFFERENZE TERRITORIALI

Tra le regioni italiane la Lombardia presenta un patrimonio artistico particolarmente ricco con molte differenze territoriali. Peraltro **modernità e rinnovamento**, attributi tipici del **carattere lombardo**, hanno portato nel corso della storia ad abbattere e ricostruire con disinvoltura nella convinzione, oggi superata, che "il passato dovesse sacrificarsi alle ragioni del presente". Realtà dinamica e tra le più competitive in Europa, con un'immagine legata al **turismo d'affari**, la Lombardia ha oggi saputo valorizzare il suo **patrimonio storico e artistico** di eccezionale valore e le sue **bellezze naturali**, affermandosi come **area di attrazione** turistica per la molteplicità della sua offerta.

I LUOGHI E LE TESTIMONIANZE STORICHE E ARTISTICHE

Le popolazioni che si sono succedute in Lombardia hanno lasciato un patrimonio storico, artistico e culturale di grande valore. Le **incisioni rupestri** presenti in tutto l'arco alpino, in particolare nella **Val Camonica** nelle Alpi orientali (Brescia), i materiali trovati in grotte, i resti di insediamenti di palafitte e di villaggi sulle rive dei laghi (Varese, Como, Garda) e i sepolcreti (Mantova, Brescia) testimoniano la presenza dell'uomo sin dal **Paleolitico**.

I resti della **civiltà romana** (fine III secolo a.C.) sono scarsi: una maggiore presenza si trova a **Brescia, Como, Desenzano del Garda e Sirmione** (grotte di Catullo). Limitate sono anche le tracce del periodo **paleocristiano** e della

RITO AMBROSIANO E RITO ROMANO

Il rito ambrosiano, voluto dal vescovo Sant'Ambrogio (339-397) e confermato poi da San Carlo Borromeo (1538-1584), è il rito liturgico officiato nell'arcidiocesi di Milano e in alcune zone limitrofe che un tempo ne facevano parte. Dal punto di vista amministrativo, il rito ambrosiano è diffuso nella maggior parte delle province di Lecco, Milano, Monza-Brianza e Varese, in buona parte della provincia di Como, in alcune zone delle province di Bergamo, Lodi, Pavia e Verbano-Cusio-Ossola, e in alcune zone del Canton Ticino. Sebbene nella celebrazione della messa il rito presenti gli stessi elementi di quello romano, il calendario liturgico è differente. È così, infatti, che il carnevale ambrosiano si svolge a Milano il sabato dopo le Ceneri, nel periodo in cui nel resto d'Italia con il rito romano è Quaresima.

COMPETENZA LINGUAGGIO DELLA GEOGRAFIA

1 Lavora con le immagini

Indica gli stili architettonici rappresentati nelle immagini.

La Villa Reale di Monza è un palazzo che è stato costruito nella seconda metà del XVIII secolo per volontà di Maria Teresa d'Austria.

La basilica di San Michele Maggiore a Pavia è di fondazione longobarda e ricostruita verso la metà del secolo XI.

dominazione longobarda (Milano, Pavia, Brescia, Monza), dal momento che le varie costruzioni furono in gran parte distrutte o rimaneggiate.

Numerosi sono invece i **castelli**, sorti sul territorio dal X sec.: nati come baluardi contro le invasioni barbariche, con il passare del tempo hanno assunto una funzione di difesa delle campagne e, infine, un ruolo residenziale e rappresentativo.

Con l'Alto Medioevo la Lombardia si distinse per l'intensa attività costruttiva e per la nascita di stili propri. Il **romanico lombardo**, con un'ampia varietà di costruzioni civili e religiose a seconda delle diverse realtà locali, si diffuse sia nei grandi che nei piccoli centri e nelle campagne. La **basilica di Sant'Ambrogio a Milano**, modello per le chiese dei centri padani, divenne il simbolo del romanico lombardo. Dal XIII al XIV sec. le **chiese cistercensi**, ordine monastico a cui si deve tra le altre l'abbazia di Chiaravalle, e le nuove strutture civili, dette **arengari** o **broletti**, sede dei comuni, si integrarono nel tessuto romanico e costituirono le premesse per il **gotico lombardo** delle chiese del XIII sec. (cattedrali di **Crema, Como, Lodi e Cremona**).

Il **Rinascimento lombardo**, con la trasformazione urbana e l'elaborazione teorica della "città ideale", ha lasciato importanti opere pubbliche e grandiose ville in campagna e sui laghi. I siti di **Mantova e Sabbioneta** costituiscono due esempi di progettazione urbanistica rinascimentale. Nella seconda metà del XV sec. nuovi contributi si ebbero con l'arrivo a Milano di Bramante, di Leonardo alla corte di Ludovico il Moro, di Filarete alla corte degli Sforza, di Leon Battista Alberti a Mantova, di Mantegna alla corte dei Gonzaga.

Alla fine del Settecento si diffuse lo **stile neoclassico** e l'architetto Giuseppe Piermarini realizzò importanti opere architettoniche a **Milano,** tra cui il Palazzo Reale, l'Accademia di Brera e il Teatro alla Scala.

Ai primi del Novecento risale lo stile **Liberty**, particolarmente evidente a Milano in molti palazzi del centro.

LA LOMBARDIA E GLI SCRITTORI

La Lombardia possiede un'**antica e ricca tradizione letteraria**. Risalgono al XIII secolo i primi scritti in **volgare**, con carattere didascalico religioso. Il Settecento è uno dei secoli più floridi per la letteratura lombarda e milanese, con poeti come **Giuseppe Parini, Pietro Verri, Carlo Porta, Tommaso Grossi, Carlo Maria Maggi** (commediografo che codificò la scrittura del dialetto milanese moderno) e, primo fra tutti, **Alessandro Manzoni**. Nel parco dell'Adda, che include i luoghi in cui Manzoni ha vissuto e che hanno ispirato i suoi personaggi, è nato recentemente il **parco letterario lombardo**. Stendhal, profondamente legato a Milano, elesse l'Italia e la città meneghina a propria patria.

IL TURISTA CURIOSO

❶ La *rosa camuna* è lo stemma ufficiale della regione, verde in campo bianco o bianca in campo verde. La stilizzazione è tratta dall'omonimo simbolo di incisione rupestre sito in Val Camonica.

❷ Lombardia deriva da *Longobardia*, parola usata dall'amministrazione dell'Impero bizantino per indicare l'area con capitale Pavia che nel VI sec. d.C. era sotto i Longobardi.

La facciata del duomo di Como è stata costruita tra il 1447 e il 1498.

Palazzo Te (1525-1535) a Mantova. L'entrata principale della Loggia d'onore composta da tre grandi arcate.

5
Lezione

LE RISORSE TURISTICHE

Il territorio lombardo presenta **PARCHI NATURALI** che costituiscono **ecosistemi unici**: tra essi vi sono **24 parchi regionali**, il **Parco nazionale dello Stelvio**, due **riserve naturali** statali (Bosco Fontana a Mantova e Bosco Siro Negri a Pavia), monumenti naturali e diversi PLIS (parchi locali di interesse sovracomunale). Sono interessanti sia per l'**aspetto paesaggistico, culturale, storico e archeologico** sia per le **attività** che vi si possono praticare: le escursioni in mountain bike (Parco del Serio, Parco dell'Oglio Nord), il trekking (nei parchi alpini e prealpini, tra cui l'Adamello e lo Stelvio), il golf (Parco della Pineta di Appiano Gentile e Tradate), le passeggiate a cavallo (Parco dell'Adda Sud).

Il **TURISMO ENOGASTRONOMICO** è incentivato con diversi **itinerari**, le cosiddette "Strade del vino e dei sapori", che si snodano sul territorio coinvolgendo oltre 300 tra aziende vitivinicole e produttori, e dalle svariate **sagre** che valorizzano i piatti tipici e i prodotti locali.

Numerose le località del **TURISMO MONTANO**, che consentono la pratica degli sport invernali come Livigno, Bormio, Aprica, Ponte di Legno e la Valmalenco per lo sci ed estivi quali la Valtellina, la Valchiavenna e tutta la fascia prealpina per l'escursionismo e l'arrampicata.

La Lombardia offre al **TURISMO LACUSTRE** destinazioni come i laghi di Como, di Varese, d'Iseo, di Garda. Le coste sono ricche di **borghi**, **castelli**, **edifici religiosi, parchi e musei**, a cui si affiancano sontuose **ville nobiliari** come villa Melzi e villa Serbelloni a Bellagio, villa Olmo a Como, villa Carlotta a Tremezzo, villa d'Este a Cernobbio, villa Monastero a Varenna. Inoltre la posizione geografica di molti laghi consente di raggiungere facilmente **città** come **Milano, Brescia, Como, Lecco, Bergamo** o **centri minori** come Lovere, Varenna, Cernobbio e Bellagio.

Aree naturalistiche
Centri d'Arte
Tradizioni
Centri religiosi
Benessere
Località montane
Mete lacuali

Val Camonica
Le incisioni rupestri della Val Camonica, delle quali la *rosa camuna* è una delle più famose.

Milano
La chiesa di Santa Maria delle Grazie, basilica domenicana edificata tra il 1492 e il 1493 per volere del duca di Milano Ludovico il Moro e resa celebre dall'affresco del *Cenacolo* di Leonardo da Vinci situato nel refettorio del convento.

Il patrimonio dell'UNESCO
Incisioni rupestri della Val Camonica (Brescia)
Chiesa e convento domenicano di Santa Maria delle Grazie con *L'Ultima cena* di Leonardo da Vinci a Milano
Villaggio industriale di Crespi d'Adda (Bergamo)
Sacri Monti del Piemonte e della Lombardia (Varese e Ossuccio)
Siti del triassico sul Monte San Giorgio (Varese)
Città di Mantova e Sabbioneta (Mantova)
Ferrovia del Bernina nel paesaggio dell'Albula e del Bernina (Sondrio)
Luoghi dei Longobardi in Italia: Brescia, Castelseprio e Gornate Olona (Varese)
Villaggi palafitticoli preistorici dell'arco alpino (Novara, Brescia, Mantova, Cremona)
Patrimonio immateriale: arte del violino di Cremona

Per la lista completa vai su: http://whc.unesco.org/en/list/

Crespi d'Adda
Il villaggio operaio di Crespi d'Adda, creato nel 1875 e operante nel settore tessile cotoniero.

Livigno
Livigno, il più settentrionale e il più esteso dei comuni della Lombardia, è una rinomata stazione turistica invernale ed estiva delle Alpi.

Tirano
Il Bernina Express all'entrata di Tirano, capolinea italiano della linea.

Brescia
L'interno della chiesa di Santa Giulia a Brescia, costruita tra il 1593 e il 1599 in stile rinascimentale.

Cremona
Il Duomo e il Battistero. La facciata del Duomo, rivestita di marmo bianco di Carrara e rosso di Verona, è caratterizzata da un grande rosone centrale e si affaccia su Piazza del Comune.

SCRIVI UN TESTO IN 200 PAROLE

Lavora con il testo, la carta, internet e le immagini seguendo i punti elencati

a. Descrivi le principali località del turismo lacustre dei laghi di Garda (sponda lombarda), di Como, Maggiore e d'Iseo.

6 Lezione — ALLA SCOPERTA DELLA LOMBARDIA

CARTA INTERATTIVA IN DIGITALE

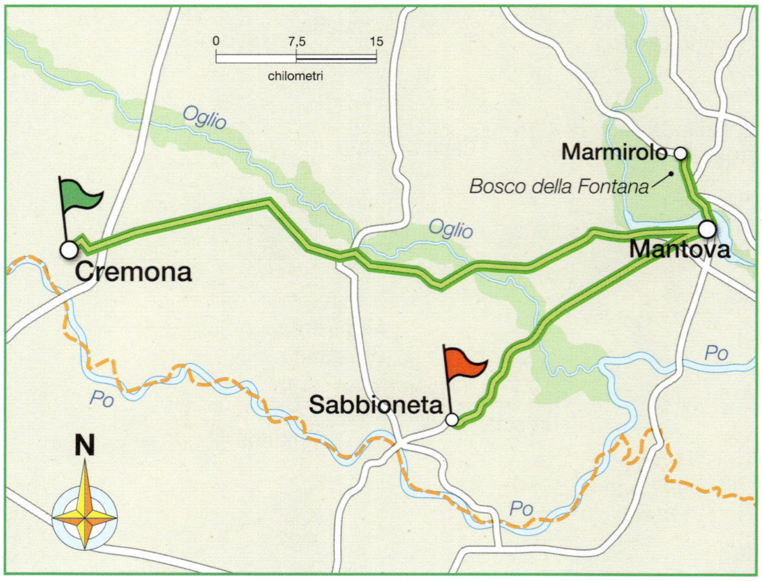

L'ITINERARIO

Tra cultura e storia nella terra degli Sforza e dei Gonzaga (5 giorni)

L'itinerario storico, culturale e naturalistico, della durata di cinque giorni, si svolge a Cremona, Mantova e Sabbioneta. Tutte e tre le città rappresentano manifestazioni tra le più significative del Rinascimento italiano. Sotto i Visconti prima e gli Sforza poi, Cremona ebbe un intenso sviluppo culturale. Mantova raggiunse il massimo splendore durante la lunga dominazione dei Gonzaga (1328-1707), mentre Sabbioneta, fondata nel Cinquecento da Vespasiano Gonzaga, divenne un centro di cultura del tardo Rinascimento ed esempio di città ideale.

È prevista una tappa che comprende il bosco della Fontana a Marmirolo, anticamente un territorio molto vasto di proprietà dei Gonzaga che veniva utilizzato per la caccia. Oggi l'area è una Riserva naturale Statale che fa parte della Rete Natura 2000. Dopo la metà del 1600 fu abbandonata, mentre nel 1910 entrò a far parte del Demanio forestale e nel 1921 fu dichiarata Monumento Nazionale.

❶ GIORNO
Cremona

Arrivo a **Cremona**. Il cuore della città è costituito dal complesso monumentale della **Piazza del Duomo** su cui si affaccia la **Cattedrale** nel cui interno è presente il ciclo pittorico cinquecentesco della navata centrale dipinto da artisti manieristi, uno dei capolavori della pittura lombarda del Rinascimento, il grande **Battistero romanico** a forma ottagonale, il celebre **Torrazzo**, la torre campanaria in muratura più alta d'Europa, il **Palazzo Comunale** e la **Loggia dei Militi**.
Una piacevole passeggiata conduce il visitatore attraverso le origini romane di Cremona percorrendo l'antica strada di **via Solferino**. Si prosegue nelle vie del centro per scoprire la **tradizione liutaria** della città, nata dalle antiche famiglie degli Amati, dei Guarneri e di Stradivari, ancora oggi viva nelle moderne botteghe di liuteria dove i maestri liutai costruiscono il violino secondo il metodo classico cremonese.
Si può concludere la giornata con la visita del **Museo del Violino**, per conoscere le origini dello strumento e il suo ruolo nella storia della musica.

❷ GIORNO
Mantova

Visita del centro storico. Il percorso inizia da **Piazza Sordello**, antico centro della vita politica e artistica della città. Qui avvenne il colpo di stato, il 16 agosto 1328, dei Gonzaga contro la famiglia dei Bonacolsi. Nella piazza spiccano il **Palazzo Ducale** o Reggia dei Gonzaga, che all'interno conserva la ***Camera degli Sposi***, capolavoro di Andrea Mantegna, con il ciclo di affreschi dipinti tra il 1465 e il 1474. All'interno si possono visitare oltre 500 stanze, 70 appartamenti di rappresentanza, 15 cortili e giardini. Il **Duomo** è in stile romanico con aggiunte gotiche, costruito tra il 1395 e il 1401 fu ristrutturato nel 1545 da Giulio Romano.

❸ GIORNO
Mantova

Si prosegue con la visita della **Basilica di Sant'Andrea**, significativo esempio rinascimentale, progettata da Leon Battista Alberti. All'interno si possono vedere affreschi di pittori del Cinquecento. In via Poma, c'è la **casa di Giulio Romano** progettata dallo stesso artista.

Piazza delle Erbe a Mantova.

La galleria del Teatro all'Antica o Teatro Olimpico (1590) progettato dall'architetto Vincenzo Scamozzi a Sabbioneta.

Piazza delle Erbe racchiude edifici medievali tra cui il **palazzo del Podestà** detto anche "Palazzo del Broletto", costruito nel 1227, ma ristrutturato nel 1462 su incarico di Ludovico II Gonzaga. Si procede verso via Acerbi: da vedere la **casa di Mantegna** del 1476 e **chiesa di San Sebastiano** del 1460.

Palazzo Te, splendida villa dei Gonzaga, è l'opera più celebre dell'architetto Giulio Romano disegnata nello stile rustico rinascimentale, oggi ospita il **Museo civico**. Visita all'interno, splendide le sale dei Cavalli, di Psiche, dei Giganti, di Fetonte.

❹ GIORNO
Marmirolo – Bosco della Fontana

Il bosco della Fontana si trova a sei chilometri da Mantova, esteso su un'area di circa 233 ettari, è ciò che rimane delle antiche foreste che ricoprivano un tempo tutta la Pianura Padana. Per la sua importanza storica e naturalistica dal 1976 è Riserva Naturale Biogenetica. Una serie di viali rettilinei rendono agevoli e invitanti le passeggiate nel bosco. Quasi al centro della foresta sorge una **palazzina seicentesca** che risale all'epoca in cui la foresta era una riserva di caccia della famiglia Gonzaga. Nei pressi del castello affiora la **risorgiva** che dà il nome al bosco: la "Fontana", la cui esistenza è nota fin la XII secolo.

❺ GIORNO
Sabbioneta

La cittadina, costruita in base ai principi umanistici della città ideale, ospita vari monumenti quali il **Palazzo Ducale** o **Palazzo Grande**, residenza ducale e luogo deputato all'amministrazione dello Stato, il **Teatro all'Antica o Teatro Olimpico**, primo edificio teatrale dell'epoca moderna, la **Galleria degli Antichi** o **Corridor Grande**, il **Palazzo del Giardino**, la **chiesa dell'Incoronata**.

ORGANIZZA TU UN ITINERARIO

Il centro storico di Brescia

Procurati una mappa della città di Brescia e costruisci un itinerario che includa i monumenti, le architetture e le località più interessanti. Con Google Maps visualizza il punto di partenza e quello di arrivo e calcola i tempi di permanenza e le distanze. Per ogni luogo scrivi in poche righe le principali caratteristiche e attrattive.

Distanza > 3 km ca.

Durata > 1 giorno

Luoghi da visitare

1. I portici e la Torre dell'orologio di Piazza della Loggia
2. Area monumentale del Foro romano
3. Basilica di San Salvatore e Chiesa di Santa Giulia
4. Chiesa di Santa Maria in Solario con il coro delle monache
5. Il Duomo vecchio e il Duomo nuovo
6. Il castello

Milano

Il nuovo quartiere di **Porta Nuova** che si estende tra la stazione dei treni Porta Garibaldi e il quartiere Isola, con il grattacielo "Bosco verticale" e Piazza Gae Aulenti che ha ricevuto il premio ***Landscape institute award 2016*** all'interno della categoria ***Design for a medium-scale development***, un riconoscimento internazionale per i progetti del paesaggio.

Turisti in coda per visitare il **Duomo**, capolavoro dell'arte gotica.

MILANO, LA RISCOPERTA TURISTICA

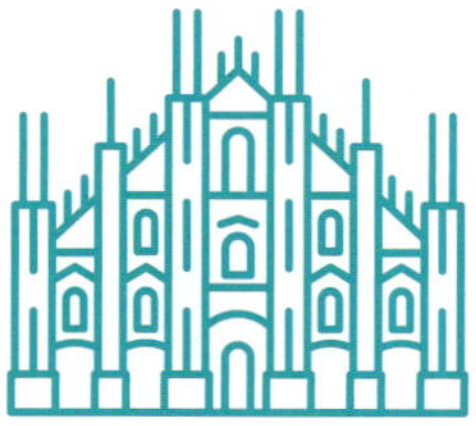

Milano è da sempre sinonimo di città degli affari, capitale della moda, del terziario avanzato e sede delle più **importanti manifestazioni** fieristiche del paese. In questi ultimi anni, Milano è diventata anche un importante centro turistico e non solo per il turismo legato al lavoro. Il capoluogo lombardo registra infatti 10 milioni di visitatori l'anno e si posiziona ai primi posti tra le città visitate d'Italia. Chi decide di andare a Milano spesso lo fa per impegni di lavoro oppure per fare shopping nel quadrilatero della moda, ma sempre più di frequente visita la città per il suo patrimonio artistico e architettonico o per le manifestazioni culturali come gli spettacoli di teatro alla Scala, le mostre, i concerti e gli eventi sportivi.

Oggi il capoluogo lombardo punta sempre più sul turismo, anche perché può contare su **buoni collegamenti**; è infatti facilmente accessibile con il treno, con l'aereo e con l'automobile, dispone di un **ottimo sistema di trasporti pubblici** (metropolitana, mezzi di superficie, passante ferroviario), di un ampio ventaglio di **strutture ricettive** per il soggiorno e di impianti adeguati al turismo d'affari come sale congressi e padiglioni espositivi.

Un notevole effetto positivo sul turismo è anche merito di **Expo 2015**, l'esposizione universale che ha ospitato oltre 140 espositori tra paesi e organizzazioni internazionali e più di **21 milioni di visitatori**. È stato un evento mondiale che ha attratto prima di tutto i turisti d'affari, quelli che di solito frequentano le fiere milanesi, ma anche associazioni, scolaresche e famiglie, tutti mossi dalla curiosità e dalla possibilità di divertirsi. Gli stranieri sono stati il 30% del totale dei visitatori. La manifestazione ha avuto una consistente e positiva ricaduta economica sul territorio milanese. Del resto la città si era preparata all'evento, mostrando un volto nuovo sotto il profilo urbanistico con la ristrutturazione di interi quartieri e la costruzione di numerosi grattacieli come l'Unicredit Tower e la Torre Isozaki, i più alti d'Italia con oltre 200 m.

L'evento dell'Expo, parallelamente al rinnovamento architettonico, è riuscito a ricollocare Milano nell'immaginario turistico come meta interessante sia per visitatori nazionali che stranieri. È così che nel 2016 nei soli esercizi alberghieri (non quelli extra alberghieri) Milano ha avuto un numero di presenze turistiche pari a 7,7 milioni, un dato superiore a quello di Roma e che colloca la metropoli lombarda al 14° posto tra le città più visitate al mondo. La cosa più sorprendente è che il motivo della visita ha riguardato per la maggior parte i viaggi di piacere (73%) rispetto a quelli d'affari (27%). La visita al capoluogo lombardo si è infatti concentrata nei mesi meno lavorativi di luglio e agosto.

Quadrilatero della moda

È compreso tra le vie Montenapoleone, Manzoni, Della Spiga e Corso Venezia.

Nel 2015, sul Naviglio Grande, è stata inaugurata la nuova **Darsena** che è tornata navigabile. I lavori di ristrutturazione hanno riguardato la ricostruzione degli argini, la realizzazione delle bitte per far attraccare le imbarcazioni e due passeggiate pedonali che costeggiano il canale.

La **Basilica di Sant'Ambrogio** è una delle chiese più antiche di Milano e rappresenta un monumento dell'epoca paleocristiana e medievale, oltre che un edificio fondamentale della storia milanese e della chiesa ambrosiana.

Il **Castello Sforzesco** è, con il Duomo, il monumento più imponente di Milano. È il risultato di molti interventi, dal Trecento ad oggi: fondato da Galeazzo II Visconti, il Castello venne ricostruito da Francesco Sforza nel 1450, che affidò all'architetto fiorentino Antonio Averlino, detto il Filarete, il compito di realizzare la spettacolare torre dell'orologio.

IL PATRIMONIO ARTISTICO

Milano è probabilmente la città italiana che più si è trasformata sotto il profilo urbanistico nel corso della sua storia. Da sempre il nuovo si è sovrapposto all'antico, affiancandolo e talvolta eliminandolo. Questo significa che non esiste, a differenza di molti altri centri storici italiani, una stratificazione architettonica chiara dei vari periodi storico-architettonici. Per esempio la Milano romana o la Milano medievale o quella spagnola non sono concentrate in aree omogenee, ma sono rintracciabili nell'insieme del tessuto urbano che mescola testimonianze di epoche diverse.

Una caratteristica dovuta alle distruzioni delle guerre, ma soprattutto ai **numerosi rifacimenti urbanistici**, come quello che tra il 1929 e il 1930 portò alla copertura dei Navigli, cancellando l'immagine di città d'acqua che Milano aveva avuto fino a quell'epoca. Milano, tuttavia, è cambiata senza mai nascondere il proprio passato, ma rielaborandolo in continuazione, innovando e ricostruendo la propria immagine, che oggi può essere definita, sotto il profilo urbanistico, **città verticale**, l'unica in Italia.

Va aggiunto che spesso le testimonianze del passato sono nascoste ma ci sono e si vedono nei cortili e nei giardini all'italiana presenti all'interno di ville o palazzi, o nell'impianto circolare in cui spiccano le notevoli tracce di arte romanica, gotica, rinascimentale, neoclassica e infine Liberty.

Numero di turisti nei soli alberghi (in milioni)	
Bangkok	21,47
Londra	18,80
Parigi	18,03
Dubai	15,27
New York	12,75
Singapore	12,11
Kuala Lumpur	12,02
Istanbul	11,95
Tokyo	11,70
Seoul	10,20
Hong Kong	8,37
Barcellona	8,20
Amsterdam	8,00
Milano	7,65
Taipei	7,35
Roma	7,12
Osaka	7,02
Vienna	6,69
Shanghai	6,12
Praga	5,81

SEI PRONTO PER LA VERIFICA?

LOSAI? RIPASSA CON LO SMARTPHONE

IN 1 ORA

1 Dopo aver studiato le unità, completa la sintesi utilizzando le parole proposte. Attenzione ce ne sono 5 in più. ...../10

UNITÀ 8 – LA VALLE D'AOSTA

- È la regione più piccola d'Italia, il territorio è interamente .... , percorso dalla Dora .... ; è formato da un'ampia vallata glaciale con numerose valli laterali.
- Densità demografica e numero di abitanti sono i più bassi in Italia, la popolazione è .... e vive per la maggior parte nella .... di Aosta, unica città. L'economia è prospera: viticoltura, allevamento, industria e soprattutto turismo, estivo e invernale.
- La cucina si basa su prodotti locali come cereali di montagna e prodotti dell'.................... . Sono presenti resti romani e medievali e sono celebri i .... di epoca feudale.
- Molto sviluppati sono il turismo invernale e quello estivo con la possibilità di escursioni per esempio nel Parco Nazionale del Gran Paradiso.

UNITÀ 9 – IL PIEMONTE

- È la .... regione italiana per superficie. Il clima è alpino nell'area montuosa, scarsamente popolata, e .... in pianura. Colline e alta pianura presentano un paesaggio urbano industriale, la pianura è soprattutto agricola, mentre sulle colline meridionali sono diffuse colture di frutta e vite.
- La popolazione è distribuita .... È una delle regioni economicamente più sviluppate d'Italia.
- Molte iniziative culturali hanno luogo a Torino, come il Salone del Libro e il Film Festival, le manifestazioni musicali nell'ambito del MITO e il Salone .... legato a *Slow Food*. L'enogastronomia punta su tartufi, vini e spumanti, cioccolato.
- Dal 1563 Torino è stata capitale della corte dei .... Tra i musei di Torino sono famosi il museo nazionale del cinema nella .... e il museo egizio.
- Diversi sono i parchi naturali. È diffuso il turismo montano, quello culturale, lacustre ed enogastronomico.

UNITÀ 10 – LA LIGURIA

- Il territorio ligure è occupato dalle Alpi .... e dall'Appennino Ligure. La presenza del mare e il .... dei monti rendono il clima mite.
- La popolazione ha una densità molto .... e un saldo naturale negativo, è la più anziana d'Italia. L'economia è sviluppata, soprattutto per le attività legate al mare. Sono presenti varie colture mediterranee e la produzione in serra di ....
- Le manifestazioni folcloristiche sono legate alla .... e alla floricoltura. La gastronomia ha un'impronta fortemente .... A Genova il porto antico è stato ristrutturato ed è uno spazio espositivo dove si trova il museo del mare e l'......................... .
- Le aree protette sono il 12% della superficie. Lungo la costa è praticato il turismo balneare, mentre nell'entroterra sono presenti borghi medievali.

UNITÀ 11 – LA LOMBARDIA

- È la .... regione italiana per superficie, il territorio è occupato per quasi la metà dalla Pianura Padana. La montagna è poco popolata, mentre la fascia centrale delle colline e dell'alta pianura rappresenta un insieme .... che fa perno su Milano.
- È la regione più popolata d'Italia, registra crescita zero, compensata dall'afflusso di immigrati. Produce 1/5 del reddito nazionale, è il vero .... economico del paese.
- Tra le produzioni artigianali sono famosi i .... della Brianza, la lavorazione della seta (Como e Lecco), gli strumenti ad arco (Cremona). Diverse le feste e varia la gastronomia.
- Della lunga storia della regione si conservano molte tracce come incisioni .... , resti romani e longobardi, castelli medievali. Stili originali sono il romanico lombardo e il gotico lombardo, esempi di .... urbanistica rinascimentale si hanno a Mantova e Sabbioneta.
- Il turismo in Lombardia è turismo .... , ma anche turismo montano, invernale ed estivo, soggiorno lungo i laghi, turismo legato alla .... (ospedali specializzati), turismo enogastronomico come le "Strade del vino e dei sapori". Molte sono le aree protette, tra cui il Parco Nazionale dello Stelvio.

Parole da inserire: acquario • allevamento • alta • Baltea • bilingue • castelli • continentale • d'affari • del Gusto • del Turismo • fiori • irregolarmente • Marittime • mediterranea • mobilifici • Mole Antonelliana • montuoso • motore • periferica • pesca • piana • progettazione • quarta • riparo • risaie • rupestri • seconda • salute • Savoia • terza • tradizionali • urbanizzato

ZTE ONLINE
Mettiti alla prova
con 20 esercizi interattivi

2 Indica se le frasi sono vere o false. (2 punti ciascuna) ..... / 20

a. In Val d'Aosta il versante meridionale è quello con una maggiore insolazione. V F
b. In Piemonte le Alpi scendono bruscamente senza essere fiancheggiate dalle Prealpi. V F
c. Sia Piemonte che Val d'Aosta sono regioni a statuto speciale. V F
d. Il Lago Maggiore si trova al confine tra Piemonte e Lombardia. V F
e. Nella pianura piemontese l'estate è calda e afosa. V F
f. Il Po passa per Torino. V F
g. Sanremo è un popoloso centro della Riviera di Levante. V F
h. La Riviera dei Fiori è il tratto di costa più vicino al confine francese. V F
i. In Lombardia il tessuto urbano, a parte Milano, è molto poco denso. V F
l. La bassa pianura lombarda è specializzata nell'agricoltura, l'alta pianura nell'allevamento. V F

3 Indica la risposta corretta. (1 punto ciascuna) .... / 2

a. Il fiume che segna, in parte, il confine tra Lombardia e Piemonte è:
- ❑ Adda
- ❑ Ticino
- ❑ Lambro
- ❑ Mincio

b. Il lago al confine tra Lombardia e Veneto è:
- ❑ Lago Maggiore
- ❑ Lago di Como
- ❑ Lago d'Iseo
- ❑ Lago di Garda

4 Completa le seguenti affermazioni. (½ punto ogni nome) ..... / 7

Oltre a Genova i capoluoghi liguri sono .... e .... nella Riviera di Ponente, e .... nella Riviera di Levante.
I capoluoghi del Piemonte sono Torino, Verbania, Biella, C........................, A........................, A........................, N........................ e V........................ .
I capoluoghi della Lombardia sono Milano, Monza, V........................, Como, L........................, Bergamo, Brescia, S........................, Lodi, P........................, C........................ e Mantova.
Gli stretti vicoli del centro di Genova si chiamano ....

5 Indica in quale regione si trovano i seguenti elementi geografici. (1 punto ciascuno) ..... / 9

Oltrepò ....
Sestrière ....
Valtellina ....
Monte Bianco ....
Parco Nazionale delle Cinque Terre ....
Canavese ....
Langhe ....
Monferrato ....
Gressoney ....

6 Associa ciascuna località al relativo tipo di turismo. ..... / 3

Langhe	a. Turismo culturale
Sestriere	b. Turismo enogastronomico
Venaria Reale	c. Turismo lacustre
Valentino	d. Turismo montano
Stresa	e. Parco cittadino

7 Scrivi la definizione dei termini proposti. (3 punti ciascuna) ..... / 9

risorgiva ....
....
dissesto idrogeologico ....
....
Patois valdôtain ....
....

8 Rispondi alle domande. (10 punti ciascuna) ..... / 40

a. La Liguria comprende due classi di fiumi: quali sono? Quali sono le differenze tra i due tipi?
....
....

b. Quali sono i principali stili architettonici che si riscontrano nel patrimonio artistico della Lombardia?
....
....

c. Quali sono le principali caratteristiche del settore terziario di Milano?
....
....

d. A parte il turismo, quali sono le caratteristiche principali dell'economia del Piemonte?
....
....

PUNTEGGIO TOTALE
..... / 100

GEOGRAPHY HIGHLIGHTS – CLIL

ITALIAN ENO-GASTRONOMY: THE GEOGRAPHY OF A PASSION

A journey through **ITALY** means also experiencing its great culinary delights. **Food & Wine** in Italy are part of its century-old, **worldwide** appreciated cultural **heritage** which enhances our offer on the Tourism Market. Food & Wine also represent the Italian lifestyle. It is not a case that, in order to preserve the richness of our cultural legacy, in the 1980s, *Carlo Petrini* and a group of activists started the *Slow Food Foundation* in Italy. The *Slow Food Presidia* is, now, an established project and its aim is to protect: heritage foods at risk of extinction, traditional forms of agriculture and production practices at risk of extinction (*farming*, **breeding**, *wine-growing, fishing, cheese making, baking*), **small-scale** producers in determined eco-regions. Finally to create: environmental, social, economic sustainability and an **ethical** approach on the market.
ENO-GASTRONOMY is, therefore, incorporated in a concept of **Cultural Tourism** and is a very lively sector. Tourists increasingly want foods which emphasise the heritage and culture of a place. Before Italy became a single State, in 1861, it was a collection of small kingdoms and city states. Each of these states had their own traditions which also influenced their **cuisine**.
This is one of the reasons why Italy has such a varied cuisine. From north to south you will find amazing differences in the use of ingredients and cooking styles. In sharing this great culture, Eno-Gastronomy Tours are organised **throughout** Italy. Taking a tour that focuses on this part of Italian culture means experiencing not only incredible food, but meeting local people and learning about the **customs** and traditions that have shaped Italian history and geography.
The tours are available all year round but the menus could change depending on the products **available** during the different seasons. Meals are served in chosen localities, particularly areas with historical and cultural significance as in the best *restaurants, convents, monasteries, castles, old mills, characteristic farm houses*; with visits to places like *oil-presses, pasta factories, dairy farms, cheese factories, wine cellars, bakeries, characteristic fish, fruit and vegetable markets*, and learning how to combine the right wines to different types of food.
These tours are accompanied by highly qualified gastronomic guides who supply all the useful material: maps, information cards, brief historical details, monographs on food. Technical visits, meetings with experts, Food and Wine **tasting** sessions are organised along with cultural meetings with historical reference to traditions and culinary habits of the various regions of Italy.

COMPREHENSION

1 **Read the text and, for each picture, identify some of the typical places you can visit on Eno-Gastronomy Tours in Italy.**

A. ....

B. ....

C. ....

D. ....

E. ....

F. ....

COMPREHENSION

❷ Match the **highlighted** words from the text (1- 10) to their italian translation (A - J).

1. **worldwide**	......	A.	piccolo, in piccolo
2. **heritage**	......	B.	stile culinario, cucina
3. **breeding**	......	C.	in ogni parte
4. **small-scale**	......	D.	patrimonio
5. **ethical**	......	E.	disponibile
6. **cuisine**	......	F.	tradizione, usanza
7. **throughout**	......	G.	degustazione
8. **customs**	......	H.	in tutto il mondo
9. **available**	......	I.	allevamento
10. **tasting**	......	J.	moralmente giusto

COMPREHENSION

❸ Read the text and mark these statements as **True (T)** or **False (F)** to show your knowledge about the importance of Eno-Gastronomy Tourism. Correct the **false statements.**

1. Italian culinary delights are an excellent form of promoting the Italian tourism market. T F
2. The Slow Food Movement started in Italy by pure chance. T F
3. Italy became a single State many centuries ago and its cuisine is homogeneous. T F
4. On Eno-Gastronomy Tours, tourists can better understand Italian history & traditions. T F
5. Meals are always served in conventional restaurants. T F
6. Gastronomy Tours never include cultural or technical meetings. T F
7. Expert guides usually provide any kind of oral and written information. T F
8. It is rarely possible to appreciate ancient forms of agriculture and production. T F

COMPREHENSION

❹ Answer the following questions by using complete sentences.

1. **Why** is it not a case that the *Slow Food Foundation* was started in Italy?
2. **What's** the aim of the *Slow Food Presidia Project*?
3. **Why** does Italy have an extremely varied cuisine?
4. **What** does taking Eno-Gastronomy tours mean?
5. **Why** do meals vary according to the season?
6. **Which** activities, along with *Food and Wine Tasting*, link the tours to the cultural heritage of the place visited?

REVISION & PRODUCTION

04

❺ Complete the following passage with the words in bold. Then listen & check.

attractions – environments – heritage – farms – tourism – tourists – local – gastronomy – ethical – tasting – discover – regional

Food has always been an important component of the tourism experience. Tourists eat to survive, but they also consume to **1**.............. the place and the **2**.............. of the visited region. Arousing all senses, food and drinks and the practice of **3**.............. include an exhaustive amount of information for both personal well-being and for socialising with others. In recent years Gastronomy is cleverly exploited in new tourism **4**.............. such as food festivals and wine **5**.............. trails, cooking experiences and competitions, **6**.............. and factories, etc.

Gastronomic **7**.............. is becoming a real player in the tourism market, and food and wines attract greater numbers of **8**.............. each year. Food links into local and **9**.............. economies and as a consequence into the discovery of **10**.............. identity and the re-valuing of **11**.............. and tradition. It links also with many contemporary perspectives in tourism research, including sustainability, **12**.............. and social justice, human rights.

❻ Write a paragraph outlining an Eno-Gastronomy Tour in your city/area. Mention some of the most famous **monuments/ landmarks** and the best **traditional Food and Wine** (about **200** words).

1 Lezione

IL TERRITORIO E I PAESAGGI

superficie	18 407 km^2
popolazione (2016)	4 907 540 ab.
densità	267 ab./km^2
capoluogo regionale	Venezia

confini di stato
confini di regione
confini di provincia e città metropolitana
autostrade
strade principali
ferrovie principali
aeroporti principali
porti principali

LE VIE DI COMUNICAZIONE

Tra le principali **autostrade**, la A4 collega Milano a Venezia e poi a Trieste, incrociando presso Verona la A22 Modena-Brennero. Vicino alla fascia litoranea si snoda la A13 Bologna-Padova, mentre la A27 collega Mestre con Belluno.
Fitta è la **rete ferroviaria**, che collega tutti i principali centri regionali. In particolare, sono in fase di realizzazione tre **linee ad alta velocità**: la Milano-Verona, la Verona-Venezia e la Venezia-Trieste.
Gli **aeroporti** per i trasferimenti internazionali sono quelli di Venezia, Verona e Treviso.
La rete delle **vie d'acqua navigabili** viene utilizzata solo per il turismo. I **trasporti marittimi** fanno capo a Venezia per i passeggeri e a Porto Marghera per le merci.

IL TERRITORIO

Il Veneto si estende nell'Italia nord-orientale ed è affacciato al Mar Adriatico. La regione, di cui **oltre la metà** è **pianeggiante**, ha tutta la parte **centro-meridionale** occupata dalla **Pianura Padana**. Nel suo territorio rientrano anche una **ristretta fascia collinare** e i rilievi delle **Prealpi Venete** e delle **Alpi Orientali**.

LE MONTAGNE

La montagna alpina veneta è composta dalle **Alpi Carniche** e dalle **Dolomiti** o Alpi Dolomitiche. Queste ultime raggiungono le elevazioni maggiori, superando in più punti i **3000 m**: costituite da massicci isolati e con un aspetto pittoresco, hanno brusche pareti rocciose e cime appuntite. I gruppi alpini circondano il **Cadore**, cioè l'alta valle del Piave, e le conche montane più piccole.

Le **Prealpi Venete** sono formate da **rilievi minori** e da elevati **altopiani**: è il caso dei monti Lessini e dell'altopiano di Asiago. Ai margini della montagna prealpina si estendono le **colline**. Tra esse, i monti Berici e i colli Euganei sono di origine vulcanica e sorgono in mezzo alla pianura.

LE PIANURE E LE COSTE

La vasta **pianura veneta** è il prolungamento orientale della Pianura Padana. Essa è formata da una fascia di **alta pianura**, ghiaiosa e sterile, a cui succede la **bassa pianura**, fertile e ricca di acque di superficie e di canali. La pianura è interamente affacciata alla **costa adriatica**, spesso con **lagune e paludi** tra cui spicca la laguna di Venezia.

I FIUMI

I principali fiumi del Veneto sono, da est verso ovest: il Tagliamento, il Livenza, il Piave, il Brenta, il Bacchiglione, l'Adige e il Po.

Nel Polesine, cioè nell'area di Rovigo, scorre l'ultimo tratto del **Po** con l'ampio territorio del suo **delta**. Il principale corso d'acqua è l'**Adige**, il secondo fiume italiano per lunghezza (410 km) dopo il Po e il terzo per ampiezza di bacino.

QUANDO ANDARE?

Il periodo migliore per visitare il Veneto è quello compreso tra aprile e settembre: mentre per Venezia e le città dell'interno sono più indicati i mesi primaverili (aprile-giugno) e autunnali (settembre-ottobre), la zona del Lago di Garda, grazie alla mitezza del clima, può essere visitata in ogni periodo dell'anno. Il periodo estivo è da preferirsi per il turismo balneare, mentre l'area delle Dolomiti offre soluzioni per tutte le stagioni dell'anno.

IL CLIMA E LA VEGETAZIONE

Il Veneto presenta una **varietà climatica**.Sui rilievi è di **tipo alpino**. Nelle zone interne è invece di **tipo continentale**. Le aree limitrofe al Lago di Garda, così come le zone costiere, presentano **caratteri mediterranei**. Le **precipitazioni** sono abbondanti sia sui rilievi, sia nella Pianura Veneta, ma si riducono in direzione della fascia costiera.

IL PAESAGGIO DELLA MONTAGNA ALPINA E PREALPINA

L'**ambiente montano** veneto è uno spazio esteso, ma poco popolato. Esso è ancora caratterizzato dalla persistenza di **attività agricole tradizionali**. Solo in alcune valli il paesaggio è stato intensamente trasformato dalle attività del **turismo invernale o di soggiorno**. È il caso della conca ampezzana, dell'altopiano di Asiago, del Cadore e dell'Agordo, dove si trovano anche **distretti industriali** specializzati.

In tutta l'area alpina rimangono larghi tratti di **foreste** di abeti e di larici; nella montagna prealpina il manto forestale è stato sensibilmente ridotto a favore delle **colture** e dei **pascoli**.

IL PAESAGGIO DELL'ALTA PIANURA

Alla fascia centrale di **alta pianura** compresa nel triangolo urbano Mestre-Treviso-Padova corrisponde il paesaggio della **città diffusa**. Esso è caratterizzato da un insieme di **edifici** (capannoni industriali, centri commerciali, condomini, villette private, case rurali) disseminati lungo le strade principali e intervallati dagli **spazi coltivati** a mais e vite. Questo paesaggio si allunga verso le **colline** e la **fascia pedemontana** e raggiunge gli agglomerati di Vicenza e Verona.

IL PAESAGGIO DELLA BASSA PIANURA, DELLA PIANURA COSTIERA E DELLA LAGUNA

Il paesaggio della **bassa pianura**, estesa nel Sud della regione, è prevalentemente **agricolo**. Esso presenta inconfondibili **segni di bonifica** con canali, fiumi e argini che delimitano i vasti campi coltivati. Gli insediamenti sono **radi** con abitazioni isolate o a gruppi.

La **pianura costiera** presenta un ambiente **lagunare e paludoso al centro-ovest**, mentre è **compatta e uniforme a est**, dove si susseguono i principali centri del turismo balneare come Jesolo e Caorle.

IL TURISTA CURIOSO

❶ Il Veneto è la regione italiana che ha la maggiore percentuale di pianure.

❷ Il Mar Adriatico deve il suo nome alla cittadina di Adria, antico porto di epoca romana.

❸ Il Piave è, con 220 km, il fiume interamente veneto più lungo.

❹ Nella bassa pianura veneta i fiumi scorrono spesso *pensili*, cioè a un livello superiore rispetto al territorio circostante.

COMPETENZA LOCALIZZAZIONE

❶ Lavora con la carta e le immagini

Osserva la carta e rispondi alle domande.

a. Qual è la cima più alta (3343 m) della regione? In quale gruppo si trova?
b. Dove si trova il Cadore?
c. Quale sponda del Lago di Garda appartiene al Veneto?
d. Dove si trovano i Colli Euganei? E i monti Berici?
e. Qual è la zona più montuosa della regione?
f. Quali sono i principali centri veneti del lago di Garda?
g. Quali città bagna l'Adige?
h. Quali sono i tre passi che collegano la regione al Trentino-Alto Adige?

COMPETENZA LINGUAGGIO DELLA GEOGRAFIA

❷ Riconosci il paesaggio

Abbina le immagini alle definizioni corrette inserendo le lettere negli appositi spazi.

a. paesaggio montano turistico
b. paesaggio di alta pianura a città diffusa
c. paesaggio di bassa pianura di bonifica

☐ Veduta della zona industriale di Vicenza.

☐ Le Tre Cime di Lavaredo.

☐ La laguna veneta nei pressi di Burano.

2 Lezione — LA GEOGRAFIA UMANA

LA POPOLAZIONE E LE CITTÀ

Il Veneto, con quasi **5 milioni di abitanti**, presenta una **densità superiore** alla media nazionale. La popolazione si concentra nella fascia dell'alta pianura e nella zona collinare. L'area meno abitata è invece costituita dalla zona alpina e prealpina.

Quella veneta è una **regione policentrica**, basata cioè su più città di rilevanza simile. Questa pluralità è un **fenomeno recente**: in passato, infatti, la regione era dominata da Venezia. Oggi, invece, le funzioni principali sono distribuite nella rete urbana costituita da **Venezia-Mestre, Padova e Verona**; a un livello inferiore si collocano **Vicenza e Treviso**. Rispetto a queste aree "forti", **Rovigo**, nella bassa pianura, e **Belluno**, unico capoluogo che sorge nella fascia montana, sono invece città periferiche. Nell'area lagunare si trova **Chioggia**.

DA TERRA DI EMIGRANTI A TERRA DI IMMIGRATI

In passato il Veneto è stato soggetto a una **massiccia emigrazione**. Nella prima metà del Novecento la popolazione **diminuiva numericamente**, in quanto l'elevata natalità non era sufficiente a compensare l'altissimo numero di emigrati veneti diretti verso Milano e Torino, l'Europa e le Americhe. Oggi la situazione si è modificata. Da un lato la **natalità** è **calata**; dall'altro la regione è diventata meta di un consistente **afflusso di immigrati** stranieri, dato che compensa il saldo naturale negativo.

UN'ECONOMIA FLORIDA E ORGANIZZATA

Il Veneto è una **regione ricca**, con un reddito per abitante superiore alla media nazionale. L'economia regionale è **ben strutturata**, con la presenza di un efficiente settore agricolo e di una solida struttura industriale e terziaria.

L'**agricoltura**, settore principale sino al secondo dopoguerra, occupa oggi **solo il 5% della forza lavoro** ed è altamente **produttiva e meccanizzata**. Il Veneto, che ha nella **viticoltura** il suo punto di forza, è anche il maggiore produttore italiano di **mais**. Notevole rilievo hanno nel Veronese la **frutticoltura** e nel Polesine la coltivazione della **barbabietola da zucchero**. L'**allevamento** è una voce importante; discreta è la **pesca**, praticata nelle aree lagunari e intorno al centro di Chioggia.

La **grande industria** si accentra nell'area veneziana (Porto Marghera, Mestre), dove operano stabilimenti **chimici e metallurgici**, ma la struttura produttiva si basa soprattutto su un fitto tessuto di **industrie di medie e piccole dimensioni**. Esse si trovano principalmente nelle aree di pianura e intorno a Verona, Vicenza, Padova e Treviso. I settori sono: alimentare (formaggi, vino, zucchero), tessile, vetrario, orafo, produzione di occhiali, di mobili, di calzature, di elettrodomestici, di abbigliamento.

UN TURISMO VARIEGATO E DINAMICO

Di **grande rilievo è il turismo**, per il quale la regione detiene il **primato italiano per numero di visitatori**. Esso si basa sulle **località balneari** della costa adriatica (Jesolo, Caorle, Bibione) e del Garda, sui **parchi divertimento**, sulle **località sciistiche** e di **villeggiatura** montane (tra tutte Cortina d'Ampezzo), sulle **stazioni termali** (Abano, Recoaro) e, soprattutto, sul **patrimonio artistico e culturale** delle città d'arte, tra le quali ovviamente spicca **Venezia** che richiama milioni di visitatori.

Le città principali	abitanti (2016)
Venezia (VE)	262 246
Verona (VR)	257 878
Padova (PD)	211 194
Vicenza (VI)	112 309
Treviso (TV)	83 310
Rovigo (RO)	51 723
Belluno (BL)	35 863

COMPETENZA DIGITALE

1 Lavora con internet

I casoni e le ville sono due elementi tradizionali del paesaggio veneto.

Fai una ricerca e trova informazioni su:

a. Quali caratteristiche presentano, dove sorgono e che scopo avevano i due edifici?
b. Come si sono modificate nel tempo le loro destinazioni d'uso?

Un antico casone sul delta del Po.

Ca' Marcello a Piombino Dese (PD), dimora cinquecentesca: un esempio di residenza privata utilizzata per matrimoni e ricevimenti.

3
Lezione

LA CULTURA E LE TRADIZIONI

Una gondola, l'antica imbarcazione simbolo di Venezia. La forma e il colore nero sono regolamentati da leggi emanate dalla *Serenissima* nel 1562.

L'ARTIGIANATO

In Veneto l'artigianato riveste un **ruolo economico** rilevante. Molteplici attività diffuse in tutto il territorio generano ricchezza e occupazione, con produzioni di **qualità elevata**. Per quanto riguarda l'area di Venezia, famose in tutto il mondo sono le lavorazioni del **vetro soffiato** a Murano, ma l'intera regione vanta eccellenze di prim'ordine: dal **ferro battuto** del Cadore alle **porcellane** di Bassano del Grappa, dalla **lavorazione del legno** nelle zone di montagna ai **merletti** di Burano, dalle bellissime **maschere** del Carnevale alla costruzione delle **gondole**. Altri manufatti artigianali tipici provengono dal settore **orafo**, dal **restauro** del mobile d'arte, dal **tessile** e dalla maglieria, dal **marmo** e dalla pietra, dalla **calzatura** e dalla **pelletteria**, dalla costruzione di **strumenti musicali**, dalla **tipografia** e dalla **rilegatura** artistica.

LE FESTE E LE TRADIZIONI

Il Veneto è molto legato alle tradizioni: ogni area ha le sue **usanze secolari**, nonostante l'impronta di Venezia sia sempre dominante. Questo è dovuto al fatto che la città lagunare è stata per anni il centro politico, culturale, economico di tutta la regione: durante il **Carnevale di Venezia** si svolgono cerimonie memorabili quali il **volo dell'Angelo**, la **regata storica** e la **festa del Redentore**. Tra le altre manifestazioni si ricordano: a Marostica, la **partita a scacchi vivente**; a Verona, il "**bacanal del gnoco**" durante il quale vengono cotti e distribuiti gratuitamente gli gnocchi; infine, tra le numerose tradizioni legate alla religione, la **Rogazione** di Asiago, risalente a oltre quattrocento anni fa e costituita da una processione di penitenti che recitano preghiere.

L'ENOGASTRONOMIA

La **tradizione culinaria** regionale, caratterizzata dal dominio della Repubblica di Venezia, ha risentito sia della **varietà** dei climi e dei territori che degli **influssi** delle diverse culture (austriaca, slava e soprattutto orientale) con cui la Serenissima è venuta a contatto nel corso dei secoli. Quattro sono le colonne portanti che caratterizzano la cucina veneta: **riso**, **polenta**, **fagioli** e **baccalà**. Diverse le specialità, tra cui il **fegato alla veneziana** con cipolle bianche e polenta, il **baccalà alla vicentina** con cipolle, latte, olio e polenta, il **pesce *in saor*** condito con cipolle in agrodolce e il **bisato sull'ara**, ovvero l'anguilla al forno. Nelle province di Padova e Vicenza troviamo una ricca produzione di **salumi**. Non particolarmente abbondante, al contrario, è la varietà di **dolci** e di **formaggi**.

Il Veneto è il più grande produttore di **vini** d'Italia, al punto che stilarne un elenco esaustivo sarebbe impossibile: basti sapere che vi sono **14 etichette DOCG** (tra cui i celebri rossi Amarone della Valpolicella e Bardolino Superiore, il bianco Recioto e il prosecco Conegliano Valdobbiadene), ben **27 DOC** (Colli Euganei, Valpolicella, Lugana, Custoza) e **oltre 10 IGT** (Merlot, Cabernet, Sauvignon).

Molto rinomata, infine, è la **grappa**, di cui il Veneto è il primo produttore in Italia.

IL FORMAGGIO "UBRIACO"

Tenere il formaggio a bagno nel mosto di vino per qualche giorno era un metodo tipicamente veneto di conservazione. Le origini del formaggio cosiddetto "ubriaco" sono ancora oggi incerte, ma la tesi prevalente è che risalgano all'abitudine di levigare e ammorbidire la crosta delle forme durante la stagionatura tramite lo sfregamento in superficie con le vinacce, in sostituzione dell'olio d'oliva.

COMPETENZA DIGITALE

1 Lavora con internet

La gondola e il burchiello sono due imbarcazioni tipicamente venete.

Fai una ricerca e, dopo aver individuato un itinerario, trova notizie su:

a. Le principali caratteristiche costruttive delle due imbarcazioni.

b. Le tratte da esse tradizionalmente percorse.

L'arte della lavorazione del vetro a Venezia ha origine nel VII secolo; successivamente, a partire dal XIII, fu concentrata nell'isola di Murano.

4
Lezione

IL PATRIMONIO STORICO E ARTISTICO

UNA POSIZIONE STRATEGICA

La **collocazione geografica** della regione è stata **determinante** nel corso delle vicende storiche: dall'occupazione da parte dell'antico popolo dei Veneti nell'età del ferro alla dominazione romana, dove Verona fungeva da crocevia tra le direttrici provenienti dall'Italia centrale e nord-occidentale, dalla politica espansionistica della Repubblica di Venezia nel XV secolo sino ai giorni nostri. Il Veneto, infatti, è situato in una **posizione strategica** all'**incrocio delle principali vie di comunicazione** nel contesto del Nord-Est dell'Italia e dell'Europa.

Palazzo Ducale e piazza San Marco, dipinto di Giovanni Antonio Canal, detto Canaletto (1697-1768), olio su tela, 51x83 cm., ca. 1755, Uffizi, Firenze.

L'IDENTITÀ REGIONALE E LE DIFFERENZE TERRITORIALI

Il Veneto si caratterizza per la coesistenza di una **molteplicità** di aspetti geografici, umani e ambientali. Le vicende storiche hanno lasciato alla regione un **patrimonio artistico** di grande valore. Il suo policentrismo odierno affonda le radici nel passato, quando le attuali città principali erano occupate dai nodi dei percorsi toccati dalle strade romane, dai presidi di controllo dei nemici invasori, dalle sedi di famiglie nobiliari, dai fulcri culturali e commerciali.

IL PATRIMONIO ARTISTICO

Numerosi sono i resti di insediamenti risalenti al **Neolitico**, tra questi i **villaggi palafitticoli** a Peschiera del Garda, a Tombola di Cerea e ad Arquà Petrarca, così come le testimonianze del **periodo romano**, a Verona, Padova, a Vicenza e Asolo.

Nel **IV secolo**, con la decadenza dell'Impero ad opera delle **invasioni barbariche**, si determina il **distacco tra l'entroterra e la zona lagunare** costiera, dove si era rifugiata la popolazione. Le città della terraferma si frazionano mentre Venezia, acquistata l'indipendenza da Bisanzio, assume un ruolo importante nei commerci con l'Oriente e determinante per le successive influenze.

Tra **XI e XII secolo** lo sviluppo dell'economia porta a una intensa attività costruttiva. Mentre Venezia e le isole minori erano **influenzate da elementi bizantini**, rintracciabili nella basilica di **San Marco** a Venezia e nelle cattedrali di Murano e di Torcello, nell'entroterra prevaleva il **Romanico lombardo**, testimoniato dalle chiese di **San Zeno**, Santo Stefano e San Fermo Maggiore a Verona.

Nel **XIII secolo** si diffonde, dapprima sulla terraferma e poi a Venezia, il **Gotico**. Gli esempi più

IL VENETO, TERRA DI LETTERATI E ARTISTI

Nel corso dei secoli il Veneto ha dato i natali e offerto ospitalità a diversi personaggi illustri. Tra Medioevo e Rinascimento vi operarono il poeta Francesco Petrarca, i pittori Tiziano, Giorgione, Tintoretto, Lotto, Tiepolo, Canaletto e Mantegna, lo scultore Donatello, il viaggiatore Marco Polo.
Nel Cinquecento l'architetto Andrea di Pietro della Gondola, più noto come Palladio, trasformò la regione con la sua opera progettando ville, chiese e palazzi.
La tradizione letteraria veneta, che affonda le sue radici nella produzione di testi in prosa e poetici in lingua volgare del XII secolo, raggiunge il massimo sviluppo nel Settecento con i drammaturghi Carlo Goldoni e Carlo Gozzi.
Nell'Ottocento Jacopo Vincenzo Foscarini e Antonio Negri scrivono in lingua veneta, mentre l'italiano raggiunge l'eccellenza con autori quali Ippolito Nievo e Antonio Fogazzaro.
Nel Novecento, Hemingway è nella regione come cronista volontario durante la Prima guerra mondiale, e Pasolini nel 1947 vince a Venezia il premio Angelo per poesie in friulano e veneto. Tra i contemporanei, è da segnalare il teatro civile di Marco Paolini con spettacoli costituiti da monologhi, spesso in dialetto veneto.

significativi si trovano: a **Verona**, nella **basilica di Sant'Anastasia**, con all'interno l'affresco di Pisanello, e nelle **arche scaligere**, illustre esempio di architettura sepolcrale; a **Treviso**, nella chiesa di San Francesco; e a **Padova**, nella **basilica di Sant'Antonio** e nella **cappella degli Scrovegni** con gli affreschi realizzati da **Giotto**, uno dei maggiori esempi di pittura gotica. Interessanti sono inoltre i **palazzi pubblici**, le **cinte murarie** (celebri quelle di Monselice, Bassano del Grappa, Este e Cittadella) e i **castelli** edificati nel Medioevo.

Tra il **XIV e il XVI secolo** Venezia elabora una propria architettura, il **Gotico veneziano**, che caratterizza il **Palazzo Ducale**, la **Ca' d'Oro**, la Ca' Centanni o casa di Carlo Goldoni e la chiesa dei Santi Giovanni e Paolo.

Nel **Rinascimento**, dapprima **Padova** con l'attività di Mantegna e di Donatello, poi **Venezia**, diventano i maggiori centri di diffusione con pittori come Giovanni Bellini e Cima da Conegliano, e con gli architetti Sansovino, Scamozzi e Palladio. **Vicenza** diviene la città palladiana per eccellenza: tra gli esempi più suggestivi di **ville** vanno menzionati Villa Almerico Capra detta **"la Rotonda"** a Vicenza e **Villa Barbaro** a Maser, che rappresenta un'opera di ingegneria idraulica per il riutilizzo delle acque e che custodisce al suo interno un ciclo di affreschi del Veronese.

Le personalità più celebri che contribuiscono a celebrare la Repubblica di Venezia tra **Cinque e Seicento,** diventando modelli di ispirazione per tutta l'Europa del tempo sono Giorgione, Jacopo Bassano, Tiziano e Tintoretto per la **pittura** e, in ambito architettonico, Andrea Palladio, considerato una delle personalità più influenti nella storia dell'**architettura** e dell'**urbanistica** occidentale.

Nel **Settecento**, grazie all'opera di artisti come Giambattista Tiepolo e il Canaletto, la **pittura veneta** raggiunge il suo apice, in particolare sviluppando il genere del vedutismo. Verso la metà del secolo Antonio Canova diventa il massimo esponente del **Neoclassicismo** italiano in ambito scultoreo, mentre in architettura si afferma il **razionalismo** di Giannantonio Selva, artefice, nel 1792, del **teatro La Fenice** nel sestiere di San Marco a Venezia.

Nel 1797, con la caduta della Serenissima, si attenua in parte anche l'influsso artistico della Repubblica Veneta: nel corso dell'**Ottocento** in ogni caso, importante è il ruolo dell'**Accademia di belle arti di Venezia**, che fa emergere numerosi artisti giovani della scuola veneziana come Ciardi, Nono, Zandomeneghi.

IL TURISTA CURIOSO

❶ A Venezia alcuni palazzi poggiano su zatteroni di legno, sostenuti da tronchi di 8 m di altezza conficcati nella laguna.

❷ L'arena romana di Verona è la terza più grande al mondo dopo il Colosseo e l'anfiteatro di Santa Maria Capua Vetere in provincia di Caserta.

❸ Belluno è ricca di molte fonti di notevole pregio, tanto da essere nota anche come "la città delle fontane".

vedutismo
Genere pittorico, nato nel Settecento e sviluppatosi in particolare a Venezia, che si occupa di ritrarre dal vero paesaggi sia naturali sia cittadini.

sestiere
Ciascuna delle sei zone o frazioni in cui, in passato, venivano divise alcune città. Tra gli esempi più significativi, c'è appunto Venezia.

COMPETENZA LINGUAGGIO DELLA GEOGRAFIA

❶ Lavora con le immagini

Indica quali sono gli elementi che denotano le influenze dell'arte bizantina e quali del romanico lombardo.

La basilica di San Marco a Venezia, capolavoro d'architettura romanico-bizantina: fondata nel IX secolo per accogliere il corpo di San Marco, ebbe varie ristrutturazioni tra l'XI e il XVII secolo.

La basilica di San Zeno a Verona, tra gli edifici-simbolo del Romanico in Italia, si trova in un'ampia piazza, fra una torre (XIII-XIV secolo) dell'antica Abbazia e l'isolato campanile (XI-XII secolo).

5 Lezione LE RISORSE TURISTICHE

Grazie alla sua **varietà ambientale**, il territorio possiede diversi **PARCHI NATURALI**: cinque sono **regionali** (delle Dolomiti d'Ampezzo, dei Colli Euganei, della Lessinia, del fiume Sile e del delta del Po) e uno **nazionale** (delle Dolomiti bellunesi).

La regione ha una lunga tradizione nel **TURISMO TERMALE**, le cui strutture offrono trattamenti particolari (fangoterapia, balneoterapia, musicoterapia, cromoterapia). Tra i centri più rinomati vi sono le **terme di Bibione** e di **Venezia**; nella zona dei Colli Euganei, **Abano**, **Montegrotto**, **Galzignano** e **Battaglia**; nelle Piccole Dolomiti vicentine **Recoaro Terme**, famosa anche per le acque oligominerali; presso il Lago di Garda il centro di **Lazise**; in provincia di Belluno, le **terme di Cortina d'Ampezzo** e di Padola di Comelico.

Quanto al **TURISMO BALNEARE**, il Veneto dispone di centri tra cui Bibione, Caorle, Eraclea Mare, Jesolo, Cavallino Treporti, Sottomarina e Lido di Venezia, che si trovano su 90 km di **spiagge sabbiose** dotate di eccellenti **infrastrutture**.

La regione offre attrattive anche agli amanti del **TURISMO LACUSTRE**: la sponda orientale del **Garda**, i **laghi montani e prealpini** costituiscono una risorsa naturale e turistica di eccezionale valore. Il Veneto è inoltre una delle regioni italiane con il più alto numero di **PARCHI DI DIVERTIMENTO**, che si concentrano sulle sponde del **Lago di Garda** e nel **lido di Jesolo**.

Il **TURISMO MONTANO** risulta ben organizzato con un'offerta ampia e qualificata, grazie a circa 700 km di piste da sci distribuite in **32 comprensori**. I più suggestivi sono: **Agordino, Alta Badia, Folgaria-Fiorentini**, **Cortina d'Ampezzo, passo San Pellegrino-Falcade** e **Marmolada-Malga Ciapela**.

Vicenza
La palladiana Villa Almerico Capra detta "la Rotonda" a Vicenza.

Verona
Il ponte scaligero di Castelvecchio a Verona.

Il patrimonio dell'UNESCO
Dolomiti bellunesi
Venezia e la sua Laguna
Città di Vicenza e ville palladiane del Veneto
Orto botanico di Padova
Città di Verona
Villaggi palafitticoli preistorici dell'arco alpino (Peschiera del Garda, Arquà Petrarca)

Per la lista completa vai su: http://whc.unesco.org/en/list/

Arquà Petrarca
Girasoli in fiore nei pressi del Laghetto della Costa ad Arquà Petrarca, nei Colli Euganei.

Dolomiti
La Marmolada, anche detta "la regina delle Dolomiti" in quanto, con la quota massima di 3343 m, rappresenta la vetta più elevata delle Dolomiti.

Maser
La volta della Stanza della Lucerna di Villa Barbaro a Maser (Treviso), affrescata da Paolo Veronese.

Venezia
Il Canal Grande a Venezia.

Padova
La grande piazza di Prato della Valle.

SCRIVI UN TESTO IN 200 PAROLE
Lavora con il testo, la carta, internet e le immagini seguendo i punti elencati

a. Descrivi i principali parchi naturali.
b. Presenta uno o due parchi divertimento.

6 Lezione — ALLA SCOPERTA DEL VENETO

CARTA INTERATTIVA IN DIGITALE

L'ITINERARIO

Da Verona a Venezia tra vigneti, ville e canali (6 giorni)

L'itinerario di **tipo culturale**, **storico** ed **enogastronomico**, è consigliato nel periodo primaverile. Il percorso si snoda attraverso le città di Verona, Vicenza, Padova e la valle del Brenta: un'area ricca di storia, arte e tradizioni che dà la possibilità di conoscere dal vivo l'identità veneta. Il tour parte da **Verona**, situata lungo le rive del fiume Adige ai piedi dei monti Lessini, e attraversa le terre vulcaniche coltivate a vigneti sino a **Soave**, rinomata per il suo vino bianco. Le tappe successive toccano **Vicenza** (la "città del Palladio"), **Bassano del Grappa e Padova**. Il percorso raggiunge **Venezia** attraverso la **navigazione** sul fiume **Brenta**, lungo il quale sorgono paesi ricchi di storia e le ville.

❶ GIORNO
Verona

Visita del **centro storico**: **piazza Bra**, l'**Arena** simbolo della città, la **porta Leoni**, le **case di Giulietta e Romeo**, **piazza delle Erbe** e **dei Signori**, la **loggia del Consiglio** e il **palazzo del Governo**. Si prosegue con le **arche scaligere**, il monumentale complesso funerario in stile gotico voluto dalla famiglia Della Scala, e si conclude con la visita del complesso del **Duomo**, più propriamente "cattedrale di Santa Maria Matricolare", di **Castelvecchio**, il più importante monumento militare della signoria scaligera, attualmente museo civico, e della **basilica di Sant'Anastasia**, al cui interno sono custodite numerose opere d'arte tra cui il celebre affresco di Pisanello, *San Giorgio e la principessa*.

❷ GIORNO
Soave – Bassano del Grappa

Partenza per Soave e visita della cittadina. Il borgo, situato ai piedi dei monti Lessini, è dominato da un **castello** di epoca scaligera da cui partono mura merlate con 24 torri. Visita di una **cantina** e **degustazione** dei vini abbinati a prodotti della gastronomia locale.
Nel primo pomeriggio trasferimento a Bassano del Grappa, che si affaccia sul Brenta ai piedi del Monte Grappa. Visita del **centro storico**: **piazza Garibaldi** con il medievale **castello degli Ezzelini**, la gotica **chiesa di San Francesco** (fine 1200), il **ponte coperto** sul Brenta, detto anche "degli Alpini" più volte ricostruito. Si prosegue con una visita del **Duomo** e si conclude con il **museo della ceramica**, ospitato nel settecentesco **palazzo Sturm** e comprendente una ricca collezione dalla fine del XVII secolo ai giorni nostri.

❸ GIORNO
Vicenza

Trasferimento a Vicenza, città natale di Palladio, e visita del **centro storico**, che racchiude le migliori creazioni dell'architetto: si parte da **piazza dei Signori**, con la rinascimentale **basilica palladiana** e la **cattedrale di Santa Maria Annunciata**, per proseguire lungo **Corso Andrea Palladio**, l'arteria che attraversa la città da ovest a est con monumentali palazzi e chiese che vanno dal XIV al XVIII secolo. Si conclude la visita con **palazzo Chiericati**, costruito a partire dal 1551 e completato solo alla fine del Seicento, che ospita oggi la pinacoteca civica.

❹ GIORNO
Padova

Spostamento a Padova. Visita della

Gli affreschi eseguiti entro il 1305 da Giotto e dai suoi discepoli all'interno della cappella degli Scrovegni a Padova.

Le arche scaligere di Verona.

cappella degli Scrovegni, intitolata a Maria Vergine Annunziata e fatta erigere agli inizi del Trecento da Enrico Scrovegni, l'uomo più ricco della città, per espiare i peccati del padre. L'interno ospita il celebre **ciclo di affreschi** realizzato da **Giotto** e considerato uno dei capolavori dell'arte occidentale. La giornata prosegue con una visita dell'**orto botanico** risalente al 1545 e dell'**università** che, fondata nel 1222, è tra le più antiche del mondo.

❺ GIORNO
Navigazione sul Brenta

Da borgo Portello a Padova si salpa per una gita lungo il Brenta a bordo dello storico Burchiello. Il percorso si snoda tra ville, borghi rivieraschi e ponti girevoli. Lungo il tragitto, tra le numerose residenze, meritano una sosta in particolare **Villa Giovanelli** a Noventa Padovana, tra le più belle ville tardo-seicentesche di tutto il Veneto, e **Villa Pisani** a Stra, edificata nella prima metà del Settecento e nota anche come "la piccola Versailles": le sale interne sono decorate dai pittori veneti più importanti del XVIII secolo, tra cui il **Tiepolo**. Si prosegue per le **barchesse di Villa Valmarana**, due costruzioni secentesche rimaneggiate nel corso del Settecento, e per Malcontenta, dove si visita la palladiana **Villa Foscari**. Arrivo presso i pontili di Riva degli Schiavoni a Venezia nel tardo pomeriggio.

❻ GIORNO
Venezia

Breve passeggiata per il **sestiere di San Marco**, dalla cui piazza è possibile apprezzare la vista sul **Palazzo Ducale**, la **basilica** e la **torre dell'orologio**. Rientro in vaporetto fino alla stazione di Santa Lucia, da cui si prosegue in treno per Padova.

ORGANIZZA TU UN ITINERARIO

A piedi per il centro di Venezia

Procurati una mappa della città di Venezia e costruisci un itinerario che includa i monumenti, le architetture e le località più interessanti. Con Google Maps visualizza il punto di partenza e quello di arrivo e, dopo aver deciso con quale mezzo sia meglio muoversi, calcola i tempi di permanenza e le distanze. Per ogni luogo scrivi in poche righe le principali caratteristiche e attrattive.

Distanza > 4-5 km ca.   **Durata >** 6 o 8 ore

Luoghi da visitare

1. Piazza San Marco
2. Palazzo Ducale
3. Biblioteca nazionale marciana
4. Basilica di San Marco
5. Campanile di San Marco e loggetta del Sansovino
6. Procuratie
7. Torre dell'orologio
8. Ponte dei sospiri
9. Mercerie
10. Canal Grande
11. Ponte di Rialto
12. Campo San Giacometto
13. Gobbo di Rialto
14. Campo San Polo
15. Scuola Grande di San Giovanni Evangelista
16. Basilica di Santa Maria Gloriosa dei Frari
17. Chiesa di San Rocco
18. Scuola Grande di San Rocco
19. Palazzo Fortuny
20. Teatro la Fenice

1 Lezione

IL TERRITORIO E I PAESAGGI

IL TERRITORIO

Il Trentino-Alto Adige si estende lungo i confini settentrionali della penisola italiana ed è una regione composta da due parti nettamente distinte: l'**Alto Adige** a nord e il **Trentino** a sud.

Il territorio, **interamente montuoso**, è occupato dai **rilievi alpini e prealpini**; essi sono separati da numerose valli, delle quali la principale è la **valle dell'Adige**, lungo e ampio solco che attraversa tutta la regione da nord a sud.

LE MONTAGNE

Le principali catene montuose sono costituite dalle **Alpi Atesine, Retiche e Dolomitiche** (o Dolomiti), tutte con numerose vette superiori ai 3000 m ed estesi ghiacciai. Tra queste catene le **Dolomiti** presentano un aspetto particolare, con nude **pareti** rocciose che si innalzano bruscamente e che terminano con **guglie** appuntite. Gli altri gruppi costituiscono un compatto bastione roccioso che si abbassa solo in prossimità di alcuni **valichi**: la principale tra queste importanti vie di comunicazione con l'Europa centrale è il **Passo del Brennero**.

LA VALLE DELL'ADIGE E LE VALLI MINORI

Le uniche aree pianeggianti sono costituite dalle **valli di origine glaciale**: tra esse spicca il largo **fondovalle dell'Adige**, posto ad un'altitudine tra i 150 e i 300 m. All'Adige si ricollegano le **valli minori**, percorse dai numerosi **affluenti** del fiume. È il caso delle valli Pusteria, d'Isarco, di Fiemme, di Fassa e di Non. Indipendenti dall'Adige sono invece la Valsugana e le valli Giudicarie.

I FIUMI E I LAGHI

Ricca è la rete idrografica della regione: i fiumi principali sono l'**Adige**, la **Sarca** che è un immissario del Lago di Garda e il **Chiese,** un affluente del Po.

Numerosi sono i **bacini lacustri**: tra essi il **Lago di Garda**, la cui estremità settentrionale rientra nel territorio regionale. Il più grande lago **naturale** interamente trentino è il **Lago di Caldonazzo**, mentre in Alto Adige il maggior bacino interno è il **Lago di Resia**, **artificiale**. Tra gli altri, i laghi di Santa Giustina, di Molveno, di Ledro e d'Idro.

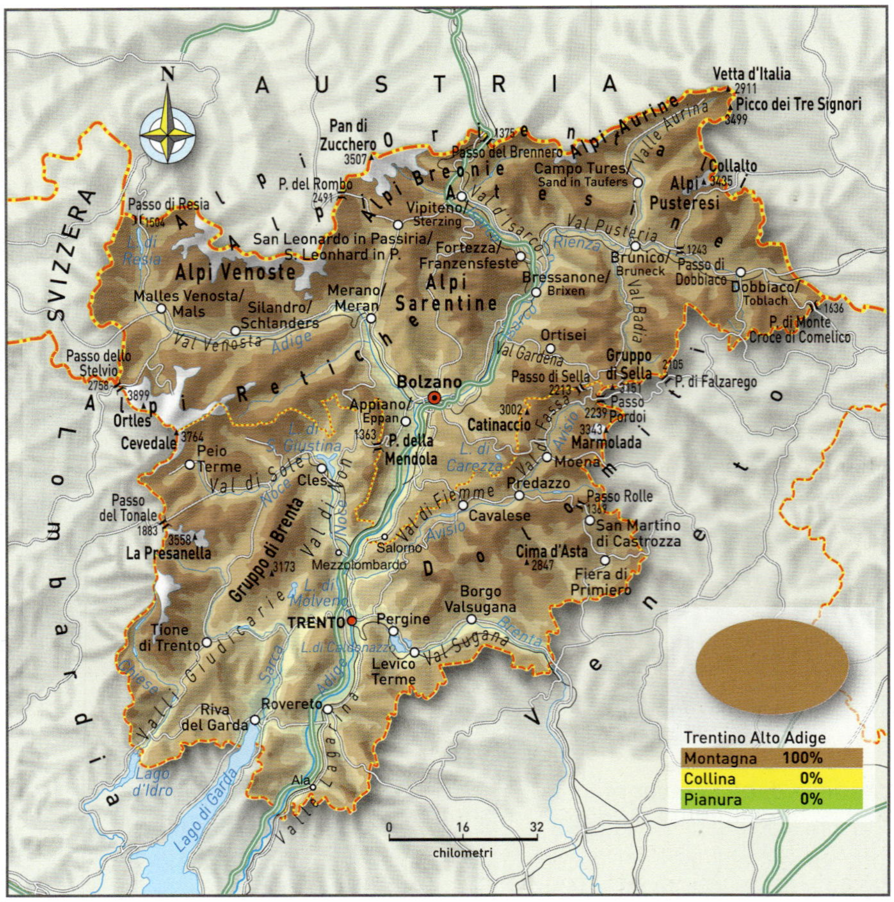

confini di stato
confini di regione
confini di provincia e città metropolitana
autostrade
strade principali
ferrovie principali

superficie	13 607 km²
popolazione (2016)	1 060 140 ab.
densità	78 ab./km²
capoluogo regionale	Trento

LE VIE DI COMUNICAZIONE

La principale arteria di comunicazione è la **valle dell'Adige**, che dalla Pianura Padana porta all'Europa centrale (Austria e Germania meridionale) attraverso il Brennero; lungo questa valle passano la **principale linea ferroviaria**, la Verona-Trento-Bolzano-Brennero, e l'**autostrada** Verona-Brennero.

Altre **direttrici ferroviarie minori** sono le linee Valsugana, Trento-Malè-Marilleva, Bolzano-Merano, della Val Venosta e della Val Pusteria.

Tra le **strade statali**, la SS12 collega il Brennero all'Abetone (Toscana), la SS38 dello Stelvio collega Bolzano a Merano e la SS47 della Valsugana collega Trento con Pergine Valsugana. Riva del Garda **è in comunicazione con** le altre località del Lago di Garda attraverso una rete di **trasporti fluviali**.

IL CLIMA

Il clima è di **tipo alpino**, con forti escursioni termiche annue, precipitazioni moderate nella parte occidentale e più rilevanti nelle località più vicine al confine con il Veneto. Nella **zona del Garda** si ritrovano condizioni di tipo quasi **mediterraneo**, con un clima caldo in estate e mite in inverno. In gran parte della regione le **piogge** sono più frequenti nei mesi estivi (giugno-agosto). La **neve** si concentra generalmente tra ottobre e aprile, anche se in alta montagna può cadere durante tutto l'anno.

IL PAESAGGIO ALPINO

Tra i paesaggi montani, dominanti nella regione, il **paesaggio del turismo invernale** è diffuso nelle numerose località di soggiorno quali Madonna di Campiglio, San Martino di Castrozza, Selva di Val Gardena. È caratterizzato da un'**urbanizzazione ad alta quota** (intorno ai 1500 m) con cittadine di servizio ben collegate ai principali assi di comunicazione e circondate dalle **infrastrutture invernali** (piste da sci, impianti di risalita, alberghi ecc.).

Nell'alta montagna altoatesina si ritrova poi il **paesaggio agrario tradizionale**, che si è mantenuto grazie a un'azione di forte sostegno dell'agricoltura montana e alla sopravvivenza del sistema del **maso chiuso**. Qui i vasti boschi di conifere e i pascoli sostengono le antiche pratiche di sfruttamento delle foreste e di allevamento, alle quali si sono spesso affiancate nuove **attività agrituristiche**. Le **abitazioni permanenti**, con tipiche case in legno e muratura, si trovano al centro di estesi appezzamenti o si concentrano in piccoli **villaggi rurali** che si spingono fino a 1500-1600 m. Gli **insediamenti temporanei**, come le **malghe** nei pascoli d'alta quota, raggiungono i 2000 m.

IL PAESAGGIO DEL FONDOVALLE

Nelle vallate principali, come quella dell'Adige, il fondovalle presenta un paesaggio di tipo urbano con un'**edificazione piuttosto compatta ed estesa**. Qui si concentra la gran parte della popolazione e si trovano le **coltivazioni più redditizie**, le **attività industriali** e le maggiori **vie di comunicazione**.

Nelle valli minori, per esempio Pusteria, Venosta, Giudicarie, Sugana e di Fiemme, il paesaggio è invece costituito da **insediamenti di piccole dimensioni** che si susseguono in modo discontinuo e si ispessiscono in nuclei di dimensioni maggiori in corrispondenza dei centri abitati, come a Pergine in Valsugana e a Brunico in Val Pusteria.

maso chiuso
Proprietà agricola indivisibile che prevede, alla morte del proprietario, il passaggio dell'intera eredità al solo figlio primogenito.

IL TURISTA CURIOSO

❶ La regione, insieme al Veneto e al Friuli-Venezia Giulia, appartiene alla macroarea geografica del *Triveneto*.

❷ La regione ha, dopo la Liguria, la più elevata copertura boschiva d'Italia (oltre il 60% del territorio).

❸ Per i suoi numerosissimi laghi (più di 500), la regione è soprannominata "la piccola Finlandia".

QUANDO ANDARE?

Con un clima tipicamente continentale e alpino, il periodo migliore per visitare il Trentino-Alto Adige è quello compreso tra i mesi di giugno e di settembre, quando le temperature sono miti e le giornate più lunghe. L'inverno è la stagione ideale per gli sport invernali, anche se in località come la Marmolada, lo Stelvio e il Tonale, è possibile praticare lo sci estivo.

COMPETENZA LOCALIZZAZIONE

❶ Lavora con la carta e le immagini

Osserva la carta e rispondi alle domande.

a. Quali sono i principali valichi interni? Ed esterni?
b. A che altezza si trova il passo del Brennero? Quali stati collega?
c. Sai indicare due cime della regione che superano i 3500 m?
d. Sai indicare due laghi interamente compresi nei confini regionali?
e. Quali sono le principali vie di comunicazione autostradali?

COMPETENZA LINGUAGGIO DELLA GEOGRAFIA

❷ Riconosci il paesaggio

Abbina le immagini alle definizioni corrette inserendo le lettere negli appositi spazi.

a. paesaggio dell'alta montagna
b. paesaggio del fondovalle

☐ Vista panoramica di Madonna di Campiglio.

☐ La Valle d'Adige.

2 *Lezione* LA GEOGRAFIA UMANA

LA POPOLAZIONE E LE CITTÀ

Il Trentino-Alto Adige è, con poco più di 1 milione di abitanti, una regione **poco popolata** e tra le **meno densamente abitate** d'Italia. Ciò si deve soprattutto alla montuosità del territorio e al fatto che fino agli anni Sessanta il territorio era povero e soggetto a un flusso emigratorio. Oggi, grazie a un movimento migratorio positivo, il Trentino-Alto Adige è una regione con un **saldo demografico positivo** e una popolazione in leggero aumento. La maggioranza della popolazione si concentra nelle **valli meno elevate**, soprattutto in quelle dell'Adige e dell'Isarco. In particolare la **valle dell'Adige** costituisce un lungo nastro di terreni in piano in cui si trovano le principali città: da sud a nord **Rovereto**, **Trento**, **Bolzano** e **Merano**. Le due **città capoluogo** sono le maggiori per numero di abitanti di tutte le Alpi e sono centri industriali e terziari.

SPECIFICITÀ LINGUISTICHE E CULTURALI

Ciascuna delle due parti che compongono la regione ha caratteristiche linguistiche proprie. L'**Alto Adige**, chiamato anche **Sud Tirolo**, è popolato per i due terzi da abitanti di lingua tedesca; poco meno di un terzo sono gli italiani, concentrati nelle città di Bolzano e Merano. In Alto Adige le **lingue ufficiali** sono **due**: l'italiano e il tedesco. Entrambe vengono utilizzate nei documenti ufficiali, nei tribunali, nelle scuole e il **bilinguismo** riguarda anche i nomi delle città, i cartelli stradali ecc. In alcuni casi le lingue sono tre quando alle due maggiori si affianca il **ladino**, parlato in Val Gardena. In **Trentino** gli abitanti sono **quasi tutti italiani**.

UN'ECONOMIA PROSPERA

Il Trentino-Alto Adige è una **regione ricca**: la popolazione dispone di un reddito per abitante tra i più elevati d'Italia, secondo solo a quelli valdostano e lombardo. I punti di forza sono costituiti dalla **produzione agricola**, specializzata in **frutticoltura** (mele e pere) e **viticoltura** (con produzione di vini e spumanti pregiati), e **zootecnica**, dove dall'allevamento di bovini da latte si ricava una grande varietà di prodotti **caseari** tipici.

Le **manifatture**, in prevalenza di **piccole-medie dimensioni** e situate nelle città maggiori, operano nei settori tessile, edilizio, della meccanica, del legno e della carta. Molto sviluppate sono anche l'**industria alimentare** e quella della produzione di **energia idroelettrica**.

IL TURISMO, SETTORE TRAINANTE DELL'ECONOMIA

Il **turismo**, soprattutto **invernale**, è una voce fondamentale dell'economia con prestigiose stazioni sciistiche come quelle di Madonna di Campiglio, Ortisei, Canazei, San Martino di Castrozza, Selva di Val Gardena e Dobbiaco. Altri centri turistici di rilievo sono quelli **lacustri**, come Riva del Garda sul lago omonimo.

Le città principali	abitanti (2016)
Trento (TN)	117 185
Bolzano (BZ)	106 783

ladino
Lingua che, come l'italiano, deriva dal latino; si parla anche in Svizzera ed è simile al friulano.

COMPETENZA DIGITALE

1 Lavora con internet

Il settore delle energie rinnovabili, sia riguardo l'eolico sia per gli impianti che sfruttano l'energia del sole, in Trentino-Alto Adige è ben strutturato.

Fai una ricerca e trova notizie su:

a. Quali sono le opportunità che offrono gli impianti che sfruttano le energie rinnovabili.

La coltivazione delle mele in Val di Non.

Uno dei tanti impianti eolici presenti nella regione.

3 Lezione — LA CULTURA, LE TRADIZIONI E IL PATRIMONIO STORICO E ARTISTICO

L'ARTIGIANATO

Tra le attività tipiche dell'artigianato regionale, data anche la ricchezza di boschi, vi è la **lavorazione del legno**, con cui si realizzano presepi, giocattoli, mobili e oggetti d'arredo.

Nel settore tessile viva è la tradizione del ***loden*** o **lana cotta**, utilizzata per tessuti di arredamento e abbigliamento.

A Bolzano e Brunico operano laboratori per la lavorazione della **ceramica** e la produzione delle **stufe in maiolica**, elemento di rilievo all'interno della ***Stube***, il soggiorno tipico delle zone alpine.

LE FESTE E LE TRADIZIONI

Tra le feste più caratteristiche in **Alto Adige**, vi sono i **cortei di San Nicolò** e il **Carnevale di Termeno**, dove ogni anno si tiene la tradizionale **sfilata dell'*Egetmann***, un pupazzo di paglia che rappresenta la primavera e la fecondità.

Tra le rappresentazioni tradizionali in **Trentino** vi sono la **festa delle castagne** a Roncegno e la ***Strozegada*** di Levico Terme.

Caratteristici del periodo natalizio sono i **mercatini con manufatti** in legno, carta, vetro e ceramica che si allestiscono a Bolzano, Merano, Brunico.

Da segnalare il **Trento Film Festival**, appuntamento cinematografico di risonanza mondiale che si occupa di alpinismo, territorio e cultura montana.

L'ENOGASTRONOMIA

La cucina **trentina** e quella **altoatesina** hanno in comune le caratteristiche tipiche delle regioni di montagna: semplicità e consistenza. Tuttavia, mentre la cucina **trentina** è più legata alla tradizione veneta e lombarda, con il prevalere della **polenta**, quella **altoatesina** subisce un'influenza germanica e si distingue per le molte **zuppe**. Fra i primi piatti, i **canederli**, grosse polpette di pane, salumi e formaggio cotte nel brodo, sono al primo posto. Eccellenze sono anche **formaggi** come la toma di montagna, il **Trentingrana** e il **Casolét**, e i **salumi**, primi fra tutti i ***Kaminwurzen***, insaccati crudi e affumicati di suino o di cervo. Prodotto tipico della regione sono le **mele della Val di Non**. Fra i **dolci** prevalgono lo **strudel**, i **krapfen** e lo ***zelten***, a base di frutta secca.

Molto rinomati sono i **vini** sia **rossi** (Merlot, Cabernet, Pinot), sia **bianchi** (Müller Thurgau e Chardonnay), sia **spumanti**. Complessivamente ci sono **3 etichette DOCG** (Alto Adige, con varie sottozone, Caldaro e Valdadige), **8 etichette DOC** (tra cui Casteller, Trentino e Teroldego Rotaliano), e **5 IGT**.

UNA TERRA DI CASTELLI E MONASTERI

Punto d'incontro tra il mondo latino e quello nordico, il Trentino-Alto Adige racconta la propria storia attraverso i castelli e le chiese. Tra i **castelli** della zona di Trento si possono visitare il **castello del Buonconsiglio** a Trento, quello **medievale di Thun** in Val di Non e il trecentesco **castello di Rovereto**; nel Bolzanino, **Castel Tures** ad Acereto, **castel Trauttmansdorff** a Merano e **castel Trostburg** in Val Gardena.

Tra le **chiese** si segnalano nel Trentino il **monastero di San Francesco** a Riva del Garda, fondato nel 1221, e l'**eremo di San Colombano** a Rovereto; in Alto Adige, l'**abbazia di Novacella**, nei pressi di Bressanone, e l'**abbazia di Monte Maria** a Malles.

COMPETENZA DIGITALE

1 Lavora con internet

Lo speck, che in tedesco significa "lardo", è un simbolo della gastronomia altoatesina in tutto il mondo.

Fai una ricerca e trova notizie su:

a. Quando e a quale scopo veniva prodotto?

b. Da chi e per quali ragioni era generalmente consumato?

I canederli o *Knödel* (dal tedesco *Knot*, "nodo, grumo") sono tipici non solo della cucina trentina e altoatesina, ma anche di quella tedesca sudorientale, austriaca, ceca, slovacca, polacca e bellunese.

L'abbazia di Monte Maria a Malles, fondata intorno al 1150 e situata a 1335 m s.l.m., rappresenta l'edificio benedettino più alto d'Europa.

4
Lezione

LE RISORSE TURISTICHE

Circa un quinto del territorio regionale rientra in **AREE NATURALI PROTETTE**: il **Parco nazionale dello Stelvio**, in parte condiviso con la Lombardia, è il più conosciuto della regione; al confine con la Svizzera si estende poi il **parco naturale del gruppo di Tessa**; da segnalare anche il **parco di Paveneggio-Pale di San Martino** e quello **dell'Adamello-Brenta**.

Lo scenario delle **Dolomiti** fa della regione una meta ideale per il **TURISMO MONTANO**, sia estivo che invernale, grazie a stazioni di villeggiatura e moderni comprensori sciistici che permettono di praticare sport invernali, alpinismo ed escursionismo. Tra le località più note del Trentino ci sono **Madonna di Campiglio**, **Folgarida**, **Marilleva**, **Peio** e il **passo del Tonale**, la **Val di Fiemme**, la **Val di Fassa** e **San Martino di Castrozza**. Nelle Dolomiti dell'Alto Adige, invece, spiccano la **Val Gardena**, con i centri di Ortisei, Santa Cristina e Selva di Val Gardena, e la **Val Badia** con Corvara in Badia. Sempre in Alto Adige si trova la Val Pusteria con il centro di Dobbiaco.

Tra le mete del **TURISMO D'ARTE** spiccano **Trento**, con il bel centro storico e il **castello del Buonconsiglio**; **Bolzano**, con i numerosi **musei** e lo splendido **Duomo** in stile gotico; **Bressanone**, con l'imponente **cattedrale** barocca; **Merano**, con gli edifici in stile liberty del primo Novecento come il ***Kurhaus***; e **Rovereto** con il ***Mart***, uno dei più grandi musei di arte contemporanea d'Italia. Incantevole la cittadina medievale di **Glorenza/*Glurns***, nell'Alta Val Venosta.

Diversi sono i centri del **TURISMO TERMALE** che offrono cure e trattamenti benefici. Le destinazioni più note sono **Merano**, **Lèvico Terme**, **Peio** e **Comano Terme** con strutture molto attrezzate e all'avanguardia.

Merano
Il *Kurhaus*, costruito nel 1874 da Josef Czerny, è uno dei simboli della città termale di Merano oltre che uno dei capolavori liberty più famosi di tutta l'area alpina.

Bressanone
La cattedrale di Bressanone durante i tipici mercatini di Natale.

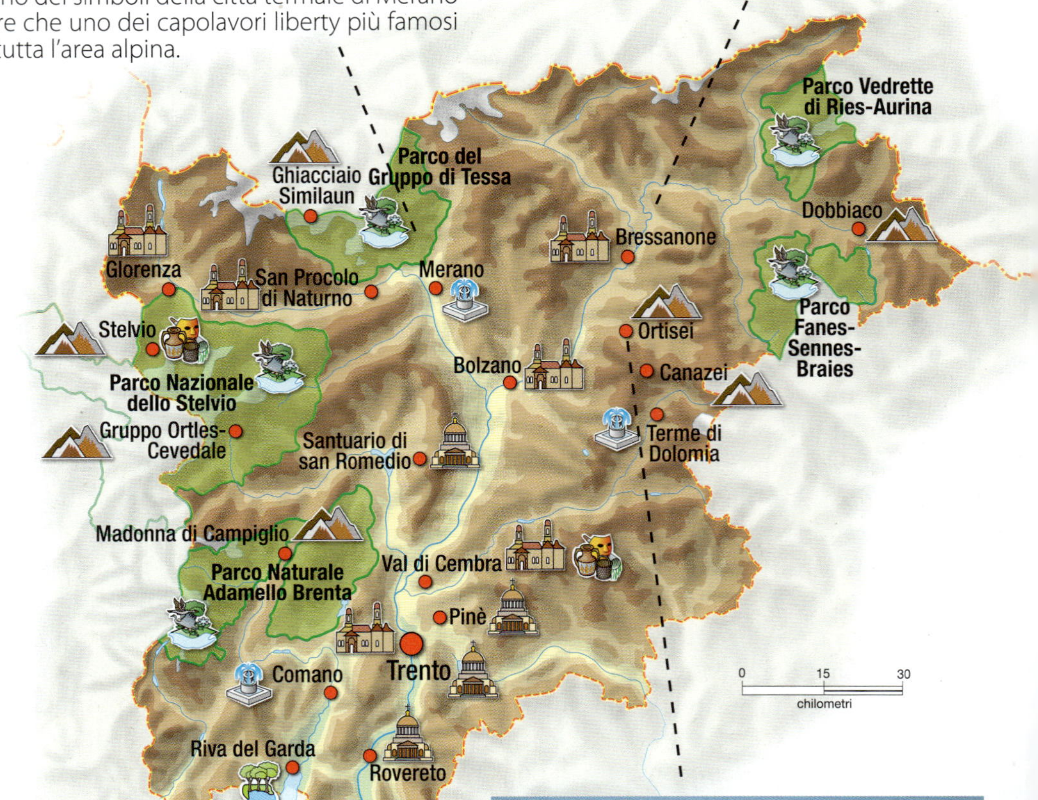

Val Gardena
Le vette del Sassolungo (3181 m) e del Sassopiatto (2969 m) viste dall'Alpe di Siusi in Val Gardena.

UNESCO

Il patrimonio dell'UNESCO
Dolomiti (Province di Trento e Bolzano)
Villaggi palafitticoli preistorici dell'arco alpino (Ledro e Fiavè)

Per la lista completa vai su: http://whc.unesco.org/en/list/

SCRIVI UN TESTO IN 200 PAROLE

Lavora con il testo, la carta, internet e le immagini seguendo i punti elencati

a. Descrivi il turismo lacustre.
b. Presenta uno dei parchi naturali della regione.

5
Lezione

ALLA SCOPERTA DEL TRENTINO-ALTO ADIGE

CARTA INTERATTIVA IN DIGITALE

L'ITINERARIO

I castelli del Trentino (4 giorni)

L'itinerario conduce alla scoperta di alcuni dei più bei castelli del Trentino. Si inizia con il Buonconsiglio di Trento, centro di un sistema museale formato da cinque castelli fra i più suggestivi del territorio. Si raggiungono poi il castello di San Michele e il castel Caldes in Val di Sole, ricchi di fascino e leggende. Dopo essere scesi in Val di Non per visitare l'imponente castel Thun ed essere passati per Calliano, un suggestivo borgo situato tra castel Beseno e castel Pietra, si attraversa la Val Lagarina per raggiungere il castello di Rovereto.

❶ GIORNO
Trento
Arrivo a **Trento**. Visita del meraviglioso **castello del Buonconsiglio**, residenza dei principi vescovi di Trento dal secolo XIII fino al XVIII, e del **centro storico** della città, che vanta un'architettura che va dal Romanico all'epoca moderna: da vedere la **cattedrale di San Virgilio** in piazza Duomo, luogo delle sedute del Concilio di Trento; il duecentesco **palazzo pretorio**; la **chiesa di San Lorenzo**; il **palazzo delle Albere**, sede del **museo d'arte moderna e contemporanea** di Trento e Rovereto; e il **MUSE**, il nuovo museo delle scienze progettato da Renzo Piano.

❷ GIORNO
Val di Sole – Val di Non
Partenza per la **Val di Sole**. Breve visita del **castello di San Michele**, posto su uno sperone di roccia nel comune di **Ossana** e prosecuzione per **castel Caldes**, un suggestivo edificio trecentesco con elementi architettonici che testimoniano l'incontro delle culture veneta, lombarda e tedesca. Nel pomeriggio trasferimento a Ton, in **Val di Non**, per ammirare il magnifico **castel Thun**, per secoli residenza della nobile famiglia trentina Thun e sede di un'importante **biblioteca** e una ricca **pinacoteca**.

❸ GIORNO
Calliano
Si raggiunge **Calliano**, piccolo centro di origine preistorica. Visita della **chiesa di San Lorenzo**, risalente al 1724 e costruita in stile neoclassico, e di **castel Pietra**, che conserva alcune importanti testimonianze medievali. Si continua verso il sovrastante **castel Beseno**, situato nel comune di **Besenello**, la più grande struttura fortificata del Trentino-Alto Adige.

❹ GIORNO
Rovereto
Arrivo a **Rovereto**, che si estende ai piedi del grandioso **castello dei Castelbarco**, tra i migliori esempi di fortificazione alpina tardomedievale e oggi sede del **museo storico della guerra**. Il nucleo più antico della città conserva testimonianze di epoca rinascimentale, come il **palazzo del Municipio** del XV secolo, e barocca, come le **chiese di San Marco e di Santa Maria del Carmelo**. Visita del meraviglioso **eremo di San Colombano** e del **MART**, museo di arte contemporanea.

ORGANIZZA TU UN ITINERARIO
Il centro storico di Bolzano
Procurati una mappa della città di Bolzano e costruisci un itinerario che includa i monumenti, le architetture e le località più interessanti. Con Google Maps visualizza il punto di partenza e quello di arrivo e, dopo aver deciso con quale mezzo sia meglio muoversi, calcola i tempi di permanenza e le distanze. Per ogni luogo scrivi in poche righe le principali caratteristiche e attrattive.

Distanza > 17 km ca.

Durata > 1 o 2 giorni

Luoghi da visitare
1. Piazza Walther
2. Duomo di Bolzano
3. Museo archeologico dell'Alto Adige
4. Monumento alla Vittoria
5. Chiesa e chiostro dei Francescani
6. Castel Roncolo (*Schloss Runkelstein*)
7. Via Argentieri
8. Piazza del Municipio
9. Museo di scienze naturali dell'Alto Adige
10. Soprabolzano (*Oberbozen*)

1 Lezione

IL TERRITORIO E I PAESAGGI

superficie	7855 km^2
popolazione (2016)	1 218 451 ab.
densità	155 ab./km^2
capoluogo regionale	Trieste

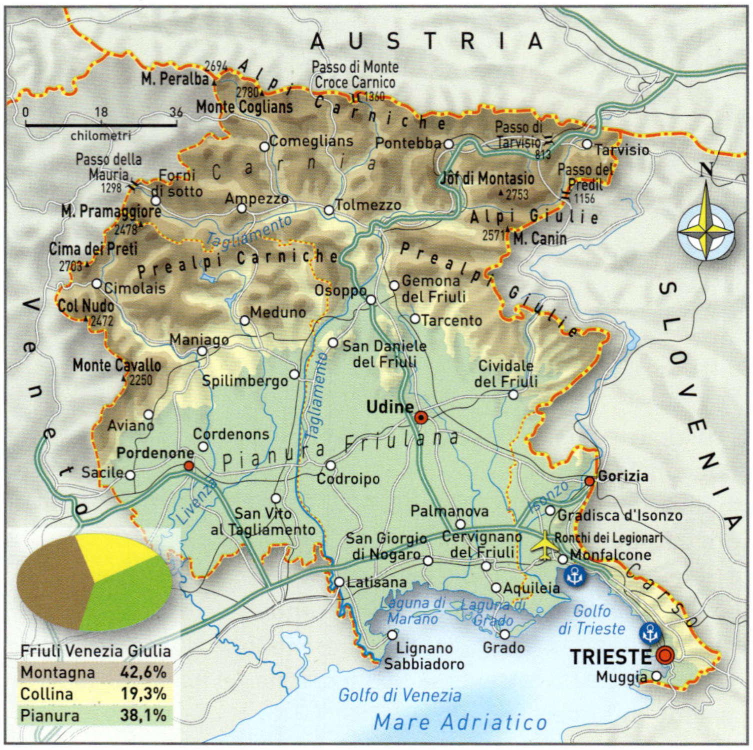

- confini di stato
- confini di regione
- confini di provincia e città metropolitana
- autostrade
- strade principali
- ferrovie principali
- aeroporti principali
- porti principali

LE VIE DI COMUNICAZIONE

Il sistema delle comunicazioni **stradali** conta su tre **autostrade**: la Torino-Venezia-Trieste, la Palmanova-Udine-Tarvisio (autostrada Alpe-Adria) e la Portogruaro-Pordenone-Conegliano. Articolata è la rete di **strade statali**.

Le principali **linee ferroviarie** ricalcano l'andamento autostradale, mentre il principale **aeroporto** è quello di **Trieste**, situato in provincia di Gorizia.

Il sistema **portuale** conta sugli importanti scali di **Trieste** e di **Monfalcone**.

IL TERRITORIO

Il Friuli-Venezia Giulia si estende **lungo i confini nord-orientali** del nostro paese ed è una delle più piccole regioni italiane. Il territorio è composto da **due parti distinte**: il **Friuli**, che ne occupa quasi tutta la superficie, e la **Venezia Giulia**, situata a sud-est.

La regione è interamente montuosa a nord, dove si innalzano i **rilievi alpini**, e pianeggiante nell'area meridionale, in cui si trova la **pianura friulana**. Al centro, una **ristretta fascia di colline** si interpone tra questi due ambienti.

LA MONTAGNA

La montagna comprende le **Alpi Carniche** e un piccolo lembo delle **Alpi Giulie**. Esse formano un compatto muraglione, elevato in media oltre 2000 m e interrotto solo da alcuni **valichi** che garantiscono le comunicazioni con i paesi confinanti. Anche le **Prealpi**, a loro volta divise in Carniche e Giulie, sono **aspre** e piuttosto elevate. Tutta l'area, **fortemente sismica**, è soggetta a devastanti terremoti di cui l'ultimo nel 1976 ha distrutto diversi comuni e causato molti morti.

LA PIANURA

La pianura friulana costituisce la parte più orientale della Pianura Padana ed è attraversata dal **Tagliamento**, il maggiore fiume della regione, lungo 172 km. La zona delle **risorgive** separa l'alta dalla bassa pianura, quest'ultima caratterizzata da suoli umidi e fertili. Oltre a questa tradizionale divisione, un'ulteriore distinzione è quella tra l'alta pianura **a ovest** del Tagliamento, nel Pordenonese, composta da suoli sterili, detti **magredi**, poco utili per l'agricoltura, e l'alta pianura **a est** del fiume, nell'Udinese, più fertile e adatta alla **coltivazione**.

L'ALTOPIANO DEL CARSO

Nell'angolo sud-orientale del territorio, nella Venezia Giulia, si estende l'**altopiano del Carso**, che prosegue al di là del confine italiano. Si tratta di un territorio prevalentemente **collinare** e disseminato di quei **fenomeni** detti, appunto, **carsici**. L'altopiano è caratterizzato, infatti, da doline, grotte e da circolazione sotterranea di alcuni corsi d'acqua. Il caso più noto è quello del **Timavo**, che scorre sotto terra per circa 40 km, riaffiorando solo nei pressi di Monfalcone, poco prima di sfociare in mare.

L'IDROGRAFIA E IL CLIMA

La rete idrografica della regione è composta dai **fiumi** Tagliamento, Timavo, Isonzo, Livenza e Natisone. I principali **bacini lacustri** sono quelli di Cavazzo, di Fusine e del Predil.

Il **clima** del Friuli-Venezia Giulia è piuttosto diversificato: tipicamente **alpino** nelle aree montane dell'entroterra, diviene **continentale** in pianura e nella zona collinare. La regione è molto **piovosa**, soprattutto nella fascia prealpina, e le **nebbie** sono frequenti in pianura. Soprattutto nel golfo di Trieste è caratteristica la **bora**, un vento freddo di nord-est con raffiche violente che possono superare i 100 km/h.

IL PAESAGGIO DELLA MONTAGNA

Il **paesaggio montano** è quello più tradizionale della regione. È caratterizzato dalla presenza di una **ricca fauna** che include, tra le altre specie tipicamente alpine (stambecchi, camosci, cervi, marmotte), **orsi** e **linci europee**, ricomparsi alla fine del XX secolo.

La montagna friulana, in passato terra di emigrazione, è ancora oggi un'area impervia; ricoperta da estesi boschi e da ampie distese di **prati e pascoli**, ha **insediamenti di rilievo solo nei fondovalle**, dove è possibile praticare l'agricoltura. Gli stabilimenti industriali si concentrano a **Tolmezzo**, l'unico centro che supera i 10 000 abitanti.

IL PAESAGGIO DELL'ALTA PIANURA E DEL PEDEMONTE

L'alta pianura e la fascia pedemontana, cioè l'area che va da Maniago a Spilimbergo nel pordenonese e da Gemona a Cividale del Friuli nell'udinese, presentano un paesaggio di **campagna urbanizzata.** Qui le tradizionali attività agricole, organizzate intorno ai villaggi rurali, si alternano alle moderne attività industriali e ad insediamenti di tipo urbano.

Nella **media pianura** predomina un paesaggio a **città diffusa** costituito dall'agglomerato di centri di medie e piccole dimensioni e da un susseguirsi di capannoni industriali. Questo paesaggio è maggiormente visibile nei poli di **Pordenone** e di **Udine**: entrambe le città hanno formato con i comuni limitrofi una **compatta area urbana**.

IL PAESAGGIO DELLA BASSA PIANURA E DELLA COSTA

Nella **bassa pianura** e **lungo la costa l'insediamento è più rado** ed è caratterizzato da case rurali sparse e da **piccoli centri**. Qui l'agricoltura è praticata in modo più moderno con colture specializzate. Sulla costa è in forte crescita il **turismo balneare**.

La **Venezia Giulia** presenta infine un **paesaggio urbano di antica formazione** imperniato sui centri di Trieste, Gorizia e Monfalcone che formano un lungo allineamento, ai piedi dell'arido e sassoso altopiano del Carso.

IL TURISTA CURIOSO

❶ La popolazione dell'intera regione è inferiore a quella della città di Milano.

❷ La Venezia Giulia, con le città di Gorizia e Trieste, occupa meno del 10% della superficie regionale; il Friuli, con Udine e Pordenone, oltre il 90%.

QUANDO ANDARE?

Dato il clima invernale particolarmente rigido e ventoso, adatto al solo turismo montano, il periodo migliore per visitare la regione coincide con i mesi più caldi e soleggiati tra aprile e settembre. Il periodo centrale estivo è invece ideale per il turismo balneare.

COMPETENZA LOCALIZZAZIONE

❶ Lavora con la carta e le immagini

Osserva la carta e rispondi alle domande.

a. A quali golfi si affaccia la regione?
b. Qual è il monte più alto? Quale altezza raggiunge? A quale gruppo appartiene?
c. Quali sono i due principali valichi di comunicazione con l'Austria?
d. Dove scorre l'Isonzo? E dove sfocia?
e. Quella di Grado è una laguna o una palude?

COMPETENZA LINGUAGGIO DELLA GEOGRAFIA

❷ Riconosci il paesaggio

Abbina le immagini alle definizioni corrette inserendo le lettere negli appositi spazi.

a. paesaggio montano incontaminato **b.** paesaggio pedemontano a città diffusa **c.** paesaggio turistico della costa

☐ Già alla fine degli anni Trenta Lignano Sabbiadoro contava un movimento turistico valutabile in oltre 50 000 presenze annue.

☐ Il Jôf di Montasio (2753 m) è la seconda cima più elevata del Friuli-Venezia Giulia dopo il Coglians.

☐ Veduta aerea delle campagne e delle colline di Gemona del Friuli.

2 Lezione — LA GEOGRAFIA UMANA

LA POPOLAZIONE E LE CITTÀ

La popolazione è pari a poco più di **1 200 000 abitanti**, ma è inferiore a quella di mezzo secolo fa. L'**emigrazione** verso l'estero e le città del nord-ovest, oltre al forte calo della natalità, hanno contribuito alla diminuzione del numero degli abitanti. Da qualche anno, tuttavia, la popolazione aumenta. La regione è infatti diventata **terra di immigrazione** e l'arrivo di lavoratori immigrati (specie dall'Est europeo) compensa il calo naturale.

DA TERRA DI EMIGRATI A META DI FLUSSI MIGRATORI

Il Friuli-Venezia Giulia **è una delle regioni** che più ha risentito dei **fenomeni migratori**: tra la fine dell'Ottocento e la fine della Seconda guerra mondiale, gli **emigranti** si sono diretti verso Argentina e Stati Uniti. Nel secondo dopoguerra il fenomeno si inverte con l'afflusso di migliaia di **profughi dall'Istria e da Zara**, per poi riprendere **verso l'Europa centrale** (Svizzera, Germania, Francia, Belgio), **oltreoceano** (Stati Uniti, Canada, Australia) e verso la zona del **triangolo industriale** (Piemonte, Lombardia, Liguria). Con gli anni Settanta la regione si trasforma in **meta di flussi migratori** provenienti sia dal resto d'Italia sia dall'estero.

UN'ECONOMIA RICCA E DIVERSIFICATA

Il Friuli-Venezia Giulia è oggi una **regione ricca** e la sua economia è fortemente legata a quelle dei paesi confinanti che aderiscono all'Unione Europea.

Nel **settore agricolo** le coltivazioni si estendono in pianura e sono quelle del granturco, della soia, della barbabietola da zucchero e della frutta. Nelle colline è praticata la **viticoltura**. Nella valle del Tagliamento è diffuso l'**allevamento** bovino e suino.

Le industrie sono localizzate soprattutto nelle aree di Pordenone e di Udine, dove fittissimo è il tessuto di **piccole e medie imprese**. Le attività sono molto varie con la presenza di **distretti industriali** specializzati.

Le attività **terziarie** poggiano soprattutto su **Trieste**, notevole centro bancario, assicurativo e portuale e sede di avanzati servizi di ricerca, nonché importante porto, benché privo di entroterra. Il maggiore centro commerciale e il nodo delle comunicazioni è **Udine**, posta al centro del territorio regionale, lungo l'Alpe-Adria, l'autostrada che collega la costa adriatica con l'Austria.

UN TURISMO DI GRANDI OPPORTUNITÀ

Il turismo offre un buon apporto economico e dispone di un'ampia offerta. Molto sviluppato il **turismo invernale sciistico e di soggiorno** nelle località alpine, soprattutto nella zona del Tarvisano e in quelle prealpine come l'area di Piancavallo e delle Dolomiti Friulane. Di rilievo anche il **turismo d'arte** nelle città di Trieste e Treviso e il **turismo balneare** nei centri di Grado e Lignano Sabbiadoro.

Le città principali	abitanti (2016)
Trieste (TS)	204 292
Udine (UD)	99 094
Pordenone (PN)	51 156
Gorizia (GO)	34 861

COMPETENZA DIGITALE

1 Lavora con internet

Trieste è una città che mescola caratteri mediterranei e mitteleuropei per via della sua storia.

Fai una ricerca e trova notizie su:

a. Il periodo durante il quale ha fatto parte dell'Impero austro-ungarico. **b.** Quali sono oggi le attrattive turistiche della città.

Il paesaggio autunnale del Collio, regione vitivinicola a cavallo tra Friuli e Slovenia tutelata dal marchio DOC.

Il Canal Grande di Trieste fu realizzato nel 1754-1756 dal veneziano Matteo Pirona ed è fiancheggiato da palazzi, chiese e caffè storici.

3 Lezione — LA CULTURA, LE TRADIZIONI E IL PATRIMONIO STORICO E ARTISTICO

L'ARTIGIANATO

Tra le attività più antiche e diffuse vi sono la **lavorazione del legno e l'intaglio**, che produce capolavori come le **maschere lignee** per il Carnevale.

La tradizione del **mosaico**, presente nella regione fin dal periodo romano, ha il suo centro principale a **Spilimbergo**, grazie all'attività della **Scuola Mosaicisti del Friuli**. Molto vivo è anche l'**artigianato tessile**, come testimoniano gli splendidi **costumi** tipici della Carnia, realizzati in velluto e cotone, e i tradizionali ***scarpet***, pantofole di stoffa cucite a mano e impreziosite da ricami floreali.

LE FESTE E LE TRADIZIONI

Una delle più antiche tradizioni della Carnia è quella di **accendere fuochi propiziatori** in occasione di feste d'inizio d'anno o di stagione: è il caso del ***Pignarul Grant*** (grande falò) **a Pordenone**, che illumina il castello di Caneva la notte precedente l'Epifania, o del **palio dei *Pignarulârs***, una spettacolare corsa di carri infuocati per le vie di **Tarcento**.

In Venezia Giulia la **presenza del mare** ha influenzato le feste locali come il **Perdon di Barbana**, una processione di barche con ghirlande e corone di fiori nella laguna di **Grado** o la ***Vogada mata* di Duino**, con un lungo corteo di pittoreschi carri marini.

Da segnalare come manifestazione culturale internazionale il **Trieste Film Festival**.

L'ENOGASTRONOMIA

La cucina della regione esprime piatti derivanti sia dalle **influenze venete** sia da quelle **austriache e slave**, riconoscibili dall'uso delle spezie per le combinazioni agrodolci. In tavola, accanto a **zuppe** come la ***jota*** triestina, fatta con crauti e patate, alla **polenta** e agli **gnocchi di pane** vi sono, tra i primi, i ***biechi*** (pasta corta tagliata a triangolo) e i ***cjarzons*** (pasta ripiena di ricotta e spezie). Le pietanze tipiche sono il ***gulasch*** (stufato ungherese)e il ***muset con la brovada*** (cotechino accompagnato da rape inacidite nelle vinacce). Una menzione particolare meritano i **salumi**: oltre all'eccellente **prosciutto di San Daniele**, di qualità sono anche il **prosciutto e lo speck di Sauris** e i **salumi d'oca di Palmanova**. Tra i **prodotti caseari** spiccano il **Montasio** e il **Tabor**, specialità del Carso.

La produzione di **vini** è di alta qualità. Tra i vitigni più famosi, il Ribolla, il Tocai e il Picolit. La regione ha **4 etichette DOCG** (Colli Orientali del Friuli Picolit, Lison, Ramandolo e Rosazzo), **10 etichette DOC** (tra cui Carso, Friuli Isonzo, Lison-Pramaggiore e Prosecco), e **3 IGT** (Alto Livenza, Delle Venezie e Venezia Giulia).

UN CROGIOLO DI CULTURE

La storia del Friuli-Venezia Giulia, luogo d'incontro di **popoli di cultura latina, tedesca e slava**, si rispecchia in una variegata eredità architettonica e artistica. Evidenti tracce della dominazione romana si ritrovano ad **Aquileia**, una delle più grandi aree archeologiche d'Italia, e a **Cividale del Friuli**, sede del primo ducato longobardo.

La regione possiede un enorme patrimonio di **castelli**, palazzi ed edifici fortificati. I più celebri nel Triestino sono i **castelli di Miramare, di San Giusto** e **di Duino**.

COMPETENZA DIGITALE

❶ Lavora con internet

A San Daniele del Friuli la storia del prosciutto crudo, insignito della Denominazione di Origine dal 1970, è intrecciata a quella del territorio in cui è prodotto.

Fai una ricerca e trova notizie su:

a. A quale popolo, grande consumatore di carne di maiale, è legato?

b. Quali caratteristiche ambientali hanno favorito la conservazione e la stagionatura della carne? Perché si parla addirittura di "microclima" delle colline friulane?

c. In che cosa consiste la manifestazione *Aria di festa*?

I *cjarzons*, pronunciati "chiarsóns" e detti anche "agnolotti del Friuli", sono originari della regione alpina della Carnia, ma diffusi in tutta la pianura friulana.

Alla regata internazionale della Barcolana nel golfo di Trieste partecipano ogni anno quasi 2000 imbarcazioni di professionisti e appassionati.

4 Lezione

LE RISORSE TURISTICHE

Agli amanti del **TURISMO NATURALISTICO** il Friuli-Venezia Giulia offre **due parchi naturali regionali** (delle Dolomiti Friulane e delle Prealpi Giulie); a questi si aggiungono tutta la **regione alpina della Carnia**, la **riserva naturale marina di Miramare**, nel golfo di Trieste, l'**oasi faunistica della laguna di Marano**, la **laguna di Grado** e le riserve naturali come quella delle **falesie di Duino**.

Tra le principali mete del **TURISMO D'ARTE** vi sono **Trieste**, con i **castelli di Miramare e di Duino**, il **teatro romano**, la **basilica e il castello di San Giusto**, la **piazza Unità d'Italia** e gli storici **caffè**; **Udine**, sovrastata dal **castello**, con **Piazza della Libertà**, i **palazzi** e lo splendido **Duomo**; **Palmanova**, la famosa città-fortezza unica nel suo genere; **Gorizia**, sede degli importanti **musei della Grande Guerra e della moda e delle arti applicate**; **Pordenone**, con il **palazzo comunale** e **palazzo Ricchieri**, il **Duomo di San Marco** e il **Castello di Torre**; **Grado**, con il suo centro storico tipicamente veneziano.

Nei pressi di Gorizia si trova il sacrario militare di Redipuglia dedicato alla memoria dei soldati italiani caduti nella Prima guerra mondiale, oggi meta di **TURISMO DELLA MEMORIA**.

I più noti centri del **TURISMO BALNEARE** sulla riviera adriatica settentrionale, caratterizzata da lunghe **spiagge sabbiose**, sono **Grado** e **Lignano Sabbiadoro**.
Numerosi sono i poli del **TURISMO MONTANO** per gli appassionati degli **sport invernali**: nelle Dolomiti Friulane spiccano **Sauris**, **Piancavallo**, **Forni di Sopra** e **Ravascletto**; nelle **Alpi Giulie** il comprensorio del **Tarvisiano** e, sul confine sloveno, il polo sciistico di **Sella Nevea**.

Il **TURISMO TERMALE** ha origini secolari che risalgono all'Impero romano. Tra le località più note, **Lignano Sabbiadoro**, **Arta Terme** e le **terme marine di Grado**.

Palmanova
Palmanova, città-fortezza in provincia di Udine pianificata dai veneziani nel 1593, è chiamata "la città stellata" per la sua pianta poligonale a stella con 9 punte.

Barbana
L'isola di Barbana, posta all'estremità orientale della laguna di Grado e sede di un antico santuario mariano, deve il suo nome a Barbano, un eremita del VI secolo che vi radunò una comunità di monaci.

Duino
Nel castello di Duino, il cui parco nasconde un bunker utilizzato durante la Seconda guerra mondiale, lo scrittore e poeta austriaco Rainer Maria Rilke (1875-1926) iniziò nel 1912 la composizione delle *Elegie duinesi*.

UNESCO

Il patrimonio dell'UNESCO
Zona archeologica e basilica patriarcale di Aquileia
Dolomiti (Province di Udine e Pordenone)
Luoghi dei Longobardi in Italia: Cividale del Friuli (Udine)
Villaggi palafitticoli preistorici dell'arco alpino (Polcenigo)

Per la lista completa vai su: http://whc.unesco.org/en/list/

SCRIVI UN TESTO IN 200 PAROLE

Lavora con il testo, la carta, internet e le immagini seguendo i punti elencati

a. Approfondisci il turismo montano.
b. Descrivi una città d'arte.

5
Lezione

ALLA SCOPERTA DEL FRIULI-VENEZIA GIULIA

CARTA INTERATTIVA IN DIGITALE

L'ITINERARIO

Tra aromi, arte e cultura della pianura friulana (4 giorni)

Il percorso propone un viaggio che parte da San Daniele, celebre per i suoi prosciutti, e prosegue per Udine, polo storico, culturale e geografico della regione, passando per Spilimbergo, nota come la "città del mosaico". Si raggiunge Cividale del Friuli, antica cittadina longobarda e si continua con la visita della città-fortezza di Palmanova. L'itinerario si conclude con Aquileia, uno dei più importanti centri dell'Impero romano.

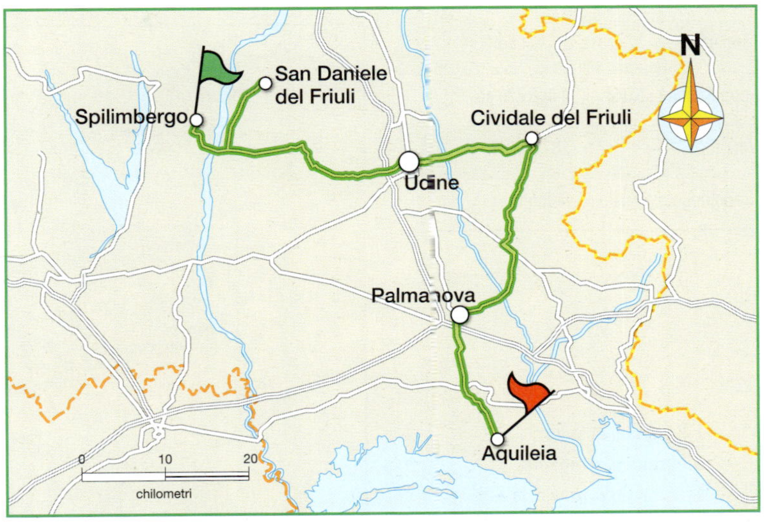

❶ GIORNO
San Daniele – Spilimbergo
Arrivo a **San Daniele**. Visita del **Duomo** e del **palazzo comunale**, gli edifici più significativi della città. Si prosegue per **Spilimbergo**, la "città del mosaico", dove una visita meritano il centro storico con il **Castello**, il **Duomo** e la celebre **Scuola Mosaicisti del Friuli**.

❷ GIORNO
Udine
Visita di **Udine**. Si parte dal centro con la monumentale **piazza Libertà**, dove si visitano la **loggia del Lionello** e la **loggia di San Giovanni** con la **torre dell'orologio**. Si continua prima con l'elegante **Castello**, che si erge sulla collina ed è sede dei **musei civici**, e poi con **piazza I Maggio**, nei pressi della quale si possono ammirare la **chiesa di Sant'Antonio Abate**, rifacimento settecentesco di un antico edificio gotico, il **palazzo diocesano** e il **Duomo**.

❸ GIORNO
Cividale del Friuli – Palmanova
Il percorso prosegue per **Cividale del Friuli**. Si visita **piazza Duomo**, con il quattrocentesco **palazzo comunale**, il **palazzo De Nordis** e la **Cattedrale**; si continua con il **museo cristiano**, che custodisce la più importante raccolta di scultura longobarda in Italia, in particolare il *Battistero di Callisto* e l'*Altare di Ratchis*; e si conclude con il celebre **Tempietto longobardo**. Si raggiunge poi la città-fortezza di **Palmanova**, che incanta per la pianta stellata a nove punte, le fortificazioni e i bastioni. Visita del **museo storico**, che conserva armi, cimeli e documenti che illustrano la storia della città.

❹ GIORNO
Aquileia
L'itinerario si conclude con **Aquileia**, fondata dai Romani nel II secolo e all'epoca importante porto fluviale sul Natissa. Visita del **sito archeologico**, che conserva le rovine della città romana, e della **basilica patriarcale**, che con i suoi mosaici rappresenta uno dei più alti esempi di architettura religiosa. Visita del **museo paleocristiano** e del **museo archeologico**, uno dei più importanti al mondo sulla civiltà romana.

La romanica basilica patriarcale di Santa Maria Assunta ad Aquileia, edificata tra l'XI e il XIII secolo insieme al battistero e al campanile.

ORGANIZZA TU UN ITINERARIO

Il centro storico di Trieste

Procurati una mappa della città di Trieste e costruisci un itinerario che includa i monumenti, le architetture e le località più interessanti. Con Google Maps visualizza il punto di partenza e quello di arrivo e, dopo aver deciso con quale mezzo sia meglio muoversi, calcola i tempi di permanenza e le distanze. Per ogni luogo scrivi in poche righe le principali caratteristiche e attrattive.

Distanza > 35 km ca.

Durata > 1 o 2 giorni

Luoghi da visitare

1. Molo Audace
2. Piazza Unità d'Italia
3. Arco di Riccardo
4. Colle di San Giusto (Cattedrale, Castello e Monumento ai Caduti)
5. Teatro romano
6. Borgo Teresiano
7. Risiera di San Sabba
8. Faro della Vittoria
9. Castello di Miramare
10. Castello di Duino

1 IL TERRITORIO E I PAESAGGI

Lezione

superficie	22 124 km^2
popolazione (2016)	4 446 226 ab.
densità	201 ab./km^2
capoluogo regionale	Bologna

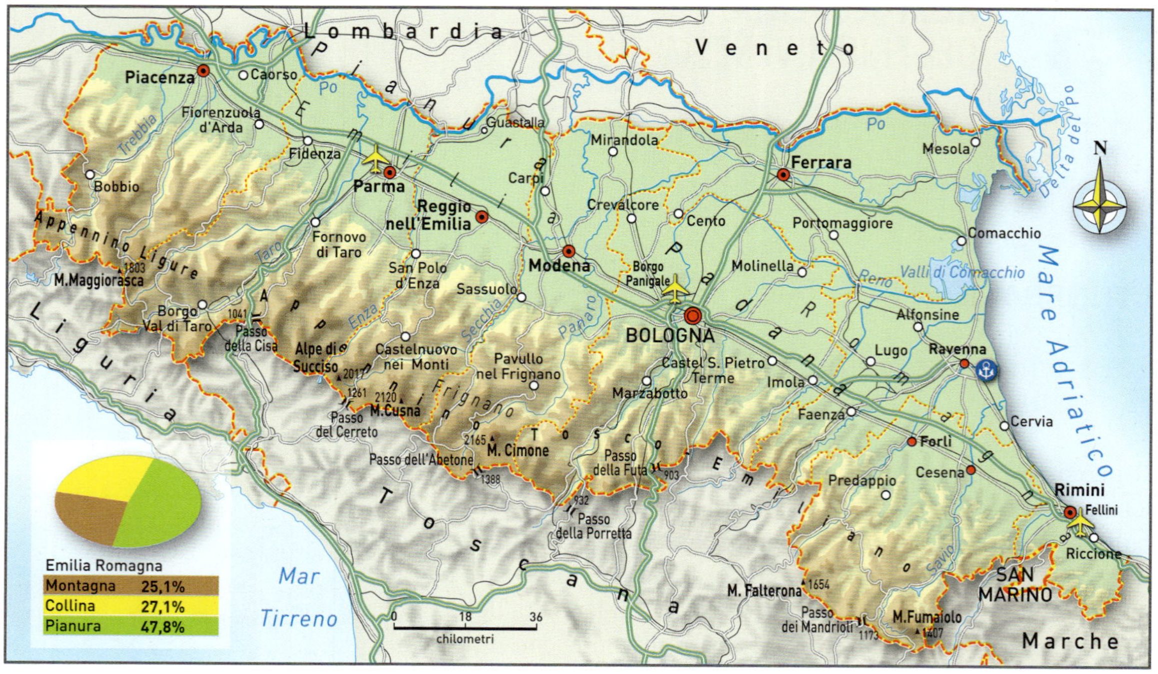

IL TERRITORIO

L'Emilia-Romagna, la sesta regione per superficie, occupa una vasta area dell'Italia settentrionale affacciata al Mar Adriatico e compresa tra il **fiume Po** e l'Appennino. Il territorio è per circa la **metà pianeggiante**, con tutta l'area settentrionale della regione occupata dalla **Pianura Padana**. A sud di essa si stendono i rilievi montuosi e collinari dell'**Appennino settentrionale**.

LE MONTAGNE E LE COLLINE

La montagna appenninica, situata a meridione, **non** è **molto elevata**: poche vette superano infatti i 2000 metri s.l.m. Spesso, però, i versanti montuosi sono brulli e con profondi solchi, i **calanchi**, determinati dall'erosione delle acque.

Dalla dorsale appenninica principale si distaccano in direzione della pianura numerose catene minori, detti **contrafforti**. Essi sono tra loro separati da **strette valli** fluviali in cui scorrono **numerosi fiumi**. Molti di questi corsi d'acqua sono affluenti del Po; altri invece, come il **Reno**, hanno un corso autonomo e sfociano direttamente nel Mar Adriatico.

LE PIANURE

La pianura, situata a settentrione, è **in gran parte bassa**, quasi tutta al di sotto dei 100 metri e per metà addirittura inferiore ai 25 metri s.l.m. Essa, composta da depositi alluvionali fini (come sabbie e argille), ha **suoli impermeabili** ed è priva degli sterili terreni ghiaiosi dell'alta pianura lombarda e veneta. La pianura emiliano-romagnola è quindi **fertilissima**, anche se meno ricca di acque: la zona delle **risorgive** risulta, infatti, più ristretta e discontinua. A causa della bassa pendenza, il territorio costiero compreso tra il **delta del Po** e la foce del Reno forma una **depressione** occupata da acquitrini e paludi, come nel caso delle **valli di Comacchio**.

I FIUMI E I LAGHI

La rete idrografica dell'Emilia-Romagna si divide in due parti: nella **metà occidentale** una serie di **corsi d'acqua** quali Trebbia, Taro, Enza, Secchia, Panaro sfociano **nel fiume Po**; nella **parte orientale** fiumi come il Reno, il Savio e il Montone si gettano **direttamente nell'Adriatico**. Eccetto il Po, tutti i corsi d'acqua hanno una **portata irregolare** con andamento torrentizio. Per questo, soprattutto

LE VIE DI COMUNICAZIONE

La regione è il **più importante snodo commerciale e delle comunicazioni** dell'Italia. Dall'Emilia-Romagna passano **arterie di collegamento stradali** che uniscono le zone settentrionali a quelle centro-meridionali: è il caso delle autostrade del Sole (**Milano-Napoli**), Adriatica (**Bologna-Taranto**) e del Brennero (**Modena-passo del Brennero**), oltre che della statale Tiberina (**Ravenna-Terni**). L'asse principale è la **Via Emilia**, che collega le maggiori città. Importanti sono anche i **passi appenninici**, tra tutti quello della Cisa, che consente le comunicazioni con la Toscana e il Tirreno.

Il **sistema ferroviario** ruota tutto su **Bologna** e la sua stazione merci è la più importante per volume di traffico.

Il principale **aeroporto** è quello di **Bologna** Borgo Panigale.

nella "bassa", notevole è la **rete di canali** che prelevano le acque dal Po per l'**irrigazione**.

IL CLIMA

Il clima è **continentale** in pianura e nelle aree collinari. Le **temperature** si abbassano man mano che si raggiungono le località più elevate, mentre nelle zone di Comacchio e del delta del Po il clima è umido con frequenti precipitazioni. Le **nebbie** sono una costante, specialmente in inverno.

IL PAESAGGIO DELLA VIA EMILIA E LA COSTA ROMAGNOLA

La Via Emilia e la costa romagnola presentano un **paesaggio di tipo urbano**. La **Via Emilia**, che si sviluppa per oltre 250 km tra Piacenza e Rimini, è una lunga fascia **edificata e popolata**: in essa si trovano le maggiori città della regione, le principali vie di comunicazione e le aree industriali, così come molte altre cittadine e zone ad agricoltura specializzata. La **costa romagnola**, che si estende tra Rimini e Cattolica, è anch'essa una striscia urbanizzata di oltre 100 km, a prevalente funzione **turistica**, con alberghi, condomini, ristoranti, negozi, discoteche e stabilimenti balneari. Lungo la costa sorgono anche **poli industriali**, come quello intorno a Ravenna.

IL PAESAGGIO DELLA BASSA PIANURA EMILIANA E DELLA COSTA FERRARESE

La bassa pianura emiliana, cioè l'area più vicina al Po, è caratterizzata da un **paesaggio prevalentemente rurale**, intensamente coltivato a cereali, barbabietola da zucchero, alberi da frutto e foraggio. Gli **insediamenti** sono **sparsi** e i numerosi **cascinali** hanno stalle moderne e **caseifici**.

Nel paesaggio si trovano ancora i **segni della bonifica**, con i campi regolari, i **canali** di scorrimento delle acque e gli argini dei fiumi. Lungo la costa ferrarese, le **stazioni balneari** dei Lidi di Comacchio si alternano a tratti di **laguna** che conservano un ambiente palustre, con vegetazione a canneti e ampie strisce sabbiose.

IL PAESAGGIO APPENNINICO

La fascia collinare e montana dell'Appennino, che comprende l'Appennino Ligure a ovest e l'Appennino Tosco-Emiliano al centro-est, è **poco sfruttata e popolata**. Solo nelle colline più vicine alla pianura si trovano alcuni **piccoli centri**, spesso sobborghi residenziali delle aree urbane. Nei punti più elevati il paesaggio presenta **boschi** di castagni, faggi e querce.

QUANDO ANDARE?

L'Emilia-Romagna è caratterizzata da estati calde e afose e inverni freddi e nebbiosi, con un clima continentale su gran parte del territorio. Nell'interno le precipitazioni sono più frequenti durante le stagioni intermedie (primavera e autunno), mentre i mesi estivi e invernali fanno registrare i valori più bassi. La tarda primavera e i primi mesi autunnali sono dunque i periodi migliori per visitare e scoprire le città d'arte della regione e le bellezze naturali dell'interno, mentre l'estate è la stagione del turismo balneare.

Lidi di Comacchio (o Lidi ferraresi)
Insieme delle località balneari situate lungo la costa adriatica nel comune di Comacchio, vicino a Ferrara: Lido degli Estensi, Lido delle Nazioni, Lido di Pomposa, Lido degli Scacchi, Lido di Spina e Lido di Volano.

COMPETENZA LOCALIZZAZIONE

1 Lavora con la carta e le immagini

Osserva la carta e rispondi alle domande.

a. Sai indicare sulla carta tre affluenti del Po?
b. Alla regione appartiene gran parte della sponda destra o quella sinistra del fiume Po?
c. Quale fiume bagna la città di Cesena?
d. Il passo del Cerreto collega l'Emilia-Romagna alla Liguria o alla Toscana?
e. Quanto è alto il monte Cimone? Si trova nell'Appennino Ligure o in quello Tosco-Emiliano?
f. Vicino al monte Cimone si trova un famoso passo. Quale?
g. Quali sono le due città più settentrionali della regione, poste vicino al fiume Po?
h. Quali sono oltre a quello di Bologna gli aeroporti regionali?

COMPETENZA LINGUAGGIO DELLA GEOGRAFIA

2 Riconosci il paesaggio

Abbina le immagini alle definizioni corrette inserendo le lettere negli appositi spazi.

a. paesaggio della bassa pianura **b.** paesaggio della via Emilia **c.** paesaggio appenninico

☐ Il monte Giovo (1991 m), nel Modenese, con le cime della dorsale appenninica sullo sfondo.

☐ Un paesaggio di tipo urbano nel cuore della regione.

☐ Un'azienda agricola nell'area del Po.

2 LA GEOGRAFIA UMANA

Lezione

LA POPOLAZIONE E LE CITTÀ

La regione, con oltre **4,4 milioni di abitanti**, ha una densità in linea con la media italiana. La popolazione è concentrata in **pianura**, soprattutto lungo la Via Emilia e la **costa adriatica**: qui vive oltre la metà degli abitanti e ci sono le principali città quali **Piacenza, Parma, Reggio Emilia, Modena, Bologna, Forlì e Rimini**, oltre a numerosi altri centri minori. Tra le città maggiori, solo **Ravenna e Ferrara** non si trovano lungo questo asse stradale.

La popolazione ha una **ripartizione piuttosto equilibrata** degli abitanti tra le principali città. L'Emilia-Romagna è infatti una **regione policentrica**, in cui non si assiste al dominio di un'unica grande città sulle altre, ma alla presenza di più centri con importanza simile.

UNA TERRA DI IMMIGRAZIONE

Gli abitanti dell'Emilia-Romagna sono in leggero aumento. Ciò si deve a un **saldo migratorio positivo**, in virtù del fatto che la regione attira nuovi residenti, provenienti sia **dall'estero** (la maggior parte) sia dal **Sud Italia**. Gli stranieri sono oltre il 12% della popolazione; l'immigrazione compensa così il **saldo naturale che è negativo** da alcuni decenni.

UN'ECONOMIA RICCA, STRUTTURATA E DIVERSIFICATA

L'Emilia-Romagna, con un reddito per abitante molto superiore alla media nazionale, è **una delle più ricche regioni italiane**. La prosperità economica si deve a uno **sviluppo equilibrato** tra i settori e un ruolo importante è svolto dalle **cooperative**, diffuse in particolare nel primario. **Agricoltura e allevamento**, praticati con **tecniche avanzate** e consistente impiego di capitali, fanno dell'Emilia-Romagna una tra le regioni più produttive del settore. Anche la **pesca**, praticata nelle valli di Comacchio e nell'Adriatico, riveste un ruolo notevole.

Collegata al settore primario è l'**industria alimentare**, la principale attività del settore secondario. Molti prodotti regionali sono conosciuti e venduti in tutto il mondo: è il caso del **Parmigiano Reggiano**, del **prosciutto** di Parma, degli **zamponi** di Modena, della **mortadella** di Bologna, dei **vini** Lambrusco e Sangiovese. Altre importanti industrie sono quelle **meccaniche**, che producono macchine agricole, automobili e motociclette; tra queste ultime spiccano gli stabilimenti della **Ferrari** a Maranello (Modena) e della **Ducati** a Borgo Panigale (Bologna). Rilevanti le industrie della **ceramica** di Sassuolo e della **maglieria** a Carpi. A **Ravenna** sorge il principale porto industriale della regione che, dopo la scoperta di metano nei pressi della città, ha acquisito un'importanza strategica.

IL TURISMO: RISORSA STRATEGICA

La regione è tra le prime in Italia per numero di visitatori e presenze. Grazie a un'ottima organizzazione e a un capillare sfruttamento delle risorse, di enormi proporzioni è infatti il movimento turistico e specialmente quello **balneare**, che ha il suo baricentro a **Rimini e lungo tutta la costa romagnola**. Buono il flusso verso le numerose **città e tesori d'arte** e consistente anche il movimento turistico nei **parchi naturali**, soprattutto nell'area del Delta del Po.

Le città principali	abitanti (2016)
Bologna (BO)	387 425
Parma (PR)	194 152
Modena (MO)	184 960
Reggio Emilia (RE)	170 996
Ravenna (RA)	159 162
Rimini (RN)	148 214
Ferrara (FE)	132 445
Forlì (FC)	117 859
Piacenza (PC)	102 181
Cesena (FC)	96 583

IL TURISTA CURIOSO

Ferrara è la città d'Italia dove più si utilizza la bicicletta: i 4/5 degli abitanti la usano abitualmente.

COMPETENZA DIGITALE

1 Lavora con internet

La Ferrari è uno dei "marchi di fabbrica" non solo dell'Emilia-Romagna, ma dell'Italia nel mondo. **Fai una ricerca** e trova informazioni su:

a. Quando, dove e da chi fu fondata la casa del "cavallino rampante"?

b. In quale modo l'azienda è riuscita a dare prestigio al proprio *brand*?

La sede della Ferrari a Maranello (Modena).

Il paesaggio tipico della Riviera romagnola.

3 LA CULTURA E LE TRADIZIONI

Lezione

L'ARTIGIANATO

Una tradizione artigianale che affonda le sue radici nella civiltà bizantina è quella dei **mosaici**, che trova in Ravenna una delle sue massime espressioni artistiche. Peculiari dell'Emilia-Romagna sono anche la lavorazione della **ceramica**, con centri di spicco come Faenza, la pregiata **ceramica graffita** di Ferrara e le **terrecotte** del Riminese.

La lavorazione del **ferro battuto** è diffusa in tutta la regione, con alcuni centri specializzati come Ciano d'Enza e Ferrara per la realizzazione di ringhiere e balaustre. Importante per la costruzione di imbarcazioni è la lavorazione del **legno**.

Nei laboratori modenesi di Carpi e San Felice sul Panaro è tipica la fabbricazione del **vetro**, che segue le antiche tecniche e i segreti dei maestri vetrai.

LE FESTE E LE TRADIZIONI

In Emilia-Romagna le **tradizioni medievali** rivivono a **Brisighella**, nel ravennate, dove le strade sono il palcoscenico di giocolieri, giullari e funamboli. L'ultima domenica di maggio, a Ferrara, si tiene il **palio di San Giorgio**, il più antico d'Italia, che riunisce i rappresentanti dei rioni in costumi storici d'epoca rinascimentale.

Altre feste popolari sono: la **pasquella** a Meldola, usanza di origini celtiche molto diffusa in Romagna; il **falò del vecchione**, un'antica tradizione celebrata a Bologna e nei comuni limitrofi che consiste nel rogo di un grande fantoccio per festeggiare il Capodanno; la **Via Crucis vivente**, che si svolge ogni tre anni il Venerdì santo a Frassinoro nel modenese; e la **festa dell'Ascensione** a Bobbio, nel Piacentino.

L'ENOGASTRONOMIA

Le caratteristiche della **cucina** sono il risultato del contributo di due culture: quella emiliana, più legata a una cucina di terra, e quella romagnola, dove ha un ruolo preminente il mare. Protagonista assoluta per quanto riguarda i primi piatti è la **pasta fresca all'uovo**, rappresentata dalle tagliatelle di Bologna, dai tortellini di Castelfranco e dai cappellacci alla zucca di Ferrara. Tra i **condimenti**, il più noto è il **ragù alla bolognese**. I **secondi** piatti tipici sono i **bolliti**, tra cui lo zampone, mentre nella zona costiera predomina il **pesce**: si va dal brodetto alla zuppa di cozze, alle anguille di Comacchio. Fra gli **antipasti** si può assaggiare lo **gnocco fritto** e l'**erbazzone**, una torta salata. Rinomata per le sue tante elaborazioni è la **piadina romagnola**, schiacciata di pane azzimo cotta nel forno a legna e poi farcita con salumi o formaggio.

Altri prodotti tipici e famosi in tutto il mondo sono il **Parmigiano Reggiano**, il **prosciutto di Parma**, l'**aceto balsamico** di Modena e la **mortadella** di Bologna. Tra i **dolci** la **spongata**, torta di pasta frolla con ripieno a base di miele, mandorle e pinoli tipica di Reggio Emilia, e il **pampepato** di Ferrara.

Con **19 etichette DOC** (Colli Bolognesi, Gutturnio, Ortrugo), l'Emilia-Romagna è ai primi posti in Italia per la produzione vitivinicola: fra i **vitigni** più eccellenti ricordiamo il Lambrusco, il Sangiovese e il Trebbiano. La regione produce **2 etichette DOCG** (l'Albana di Romagna, anche nella versione spumante, e il Pignoletto Classico) e **9 etichette IGT**.

COMPETENZA DIGITALE

❶ Lavora con internet

L'Emilia-Romagna ha il primato dei salumi, tra i quali il culatello, insignito del marchio DOP.

Fai una ricerca e, dopo aver individuato la località dove è più diffuso, trova notizie su:

a. Qual è il suo luogo d'origine? In quale area geografica si trova?

b. Quali parti del suino vengono impiegate per realizzarlo?

c. Ha origini antiche oppure recenti?

Il Parmigiano Reggiano, marchio DOP protetto dall'Unione Europea e tutelato da un apposito consorzio, è tra i prodotti italiani più celebri nel mondo.

Lo gnocco fritto, tipico di tutta la regione e così chiamato a Modena e Reggio Emilia, a Parma viene chiamato *torta fritta*, nella provincia di Ferrara *pinzino* e nel Bolognese *crescentina*.

4 IL PATRIMONIO STORICO E ARTISTICO

Lezione

UNA STORIA MILLENARIA

L'Emilia-Romagna è stata nel tempo luogo di residenza di **grandi civiltà** che hanno lasciato importanti testimonianze.

Nell'antichità la regione fu abitata prima dagli **Etruschi**, che fondarono diverse città, tra le quali Felsina (Bologna), Parma e Spina; in seguito, intorno al VI secolo a.C., sopravvennero i **Celti**.

A partire dal III secolo a.C. i **Romani** presero possesso del territorio, imponendosi sulle tribù celtiche, e lo unirono alla Liguria. Una tappa importante per il futuro della regione fu rappresentata dalla realizzazione, per volontà del console Marco Emilio Lepido, della **Via Emilia** (187 a.C.), da cui oggi la regione prende il nome. L'arteria viaria fu essenziale, in quanto permise l'intensificarsi dei commerci e la nascita di fiorenti centri urbani come *Mutina* (Modena), *Placentia* (Piacenza), *Fidentia* (Fidenza) e *Regium Lepidi* (Reggio Emilia).

Tra il 400 e il 500 la città di **Ravenna** divenne **capitale dell'Impero romano d'Occidente**. Dopo alterne vicende storiche, nell'XI secolo la regione passò sotto il controllo dello **Stato Pontificio**, e tra il 1700 e il 1800 l'Emilia e la Romagna, a quel tempo divise, entrarono a far parte della **Repubblica Cisalpina**. Dopo essere state annesse, nel 1860, al **Regno d'Italia**, nel 1947 l'Emilia e la Romagna diventarono un'**unica regione**.

L'EPOCA ANTICA: DAI ROMANI AI BIZANTINI

A partire dall'**epoca preromana** si trovano gli **scavi di Marzabotto**, che conservano i resti di un'antica città etrusca. D'**età romana** sono invece l'antica città di ***Veleia*** in provincia di Piacenza, la **villa rustica di Russi** in provincia di Ravenna, e la città di **Rimini** con l'arco di Augusto, il ponte di Tiberio, il teatro e la *domus* del chirurgo.

IL TURISTA CURIOSO

❶ La Romagna ha inizio a Imola, nel bolognese e comprende i territori di Ravenna, Forlì, Cesena e Rimini.

❷ La pianta del centro storico di Cesena ha forma di scorpione.

❸ Nella tradizionale commedia dell'arte, la maschera di Bologna è il *dottor Balanzone*.

COMPETENZA DIGITALE

❶ Lavora con internet

Antichissima città universitaria (vi studiarono, tra gli altri, Dante e Petrarca) e dotata di un centro storico fra i più estesi d'Italia, Bologna è nota per le sue torri, i lunghi portici e la vita culturale che la anima.

Fai una ricerca e trova notizie su:

a. Come viene tradizionalmente chiamata la città in virtù del suo ruolo di centro universitario?
b. A quando risale la costruzione dei portici? Quanto misurano complessivamente in lunghezza?
c. Come si presentava la città nel XV secolo? Quanto erano valorizzate all'epoca le vie di comunicazione fluviale?

Le due famose torri degli Asinelli e della Garisenda a Bologna.

Il castello degli Estensi, o castello di San Michele, fu costruito a Ferrara nel 1385 su progetto dell'architetto Bartolino da Novara come strumento di controllo politico e militare.

Di altissimo interesse culturale sono gli edifici religiosi **paleocristiani e bizantini** della città di **Ravenna**, che nella sua storia è stata capitale tre volte: prima dell'Impero romano d'Occidente (402-476), poi del Regno degli Ostrogoti (493-553) e infine dell'Esarcato bizantino (568-751). Meravigliosi **mosaici** si conservano all'interno del **mausoleo di Galla Placidia**, del **mausoleo di Teodorico**, del **battistero neoniano**, del **battistero degli ariani**, della **basilica di Sant'Apollinare Nuovo**, della **basilica di San Vitale** e della **basilica di Sant'Apollinare in Classe**.

LE TESTIMONIANZE MEDIEVALI E RINASCIMENTALI

Nel territorio regionale abbondano le testimonianze dell'arte **romanica**: basti pensare al **duomo di Modena**, edificato alla fine del XII secolo dall'architetto Lanfranco nel sito del sepolcro di san Geminiano; alla **cattedrale di Ferrara**, dove al romanico si sovrappongono gli stili gotico, rinascimentale e barocco; e all'**abbazia di Pomposa**, coronata dallo splendido campanile e più volte rimaneggiata nei secoli.

Le **città d'arte** rappresentano un eccezionale richiamo. Di **Parma**, il cui centro storico ospita il **teatro Farnese** e la **galleria nazionale**, si ricordino il **teatro regio**, il **palazzo ducale**, il **duomo** e il **battistero**. **Bologna** è racchiusa dentro antiche **mura** e conosciuta per i suoi caratteristici **portici** e le due **torri**. A **Modena** di grande interesse sono la **cattedrale** e la **torre civica**, meglio nota come "Ghirlandina", insieme alla **Piazza Grande** su cui si affacciano. **Ferrara**, mirabile esempio di città pianificata del Rinascimento, conserva intatto il suo centro storico con le memorie gloriose del tempo degli **Estensi**, come il **castello** e il **palazzo dei Diamanti**; di eccezionale rilievo sono anche le ***Delizie***, ovvero le antiche residenze estensi situate lungo il delta del Po. **Imola** va ricordata per la sua **rocca sforzesca**, che risale al XIII secolo e ha ospitato, tra gli altri, Niccolò Machiavelli, Caterina Sforza, Cesare Borgia e Leonardo Da Vinci. In Romagna vi è invece **Ravenna**, dove oltre ai capolavori musivi si trovano la **tomba di Dante** e la **basilica di San Francesco**.

La regione possiede anche un ricco patrimonio costituito da innumerevoli **borghi medievali** spesso sovrastati da **castelli e rocche**: è il caso di **Bobbio**, che custodisce preziosi monumenti architettonici quali l'**abbazia di San Colombano**, uno dei centri religiosi più importanti del periodo medievale; di **Castell'Arquato**, nel piacentino, con le sue fortificazioni; e di **Brisighella**, nel ravennate, nota per le sue feste medievali.

SAN MARINO

La Repubblica di San Marino, compresa tra l'Emilia-Romagna e le Marche, è completamente circondata dallo stato italiano ed è quindi una sua *enclave*. Il territorio è costituito dai rilievi collinari dell'Appennino che culminano nel **monte Titano** (738 m). È la più antica repubblica d'Europa e nel 1815 venne proclamata stato indipendente. La repubblica, che ha stipulato con l'Italia e la UE un'unione doganale e monetaria (l'euro è la moneta ufficiale), beneficia di una notevole prosperità economica. Le attività principali sono quelle bancarie, finanziarie e turistiche.
La capitale San Marino dispone di un centro storico d'epoca medievale con le case arroccate sulle pendici del Monte Titano. Le principali attrazioni turistiche sono rappresentate dalle Tre Rocche (torri) e dal Palazzo Pubblico, sede degli organi istituzionali della repubblica. I sanmarinesi sono circa 32 000, parlano l'italiano e sono in maggioranza di religione cattolica. I **visitatori** sono circa **3 milioni** l'anno; si tratta perlopiù di vacanzieri della vicina riviera romagnola che si recano nel piccolo paese per un'escursione giornaliera, attirati dai numerosi eventi culturali, folcloristici e di intrattenimento e dalla possibilità di fare acquisti (souvenir, francobolli, monete).

L'attuale basilica di San Francesco a Ravenna sorge nel luogo di una chiesa più antica, costruita poco dopo il 450 per volere del vescovo Neone e dedicata ai santi apostoli Pietro e Paolo.

L'abbazia di Pomposa, in provincia di Ferrara, risale al IX secolo.

5
Lezione

LE RISORSE TURISTICHE

Salsomaggiore Terme
Le monumentali Terme Berzieri a Salsomaggiore, realizzate fra il 1914 e il 1923, costituiscono un esempio unico di Art déco termale.

Per quanto riguarda i **PARCHI NATURALI E LE AREE PROTETTE**, il territorio comprende due **parchi nazionali**, quello delle Foreste Casentinesi, Monte Falterona e Campigna e quello dell'Appennino Tosco-Emiliano, entrambi condivisi con la Toscana, oltre a numerosi **parchi regionali**. Fra questi ultimi molto frequentato è il **Parco del Delta del Po**, un'area protetta ricca di ambienti naturali lagunari che si estende tra le province di Rovigo e di Ferrara in corrispondenza con la foce del fiume Po e che ospita centinaia di specie di flora e di fauna.

Il **TURISMO BALNEARE** in Emilia-Romagna ha una lunga e consolidata tradizione. Tra le località più note della **Riviera romagnola** vi sono, partendo da nord, i **Lidi di Comacchio** nel Ferrarese; **Cervia** e **Milano Marittima** in provincia di Ravenna; **Cesenatico**, situata circa 15 km a est di Cesena; e, infine, il Riminese con **Bellaria-Igea Marina**, **Riccione** e **Cattolica**, oltre alla "capitale" del turismo balneare, **Rimini**.

Oltre alle lunghissime **spiagge**, la regione offre diverse **attrazioni** e **luoghi di divertimento**. Tra questi ultimi, numerosi sono i **PARCHI DI DIVERTIMENTO** situati sulla costa: è il caso di **Mirabilandia** a Ravenna, dell'**Italia in Miniatura** e **Fiabilandia** a Rimini, i **parchi acquatici** di Riccione e l'**Acquario** di Cattolica.

Tra le località più frequentate del **TURISMO TERMALE** vi sono **Salsomaggiore Terme** in provincia di Parma, **Porretta Terme** nel Bolognese, le **terme di Brisighella e Riolo** in provincia di Ravenna, e le **terme di Rimini e di Riccione** e **Castrocaro Terme** nei pressi di Forlì.

Numerosi sono i centri e le città d'arte del **TURISMO CULTURALE**. Tra i maggiori ci sono i capoluoghi regionali a cominciare da **Bologna**, **Parma**, **Ferrara** e **Ravenna**.

Modena
Veduta aerea del duomo di Modena, più propriamente cattedrale metropolitana di Santa Maria Assunta in Cielo e San Geminiano, e della torre civica, meglio nota come "Ghirlandina".

UNESCO

Il patrimonio dell'UNESCO
Ferrara città del Rinascimento e il suo delta del Po
Monumenti paleocristiani di Ravenna
Cattedrale, Torre Civica e Piazza Grande di Modena

Per la lista completa vai su: http://whc.unesco.org/en/list/

Ferrara
La cattedrale di San Giorgio Martire a Ferrara sorge al centro della città, di fronte al palazzo comunale e non lontano dal Castello Estense.

Parco del Delta del Po
Nel Parco del Delta del Po, grazie a la varietà di ambienti, sono presenti oltre 1000 specie di piante e quasi 400 specie di vertebrati.

Ravenna
La basilica di Sant'Apollinare in Classe a Ravenna riunisce tratti di architettura bizantina, paleocristiana e rinascimentale.

Montegridolfo
Campi coltivati a Montegridolfo, presso Rimini: da sempre terra di confine, Montegridolfo conobbe nel corso dei secoli l'influenza sia del Ducato di Montefeltro che di quello dei Malatesta.

Bologna
Il "teatro anatomico" dell'Università di Bologna era adibito alle dimostrazioni anatomiche pubbliche effettuate tramite dissezione di cadaveri.

SCRIVI UN TESTO IN 200 PAROLE

Lavora con il testo, la carta, internet e le immagini seguendo i punti elencati

a. Descrivi le principali caratteristiche delle maggiori aree protette.

b. Presenta un parco di divertimento.

6 *Lezione*

ALLA SCOPERTA DELL'EMILIA-ROMAGNA

CARTA INTERATTIVA IN DIGITALE

L'ITINERARIO

Da Comacchio a Ravenna e poi sulla Riviera romagnola (6 giorni)

La Riviera romagnola, altrimenti conosciuta come "riviera del divertimento", con i suoi chilometri di spiagge e le sue molteplici attrazioni ha dato vita e animato la storia del turismo balneare italiano. Questo tratto di costa riserva però sorprese anche per gli amanti della storia, della cultura e della natura.

Dopo una prima tappa a Comacchio, noto centro lagunare di fondazione etrusca, l'itinerario parte alla volta di Ravenna, la più grande città della Romagna. Si prosegue prima per Cervia, la cui storia è legata a quelle delle saline di epoca etrusca, e poi per Cesenatico, città di mare, che si insinua verso l'interno. Il percorso continua con Rimini, celebre non solo per la sua vita notturna, ma anche per il suo ricco patrimonio storico e artistico, e poi con Riccione, conosciuta come la "perla verde dell'Adriatico" per gli splendidi e numerosi spazi verdi. Ultima tappa del viaggio è Cattolica, detta anche "regina dell'Adriatico" per la bellezza dei suoi paesaggi.

❶ GIORNO
Comacchio – Parco del Delta del Po

Arrivo a **Comacchio**. Al mattino visita del **centro storico** della cittadina, sorto "a misura d'acqua" con monumenti quali il **ponte dei Trepponti** e la **torre dell'orologio** in piazza Folegatti, e del **museo della nave romana** allestito presso il palazzo Bellini. Al pomeriggio si può fare un'esperienza naturalistica nel **Parco del Delta del Po**, habitat di specie rare quali il fenicottero maggiore, la spatola e il marangone minore.

❷ GIORNO
Ravenna

Trasferimento a Ravenna e visita delle principali attrazioni storico-artistiche: la **basilica di San Vitale**, uno dei massimi esempi di arte paleocristiana in Italia; il **mausoleo di Galla Placidia**, contenente spettacolari **mosaici** di ispirazione bizantina; il **battistero neoniano**, detto anche "degli ortodossi" in contrapposizione al **battistero degli ariani**; il **museo arcivescovile**, che custodisce, tra gli altri, la **cattedra d'avorio**, l'antichissimo **calendario pasquale** e, soprattutto, i pregiati **mosaici**; il **Duomo**, la **tomba di Dante** e la **basilica di Sant'Apollinare Nuovo**, costruita per volere di Teodorico, re dei Visigoti, la visita al cui **mausoleo** chiude la giornata.

❸ GIORNO
Cervia – Cesenatico

Arrivo a **Cervia**. Visita di **piazza Garibaldi**, centro della città, dove si affacciano il **palazzo comunale** e la **Cattedrale**. Altri monumenti significativi sono il **teatro comunale**, il **ponte delle Paratoie** e il **piazzale dei Salinari**. Si prosegue per **Cesenatico** per ammirare, oltre le sue spiagge, il bellissimo **Porto Canale**, progettato da Leonardo da Vinci, la **piazza delle Conserve** e il celebre **museo della Marineria**, con un'esposizione dedicata alle imbarcazioni d'epoca.

❹ GIORNO
Rimini

Partenza per **Rimini**. Arrivo nel centro storico dove si visitano i resti di epoca romana come l'**Ar-**

La scenografica piazza Primo Maggio a Cattolica.

Porto Canale a Cesenatico visto dal museo della Marineria.

Il maestoso palazzo dell'Arengo (anticamente *Palatium comunis*) di Rimini, in stile romanico-gotico.

co d'Augusto, il **ponte di Tiberio** e la ***Domus* del chirurgo**. Si continua con le testimonianze del periodo medievale, come il **palazzo dell'Arengo** e la **chiesa di Sant'Agostino**, e si termina con il **tempio malatestiano**, capolavoro di epoca rinascimentale. Nel pomeriggio visita all'***Italia in Miniatura***, parco tematico che propone la riproduzione in scala di numerosi monumenti nostrani ed europei.

❺ GIORNO
Riccione

Arrivo a **Riccione**. Visita della **chiesa di San Martino**, risalente al Duecento e del **museo del territorio**, con la sua collezione di reperti e testimonianze che vanno dalla preistoria all'epoca romana, della **galleria d'arte e storia contemporanea**, che ha sede nell'edificio storico di **Villa Franceschi**. Si continua con una passeggiata su **viale Ceccarini**, la zona più mondana della città dove si concentrano numerosi negozi e locali. Nel pomeriggio visita all'***Aquafan***, uno dei primi parchi acquatici d'Italia.

❻ GIORNO
Cattolica

Tappa conclusiva a **Cattolica**. Si inizia con il **centro storico** e con la visita di **piazza Primo Maggio**, conosciuta anche come "piazza delle fontane danzanti". Si continua con il **centro polifunzionale** sede del **museo della Regina**, che ospita sia una sezione archeologica, con reperti di epoca romano-repubblicana, sia una di marineria, custode delle tradizioni navali e cantieristiche della città. Nel pomeriggio visita del **teatro** cittadino, dell'**arena della Regina**, dove si svolgono i concerti nella stagione estiva, e dell'**acquario**, il più grande di tutto l'Adriatico.

ORGANIZZA TU UN ITINERARIO
Il centro storico di Ferrara

Procurati una mappa della città di Ferrara e costruisci un itinerario che includa i monumenti, le architetture e le località più interessanti. Con Google Maps visualizza il punto di partenza e quello di arrivo e, dopo aver deciso con quale mezzo sia meglio muoversi, calcola i tempi di permanenza e le distanze. Per ogni luogo scrivi in poche righe le principali caratteristiche e attrattive.

Distanza > 3-4 km ca.

Durata > 1 giorno

Luoghi da visitare

1. Corso Ercole I d'Este
2. Palazzo dei Diamanti
3. Pinacoteca nazionale
4. Castello Estense
5. Teatro comunale e Rotonda Foschini
6. Scalone d'onore
7. Cattedrale di San Giorgio
8. Via delle Volte
9. Palazzo Schifanoia
10. Monastero di Sant'Antonio in Polesine

SEI PRONTO PER LA VERIFICA?

LOSAI? RIPASSA CON LO SMARTPHONE

IN 1 ORA

1 Dopo aver studiato le unità, completa la sintesi utilizzando le parole proposte. Attenzione ce ne sono 5 in più. ...../10

UNITÀ 12 – IL VENETO

- Il territorio è prevalentemente .... L'alta pianura è maggiormente urbanizzata, la bassa è perlopiù agricola. La costa è bassa, talvolta accompagnata da .... e paludi.
- La densità demografica è .... alla media nazionale. È una regione ricca, tutti i settori dell'economia sono solidi. L'agricoltura è meccanizzata, l'industria si basa su piccole e medie imprese, nell'area veneziana ci sono stabilimenti .... e metallurgici.
- L'artigianato è vario e riveste un ruolo economico importante, famosi sono il vetro soffiato di Murano e i .... di Burano. La gastronomia risente di diverse culture, importante la produzione di vini. Il patrimonio artistico è enorme, con tracce delle diverse epoche. Importanti pittori e architetti operarono durante il ....
- Le risorse turistiche del Veneto sono varie: parchi naturali, centri balneari, montani, lacustri, termali, parchi del divertimento e città d'arte.

UNITÀ 13 – IL TRENTINO-ALTO ADIGE

- Il territorio è interamente montuoso, ricco di fiumi e laghi. La popolazione, le vie di comunicazione, l'agricoltura e le attività industriali si concentrano nelle vallate principali.
- È tra le regioni meno densamente abitate d'Italia e l'unica con un saldo naturale .... L'economia è basata su allevamento, produzioni .... , colture di frutta e viti, energia idroelettrica, industrie di piccole-medie dimensioni.
- Le produzioni artigianali, tra cui la lavorazione della .... sono varie. Famosi i mercatini .... dell'Alto Adige e il Trento Film Festival. Tra le specialità gastronomiche più famose i canederli, lo speck, gli .... , le mele, i vini pregiati e le grappe.
- Settore trainante dell'economia è il turismo, specialmente invernale. Molte sono le aree protette, diversi i centri termali e le città d'arte, nonché castelli, monasteri e abbazie.

UNITÀ 14 – IL FRIULI-VENEZIA GIULIA

- Il territorio, ... , è formato da due regioni distinte: Friuli e Venezia Giulia. L'area montuosa è impervia con poche stazioni turistiche, l'alta pianura ha un aspetto di campagna urbanizzata e città .... , nella bassa pianura viene praticata un'agricoltura specializzata su terreni ....
- La popolazione è poco numerosa, ma in aumento. È una regione ricca, con un'agricoltura produttiva (viticoltura e produzione ....) e un tessuto di piccole e medie imprese.
- La tradizione gastronomica è multietnica, incrociando influssi veneti, ... e austriaci. Sono noti vini e grappe, nonché il caffè di Trieste. Territorio di confine, la regione conserva tracce di epoche diverse, dai resti romani di .... a quelli longobardi di Cividale del Friuli.
- Le risorse turistiche spaziano dalle aree protette, alle lunghe spiagge sabbiose, dai centri termali alle stazioni sciistiche, fino ai castelli, alle dimore storiche e alle varie città d'arte.

UNITÀ 15 – L'EMILIA-ROMAGNA

- Sesta regione italiana per superficie, occupata per metà dai fertili terreni della bassa Pianura Padana e per il resto dai rilievi dell'Appennino. La via Emilia è una fascia densamente popolata ed edificata; anche la costa romagnola, a vocazione .... , è molto edificata. Nella bassa pianura emiliana sono diffusi agricoltura e allevamento.
- Oltre metà della popolazione risiede in pianura e lungo la costa. Il saldo naturale è negativo, quello migratorio positivo. La rete urbana è .... È una delle regioni più ricche, con uno sviluppo equilibrato tra i settori. Tra le produzioni industriali primeggiano quelle alimentari e quelle meccaniche.
- Tra le produzioni artigianali, famose sono la tradizione dei .... e la lavorazione della ceramica a .... La cucina regionale, un misto tra tradizione di terra e di mare, vanta piatti e produzioni famose in tutto il mondo.
- La regione conserva tracce delle diverse civiltà che si sono succedute: Etruschi, Celti , Romani, Bizantini (mosaici di ....). Non mancano testimonianze medievali (edifici religiosi, castelli e rocche) e rinascimentali (........................ , esempio di città pianificata).
- La regione è ai primi posti come numero di visitatori, le risorse turistiche variano dalle aree protette al turismo balneare e ai parchi di divertimento sulla costa, dai diversi centri termali alle innumerevoli città d'arte.

Parole da inserire: Aquileia • bonificati • casearie • chimici • diffusa • Faenza • Ferrara • inferiore • lagune • lana cotta • marittimo • Medioevo • merletti • monocentrica • mosaici • natalizi • pianeggiante • policentrica • positivo • Ravenna • Rimini • Rinascimento • sismico • slavi • strudel • superiore • turistica • vinicola

ZTE ONLINE
Mettiti alla prova con 20 esercizi interattivi

2 Indica se le frasi sono vere o false. (2 punti ciascuna) ..... / 18

a. I colli Euganei sono rilievi veneti di origine vulcanica. V F
b. Le aree vicine al Lago di Garda hanno un clima di tipo mediterraneo. V F
c. Nella prima metà del Novecento il Veneto era terra di emigrazione. V F
d. Nella prima metà del Novecento la popolazione del Veneto diminuiva per il calo della natalità. V F
e. Il Veneto è il principale produttore di vini in Italia. V F
f. Le ridotte dimensioni delle montagne in Veneto non consentono lo sviluppo di stazioni sciistiche. V F
g. La valle dell'Adige è di origine glaciale. V F
h. Dal punto di vista etnico le popolazioni delle province di Trento e di Bolzano sono simili. V F
l. Nella pianura emiliana la fascia delle risorgive è particolarmente ampia e ricca. V F

3 Indica la risposta corretta. (1 punto ciascuna) ..... / 8

a. Il Polesine corrisponde alla provincia di:
❑ Venezia ❑ Rovigo ❑ Trieste ❑ Padova

b. Quale dei seguenti fiumi **non** bagna il Veneto?
❑ Adige ❑ Po ❑ Piave ❑ Isonzo ❑ Brenta

c. I principali centri urbani della Venezia Giulia sono:
❑ Trieste, Gorizia, Pordenone
❑ Trieste, Monfalcone, Udine
❑ Trieste, Monfalcone, Gorizia
❑ Trieste, Monfalcone, Pordenone

d. Il fiume che segna il confine tra Veneto e Friuli-Venezia Giulia è:
❑ Piave ❑ Tagliamento ❑ Adige ❑ Brenta

4 Completa le seguenti affermazioni. (½ punto ciascuna) ..... / 7

a. I capoluoghi del Veneto sono Venezia-Mestre, P.............................. , V.............................. , V.............................. , T.............................. , R.............................. e B.............................. . Tra questi l'unico in territorio montano è ....

b. I capoluoghi dell'Emilia-Romagna sono P.............................. , P.............................. , R.............................. , M.............................. , Bologna, F.............................. , R.............................. , Ravenna e F.............................. .

5 Indica in quale regione si trovano i seguenti elementi geografici. ..... / 10

Passo del Brennero ....
Carnia ....
Monti Berici ....
Madonna di Campiglio ....
Altopiano del Carso ....
Cadore ....
Valli di Comacchio ....
Val Gardena ....
Fiume Reno ....
Grado ....

6 Associa ciascuna località veneta al relativo tipo di turismo: ..... / 8

Jesolo	a. Turismo del divertimento
Delta del Po	b. Turismo termale
Cortina d'Ampezzo	c. Turismo naturalistico
Lago di Garda	d. Turismo culturale
Abano	e. Turismo balneare
Venezia	f. Turismo montano

7 Scrivi la definizione dei termini proposti. (3 punti ciascuna) ..... / 9

Maso chiuso ....
....
Ladino ....
....
Bora ....
....

8 Rispondi alle domande. (10 punti ciascuna) ..... / 30

a. Descrivi il paesaggio della città diffusa e indica in quale parte del Veneto è presente.
....
....

b. In quale o quali regioni si trovano le Dolomiti? Qual è il loro aspetto particolare?
....
....

c. Ricorda alcuni dei più famosi prodotti enogastronomici dell'Emilia-Romagna.
....
....

PUNTEGGIO TOTALE
..... / 100

GEOGRAPHY HIGHLIGHTS – CLIL

GETTING AROUND IN VENETO

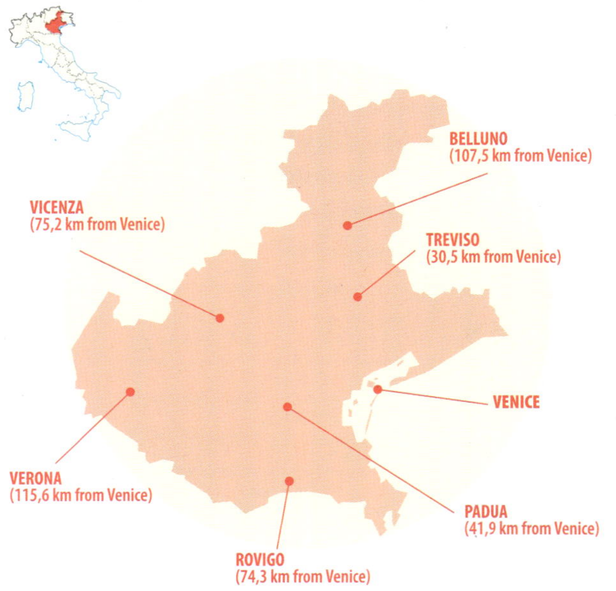

1. The Veneto Region, situated in the north-eastern part of Italy, extends from the *Dolomites* to the *Adriatic Sea*, through a wide range of hills, a valley furrowed by rivers, canals and the *Po River Delta*. The region is divided into the provinces of ***Venice, Padua, Verona, Vicenza, Belluno, Rovigo*** and ***Treviso***. This is one of the most developed and industrialised regions in Italy, active in several sectors like *leather, footwear, wood, furniture, textiles, clothing, gold jewellery, food, but also chemistry and electronics*. Yet, *Tourism* is one of its main economic resources, attracting over 60 million visitors every year. **Venice** is the regional capital and a UNESCO World **Heritage** Site, including its lagoon, islands and the *Grand Canal*, flanked by the splendour of buildings that recall the power of the ancient Maritime Republic.
2. Venice is also famous for: its historic ***Carnival, San Marco square***, with its Basilica flaunting *Byzantine* **mosaics** and **domes**; the ***Doge's Palace, Murano glass, Burano lace***, the labyrinth of **lanes**, called *calli*, countless bridges dotted by shops and workshops, museums, churches with paintings, sculptures, **frescoes**. Everything here is unforgettable whether one walks or visits Venice by steamboats or gondolas.
3. The entire region has a lot to offer with its rich *historical, natural, artistic, cultural* treasures, many of which listed as UNESCO Heritage Sites. The region's natural scenery is extraordinary. The *Dolomites*, recently added to the UNESCO *World Heritage List* for their remarkable shape and fascinating **interplay** of light between their peaks and pinnacles, offer **resorts** for winter skiing and for popular summer activities. *Cortina d'Ampezzo* is the "*Pearl*" of the Dolomites. Fans of water-sports, swimming and sunbathing will head for the Adriatic or Lake Garda or the popular beaches of ***Lido di Jesolo*** and ***Venice's Lido***, while more relaxed boating experiences can be enjoyed on the ***Venetian lagoon***, up the ***Brenta Canal*** towards ***Padua***, or criss-crossing ***Lake Garda***. Even more relaxing are the inland **spa** resorts of the ***Euganean Hills*** in the province of **Padua**: ***Abano Terme, Montegrotto Terme*** and ***Teolo***.
4. The region has a rich cultural heritage in its art cities, the Palladian villas scattered along the **Brenta Riviera** and the **walled towns** of ***Soave, Marostica, Castelfranco Veneto, Cittadella, Monselice, Montagnana***. Another site on the **UNESCO** list is ***Verona's*** historic centre, a unique blend of Renaissance, Medieval and Roman architectonic styles. The city is famous for Juliet's balcony and the ***Arena***, a spectacular outdoor opera house. **Padua**, the city of culture, offers its visitors many attractions, from the **Basilica of St. Anthony**, a destination for religious Tourism, to the wonderful **Scrovegni Chapel**, a timeless masterpiece entirely frescoed by Giotto.
   Its 16th century **Botanical Garden**, rich in medicinal herbs, is also a World Heritage Site.
   The historic centre of **Vicenza**, marked by the classical style of architect Andrea Palladio, has also been granted **UNESCO status**, together with the stately homes he designed, and their parks.
5. Many more surprises are in store for visitors. For example, wine-lovers will taste good local wines, notably the sparkling *Prosecco* which can be sampled along the so called "***Ring of Prosecco***".

COMPREHENSION

1 Match **these definitions with the highlighted words in the text.**

1. The ways in which two or more things, groups, etc., have an effect on each other when they happen or exist together. ....
2. A place where water, rich in minerals, springs up naturally from the ground and where people go to improve their health by swimming in, bathing in, or drinking the water. ....
3. Something transmitted by or acquired from predecessors like traditions and culture. ....
4. Wall paintings on wet plaster. ....
5. The position or rank of prestige of something or someone. ....
6. Places where people go for holiday. ....
7. Urban settlements surrounded by an imposing circle of defensive walls. ....
8. Narrow roads. ....

COMPREHENSION

❷ Read the text and choose the right option.

1. Veneto's economy is mainly based on: **A.** Industry **B.** Agriculture **C.** Tourism
2. Venice is a UNESCO Site for its: **A.** Typical transports **B.** Unique attractions **C.** Strange masks
3. The Dolomites are a UNESCO Site for their: **A.** Natural beauty **B.** Spas **C.** Art
4. For very relaxing holidays people go to: **A.** Teolo **B.** Castelfranco Veneto **C.** Cortina d'Ampezzo
5. The landmark recalling one of Shakespeare's plays is in: **A.** Padua **B.** Verona **C.** Vicenza
6. Venice can be visited: **A.** only on foot **B.** only by gondolas and steamboats **C.** in all these ways

COMPREHENSION

❸ Read the text and complete with the required information.

1. The region's location:...
2. The region's provinces:...
3. Economy resources:...
4. Main industry:..
5. Venice attractions:..
6. The Region's natural attractions:..
7. Popular beaches:...
8. Thermal spas:...
9. Another city on Veneto's UNESCO list:..
10. Notable wine-lovers' tour: ....

COMPREHENSION

❹ Find out which paragraph tells about:

.... the stunning Palladian villas / .... the region's natural beauties
.... the geographical location and territory subdivision / .... Venice attractions
.... the regional wine tour / .... the role of Tourism in the region's economy

REVISION & PRODUCTION

❺ Read the text and complete with the correct form deriving from the words in bold. Then listen & check.

In the *Veneto* Region, in the waters of the Adriatic, is one of the most **1** romantic	~~ROMANCE~~
and **2**......... places in the world, a priceless treasure: the Venetian lagoon.	**EVOKE**
At the heart of this **3**......... Province is the ***Serenissima,*** or ***Most Serene Republic***,	**LEGEND**
with its **4**......... bridges spanning the canals navigated by gondolas, its	**CHARACTER**
monuments, ***piazzas***, narrow lanes and **5**......... waters.	**SILENCE**
Venice is actually a group of **6**......... small islands, where art and history combine	**FASCINATE**
with old trades and the beauty of the sea **7**....... beaches, washed by the Adriatic Sea,	**SAND**
characterise the main resorts. The inland offers many paths of green **8**........., along	**SCENE**
with **9**......... rivers that pass through small towns rich in history and fabulous villas.	**PEACE**
Many opportunities for fun abound as well: outdoor sports, nightlife in **10**.........	**GLAMOUR**
night spots, and shopping in the **11**......... crafts workshops to buy souvenirs.	**TYPE**

REVISION & PRODUCTION

❻ Plan a three day itinerary which highlights the top attractions of Venice, Padua and Verona. Follow these guidelines and include:

- a suitable **title** to your itinerary
- the **price**, example: tour price... – the tour costs... (*currency and amount*) - price per person... inclusive of ...(*travel - recorded - English-speaking guide*) - adults... (price) children... (price) over 60... (*price*) group discounts... (*price*) - the price includes ...(*lunch/all meals - entrance fees - transportation*)
- its **features**, examples: escorted – guided – sightseeing tour by (deluxe) coach – open top bus – shuttle bus – taxi boat – ferry boat – walking tour...
- the **departure**, example: departure from your hotel ... from... *(place - point)*... at......*(time)*
- Tour **landmarks**

1 Lezione

IL TERRITORIO E I PAESAGGI

IL TERRITORIO

La Toscana, **quinta regione italiana per superficie**, si trova nell'Italia centrale ed è affacciata al Mar Tirreno. Il territorio è **in gran parte occupato da colline**; un'estensione ridotta hanno invece le montagne e, ancor di più, le pianure, limitate alle zone costiere e ad alcune aree interne. Appartiene alla regione l'**Arcipelago Toscano**.

LE MONTAGNE

Le montagne appartengono all'**Appennino Tosco-emiliano** e, per un piccolo lembo settentrionale, all'**Appennino Ligure**. Esse si innalzano all'interno e sono formate da una serie di **catene parallele**, dal profilo arrotondato e dalle altitudini comprese tra 1500 e 2000 m. Elevazioni simili raggiungono anche le **Alpi Apuane**, appartenenti al Preappennino ma chiamate Alpi per il loro aspetto aspro e accidentato. Le diverse catene sono separate da **lunghe valli fluviali** come la Lunigiana, la Garfagnana, il Mugello, il **Casentino** cioè l'alta valle dell'Arno, e il **Valdarno**, la valle media e inferiore dell'Arno.

LE COLLINE

A sud dell'Arno, le fasce **centrale e meridionale** della regione sono dominate da **colline** con forme dolci e ondulate. Qui si trovano anche i gruppi montuosi del **Preappennino Tirrenico**, quali le Colline Metallifere e il monte Amiata, quest'ultimo di origine vulcanica. In alcuni punti l'ambiente collinare si presenta aspro a causa dell'**intensa erosione** dovuta allo scorrimento delle acque di superficie; è il caso delle **crete del Senese** e delle **balze di Volterra**, nel Pisano.

LE PIANURE

Le aree pianeggianti sono costituite dalle **pianure interne** e dalle **pianure costiere**. Tra le prime rientrano il Valdarno e le valli minori. Tra le pianure affacciate al mare si ricordano, da nord a sud, la **Versilia, la piana costiera dell'Arno**, che si estende tra Pontedera e la foce dell'Arno, e **la Maremma**.

I FIUMI E I LAGHI

Il territorio toscano è attraversato da molti corsi d'acqua. I principali **fiumi** interamente toscani sono, da nord a sud, il **Serchio**, l'**Arno** (241 km), il **Cecina** e l'**Ombrone** (161 km). Alla regione appartiene un tratto del **Tevere**.

confini di stato
confini di regione
confini di provincia e città metropolitana
autostrade
strade principali
ferrovie principali
aeroporti principali
porti principali

superficie	22 987 km²
popolazione (2016)	3 742 010 ab.
densità	163 ab./km²
capoluogo regionale	Firenze

LE VIE DI COMUNICAZIONE

Il sistema delle **comunicazioni stradali** conta su tre autostrade principali: la **Milano-Napoli**, la **Genova-Livorno** e la **Firenze-Mare**. Oltre alle autostrade, l'asse viario più importante è la **via Aurelia** lungo il litorale che segue il tracciato dell'antica strada romana. Le principali **linee ferroviarie** sono quelle di **Torino-Genova-Pisa-Roma** e la **Milano-Bologna-Firenze-Roma**. La terza linea è la **Firenze-Empoli-Pisa**, dove un tronco secondario si dirama per Siena-Chiusi-Grosseto.

Gli **scali aeroportuali** sono il "Galileo Galilei" di **Pisa** e l'"Amerigo Vespucci" di **Firenze**. I **porti** principali sono situati a Livorno, Piombino, Portoferraio e Porto Santo Stefano. Quello di **Livorno** è un importante scalo per le **crociere** con destinazione per la Sardegna, la Corsica e le isole minori.

IL CLIMA

Il clima è **mite** lungo la fascia costiera e nell'area retrostante, ma diviene **continentale** via via che si procede verso l'interno e sui rilievi. Le **precipitazioni**, concentrate in primavera e autunno, aumentano con l'altitudine.

IL PAESAGGIO DELLA MONTAGNA

La **montagna appenninica** è un'area a **basso popolamento**. I versanti montani sono ricoperti da **estesi boschi** di querce, faggi, castagni e abeti. In quest'area rientra anche il paesaggio legato alle **attività estrattive** delle Alpi Apuane, che mostrano fianchi biancheggianti, sventrati dalle **cave di marmo**. Il paesaggio del **turismo invernale** con piste da sci, impianti di risalita e alberghi si trova sull'**Abetone**, nel Pistoiese, e nel gruppo dell'**Amiata**.

IL PAESAGGIO DELLE CAMPAGNE COLLINARI

Le campagne collinari sono presenti nel Centro e nel Sud della regione, specie nel Senese. È un ambiente di estremo valore, modellato con sapienza dall'uomo fin dal Quattrocento. Il suo aspetto piacevole e armonioso è caratterizzato dalle **morbide ondulazioni delle colline**, dalla varietà dei colori delle coltivazioni, dalla presenza di **filari di cipressi** e dalle belle **case rurali** sparse nella campagna. Queste case sono **luoghi di villeggiatura**, oppure ospitano **ristoranti**, **alberghi** e **agriturismi**.

La campagna coltivata è oggi caratterizzata dalle **monocolture**, in prevalenza **vite e ulivo**, che sono in genere sistemate a **rittochino**, cioè allineate lungo la massima pendenza del terreno. Questo sistema è il più praticato perché permette l'uso dei macchinari.

IL PAESAGGIO DELLA CITTÀ DIFFUSA

Il paesaggio della città diffusa si estende in tutto il **Valdarno** e nella **piana costiera** del fiume. Esso si dirama lungo la costa, a nord fino alla **Versilia** e a sud verso **Pisa e Livorno**. Il paesaggio, **densamente edificato** nell'area Firenze-Prato-Pistoia, è perlopiù fatto di capannoni industriali che si alternano alle abitazioni, alle coltivazioni, alle aree urbane, alle zone del turismo balneare, ai porti.

IL PAESAGGIO DELLA MAREMMA

Nell'area della **Maremma**, ancora oggi poco popolata, è visibile il **paesaggio di bonifica** con la geometria regolare dei campi agricoli, i canali di irrigazione, le strade diritte e le abitazioni rurali. Il vecchio ambiente palustre è stato preservato in alcune aree protette in cui si trovano **acquitrini**, **cordoni sabbiosi e canneti**, tuttora habitat dei **cavalli maremmani**, di razza autoctona. Un largo spazio ha pure la **macchia mediterranea**, boscaglia sempreverde, spesso associata ad alberi quali il leccio, il pino marittimo e il pino d'Aleppo.

QUANDO ANDARE?

Tranne che per la pratica degli sport invernali sull'Abetone e nel gruppo dell'Amiata, il periodo migliore per visitare la regione è in generale quello compreso tra aprile e settembre, quando le giornate sono più lunghe e soleggiate. Per la visita delle città d'arte è preferibile la stagione primaverile, mentre i mesi tra giugno e settembre sono i più adatti per il turismo balneare lungo la costa e sulle isole, dove le estati sono calde e secche.

COMPETENZA LOCALIZZAZIONE

❶ Lavora con la carta e le immagini

Osserva la carta e rispondi alle domande.

a. Quale passo separa l'Appennino tosco-emiliano da quello Ligure? A che altezza si trova?
b. Qual è la cima più alta della regione? Che altitudine raggiunge?
c. Che altezza raggiungono le Alpi Apuane? Dove?
d. Da quale monte nasce l'Arno?
e. Dove si trovano i monti del Chianti?
f. Quali isole fanno parte dell'Arcipelago Toscano?

COMPETENZA LINGUAGGIO DELLA GEOGRAFIA

❷ Riconosci il paesaggio

Abbina le immagini alle definizioni corrette inserendo le lettere negli appositi spazi.

a. paesaggio maremmano **b.** paesaggio delle campagne collinari **c.** paesaggio montano delle Alpi Apuane

☐ Le cave di marmo nel Carrarese.

☐ Paesaggio del Senese.

☐ Paesaggio di pianura nei pressi di Grosseto.

2 Lezione

LA GEOGRAFIA UMANA

POPOLAZIONE E SOCIETÀ

La regione ha oltre **3 700 000** abitanti e una densità di popolazione inferiore alla media nazionale. La **distribuzione** della popolazione sul territorio regionale è **piuttosto irregolare** con valori minimi nelle zone più elevate e nel centro-sud e massime concentrazioni nel triangolo costituito da **Firenze**, **Massa Carrara** e **Livorno**, vasta area urbana che comprende anche **Prato**, **Pistoia**, **Lucca** e **Pisa**. Nel centro e nel sud l'insediamento è sparso in centri di piccole dimensioni; qui le città maggiori sono **Siena**, **Arezzo** e **Grosseto**. La popolazione è numericamente **stabile**, grazie all'immigrazione che compensa la bassa natalità e il saldo naturale negativo.

UN'ECONOMIA SVILUPPATA E DIVERSIFICATA

La Toscana presenta un buon livello di sviluppo economico e ha un reddito per abitante superiore alla media nazionale. La sua economia poggia su un'**agricoltura organizzata**, su un'**industria diffusa** sul territorio e su un **settore turistico attivo**.

Nel settore primario le tradizionali colture dell'**olivo** e della **vite** sono estese, insieme ai **cereali**, in collina, e alimentano una rinomata produzione soprattutto nella zona del Chianti. L'**agricoltura specializzata** è diffusa in particolare nelle pianure interne e fornisce **frutta**, **ortaggi**, **girasoli** (in Maremma), **piante e fiori ornamentali** (zona di Pescia, Pistoia). Discreto è il contributo dell'**allevamento**, specie ovino nelle province di Siena e Grosseto.

L'industria è dominata dalla **piccola e media impresa**, con impianti localizzati lungo la valle dell'Arno, in particolare nel tratto tra Firenze e Pisa. Quest'area costituisce una delle maggiori concentrazioni industriali d'Italia. In essa si trovano numerosi **distretti industriali** che operano nei settori **tessile** (Prato), della **carta** (Capannoni, Lucca), del **mobile**, delle **calzature**, della **concia delle pelli** e del **vetro**. Non mancano le **grandi industrie**, come lo stabilimento dei **motoveicoli** Piaggio di Pontedera (Pisa) e gli impianti **meccanici** di Firenze. Anche sulla costa numerosi sono i centri industriali: tra essi Livorno e Piombino, che sono anche **rilevanti porti**. Per le attività estrattive spicca la produzione di **marmi bianchi** delle Alpi Apuane. Nell'area di Larderello (Pisa) i **soffioni boraciferi**, getti di vapore provenienti dalle profondità del suolo, vengono utilizzati in **centrali geotermiche** per la produzione di energia elettrica.

IL TURISMO: TRA CITTÀ E PAESAGGI D'ARTE

Il turismo è una risorsa importantissima per l'economia toscana: milioni di visitatori, tra cui molti stranieri, ogni anno affluiscono nelle numerose **città d'arte** (soprattutto Firenze, Siena e Pisa), nelle **località balneari** della Versilia e delle isole (tra tutte l'Elba), nei **centri termali** (Montecatini e Chianciano) e nelle moltissime altre stazioni di soggiorno. La Toscana, del resto, vanta il **primato artistico e paesaggistico** italiano: essa concentra una quota consistente dei beni architettonici e culturali dell'intero pianeta e presenta una **varietà di ambienti** armoniosi, frutto di un sapiente e millenario lavoro umano.

Le città principali	abitanti (2016)
Firenze (FI)	383 083
Prato (PO)	191 749
Livorno (LI)	159 020
Arezzo (AR)	99 541
Pistoia (PT)	90 363
Pisa (PI)	89 745
Lucca (LU)	88 574
Grosseto (GR)	82 263
Massa (MS)	69 366
Carrara (MS)	62 923
Siena (SI)	53 853

IL TURISTA CURIOSO

❶ Le Colline Metallifere sono chiamate così per la presenza, un tempo di ricchi giacimenti minerari.

❷ Il giglio è il simbolo di Firenze.

❸ Collodi è un centro vicino Lucca ed è anche lo pseudonimo usato da Carlo Lorenzini, l'autore di *Pinocchio*. Vi si trova un parco dedicato al famoso burattino.

COMPETENZA DIGITALE

❶ Lavora con internet

La campagna toscana è una meta turistica famosa in tutto il mondo. **Fai una ricerca** e trova informazioni su:

a. Quali caratteristiche la contraddistinguono e quali sono i suoi elementi tipici?

b. Perché i geografi parlano di "bel paesaggio toscano"?

Il tipico paesaggio toscano con le dolci colline e i cipressi.

Il paesaggio densamente edificato del litorale tirreno all'altezza di Viareggio.

3 Lezione — LA CULTURA E LE TRADIZIONI

L'ARTIGIANATO

Tra le attività artigianali di rilievo vi sono la lavorazione del **vetro** e quella del **marmo**, soprattutto di Carrara nelle Alpi Apuane, mentre Volterra è celebre per la lavorazione dell'**alabastro** per l'arredamento e la produzione di oggetti ornamentali.

Altre attività di tradizione medievale sono la produzione della **ceramica** e della **terracotta** nella zona del Chianti senese.

L'arte **orafa**, con la creazione di gioielli fatti interamente a mano, è influenzata dall'arte etrusca.

Da segnalare anche il rinomato **sigaro toscano**, conosciuto e ricercato da molti intenditori.

LE FESTE E LE TRADIZIONI

Fiore all'occhiello del folclore sono le **feste e rievocazioni storiche**, che si svolgono nei diversi borghi. La più famosa è il **palio di Siena**, la giostra equestre medievale che si svolge ogni anno il 2 luglio e il 16 agosto: 10 delle 17 contrade, cioè i quartieri di Siena, si affrontano in una corsa di cavalli percorrendo per tre volte l'anello della Piazza del Campo.

In ambito marinaro sono da segnalare il **palio dell'Argentario**, la storica regata che viene disputata ogni anno a Porto Santo Stefano.
Altro appuntamento imperdibile è il **Carnevale di Viareggio**, animato da grandi carri allegorici in cartapesta, fuochi d'artificio e maschere.

L'ENOGASTRONOMIA

La cucina toscana è una delle più antiche del paese ed è caratterizzata da preparazioni semplici e di origine contadina. Tra le ricette più note troviamo la **pappa al pomodoro**, cucinata con il pane sciocco (cioè senza sale) raffermo; le **minestre** e le **zuppe** come la **ribollita** e le varietà di **pasta** quali **pappardelle**, **pici** (specie di spaghetti) e gli **strozzapreti**. Fra i **secondi** dominano le **carni**. La fiorentina, preparata con carni di razza Chianina, cioè della Val di Chiana, è famosa in tutto il mondo.

La cucina della **fascia costiera** comprende il **cacciucco** (zuppa di pesce) e le triglie alla livornese. Da segnalare anche i **formaggi**, come il pecorino toscano e il cacio di Pienza, gli **insaccati**, come la finocchiona o i salumi di cinta senese, nonché l'**olio extravergine di oliva** di pregiata qualità. L'arte **pasticcera** si esprime nei **cantucci**, nei **ricciarelli** (a base di mandorle) e nel **panforte di Siena** (a base di mandorle, miele e chiodi di garofano), nel **castagnaccio** e nel **buccellato** di Lucca.

In Toscana vengono prodotti **vini tra i più pregiati d'Italia**, dal Chianti al Vino Nobile di Montepulciano, dal Valdichiana al San Gimignano, dal Brunello di Montalcino al Vin Santo, un vino dolce e liquoroso da gustare insieme ai cantucci. Basti pensare che la regione produce **11 etichette DOCG**, **41 DOC** (primato nazionale) e **5 IGT**.

COMPETENZA DIGITALE

1 Lavora con internet

Il carnevale di Viareggio è considerato uno dei più importanti a livello mondiale e oggi è diventato un'attrazione turistica.
Fai una ricerca e trova notizie su:

a. A quando risale la sua tradizione.

b. Quali sono i veglioni e le feste che accompagnano il carnevale.

Maschere in cartapesta al Carnevale di Viareggio.

Veduta aera della Piazza del Campo a Siena durante il Palio.

4 Lezione — IL PATRIMONIO STORICO E ARTISTICO

UNA REGIONE STABILE E OMOGENEA

Il punto di forza della Toscana, a differenza della gran parte delle regioni italiane, è la sua **storia omogenea**, contraddistinta da una **lunga unità politica** e dal mantenimento di **confini stabili** col resto della penisola. Basti pensare che, a distanza di circa 3 millenni, il territorio dell'attuale Toscana assomiglia molto a quello dell'antica Etruria.

DALLA PREISTORIA AI ROMANI

La storia della Toscana affonda le sue radici in tempi lontani: oltre ad alcuni ritrovamenti risalenti all'**età preistorica** nelle grotte delle Alpi Apuane e nel Mugello, significative sono le testimonianze della più antica presenza umana nella regione custodite nel **parco archeologico naturalistico** del Monte Cetona in Valdichiana.

I primi esempi di civiltà rimandano invece agli **Etruschi**, che abitarono la Toscana dall'VIII al III secolo a.C. e le cui tracce sono ancora ben visibili, oltre che nelle celebri **necropoli di Volterra, di Populonia e di Vetulonia**, in centri come **Chianciano Terme** e **Chiusi**, oltre che ad **Arezzo**, **Fiesole** e **Cortona**.

Altrettanto significative sono le testimonianze di **età romana**. Tra le più note, i **teatri** e i **complessi termali** di **Volterra** e di **Fiesole**, e gli anfiteatri di **Lucca** e di **Arezzo**. Numerosi sono anche i resti di antiche **ville romane** lungo le coste tirreniche e su alcune isole dell'Arcipelago Toscano.

L'EPOCA MEDIEVALE

A partire dall'anno Mille la regione fu il fulcro della fiorente **civiltà comunale** e ben presto divenne l'area più urbanizzata d'Europa, che le valse il soprannome di "terra delle città". Accanto alle quattro città principali, cioè **Pisa, Siena, Lucca e Firenze**, acquisirono rilievo anche **Arezzo, Pistoia, Prato, Volterra e Cortona** e centri minori quali San Gimignano, Massa Marittima e Grosseto. Su tutte si impose Firenze, attorno a cui si unificò il territorio regionale e dove si svilupparono fenomeni artistici e culturali di importanza nazionale: qui, a partire dal **fiorentino scritto** trecentesco di Dante, Boccaccio e Petrarca, ebbe origine la **lingua italiana**.

LA FIORITURA DEL RINASCIMENTO

Su tutte è però l'epoca **rinascimentale** ad aver

COMPETENZA DIGITALE

1 Lavora con internet

Tra Quattrocento e Cinquecento a Firenze lavorarono i più grandi maestri italiani.

Fai una ricerca e trova notizie su:

a. Quali grandi personaggi dell'arte e dell'architettura furono attivi a Firenze in quel periodo.

b. Le principali opere da essi realizzate durante il Rinascimento.

La necropoli etrusca di Populonia.

La *Nascita di Venere*, di Sandro Botticelli (1482-1485) conservata presso la Galleria degli Uffizi a Firenze.

lasciato alla Toscana la più straordinaria eredità artistica e culturale. Innanzitutto a **Firenze**, il cui centro storico conserva un **patrimonio immenso** con, tra gli altri, il Duomo, il battistero, la cupola del Brunelleschi, il campanile di Giotto, la basilica di Santa Croce, la Galleria degli Uffizi, il museo del Bargello e i palazzi Pitti e Vecchio.

Altri importanti centri sono **Pisa**, con la splendida Piazza dei Miracoli, il Duomo, il battistero e la celebre torre pendente; **Siena** e il suo centro storico medievale con la Piazza del Campo, la torre del Mangia e il Palazzo Pubblico, il Duomo in stile gotico e le chiese di San Francesco e San Domenico, la Loggia della Mercanzia, i palazzi Piccolomini e Salimbeni; **Lucca**, con le sue mura rinascimentali, la cattedrale di San Martino, una delle più antiche chiese della regione, e i tanti eleganti palazzi medievali e rinascimentali; **Vinci**, patria di Leonardo, che ha come simbolo il castello dei Conti Guidi; e **Pienza**, la città di Pio II diventata simbolo di perfezione architettonica e rinascimentale.

ALTRI CENTRI D'INTERESSE

Tra le altre **città d'arte** si ricordino **Pistoia**, che vanta monumenti quali la cattedrale di San Zeno, il battistero di San Giovanni, il palazzo del Comune, il Palazzo Pretorio e il palazzo dei Vescovi; **Grosseto**, attorniata dalle mura medicee, che ospita il Duomo (XIII secolo) e le chiese di San Pietro e San Francesco; **Livorno**, importante centro portuale munito di fortificazioni e avamposti militari come la Fortezza Vecchia, il nucleo più antico della città; **Carrara**, con lo splendido Duomo interamente costruito in marmo, e **Massa**, dominata dalla Rocca Malaspina; **Arezzo**, con la basilica di San Francesco, che conserva diversi affreschi di Piero della Francesca, la Fortezza Medicea, l'anfiteatro romano e la chiesa di San Domenico con il *Crocifisso* ligneo di Cimabue; **Prato** con il duomo di Santo Stefano, il castello dell'Imperatore, esempio di architettura sveva, e il Palazzo Pretorio.

TRA BORGHI, VILLE E ABBAZIE

Sui colli toscani, invece, svettano splendidi **borghi medievali**: è il caso di **San Gimignano**, caratteristica per le sue torri; di **Montepulciano**, conosciuta per l'imponenza dei suoi palazzi e l'eleganza delle sue chiese; e di quelli della **Val d'Orcia** come Montalcino, San Quirico e Castiglione.

Tra le **dimore storiche** sono da segnalare le **ville e i giardini dei Medici**, signori della Firenze rinascimentale, tra i quali spiccano le fiorentine ville di **Castello** e di **Cerreto Guidi** e, sempre a Firenze, i giardini all'italiana di **Boboli**.

La Toscana ospita un lungo tratto dell'antica **Via Francigena**, sentiero di passaggio per i pellegrini diretti a Roma e luogo d'incontro tra natura e spiritualità. Tra le molte **abbazie**, sono celebri quelle **di San Salvatore** a Colle di Val d'Elsa, **di San Galgano** a Chiusdino, dove è custodita la Spada nella Roccia, e **di Sant'Antimo** a Montalcino.

IL TURISTA CURIOSO

❶ Un particolare della *Nascita di Venere* di Botticelli, custodita presso la Galleria degli Uffizi di Firenze, è raffigurato sul retro delle monete italiane da 10 centesimi di Euro.

❷ La torre di Pisa, a causa del sottosuolo argilloso, cominciò a inclinarsi nel 1274, già durante la sua costruzione, iniziata nel 1173 e terminata nel 1350. Dalla sua sommità Galileo Galilei condusse i suoi esperimenti sulla gravità.

Il centro storico di Pienza.

Delle 72 tra torri e case-torri esistenti a San Gimignano nel periodo d'oro del Comune, ne restavano 25 nel 1530 ed oggi ne restano 16.

5 Lezione — LE RISORSE TURISTICHE

Circa il 10% per cento della regione è coperto da **PARCHI NATURALI E AREE PROTETTE**, un "patrimonio verde" che dispone dei tre **parchi regionali** della **Maremma**, di **Migliarino-San Rossore-Massaciuccoli** e delle **Alpi Apuane**. Dei tre **parchi nazionali**, uno è quello **dell'Arcipelago Toscano** interamente in Toscana mentre quelli **delle Foreste casentinesi, Monte Falterona e Campigna** e **dell'Appennino Tosco-Emiliano** sono condivisi con l'Emilia-Romagna. Tra le **riserve naturali** ci sono le foreste dell'Abetone e di Vallombrosa.

Riguardo il **TURISMO BALNEARE**, la Toscana possiede un lungo tratto costiero che ospita rinomate località. A partire dalla **riviera apuana** troviamo i centri di **Marina di Massa** e **Marina di Carrara**. Proseguendo si incontra la celebre **Versilia**, dove ci sono i centri di **Viareggio**, **Forte dei Marmi**, **Marina di Pietrasanta** e **Lido di Camaiore**. Scendendo verso sud si raggiunge prima la costa pisana, con **Marina di Pisa** e **Tirrenia**, e poi la **costa degli Etruschi**, con **Castiglioncello**, **Marina di Cecina** e **Marina di Bibbona**. Oltre si estende la **Maremma Grossetana**, che comprende località balneari quali **Punta Ala**, **Castiglione della Pescaia** e **Marina di Grosseto**. Infine il **promontorio dell'Argentario**, con **Porto Santo Stefano** e **Porto Ercole**. Tra le isole più frequentate ci sono l'**Elba** e le isole del **Giglio**, **Capraia** e **Giannutri**.

La regione è ricca di stazioni dedicate al **TURISMO TERMALE**: sia di **stabilimenti termali storici** come **Montecatini**, nota fin dai primi anni del Novecento per la salubrità delle sue acque, sia di **centri termali moderni** quali Saturnia, Montepulciano, Chianciano, Bagno Vignoni e Bagni San Filippo e Monsummano.

Numerosi i **CENTRI D'ARTE** tra cui spicca **Firenze**, la "culla del Rinascimento italiano".

Lucca
La cattedrale di San Martino a Lucca, dell'XI-XIII secolo, riunisce elementi romanici e gotici.

Portoferraio
Panoramica del forte e del faro di Portoferraio, Isola d'Elba.

Il patrimonio dell'UNESCO
Centro storico di Firenze
Piazza dei Miracoli a Pisa
Centro storico di San Gimignano
Centro storico di Siena
Centro storico di Pienza
Val d'Orcia
Ville medicee e giardini in Toscana

Per la lista completa vai su: http://whc.unesco.org/en/list/

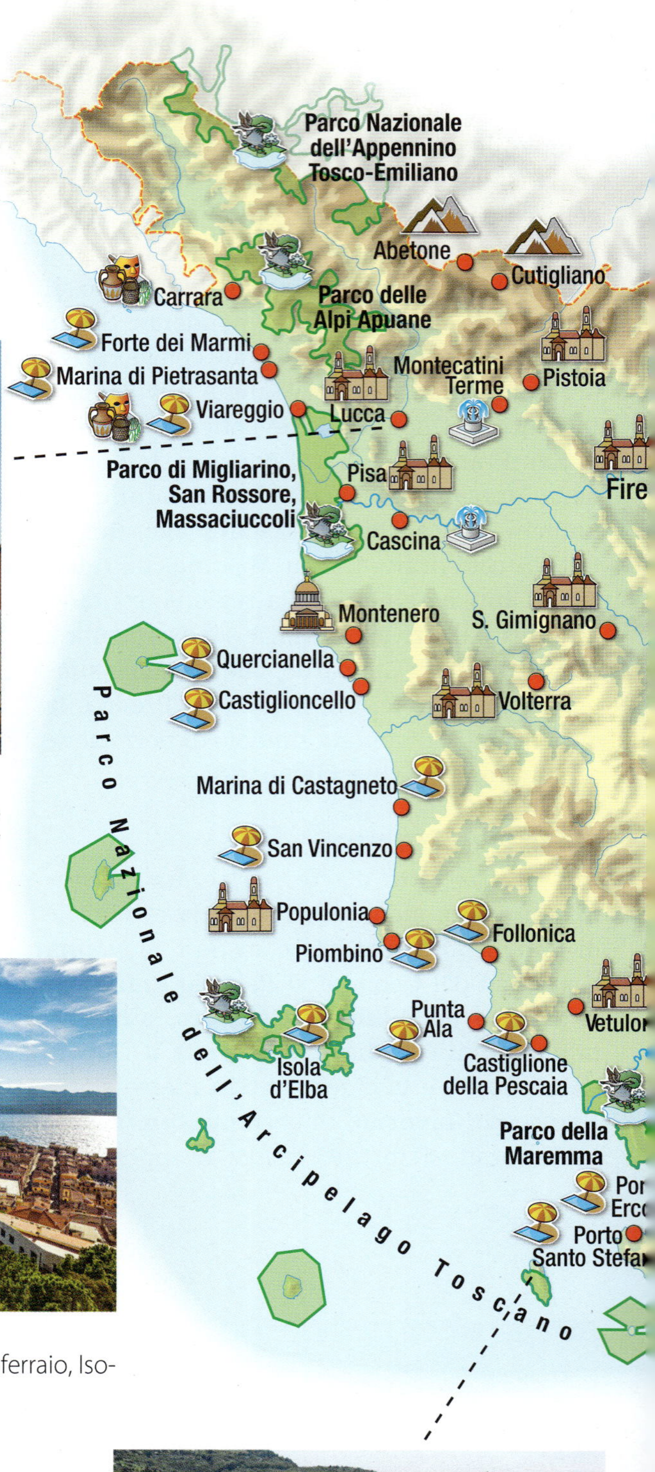

Argentario
Le acque cristalline e la natura incontaminata del promontorio dell'Argentario.

Massaciuccoli
Il lago costiero di Massaciuccoli, habitat di molte specie floreali e animali palustri nonché importante tappa per gli uccelli migratori in rotta verso i paesi caldi.

Firenze
La basilica di Santa Maria del Fiore con la cupola del Brunelleschi e il campanile di Giotto.

Chianti
Case coloniche circondate da uliveti e vigneti nelle colline del Chianti.

Orbetello
Orbetello sorge nel mezzo dell'omonima laguna ed è unita al Monte Argentario da una strada costruita su un terrapieno artificiale.

SCRIVI UN TESTO IN 200 PAROLE

Lavora con il testo, la carta, internet e le immagini seguendo i punti elencati

a. Descrivi le principali risorse turistiche del parco delle Alpi Apuane.

b. Riassumi le principali risorse del turismo termale.

6 Lezione — ALLA SCOPERTA DELLA TOSCANA

CARTA INTERATTIVA IN DIGITALE

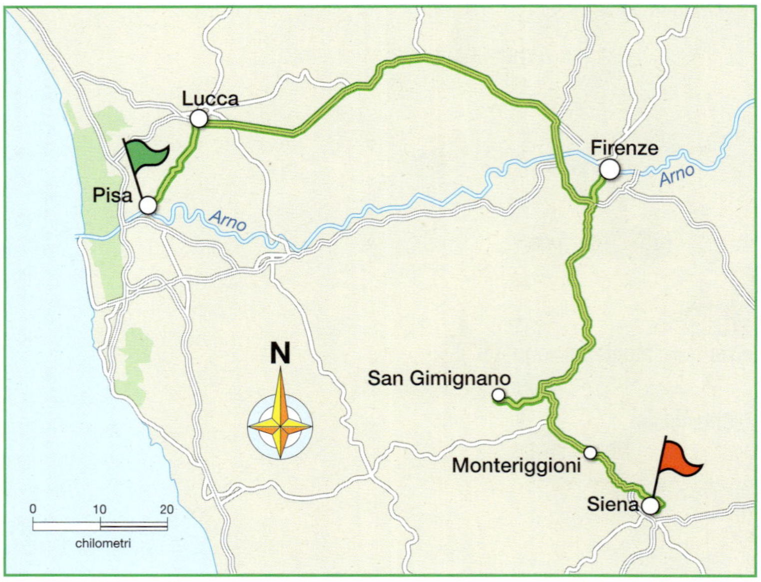

L'ITINERARIO

In viaggio attraverso la Toscana rinascimentale, vitivinicola e medievale (6 giorni)

L'itinerario consente di farsi un'idea degli elementi che hanno reso la Toscana una delle regioni italiane più apprezzate: città d'arte e piccoli borghi, castelli medievali e vigneti, strade fiancheggiate da cipressi e panorami che hanno ispirato i grandi pittori.

Il percorso parte da Pisa, situata a pochi chilometri dalla foce dell'Arno, e prosegue per Lucca, racchiusa entro possenti mura rinascimentali. Si raggiunge poi Firenze per attraversare la regione del Chianti, fino a Siena. L'itinerario si conclude con lo spettacolare borgo fortificato di Monteriggioni.

❶ GIORNO
Pisa

Arrivo a Pisa. Dalla **Piazza dei Miracoli** si possono ammirare alcuni capolavori del Romanico detto appunto pisano: la **cattedrale di Santa Maria Assunta**, il **battistero** e il **camposanto**. Infine, il **campanile** della cattedrale, simbolo della città, più noto come "torre pendente" o "**torre di Pisa**". La giornata si chiude con la **Piazza dei Cavalieri**, dove sorge il **palazzo della Carovana** disegnato da Giorgio Vasari, oggi sede della Scuola Normale Superiore di Pisa.

❷ GIORNO
Lucca

Trasferimento a Lucca. Si può iniziare facendo un giro per vedere le possenti **mura rinascimentali**, poi si prosegue con la visita della **cattedrale di San Martino** e l'attigua **torre campanaria**. Merita una sosta la bellissima **piazza dell'Anfiteatro,** nata nell'Ottocento sulle rovine dell'antico anfiteatro romano; dopo aver percorso la stretta **via Fillungo**, si sale sulla **torre Guinigi**, riconoscibile per gli alberi collocati sulla cima.

❸ GIORNO
La Firenze dei palazzi e dei musei

Giunti a Firenze, l'itinerario inizia in **Piazza del Duomo**, dove si trovano la **cattedrale di Santa Maria del Fiore** con la **cupola del Brunelleschi**, il **battistero** e il **campanile di Giotto**. Si prosegue verso **Piazza della Signoria**, dove svettano l'imponente **Palazzo Vecchio**, la **loggia dei Lanzi** con il *Perseo* di Benvenuto Cellini, la **fontana del Nettuno** e il **monumento equestre di Cosimo I**. A pochi passi, l'immensa **Galleria degli Uffizi** nel cuore della città, ospita capolavori di Botticelli, Giotto, Cimabue, Michelangelo e Raffaello, per citare gli artisti più conosciuti. Superato il **Ponte Vecchio** si raggiunge l'**Oltrarno**, dove si trovano **palazzo Pitti** e il **giardino di Boboli**.

❹ GIORNO
La Firenze delle chiese e delle basiliche

Da **piazza Santo Spirito**, dominata dalla **basilica** progettata da Brunelleschi, si attraversa il **ponte Santa Trinità** per recarsi in **piazza Santa Maria Novella**: qui si affaccia la gotica **basilica**, la cui facciata è stata disegnata da Leon Battista Alberti. Si prosegue prima per **piazza San Lorenzo**, con l'omonima **chiesa** e le **cappelle medicee**, e poi verso

Il Palazzo dei Priori di Firenze divenne nel XV sec. Palazzo della Signoria e nel 1540 Palazzo Ducale. Assunse infine il nome "Vecchio" dopo il 1590.

Il castello di Monteriggioni, situato in posizione di dominio sulla Via Francigena, fu costruito dai senesi tra il 1214 e il 1219 a scopo difensivo, per controllare le valli in direzione di Firenze, storica rivale di Siena.

piazza Santa Croce e la maestosa **basilica**, dove sono sepolti, tra gli altri, Michelangelo e Galileo. Dopo una visita alla **Galleria dell'Accademia**, la giornata si chiude a **piazzale Michelangelo**, da cui si può godere di un'incredibile vista sulla città.

❺ GIORNO
Colli del Chianti – San Gimignano

Si parte alla volta dei **colli del Chianti** percorrendo la **Via Chiantigiana**, che collega il capoluogo regionale a Siena. Dopo una visita al borgo di **Greve in Chianti**, si può entrare al **museo del vino** per degustare alcune delle oltre 200 etichette della regione. Si prosegue prima per **Panzano in Chianti**, dove si può ammirare il castello, il borgo di Panzano Alto e la zona della Campana, e poi per **San Gimignano**, esempio urbano dell'età comunale e patria della *Vernaccia*.

❻ GIORNO
Siena – Monteriggioni

Arrivo a Siena, "capitale medievale" della Toscana. L'itinerario inizia in **Piazza del Campo**, famosa per la sua particolare forma a conchiglia e abbellita dalle **torri del Palazzo Pubblico** e **del Mangia**. Si prosegue per il **Duomo** in stile romanico-gotico italiano, poi verso il **battistero** e la **cripta**. Dopo aver ammirato il meraviglioso **polittico della *Maestà*** di Duccio Buoninsegna, si lascia Siena per un'ultima visita al piccolo **castello di Monteriggioni**, che, circondato da 15 torri lungo le mura, offre una splendida vista sulle campagne circostanti.

ORGANIZZA TU UN ITINERARIO
La Val d'Orcia

Procurati una mappa dell'area della Val d'Orcia e costruisci un itinerario che includa i monumenti, le architetture e le località più interessanti. Con Google Maps visualizza il punto di partenza e quello di arrivo e, dopo aver deciso con quale mezzo sia meglio muoversi, calcola i tempi di permanenza e le distanze. Per ogni luogo scrivi in poche righe le principali caratteristiche e attrattive.

Distanza > 40 km ca.

Durata > 2-3 giorni

Luoghi da visitare

A Montalcino:
1. Palazzo dei Priori
2. Chiese di Sant'Egidio e di Sant'Agostino
3. Duomo (Cattedrale del Santissimo Salvatore)
4. Abbazia di Sant'Antimo

A Castiglione d'Orcia:
1. Pieve dei Santi Stefano e Degna
2. Chiesa di Santa Maria Maddalena
3. Rocca di Tentennano (Rocca d'Orcia)
4. Piazza delle Sorgenti (Bagno Vignoni)

A Pienza:
1. Piazza Pio II
2. Duomo (Concattedrale di Santa Maria Assunta)
3. Palazzi Comunale, Borgia e Piccolomini
4. Pieve di Corsignano

1 Lezione

IL TERRITORIO E I PAESAGGI

superficie	9401 km²
popolazione (2016)	1 539 728 ab.
densità	164 ab./km²
capoluogo regionale	Ancona

confini di stato
confini di regione
confini di provincia e città metropolitana
autostrade
strade principali
ferrovie principali
aeroporti principali
porti principali

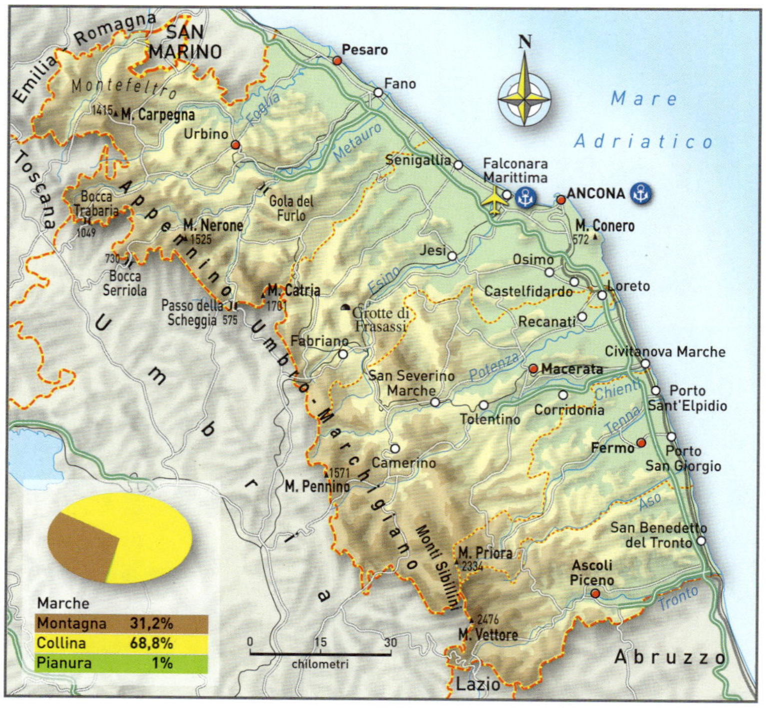

IL TERRITORIO

Situate nell'**Italia centrale**, tra l'Appennino e il Mar Adriatico, le Marche hanno un territorio per **oltre due terzi collinare** e per il resto montuoso; le pochissime aree in piano si limitano invece ai fondovalle e alla costa.

I RILIEVI

All'interno la regione è attraversata dall'**Appennino Umbro-Marchigiano**, che raggiunge le massime elevazioni nei **monti Sibillini,** gli unici a superare i 2000 m. L'Appennino è costituito da un insieme di **catene parallele** che si estendono da nord-ovest verso sud-est, e che sono separate da **valli strette**. Il sistema montuoso, interessato da **fenomeni sismici**, è esposto all'**erosione** dell'acqua sia in superficie, con ripidi valloni e gole scoscese, sia in profondità, dove, in presenza di terreni calcarei, hanno avuto luogo **fenomeni carsici** che assumono le forme più spettacolari nelle **grotte di Frasassi**.

LE PIANURE, I FIUMI E I LAGHI

Le poche **pianure** si trovano nelle **basse valli alluvionali** dei principali corsi d'acqua, lungo la **fascia costiera** e in poche aree interne.

I maggiori **fiumi**, tra loro paralleli, sono il Foglia, il Metauro, l'Esino e il Tronto e sfociano nel **Mar Adriatico** con l'eccezione del **Nera**, tributario del Mar Tirreno. Questi corsi d'acqua presentano un **percorso breve** e un **regime torrentizio** a causa della vicinanza della dorsale appenninica al mare, della disposizione delle valli e l'irregolarità delle precipitazioni.

I MONTI SIBILLINI TRA REALTÀ E LEGGENDA

I monti Sibillini devono il loro nome alla *sibilla*, una figura storica presente nella mitologia greca e romana. Le sibille, leggendarie profetesse, erano in grado di fornire responsi e predizioni. La *Sibilla Appenninica*, detta anche *Sibilla Picena*, in seguito alla cristianizzazione dell'Impero romano, si rifugiò in un antro ricavato nella roccia a 2150 m di quota e raggiungibile solo a piedi. Poco distante dalla grotta si trova il lago di Pilato: secondo la leggenda esso sarebbe il lago Averno, che dà accesso al mondo degli Inferi. Nel museo della Grotta della Sibilla di Montemonaco (Ascoli Piceno) è conservata la Grande Pietra con incisioni misteriose rinvenuta sul fondo del lago.

LE VIE DI COMUNICAZIONE

Per quanto riguarda i collegamenti **stradali**, la regione è attraversata lungo il litorale dall'**autostrada Bologna-Taranto** e dalla **statale adriatica** (SS16), che corre parallela. Diverse sono le vie **dalla costa verso l'interno**. La **rete ferroviaria** ha circa 380 km di linee e una buona rete di **trasporti pubblici** locali. Ad Ancona-Falconara si trova l'**aeroporto** internazionale, mentre a Fano l'aeroporto civile. Il **porto di Ancona** è uno dei più importanti d'Italia sia per il turismo sia per il commercio. Altri importanti **porti turistici**, sono Gabicce Mare, Pesaro e Senigallia. Scalo industriale è invece quello di Falconara; per la pesca si segnala San Benedetto del Tronto.

fenomeni carsici
Processi chimici operati dall'acqua sulle rocce calcaree, che determinano particolari forme di erosione superficiali e sotterranee quali doline, grotte e foibe.

Il lago principale è il **Pilato**, lago glaciale sul monte Vettore; gli altri **bacini** sono **artificiali**.

IL CLIMA

Per la morfologia del territorio le **caratteristiche climatiche** sono **varie**. Lungo la costa prevale un clima **marittimo** con moderate escursioni termiche e modeste precipitazioni. Procedendo verso la dorsale appenninica e con l'aumento della quota, il clima assume carattere **continentale**, le escursioni termiche aumentano e le precipitazioni nei mesi invernali sono anche a carattere nevoso.

IL PAESAGGIO DELLA COSTA

La **costa**, lunga circa **180 km**, si presenta **ampia e rettilinea** con l'eccezione del tratto a sud di Ancona, dove il promontorio del Conero dà origine a spettacolari **falesie**. Le spiagge sono prevalentemente **basse e sabbiose**. Qui il paesaggio costiero marchigiano ha subito **profonde trasformazioni** con l'espansione urbanistica e la crescita di grandi complessi turistici.

IL PAESAGGIO DELL'INTERNO

Il paesaggio dell'entroterra marchigiano è caratterizzato dalla presenza di **colline dolci** che hanno conservato il loro aspetto quasi immutato. Sulle cime dei colli si arroccano **antichi borghi e case coloniche**, mentre i versanti sono coperti da distese di **campi coltivati e boschi** di faggi, castagni, lecci e querce.

IL PAESAGGIO DELLA MONTAGNA

La montagna è il luogo delle Marche dove l'integrazione tra natura, storia e cultura è più evidente. I piccoli centri abitati, custodi di antichi saperi e tradizioni, rappresentano la principale risorsa storico-culturale dell'area, caratterizzata dalla presenza di **eremi, castelli e rocche**. Allo stesso tempo, diverse sono le località in cui è possibile il **turismo, sia invernale sia estivo**.

IL TURISTA CURIOSO

❶ A Fabriano la produzione della carta, testimoniata dalla presenza delle Cartiere Miliani Fabriano, risale al 1264. Alla cartiera si deve l'invenzione di una particolare tecnica di filigrana usata per le carte valori e le banconote.

❷ Recanati è la città natale di Giacomo Leopardi. Da visitare la sua casa, oggi museo, e il Colle dell'Infinito, che ispirò il famoso canto.

QUANDO ANDARE?

Lungo la costa le estati sono calde, spesso battute da una piacevole brezza; gli inverni invece, specialmente a settentrione, sono piuttosto freddi. La primavera e l'autunno hanno un clima molto variabile. Nell'interno le estati sono fresche e gli inverni, specie alle quote più elevate, sono freddi e nevosi. Il periodo migliore per visitare le Marche è tra aprile e settembre.

Nella stagione primaverile si può godere della ricca fioritura. L'estate è ottima per l'interno, perché, grazie all'altezza della maggior parte delle località, il caldo non è mai soffocante.

COMPETENZA LOCALIZZAZIONE

❶ Lavora con la carta e le immagini

Osserva la carta e rispondi alle domande.

a. Qual è la cima più elevata della regione? Quanto è alta? In quale gruppo si trova?
b. Con quale stato straniero confina la regione?
c. Quale fiume segna il confine sud della regione?
d. Ancona si trova in prossimità di un monte. Quale?
e. Dove si trova il Montefeltro?
f. Quali sono e dove corrono le principali vie di comunicazione?

COMPETENZA LINGUAGGIO DELLA GEOGRAFIA

❷ Riconosci il paesaggio

Abbina le immagini alle definizioni corrette inserendo le lettere negli appositi spazi.

a. paesaggio appenninico **b.** paesaggio del litorale **c.** paesaggio delle colline interne

☐ Il paesaggio rurale autunnale alle pendici dei monti Sibillini, nell'entroterra piceno.

☐ La costa adriatica alle pendici del promontorio del Conero.

☐ Un casale isolato nella campagna marchigiana.

2 Lezione — LA GEOGRAFIA UMANA

LA POPOLAZIONE E LE CITTÀ

Nonostante negli ultimi cinquant'anni sia variata poco, la popolazione marchigiana non è mai stata statica. Nel corso del tempo, infatti, la sua **distribuzione** si è modificata, con **flussi interni** che dall'entroterra si sono diretti **alla fascia costiera e nei fondovalle**.

Oggi la fascia montuosa è poco abitata, mentre la popolazione si addensa lungo il litorale e nelle zone retrostanti. La popolazione, pari a poco più di 1,5 milioni di abitanti, è oggi numericamente stabile; infatti il **calo naturale** è controbilanciato dall'**afflusso di immigrati.**

Le due città maggiori sono **Ancona**, e **Pesaro**, ai primi posti per numero di abitanti. All'interno sono situate **Urbino**, **Macerata**, **Fermo** e **Ascoli Piceno**; lungo la costa si trovano i grandi centri di **Fano** e **San Benedetto del Tronto**.

L'ECONOMIA

Negli ultimi decenni si è registrato uno **sviluppo** nel settore **industriale e terziario**. La **piccola e media impresa** ad alta specializzazione è concentrata sul litorale e in alcune valli. Tra i settori industriali quelli in attivo comprendono le **calzature** e l'**abbigliamento** nella zona di Fermo e Macerata, l'**industria navale** a Fano e Ancona, gli **elettrodomestici** e la **carta** a Fabriano. L'**attività agricola** si avvale di **tecniche avanzate** in prossimità della costa, dove viene praticata l'orticoltura e la frutticoltura. Nell'interno, invece, le produzioni avvengono ancora in modo tradizionale. Lungo la costa l'attività della **pesca,** specie a San Benedetto del Tronto, occupa i primi posti per quantità di pescato.

IL TURISMO: UNA RISORSA DA VALORIZZARE

Nell'ultimo decennio **il turismo** ha registrato **valori positivi** sia negli arrivi sia nelle presenze nazionali. L'andamento trova riscontro nell'**aumento delle strutture ricettive e alberghiere**, oltre che in una politica regionale tesa a sviluppare l'identità del territorio e a valorizzarne il patrimonio culturale e paesaggistico.

Le città principali	abitanti 2016
Ancona (AN)	100 721
Pesaro (PU)	94 512
Ascoli Piceno (AP)	49 228
Macerata (MC)	42 291
Fermo (FM)	37 552
Urbino (PU)	14 927

UN'IDENTITÀ "PLURALE"

Le Marche nell'antichità sono state crocevia di popoli come Umbri, Galli, Piceni, Etruschi, Romani e di pellegrini e pastori nel Medioevo. Il territorio fu battezzato dai Romani *Picenum* in memoria dei primi abitanti, e ci vollero circa dieci secoli prima che la regione ricevesse la sua attuale denominazione: in antico tedesco *Mark* significa "regione di confine", e infatti le Marche divennero zona di confine tra i popoli germanici e il Sacro Romano Impero. I feudi che gli imperatori concedevano ai vassalli più fedeli si chiamavano "marchesati": da qui presero il nome la Marca di Fano, la Marca di Ancona e la Marca di Camerino. Ecco perché oggi le Marche hanno un nome al plurale: la varietà ha costituito un elemento di forza per lo sviluppo del territorio, conservandone intatte le peculiarità paesaggistiche e ambientali.

COMPETENZA DIGITALE

1 Lavora con internet

Aperte agli scambi e alle influenze artistico-culturali delle regioni confinanti, le Marche hanno mantenuto stretti legami con la Toscana e l'Umbria.

Fai una ricerca e trova notizie su:

a. L'iniziativa "Euroregione adriatico-ionica": con quali presupposti è nata e quali scopi si propone?

b. Il progetto "Quadrilatero Marche-Umbria": in che cosa consiste e quali effetti sta avendo sul territorio?

Il porto della città di Ancona.

Un artigiano di Castelfidardo costruisce chitarre in legno. La lavorazione degli strumenti musicali è un'eccellenza marchigiana.

3 Lezione
LA CULTURA, LE TRADIZIONI E IL PATRIMONIO STORICO E ARTISTICO

L'ARTIGIANATO

Tra le **fiere** più frequentate troviamo quella di **Senigallia**, erede della *fiera franca* che si svolgeva sin dal XIV secolo. La **carta** a Fabriano, la produzione di **strumenti musicali** tra Recanati e Castelfidardo e di **calzature** nell'area di Fermo e Macerata sono le lavorazioni artigianali più rinomate. Nelle vicinanze di Fermo si realizza l'85% della produzione nazionale dei **cappelli**, mentre Pesaro è il centro della lavorazione della **ceramica** e della **maiolica**.

LE FESTE E LE TRADIZIONI

Le Marche presentano numerose **tradizioni popolari**. Alcune, come la **festa della trebbiatura** a Macerata e a Corinaldo o la **festa del mare** a Porto San Giorgio, traggono origine dalle tradizioni agricole e marinare. Altre sono ispirate a eventi storici come la **giostra della Quintana**, che si tiene ad Ascoli Piceno, la **contesa del secchio** a Sant'Elpidio a Mare, la **corsa della spada** di Camerino e la **disfida del bracciale** a Treia.

L'ENOGASTRONOMIA

La regione possiede una grande **ricchezza di prodotti e di piatti**. Nell'entroterra si trovano **funghi**, **olive** e **carni**. Sulla costa primeggia il **pesce**. La zona di Acqualagna fornisce un terzo della produzione nazionale di **tartufi neri**. La cucina offre **sapori** sia della **tradizione popolare** contadina, sia della **cucina raffinata** dei monasteri e della nobiltà. Tra i piatti tipici la **porchetta**, le **olive ripiene all'ascolana**, il **brodetto di pesce**, i **maccheroncini di Campofilone** conditi con sugo di carne.

Per quanto riguarda i **vini**, sono famosi il verdicchio di Jesi e il rosso di Matelica. Le Marche vantano **5 etichette DOCG** (Castelli di Jesi Verdicchio Riserva, Conero, Offida, Verdicchio di Matelica Riserva, Vernaccia di Serrapetrona), **15 DOC**, tra cui i celebri Serrapetrona, Esino e Lacrima di Morro, e **1 IGT**.

L'ARTE E L'ARCHITETTURA

Il territorio delle Marche è costellato di **rocche, castelli, piccoli borghi, città d'arte, centri fortificati e chiese rurali**. Splendide testimonianze del **periodo medievale** sono i borghi di **Cingoli, Montefiore dell'Aso, Montecassiano, Sarnano e Visso**. Il battistero di **Ascoli**, il duomo di San Ciriaco ad **Ancona** e l'abbazia di Santa Maria di Rambona a **Pollenza** sono esempi di architettura **romanica** dell'XI-XII secolo. L'**abbazia di Fiastra** e gli edifici religiosi a Fermo, Ascoli e Fabriano testimoniano, invece, il passaggio all'**arte gotica** dei secoli XII-XIII.

Nel **periodo rinascimentale** architetti, scultori e pittori lavorarono al servizio delle famiglie nobiliari: culla indiscussa dell'arte di quest'epoca e luogo di nascita di Raffaello e Bramante, è **Urbino**.

Per la fase **neoclassica** vanno menzionati gli edifici progettati da Vanvitelli ad **Ancona**, **Macerata e Pesaro** nel Settecento e, nell'Ottocento, testimonianze **liberty** come il Villino Ruggeri a **Pesaro**, Villa Conti a **Civitanova Marche** e il Caffè Meletti ad **Ascoli**.

COMPETENZA DIGITALE

1 Lavora con internet

La regione Marche è stata denominata "museo diffuso" per i numerosissimi musei distribuiti sul suo territorio, che racchiudono preziose testimonianze sull'arte, la storia e le tradizioni.

Fai una ricerca e trova notizie su:

a. Il numero indicativo e le principali tipologie di musei presenti nel territorio marchigiano.
b. Quali di essi sono i più prestigiosi a livello nazionale.
c. Quali opere celebri sono in essi contenute.

La giostra cavalleresca della Quintana di Ascoli Piceno è parte di una più ampia manifestazione di rievocazione storica che, dal 1955, coinvolge tutta la città e buona parte della regione.

Il palazzo ducale di Urbino, realizzato per volontà di Federico da Montefeltro, signore del Ducato dal 1444 al 1482, rappresenta uno dei più interessanti esempi di architettura rinascimentale italiana. Oggi, proprietà dello Stato, è sede della Galleria Nazionale.

4 Lezione LE RISORSE TURISTICHE

Le **AREE NATURALI PROTETTE** marchigiane si estendono per quasi 90 000 ettari. Ne fanno parte **due parchi nazionali**: quello dei monti Sibillini, condiviso con l'Umbria, e quello del Gran Sasso e dei Monti della Laga, condiviso con l'Abruzzo, **quattro parchi regionali** e **sei riserve naturali**. All'interno del **parco naturale regionale di Gola della Rossa e di Frasassi** si trovano spettacolari **grotte carsiche** sotterranee, con stalattiti, stalagmiti, pozze, gallerie e concrezioni.

Il **TURISMO CULTURALE** offre numerose città d'arte, prima tra tutte **Urbino**, mentre il **TURISMO MONTANO** presenta località come Acquacanina, Pintura di Bolognola e Piobbico dove è possibile sia praticare gli sport invernali sia soggiornare nei mesi estivi.

Quanto al **TURISMO BALNEARE**, il territorio marchigiano dispone di belle **spiagge**, dalle distese di sabbia dorata ai tratti ciottolosi e alle insenature rocciose. La **qualità delle acque** è eccellente e lungo la costa una ricca offerta turistica risponde a tutte le esigenze. Tra le mete spiccano **Numana, Sirolo, Pedaso, Porto Sant'Elpidio, Porto San Giorgio, Gabicce Mare e Pesaro**.

Grazie alle proprietà benefiche e curative delle varie sorgenti, numerose sono le mete del **TURISMO TERMALE** presenti in ogni provincia. Tra queste, le **terme dell'Aspio** a Camerano, le **terme di monte Grimano** e le **terme di Sarnano**.

Per quanto riguarda il **TURISMO RELIGIOSO**, si possono visitare molte **abbazie**, **conventi**, **monasteri** ed **eremi** distribuiti sul territorio, poiché la storia della regione è stata segnata dalle vicende di numerosi santi. La città di **Loreto**, sede del santuario dell'omonima Madonna, rappresenta un patrimonio di grande valore.

Frasassi
Le grotte di Frasassi sono originate dall'erosione del fiume Sentino, si sviluppano per circa 30 km e sono suddivise in 8 livelli geologici; la cavità maggiore è l'*abisso Ancona* che, con un'estensione di 180 x 120 m e un'altezza di 200 m per un totale di oltre 2 milioni di m^3 di volume, potrebbe contenere il duomo di Milano.

Ascoli Piceno
Il palazzo dei Capitani del popolo di Ascoli Piceno, del XVI secolo, si distingue per la sua elegante torre merlata medievale che svetta a fianco dello storico Caffè Meletti.

Ripatransone
Il paesaggio rurale in autunno nell'entroterra piceno, con i monti Sibillini in lontananza.

Il patrimonio dell'UNESCO

Centro storico di Urbino

Per la lista completa vai su: http://whc.unesco.org/en/list/

SCRIVI UN TESTO IN 200 PAROLE

Lavora con il testo, la carta, internet e le immagini seguendo i punti elencati

a. Presenta un approfondimento delle città d'arte.

b. Descrivi le principali risorse del turismo montano.

5
Lezione

ALLA SCOPERTA DELLE MARCHE

CARTA INTERATTIVA IN DIGITALE

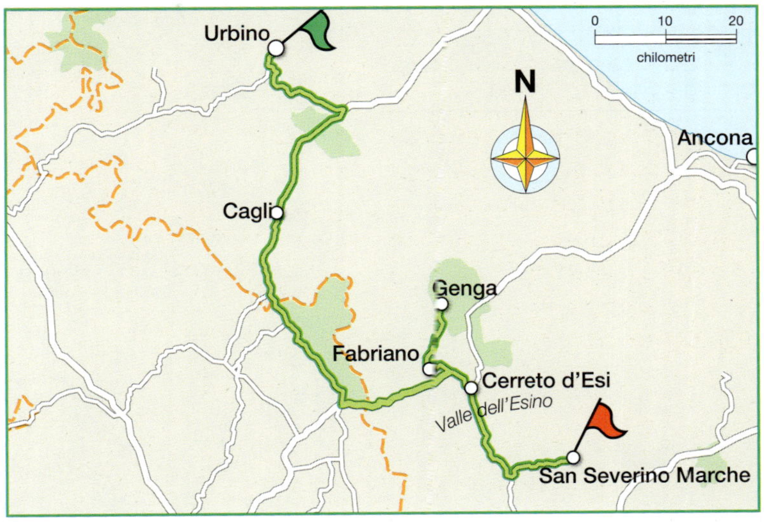

L'ITINERARIO

La via del gotico nelle Marche, tra cultura e natura (4 giorni)

Il percorso, di tipo culturale e naturalistico, consente di conoscere testimonianze artistiche gotiche e di ammirare le bellezze paesaggistiche. Il gotico si diffuse nelle Marche alla fine del Duecento, periodo in cui le città erano governate da famiglie che ne favorirono lo sviluppo culturale. Il percorso parte da Urbino, la capitale del Ducato di Montefeltro che ha dato i natali a Raffaello Sanzio, e termina a San Severino Marche, luogo in cui i primi fermenti dell'arte gotica furono sostenuti dalla signoria degli Smeducci, e Fabriano, città così importante dal punto di vista artistico da essere definita una "colonia fiorentina delle Marche".

❶ GIORNO
Urbino

Nonostante le trasformazioni avvenute nel XVIII secolo, le **testimonianze gotiche** della città sono presenti nelle **chiese di Sant'Agostino**, di **San Domenico** e di **San Francesco**, considerata il *pantheon* di Urbino poiché accoglie le spoglie di numerosi personaggi illustri. Visita dell'**oratorio di San Giovanni** (1365), al cui interno si trovano diverse testimonianze pittoriche.

❷ GIORNO
Cagli – Cerreto d'Esi – Frasassi

Da Urbino ci si sposta a **Cagli** attraverso la **gola del Furlo**, che si estende lungo la vecchia via Flaminia. Durante il percorso si incrocia una galleria fatta costruire dall'imperatore Vespasiano tra il 76 e il 77 d.C. Arrivo a Cagli e visita esterna della **rocca**. Si prosegue per **Cerreto d'Esi**, situata nell'alta valle dell'Esino, e si visita il centro storico di questa cittadina nota sin dal Medioevo per i vigneti. La tappa si conclude alle **grotte di Frasassi**, nel comune di Genga.

❸ GIORNO
Fabriano

Arrivo a **Fabriano**, città a pianta medievale famosa per la sua antica cartiera nata tra il XII e il XIII secolo. La visita della città può iniziare dalla **piazza del Comune**, con il **palazzo del podestà**, uno degli esempi più importanti di arte gotica eretto nel 1255 e, accanto, il **palazzo del Comune** (XIV secolo). Si prosegue con la **fontana rotonda**, simile a quella di Perugia; la **chiesa di San Francesco**, collegata alla piazza dal loggiato; il **Duomo**, situato di fronte al tardo gotico ex ospedale di **Santa Maria del Buon Gesù**; e la **chiesa di San Domenico**, al cui interno sono custoditi gli affreschi di Allegretto Nuzi. Vale una sosta il celebre **museo della carta e della filigrana**.

❹ GIORNO
San Severino Marche

Da Fabriano trasferimento a **San Severino** e visita del **Duomo vecchio**, nella parte più alta e antica della città. Meritano una visita la trecentesca **fontana delle sette cannelle**, sulla strada che va verso la città bassa, la **piazza del popolo** e la **cattedrale di Sant'Agostino**.

ORGANIZZA TU UN ITINERARIO

Il centro storico di Urbino

Procurati una mappa della città di Urbino e costruisci un itinerario che includa i monumenti, le architetture e le località più interessanti. Con Google Maps visualizza il punto di partenza e quello di arrivo e, dopo aver deciso con quale mezzo sia meglio muoversi, calcola i tempi di permanenza e le distanze. Per ogni luogo scrivi in poche righe le principali caratteristiche e attrattive.

Distanza > 2 km ca.

Durata > 6 o 8 ore

Luoghi da visitare

1. Porta Valbona
2. Oratori di San Giovanni Battista e di San Giuseppe
3. Piazza della Repubblica
4. Teatro Raffaello Sanzio
5. Duomo
6. Palazzo ducale
7. Chiesa di San Domenico e obelisco egizio
8. Biblioteca centrale umanistica (Convento di San Francesco)
9. Casa natale e monumento di Raffaello Sanzio
10. Parco della Resistenza

1 Lezione
IL TERRITORIO E I PAESAGGI

superficie	8456 km²
popolazione (2016)	889 326 ab.
densità	105 ab./km²
capoluogo regionale	Perugia

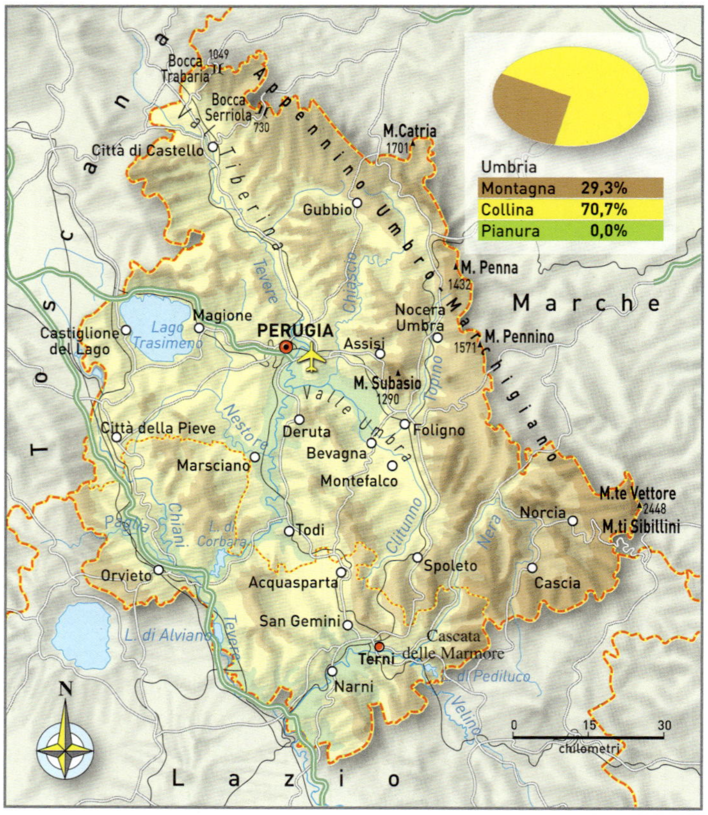

LE VIE DI COMUNICAZIONE

Le linee **stradali e ferroviarie** principali sono quelle che collegano la Valle Umbra e la Val Tiberina, con al centro Perugia. Ai margini occidentali della regione passano l'autostrada del Sole e il tratto ferroviario tra Firenze e Roma. L'unico **aeroporto** è quello **di Perugia**, il cui traffico è comunque modesto.

IL TERRITORIO
L'Umbria si estende al centro della nostra penisola ed è **una delle più piccole regioni** italiane. Il territorio umbro, l'unico nell'Italia peninsulare **privo di sbocco al mare**, è occupato dai rilievi appenninici ed è **in netta prevalenza** costituito da **colline**.

I RILIEVI
Le colline si estendono per tutta l'Umbria centrale e occidentale, mentre le montagne si innalzano solo nella fascia orientale della regione. In quest'ultima area, lungo i confini, si trovano le catene dell'**Appennino Umbro-Marchigiano**, con un fascio regolare di cime spesso superiori ai 1500 m. Le catene si abbassano solo in prossimità di importanti valichi che mettono in comunicazione il versante tirrenico con quello adriatico dell'Appennino. Tra i monti si aprono alcune **conche intermontane** che sorgono in genere intorno a 500 m di altitudine, come quelle di Norcia, Gubbio e Gualdo Tadino.

Le colline della sezione centrale e occidentale del territorio appartengono ai rilievi del **Preappennino Toscano e Laziale** e hanno un aspetto dolce e morbido. Anche l'ambiente collinare è interrotto da numerosi **avvallamenti**. È il caso della stretta conca di Terni o del vasto bacino occupato dal **lago Trasimeno**, il quarto lago italiano per estensione.

LE PIANURE E I FIUMI
Le principali depressioni della regione sono costituite dalla **Valle del Tevere** e dalla **Valle Umbra**, situate proprio al centro del territorio. Queste due valli, larghe circa 5-10 km, costituiscono le **uniche aree in piano della regione**. La Valle Umbra, o Valle di Spoleto, è estesa lungo il corso dei fiumi Topino e Clitunno. Più lunga è la Valle del Tevere, che attraversa tutta la regione e che nel tratto iniziale, molto stretto, prende il nome di Val Tiberina.

IL CLIMA
Il clima è di tipo **continentale temperato** in quanto risente degli influssi provenienti dal Tirreno. Gli inverni non sono rigidi e le esta-

conca intermontana
Depressione estesa tra i rilievi: con fondo piatto, è in genere percorsa da un fiume.

promiscuo
Detto di appezzamento in cui si coltivano alberi (per es. olivo) o arbusti (per es. vite) insieme a colture che richiedono semina annuale, come cereali e ortaggi.

QUANDO ANDARE?

Situata nel centro esatto della penisola, l'Umbria ha un clima di transizione tra quello mediterraneo e quello continentale. Il periodo migliore per visitare la regione è quindi quello compreso tra aprile e settembre, quando il clima è più mite e le giornate sono più lunghe.

ti sono ventilate e non eccessivamente calde. Nella parte orientale del territorio si accentuano le caratteristiche di continentalità, specie nelle conche, chiuse agli influssi marittimi. Le piogge non sono abbondanti, ma crescono con l'altitudine.

IL PAESAGGIO DELLA MONTAGNA

L'Umbria orientale è l'area più isolata e meno dinamica della regione. Il **paesaggio montano**, caratterizzato da ripidi pendii e strette valli fluviali, presenta vaste **distese di pascoli** destinati alla tradizionale pratica della pastorizia e i grandi **boschi di faggi e di querce**. Alle quote più basse si coltivano anche i cereali. La popolazione si raggruppa in **piccoli centri**, in genere situati tra i 600 e i 1000 m **nei fondi vallivi o nelle conche intermontane**.

IL PAESAGGIO DELLA COLLINA

Il paesaggio collinare dell'Umbria centrale e occidentale è un **armonioso alternarsi di boschi** (con ricca vegetazione di lecci e querce), **coltivazioni e insediamenti**. Sui terreni agricoli prevale la tipica coltura dell'**olivo**; diffusissima è anche la **vite**, associata in modo **promiscuo** ai cereali e agli ortaggi. L'**insediamento è perlopiù sparso**, con numerose case rurali che sorgono al centro delle tenute agricole, in genere non molto grandi e divise da filari di alberi. Il **paesaggio rurale** è **interrotto da numerose cittadine** che sorgono in cima alle colline.

IL PAESAGGIO DEI FONDOVALLE

I due fondovalle principali, la **Valle del Tevere** e la **Valle Umbra**, presentano, insieme alla conca di Terni, un paesaggio differente. Queste aree pianeggianti costituiscono gli **assi principali delle comunicazioni** della regione. L'agricoltura, praticata in modo irriguo, dispone di appezzamenti più grandi e regolari con l'ampio ricorso a macchinari. Le colture prevalenti sono quelle specializzate di ortaggi, tabacco e barbabietola da zucchero; è invece assente l'olivo. L'**insediamento** è di tipo **lineare e continuo**, segue cioè il tracciato delle valli e **si ispessisce in corrispondenza dei nodi urbani della collina**: Perugia, Assisi, Foligno, Spoleto. I capannoni industriali si susseguono ai fianchi delle principali superstrade.

IL TURISTA CURIOSO

❶ Il comune di Gubbio, il più grande dell'Umbria, è per superficie tre volte più esteso del comune di Milano e oltre quattro quello di Napoli.

❷ Gli abitanti di Gubbio si chiamano *eugubini*, quelli di Assisi *assisani*.

❸ Lo stemma della regione riproduce i tre Ceri di Gubbio.

COMPETENZA LOCALIZZAZIONE

❶ Lavora con la carta e le immagini

Osserva la carta e rispondi alle domande.

a. Qual è la cima più elevata della regione? Quanto è alta? In quale gruppo si trova?
b. Quali sono i due passi settentrionali, situati ai confini della regione?
c. Qual è il maggiore centro affacciato sul lago Trasimeno?
d. Assisi si trova ai piedi di un monte. Quale?
e. L'autostrada A1 che congiunge Toscana e Lazio passa vicino a Orvieto o a Perugia?
f. Lungo quale fiume sorge Terni?

COMPETENZA LINGUAGGIO DELLA GEOGRAFIA

❷ Riconosci il paesaggio

Individua i tre paesaggi inserendo i termini mancanti.

Termini da inserire: case isolate – di fondovalle – superstrada – Monti Sibillini – collinare – coltura tradizionale dell'olivo – capannoni industriali – montano

Un paesaggio .... nei .... dove si possono praticare escursioni durante il periodo estivo e sport invernali.

La foto raffigura l'area intorno a Montefalco. Si nota un paesaggio .... con un fitto tessuto di .... nella campagna e la ....

La foto ritrae un paesaggio .... nei pressi di Terni, con la .... che lo attraversa e i .... al centro; in secondo piano sulla sinistra, un centro abitato in collina.

2 Lezione — LA GEOGRAFIA UMANA

Le città principali	abitanti (2016)
Perugia (PG)	165 973
Terni (TR)	111 401

LA POPOLAZIONE E LE CITTÀ

Con poco meno di **900 000 abitanti**, l'Umbria è una **regione scarsamente popolata**. La densità di popolazione è decisamente bassa e risulta pari alla metà della media nazionale. La popolazione è **distribuita piuttosto uniformemente** sul territorio. Solo le zone più elevate dell'Appennino sono quasi spopolate.

Le città umbre sono ripartite, fin dall'epoca medievale, in modo omogeneo per tutta la regione e, con l'eccezione di Terni, **sorgono in collina**, dove si concentrano le funzioni principali.

Il maggiore addensamento si ha nella vasta area urbana di **Perugia**, che costituisce il polo economico regionale con svariate funzioni commerciali, turistiche, industriali e culturali. **Terni**, situata a 130 m in una conca pianeggiante percorsa dal Nera, è un polo industriale. **Foligno**, posta nella Valle Umbra all'incrocio tra importanti assi ferroviari e stradali, è un rilevante centro dei trasporti.

L'ECONOMIA

Con un reddito per abitante di poco inferiore alla media nazionale, l'Umbria è una regione con uno **sviluppo economico intermedio** e si colloca a metà tra le regioni più ricche e quelle meno avanzate del paese.

L'agricoltura ha raggiunto buoni livelli produttivi. Le colture principali sono quelle **dell'olivo, della vite, del tabacco e della barbabietola da zucchero**; importante nei pressi di Norcia e Spoleto è la raccolta di **tartufi**. Discreto è l'**allevamento** di mucche da latte e di suini per la produzione di carne e insaccati.

L'**industria alimentare** ha quindi un posto di primo piano, con oleifici, molini, zuccherifici, conservifici e stabilimenti di mangimi per il bestiame. Nel capoluogo regionale ha sede il grande impianto della **Perugina**, uno dei maggiori d'Italia per la produzione di dolciumi. Piccole **aree industriali specializzate** di piccola e media impresa sono quelle della ceramica (a Deruta e nell'area tra Gubbio e Gualdo Tadino), del mobile (dintorni di Città di Castello) e della meccanica (Foligno). A Terni si trovano le **industrie meccaniche, chimiche e le acciaierie,** che risentono però della grande crisi che ha investito il settore siderurgico.

IL TURISMO: ARTE, NATURA E RELIGIONE

Il turismo richiama un buon numero di visitatori per le **bellezze naturali** e per il ricchissimo **patrimonio artistico** dei centri storici. Alcuni luoghi, come Assisi e Cascia, sono meta di un intenso **pellegrinaggio religioso**. Molto diffuso è anche l'**agriturismo**, che dispone di ottime strutture di ricezione. Al successo turistico ha contribuito l'immagine di una **regione verde e a misura d'uomo**. L'Umbria è una delle regioni dove si vive meglio: il discreto livello di **benessere economico** raggiunto si è infatti realizzato in modo graduale, mantenendo un notevole **equilibrio tra uomo e natura**.

La regione non ha conosciuto distruttivi processi di industrializzazione e urbanizzazione. Le cittadine umbre, immerse in un dolce paesaggio collinare che non è stato soffocato dalle costruzioni, risultano **perfettamente conservate sotto il profilo urbanistico e architettonico** e sono chiamate per la loro tranquillità "città del silenzio".

COMPETENZA DIGITALE

1 Lavora con internet

Situata in cima a un colle a circa 450 m, Perugia gode di una posizione privilegiata sul territorio.

Fai una ricerca e trova notizie su:

a. Suddivisione interna (città vecchia/città nuova).

b. Quali elementi caratterizzano le due zone?

c. Come è stato risolto il problema del traffico motorizzato nel centro storico?

Veduta di Orvieto con gli olivi alla base.

Uno scorcio del centro storico di Perugia.

3 Lezione

LA CULTURA, LE TRADIZIONI E IL PATRIMONIO STORICO E ARTISTICO

Il celebre tartufo nero di Norcia.

L'ARTIGIANATO

Le attività artigianali umbre tramandano tecniche e usanze antichissime e rappresentano un **prezioso patrimonio culturale**. L'abbondante presenza del **legno** ha favorito produzioni legate all'**intaglio**, alla **scultura** e al **mobile**. Famose sono anche le **ceramiche artistiche di Deruta**, le cui origini risalgono agli Etruschi e che si caratterizzano per gli smalti e la varietà delle decorazioni.

Anche l'artigianato **tessile** è diffuso, e Città di Castello e Perugia sono note per la produzione delle migliori **tele di lino** d'Italia.

LE FESTE E LE TRADIZIONI

Le tradizioni popolari rivivono nelle tante manifestazioni in costume. Gli eventi più attesi sono la **festa dei Ceri** a Gubbio, la **Giostra della Quintana** a Foligno, rivisitazione di una competizione equestre di origini medievali, e il **Calendimaggio** ad Assisi per festeggiare il ritorno della primavera.

Tra gli eventi culturali ci sono **Umbria Jazz**, uno dei più importanti festival di jazz mondiali, ed **Eurochocolate**, festival del cioccolato italiano e internazionale, che si svolge a Perugia.

L'ENOGASTRONOMIA

I prodotti principali della gastronomia locale sono il **tartufo nero di Norcia**, la **lenticchia di Castelluccio** e il **farro della Valnerina**, che arricchiscono piatti a base di carne trasformata dai norcini in prelibati prosciutti e salumi, i famosi **insaccati di Norcia**. Simbolo di queste terre è l'**olio extravergine d'oliva**, la cui produzione contribuisce a caratterizzare in modo inconfondibile il paesaggio disseminato di olivi. Tra le specialità dolciarie spicca la **rocciata**, un rotolo di pasta cotto al forno ripieno di frutta.

Per quanto riguarda i **vini**, tra le uve a bacca bianca il più noto è il **Grechetto**, un vitigno autoctono diffuso in tutta la regione. L'uva rossa più importante è il **Sagrantino**, con cui vengono prodotti vini DOC e DOCG.

L'ARTE E L'ARCHITETTURA

Molte sono le civiltà che hanno abitato l'Umbria lasciando tracce e testimonianze. Ne è un esempio **Perugia**, con mura antiche e monumenti come l'**Arco Etrusco** o l'architettura funeraria dell'**Ipogeo dei Volumni**.

È nell'**arte sacra**, tuttavia, che l'Umbria primeggia: la regione ha dato i natali a figure della tradizione cristiana, come San Francesco e Santa Chiara d'Assisi, San Benedetto da Norcia e Santa Rita da Cascia, la cui eredità è costituita, nella zona tra **Assisi** e **Spello**, dalle abbazie benedettine e dalle chiese romaniche. Altri centri sono l'abbazia di Santa Croce in Sassovivo, complesso benedettino vicino a **Foligno**, e l'abbazia di Santa Maria di Valdiponte, nelle vicinanze di Perugia. **Orvieto** è nota per il suo duomo in stile gotico.

IL TURISTA CURIOSO

La porchetta, piatto a base di carne di maiale, è una pietanza tipicamente umbra.

I PARCHI NATURALI

L'Umbria è da sempre considerata il "cuore verde" d'Italia: parchi protetti e campi coltivati si alternano a colline ondulate e montagne aspre, con sfumature di colore e paesaggi unici. Oltre al **Parco nazionale dei Monti Sibillini**, l'Umbria verde (7,5%) è costituita dai parchi regionali (Colfiorito, Fiume Tevere, Monte Cucco) sorti a tutela di una ricchezza naturale e antropica variegata.

COMPETENZA DIGITALE

1 Lavora con internet

Assisi è uno dei luoghi simbolo dell'Umbria nel mondo.

Fai una ricerca e trova notizie su:

a. La basilica di San Francesco e le principali opere artistiche in essa contenute.
b. L'ordine monastico dei Francescani e le caratteristiche della sua regola.

La basilica e il convento di San Francesco ad Assisi.

La rocciata, una sottile sfoglia di pasta a base di farina di grano, acqua e olio in cui viene avvolto un impasto formato da noci, zucchero, olio d'oliva e mele.

4 *Lezione* LE RISORSE TURISTICHE

L'Umbria è "verde" non solo per le aree protette che testimoniano il rispetto della regione per l'ambiente, ma anche per la varietà di **LUOGHI DI INTERESSE NATURALISTICO E PAESAGGISTICO** come la **cascata delle Marmore**, nei pressi di Terni, considerata tra le più belle d'Europa, e il **lago Trasimeno**, luogo di borghi e castelli, ideale anche per fare escursioni, trekking e *bird-watching*.

Chiese romaniche, cattedrali gotiche, basiliche e antichi palazzi fanno parte del patrimonio storico e artistico che attira il **TURISMO CULTURALE**. Tra le principali mete spiccano: **Perugia**, con il suo centro storico disseminato di capolavori di arte e architettura e con un patrimonio museale tra i più ricchi d'Italia; **Gubbio**, la città più antica dell'Umbria, che nel Medioevo raggiunse il massimo splendore; **Orvieto** con il duomo, meraviglia dell'arte gotica italiana; **Spoleto**, città medievale nota per le origini romane visibili dai resti ben conservati come l'Anfiteatro e la Casa Romana. Da vedere ci sono anche i resti archeologici romani ed etruschi a Spello, Perugia, Gubbio e Orvieto.

I maggiori luoghi di interesse dell'Umbria legati al **TURISMO RELIGIOSO** sono: **Assisi**, principale centro religioso della regione; **Norcia**, la città natale di san Benedetto, con i suoi monasteri; **Todi**, dove nella cripta della chiesa di San Fortunato è deposto il letterato Jacopone da Todi. Ai **monasteri benedettini e francescani** si aggiungono a **Cascia** la basilica e il monastero di Santa Rita e, a **Terni**, la basilica dedicata a San Valentino.

Tra le mete del **TURISMO TERMALE**, **San Gemini** e **San Faustino** vicino Terni e **Fontecchio** non lontano da Perugia. Sono molto frequentate anche le terme francescane di **Spello**, circondate da un grande parco.

Gubbio
Vista frontale del Palazzo dei Consoli a Gubbio, tra i più imponenti palazzi pubblici d'Italia.

Orvieto
Il duomo di Orvieto, intitolato alla Madonna Assunta, i cui lavori di costruzione furono avviati nel 1290 e conclusi nel 1591.

Cascata delle Marmore
La cascata delle Marmore, con un salto di 165 m, è tra le più alte in Italia e supera ampiamente le cascate del Niagara, tra Usa e Canada, che arrivano a soli 49 m.

Il patrimonio dell'UNESCO
Basilica di San Francesco e altri luoghi francescani ad Assisi
Luoghi dei Longobardi in Italia

Per la lista completa vai su: http://whc.unesco.org/en/list/

SCRIVI UN TESTO IN 200 PAROLE

Lavora con il testo, la carta, internet e le immagini seguendo i punti elencati

a. Descrivi i luoghi principali del turismo religioso.

b. Presenta le chiese e le basiliche più importanti diventate mete turistiche.

5
Lezione

ALLA SCOPERTA DELL'UMBRIA

CARTA INTERATTIVA IN DIGITALE

L'ITINERARIO

Sulle vie della ceramica, tra arte e cultura (4 giorni)

La vocazione umbra per l'arte della ceramica risale a quando i popoli insediatisi lungo il Tevere modellavano vasellame in terracotta con le argille della zona. La regione è una delle poche in Italia con quattro centri di tradizione della ceramica.

Si parte da Deruta, il centro di più antica produzione di vasi, piatti e oggetti ornamentali. Si prosegue verso Gubbio, dove la ceramica si distingue per le decorazioni floreali.

Gualdo Tadino, cittadina di origine medievale famosa per le sue fornaci e la lavorazione al tornio di piatti e vasi, si è specializzata nella produzione di stoviglie e piastrelle.

L'itinerario si conclude a Orvieto, la cui identità storica e artistica trova nel Duomo la sua espressione, con ceramiche a motivi vegetali e animali, frutto di una mescolanza di elementi etruschi e romanici.

❶ GIORNO
Deruta e dintorni

Arrivo a **Deruta**, pittoresco borgo medievale, e visita al **museo regionale della ceramica**, allestito nell'ex convento di San Francesco; si continua con piazza dei Consoli, la **chiesa** trecentesca **di San Francesco**, e il **palazzo comunale**, sede della **pinacoteca**. Proseguimento per **Torgiano**, borgo fluviale sorto in epoca romana e noto per le eccellenti produzioni vinicole. Di notevole interesse il **museo del vino**, uno dei più famosi musei enologici in Italia. Si continua con la visita di Bastia Umbra e la sua **Rocca Baglionesca**, una costruzione fortificata del Quattrocento, e il centro storico di Corciano.

❷ GIORNO
Gubbio

Partenza per **Gubbio**, che conserva la fisionomia del suo paesaggio medievale, e visita di **Piazza Grande**, sulla quale si aprono le architetture gotiche del **palazzo pretorio** e del **palazzo dei Consoli**, con la sua ricca **collezione di ceramiche** e con le "**Tavole eugubine**", il più importante documento per la storia dei popoli italici; nelle vicinanze il **palazzo ducale**, il gotico **duomo di San Francesco** e il **palazzo del Bargello**; fuori dalle mura antiche il **teatro romano**, del I secolo a.C.

❸ GIORNO
Gualdo Tadino

Si prosegue per **Gualdo Tadino**. A dominare dall'alto la cittadina medievale è la **Rocca Flea**, antica architettura difensiva simbolo della città, che ospita il **museo civico**; si continua con la visita di **piazza Martiri della Libertà**, del **duomo di San Benedetto** e della **chiesa di San Francesco**. Si termina con una sosta al parco della sorgente **Rocchetta**, alle pendici del monte Serrasanta.

❹ GIORNO
Orvieto

Visita di **Orvieto**. Si inizia con **piazza della Repubblica**, dove troviamo il **palazzo del Comune** e la **chiesa di Sant'Andrea**; si prosegue con **piazza del popolo**. Infine il celebre **pozzo di San Patrizio** e lo splendido **Duomo**, capolavoro dell'architettura gotica dell'Italia centrale.
Sulla facciata le decorazioni comprendono il grande **rosone**, mosaici dorati, bassorilievi sui fianchi e tre maestose porte bronzee.
All'interno le due cappelle sono impreziosite da affreschi dei più grandi pittori italiani tra i quali il **Giudizio Universale** di Luca Signorelli.

ORGANIZZA TU UN ITINERARIO

Il centro storico di Perugia

Procurati una mappa della città di Perugia e costruisci un itinerario che includa i monumenti, le architetture e le località più interessanti. Con Google Maps visualizza il punto di partenza e quello di arrivo e, dopo aver deciso con quale mezzo sia meglio muoversi, calcola i tempi di permanenza e le distanze. Per ogni luogo scrivi in poche righe le principali caratteristiche e attrattive.

Distanza > 2,5 km ca.

Durata > 4 o 6 ore

Luoghi da visitare

1. Mura etrusche
2. Porte e mura medievali
3. Palazzo dei Priori
4. Collegio del Cambio
5. Fontana Maggiore
6. Basilica di San Pietro

1 IL TERRITORIO E I PAESAGGI

Lezione

IL TERRITORIO

Il Lazio è una regione dell'Italia centrale affacciata al Mar Tirreno. Il territorio, per oltre la metà collinare, è costituito da **tre fasce naturali** che dall'interno si estendono verso il mare: le montagne dell'Appennino Centrale, le colline del Preappennino Tirrenico e la pianura costiera.

LE MONTAGNE

Le **montagne appenniniche** sono composte da diverse catene che si innalzano a ridosso dei confini regionali orientali. I gruppi principali, cioè i **monti Reatini, Simbruini, Ernici** e **della Meta**, presentano una morfologia aspra e massiccia, con numerose cime superiori ai 2000 m.

Tra queste catene si aprono numerose conche e valli; le principali sono nel Nord la **conca di Rieti** e nel Sud la **Ciociaria**, cioè la valle del fiume Sacco, e la **valle Latina**, percorsa dal fiume Liri.

LE COLLINE E I LAGHI

Posto tra la montagna e il mare, il **Preappennino Tirrenico** consiste in una successione disordinata di **rilievi in prevalenza collinari**. Nel Lazio settentrionale e centrale questi rilievi sono di **origine vulcanica** e hanno forme dolci, con altitudini comprese tra 500 e 1000 m: i maggiori sono i monti Volsini, Cimini e Sabatini e i Colli Albani. Le loro conche crateriche sono occupate da **laghi circolari**, come quelli di Bolsena, Vico e Bracciano. Nel Lazio meridionale, il Preappennino si innalza nei più elevati gruppi calcarei dei monti Lepini, Ausoni e Aurunci, che in alcuni punti superano i 1500 m.

LA PIANURA COSTIERA

La **pianura costiera**, un tempo paludosa, comprende la Maremma Laziale, l'Agro Romano e l'Agro Pontino. Si tratta di una fascia ampia in media intorno ai 15 km e più larga nel Lazio centrale, laddove scorre l'ultimo tratto del fiume **Tevere**.

La continuità della pianura è interrotta in alcuni punti da colline costiere o promontori rocciosi, come quello del Circeo.

superficie	17 207 km²
popolazione (2016)	5 889 168 ab.
densità	342 ab./km²
capoluogo regionale	Roma

IL CLIMA

Il clima, di tipo **mediterraneo** lungo la fascia costiera, con inverni miti e piovosi ed estati calde, diventa più **continentale** verso l'interno, con inverni freddi e precipitazioni moderatamente abbondanti.

IL PAESAGGIO DELL'AREA ROMANA

Quello dell'area metropolitana romana è un **paesaggio a città diffusa**. All'esterno del Grande Raccordo Anulare, la tangenziale lunga 68 km che circonda Roma, le costruzioni si sono espanse in ogni direzione, prolungandosi a nord verso i sobborghi residenziali del lago di Bracciano e a sud in direzione della costa (Nettuno, Anzio) e di Latina.

QUANDO ANDARE?

Il periodo migliore per visitare la regione è quello compreso tra aprile e settembre: i mesi centrali estivi, a volte sconsigliati per visitare la capitale, sono perfetti per le stazioni balneari lungo la costa o i centri dell'interno, mentre la primavera e l'autunno sono l'ideale per addentrarsi nella campagna laziale o per fare un giro nelle colline.

IL PAESAGGIO DELL'INTERNO

Un **paesaggio rurale tradizionale** si trova invece nelle aree interne e montuose del Viterbese e del Reatino, dove prevalgono le funzioni agricole e residenziali. Le densità abitative sono basse, con cittadine che sorgono lungo le vie consolari o alla sommità dei ripiani di lava e di tufo della zona collinare vulcanica. Intenso è l'utilizzo dei terreni a fini agricoli, specie nelle conche interne, come quella di Rieti, o nei fertili suoli vulcanici del Preappennino Viterbese.

IL PAESAGGIO DELLE VALLI DEL SACCO E DEL LIRI

La vallata percorsa dai fiumi Sacco (Ciociaria) e Liri (valle Latina) presenta un **paesaggio di campagna urbanizzata**. Si tratta di un lungo corridoio a forte sviluppo produttivo: agricoltura specializzata, insediamenti dispersi, capannoni industriali che si ammassano ai lati delle maggiori vie di comunicazione, soprattutto lungo l'autostrada Milano-Napoli nell'area di Frosinone. Questo paesaggio prosegue all'estremità meridionale della regione, lungo il fiume Garigliano, integrandosi con i centri turistici costieri di Formia e Gaeta.

IL PAESAGGIO DELLA PIANURA COSTIERA

Tutta la pianura costiera, un tempo spopolata, ha dato vita a un **paesaggio misto**. In esso sono visibili sia i **segni della bonifica** novecentesca, con i campi dal perimetro regolare, i canali e le case rurali, sia le **tracce delle nuove attività** industriali e turistiche. Nell'Agro Pontino le città nuove come Pomezia, Aprilia e Latina, create dal nulla per ospitare i contadini negli anni Trenta, sono oggi poli industriali. Lungo il litorale, dalla Maremma viterbese alla costa pontina, molti centri sono località balneari.

vie consolari
Vie extraurbane d'epoca romana, così chiamate perché costruite sotto la supervisione dei consoli. Tra le più note, la Flaminia, la Salaria, l'Appia, l'Ostiense, l'Aurelia, la Nomentana e la Cassia.

IL TURISTA CURIOSO

❶ I famosi sette colli di Roma sono: Palatino, Esquilino, Aventino, Quirinale, Viminale, Campidoglio e il Celio. Il più alto è il Campidoglio, con 57 m.

❷ Il monte Circeo, un tempo un'isola e oggi circondato dalla pianura pontina, prende il nome dalla maga Circe, che qui risiedeva secondo la leggenda narrata da Omero nell'*Odissea*.

❸ La via Salaria fu così chiamata perché adibita al trasporto del sale.

LE VIE DI COMUNICAZIONE

Roma è ben collegata sia con il Nord sia con il Sud d'Italia. Non è la stessa cosa per la parte interna e montuosa del Lazio. Le **grandi arterie stradali** mantengono perlopiù il tracciato delle vie consolari, anche se gran parte del traffico si incanala nelle **autostrade**, e in particolare nell'Autostrada del Sole (A1), che collega Milano e la Pianura Padana con Firenze, Roma e Napoli. La **stazione ferroviaria** di Roma Termini costituisce il più importante scalo ferroviario della città, il maggiore d'Italia e il secondo d'Europa per traffico passeggeri. Civitavecchia è il principale **porto** regionale, importante per i collegamenti con la Sardegna. L'**aeroporto** internazionale di Fiumicino è uno dei maggiori scali aerei d'Italia mentre quello di Ciampino ha funzioni secondarie.

COMPETENZA LOCALIZZAZIONE

❶ Lavora con la carta e le immagini

Osserva la carta e rispondi alle domande.

a. Quali isole sorgono a poca distanza dalla costa meridionale?
b. Qual è il monte più elevato della regione? Che altezza raggiunge?
c. Qual è il monte più elevato dei Reatini?
d. Vicino a quale località sfocia il Tevere?
e. Qual è il golfo situato nel sud della regione?

COMPETENZA LINGUAGGIO DELLA GEOGRAFIA

❷ Riconosci il paesaggio

Abbina le immagini alle definizioni corrette, inserendo le lettere negli appositi spazi.

a. paesaggio rurale dell'interno
b. paesaggio dell'agricoltura specializzata
c. paesaggio di campagna urbanizzata

☐ Le campagne di Montefiascone con, sullo sfondo, il lago di Bolsena.

☐ Manodopera straniera al lavoro nelle serre ortofrutticole dell'Agro Pontino.

☐ La valle Latina nei pressi di Ferentino.

2 Lezione — LA GEOGRAFIA UMANA

LA POPOLAZIONE E LE CITTÀ

Il Lazio ha una **densità di popolazione elevata**, molto al di sopra della media nazionale. La distribuzione sul territorio è **squilibrata** perché fortemente condizionata dalla presenza di **Roma**. La capitale ha più popolazione di intere regioni quali Sardegna, Calabria o Liguria e da sola **accentra oltre la metà degli abitanti** del Lazio: nell'estesa area metropolitana romana vivono più di 7 laziali su 10. Qui si trovano, tra le altre, le città di Civitavecchia, Fiumicino, Tivoli, Velletri, Guidonia Montecelio e Pomezia.

L'**Alto Lazio**, vale a dire la parte nord del territorio, è la zona meno popolata di tutta la regione. Qui i centri abitati sono molto distanti tra di loro. La popolazione vive prevalentemente in piccoli comuni e, a parte le città capoluogo di **Viterbo** e **Rieti**, nessun altro centro supera i 20 000 abitanti.

Il **Basso Lazio**, cioè l'area meridionale della regione, è invece abbastanza popolato, con numerosi centri di medie dimensioni che si affiancano ai due capoluoghi **Frosinone** e **Latina**. Quest'ultima è l'unica città oltre a Roma a superare i 100 000 abitanti. Nell'area pontina sorge anche Aprilia.

I FLUSSI MIGRATORI

Il Lazio è, con circa 5,9 milioni di abitanti, la **seconda regione italiana per numero di abitanti**. Negli ultimi anni la popolazione regionale è cresciuta in virtù del **movimento migratorio**. Ogni anno decine di migliaia di lavoratori stranieri si spostano nella regione, in particolare nella città e nell'area di Roma, compensando ampiamente il **calo delle nascite** che interessa l'intera regione.

L'ECONOMIA

Il Lazio è una regione con un **reddito per abitante superiore alla media nazionale**. Negli ultimi decenni l'economia è migliorata e non è più legata esclusivamente alla capitale. La città di Roma continua comunque ad avere un peso enorme, in quanto sede del potere politico e di tutti gli organi a esso collegati; la sua economia poggia sui **servizi della pubblica amministrazione** e sul **turismo**.

Le **industrie** si localizzano soprattutto in due aree: la prima si estende tra Pomezia, Aprilia e Latina nell'Agro Pontino, l'altra lungo le valli del Sacco e del Liri, in particolare a Frosinone e Cassino. Polo industriale è anche l'area di Rieti-Cittaducale e la periferia nord di Roma, lungo la via Tiburtina in direzione di Guidonia Montecelio. Si tratta di un'industria recente, spesso ad **alta tecnologia**; in genere gli stabilimenti sono di **medie dimensioni** e operano nei settori chimico, farmaceutico, elettronico, alimentare, meccanico e della carta.

Le pianure costiere e le valli maggiori sono sede di **agricoltura specializzata**, spesso praticata in serra: vite, ortaggi, frutta, fiori e vivai di piante sono le coltivazioni principali.

IL TURISMO: NON SOLO ROMA

Il turismo regionale è ovviamente dominato da **Roma** che sovrasta per importanza e presenze il resto del Lazio. In ogni caso il settore è ben sviluppato anche negli altri **centri storici**, nella **stazione sciistica** del Terminillo (Rieti), nei **centri termali** (Fiuggi), nella zona dei Castelli Romani e lungo le **località balneari** della costa, tra cui il lido di Ostia, Ladispoli, Fregene, Nettuno, Anzio e Terracina.

Le città principali	abitanti (2016)
Roma (RM)	2 867 078
Latina (LT)	126 181
Viterbo (VT)	67 420
Rieti (RI)	47 553
Frosinone (FR)	46 203

pontina
Relativa all'Agro Pontino, cioè l'area di Latina.

COMPETENZA DIGITALE

1 Lavora con internet

L'area dei Castelli Romani è tra le più rinomate del Lazio.
Fai una ricerca e trova notizie su:

a. Dove sono situati rispetto alla capitale.
b. Quanti e quali comuni vi appartengono.
c. Quali sono gli aspetti che hanno contribuito a renderli famosi.

La cittadina di Nemi nei colli Albani, situata nell'area dei Castelli Romani.

Veduta aerea del litorale tirrenico e della città di Fiumicino.

3 Lezione — LA CULTURA E LE TRADIZIONI

L'ARTIGIANATO

La memoria degli **antichi mestieri** sopravvive nei tanti nomi delle strade, dei vicoli e delle piazze, come "via dei falegnami", "dei ferraioli" o "dei fabbri".

Tra le attività artigianali emergono quella dei **ricami** di Palestrina, fatti interamente a mano e rinomati già ai tempi della Roma imperiale, e la lavorazione artistica del **legno**, come l'intarsio e la produzione del mobile. Sono importanti anche l'arte **orafa** romana e le lavorazioni in **ferro** battuto nella Ciociaria e del **rame** nel reatino. La produzione della **ceramica** è tra le tradizioni artigianali più vive.

LE FESTE E LE TRADIZIONI

Il patrimonio folcloristico è riconducibile prevalentemente a eventi religiosi. Tra le manifestazioni più note ricordiamo: a Genzano (Roma) l'**infiorata del Corpus Domini** durante la quale le strade vengono ricoperte di tappeti formati da petali multicolori; a Viterbo la **processione di Santa Rosa**, con il trasporto del baldacchino trionfale per le vie del centro storico; e a Minturno (Latina), la **sagra delle regne** rito di ringraziamento alla Vergine delle Grazie per la mietitura del grano.

Da segnalare tra gli eventi culturali è poi il **festival internazionale del film di Roma**, con cineasti e artisti di fama mondiale.

L'ENOGASTRONOMIA

La cucina laziale ha come riferimento la tradizione popolare: i piatti hanno come base pochi ingredienti, semplici e talvolta poveri. I più noti sono l'**abbacchio** (agnello da latte) e una ricca varietà di pastasciutte: i **bucatini all'amatriciana** (con guanciale, formaggio pecorino e pomodoro), le **fettuccine alla romana** (con funghi e ragù), la **pajata** (rigatoni conditi con sugo a base di budella di vitellino da latte), gli **spaghetti alla carbonara** o al **cacio e pepe** e gli **gnocchi alla romana**. Tra le pietanze a base di carne oltre alla **coda alla vaccinara**, alla **trippa** e alla **pancetta**, c'è la **porchetta**, che trova ad Ariccia (Roma) una delle sue versioni più famose, insignita del marchio IGP.

La ricchezza del terreno favorisce la produzione orticola: ottimi i **carciofi**, cucinati "alla giudìa", cioè fritti. I formaggi sono quasi tutti a base di latte di pecora o di capra, come la **caciotta romana** e il **pecorino romano**. Tra le specialità della pasticceria regionale ricordiamo i **maritozzi**, un tipo di dolce lievitato, con aromi vari.

Per quanto riguarda i **vini**, tra cui spiccano **tre etichette DOCG** (Cesanese del Piglio, Cannellino di Frascati, Frascati Superiore) **e 27 DOC**, la zona più rinomata è quella dei **Castelli Romani**.

IL PANE DI GENZANO

Fin dal Medioevo, nella zona di Genzano e della campagna circostante, era compito delle mogli dei contadini preparare il pane. Si narra che il principe Cesarini Sforza, signore di Genzano, fosse un grande estimatore di questo pane e che in una delle sue visite in Vaticano lo portò in dono al Papa, il quale rimase molto colpito dalla sua fragranza. Divennero allora celebri i "pellegrinaggi" notturni che i fornai genzanesi facevano fino a Roma per portare nei forni della capitale i tanto richiesti "filoni di Genzano". La fama del **pane casereccio di Genzano**, che si distingue per il contrasto tra la mollica morbida di colore avorio e il colore scuro della sua crosta, ha oltrepassato i confini regionali e nel 1997 ha ottenuto, primo pane in Europa, il **riconoscimento IGP** dall'Unione Europea.

COMPETENZA DIGITALE

❶ Lavora con internet

La porchetta, pietanza simbolo di Ariccia, è in realtà diffusa in varie zone del centro Italia.

Fai una ricerca e trova notizie su:

a. Principali aree di diffusione e varianti.

b. Metodo di preparazione e di consumazione.

La famosa porchetta di Ariccia.

Il pane di Genzano.

IL TURISTA CURIOSO

❶ La pasta all'amatriciana, piatto tipico romano, è stata creata nella piccola città di Amatrice (Rieti), che ha fatto parte della provincia dell'Aquila fino al 1927, notevolmente danneggiata dal terremoto del 2016.

4 *Lezione* IL PATRIMONIO STORICO, ARTISTICO E NATURALE

L'ARCHEOLOGIA E L'ARTE

Il Lazio è una regione segnata profondamente dalla storia che si sviluppò intorno a Roma e al suo impero prima e al potere della Chiesa cattolica dopo.

Il territorio venne abitato da diverse popolazioni preromane, quali i Latini, i Volsci, gli Equi, gli Aurunci, nonché gli Etruschi nella parte settentrionale della regione. Il passaggio di queste civiltà è documentato tutt'oggi dai **resti archeologici** sparsi su tutto il territorio. Sono soprattutto gli **Etruschi** ad aver lasciato testimonianze di alto valore artistico: affreschi, pitture e necropoli come quelle di **Cerveteri** e **Tarquinia**, protette dall'UNESCO, e l'area archeologica di **Vulci**.

Nella Tuscia romana (l'antica Etruria) si trova **Viterbo** con il suo incantevole centro storico medievale. Il Palazzo dei Papi, monumento simbolo della città, è un vero gioiello di architettura gotica. Altri monumenti di notevole importanza sono la cattedrale romanica di San Lorenzo, Palazzo dei Priori, imponente edificio rinascimentale, e il Museo Archeologico Nazionale Etrusco.

Alle testimonianze etrusche si contrappongono nel Lazio meridionale i grandiosi resti delle **città fortificate preromane**: nel frusinate l'**acropoli di Alatri**, molto ben conservata, e l'area archeologica di **Ferentino**; nei dintorni di Roma le mura megalitiche di **Segni**.

I Romani hanno lasciato tracce della loro architettura ovunque nella regione: oltre a Roma, che conserva le memorie del suo grande passato, abbiamo la città di **Ostia antica**, i **templi di Cori** (Latina), la **Villa Adriana di Tivoli** e il **tempio di Giove Anxur a Terracina** in provincia di Latina, e l'anfiteatro di **Sutri** nel viterbese

Tracce di **storia medievale** nella regione le ritroviamo nei **castelli** e nelle **fortezze**, sorti sia per esigenze difensive che residenziali, come il castello Caetani a **Sermoneta** (Latina), il castello Orsini-Odescalchi a **Bracciano** (Roma), le fortezze gemelle di Rocchette e Rocchettine nel cuore della **Sabi-**

COMPETENZA DIGITALE

1 Lavora con internet

Il nome "Lazio" deriva dal nome dato alla regione dai Latini, predecessori dei Romani.

Fai una ricerca e trova notizie su:

a. I popoli preromani: in particolare sui Latini, i Volsci e i Sabini.

b. Descrivi le testimonianze archeologiche che questi popoli hanno lasciato.

Il Palazzo dei Papi a Viterbo, sede della curia pontificia nel 1257.

La magnifica abbazia di Montecassino.

na (Rieti) e il **Parco Regionale dei Castelli Romani**, nell'area di Roma, meta turistica di antica tradizione che ospita importanti tracce architettoniche di età classica e medievale.

Negli splendidi paesaggi della Sabina, in provincia di Rieti, troviamo l'**Abbazia di Santa Maria di Farfa**, uno dei monumenti più famosi del **Medioevo**, nonché uno dei luoghi più suggestivi del Lazio. La stessa città di **Rieti** offre importanti testimonianze di vari periodi storici ancora oggi ben conservate come la **cinta muraria medievale** con le sue porte (Porta Romana, Porta d'Arci, Porta Conca) e il teatro Flavio Vespasiano. Tra le architetture religiose ricordiamo la Cattedrale di Santa Maria Assunta, la Chiesa di San Rufo e il Palazzo Vescovile, sede della pinacoteca diocesana.

Nota come **Ciociaria** (da "ciocia", calzatura che usavano i pastori nei campi), anche la zona di Frosinone è testimone di passaggi di culture diverse. Il capoluogo, **Frosinone**, ospita varie attrazioni storiche: le rovine di un anfiteatro romano, il Museo Archeologico, che espone reperti e materiali preistorici fino all'età romana, e la Cattedrale di Santa Maria Assunta, originariamente un tempio paleocristiano dedicato a Marte.

A simboleggiare la potenza e il prestigio delle più importanti famiglie nobiliari che hanno segnato la storia della regione, ricordiamo le magnifiche dimore rinascimentali come **Villa d'Este a Tivoli** (patrimonio UNESCO), Villa Farnesina a Roma, Palazzo Chigi di Ariccia (Roma), e Palazzo Colonna di Genazzano (Roma).

Anche i luoghi di culto sono stati centri di eventi storici che hanno segnato la storia non solo della regione ma dell'intero paese, come l'**Abbazia di Montecassino** (Frosinone) e il **Monastero di Santa Scolastica di Subiaco** (Roma), fondato da san Benedetto da Norcia.

I PARCHI NATURALI

Il Lazio possiede un esteso sistema di parchi naturali, che copre il 10% della superficie regionale. Tra i **parchi nazionali** vi sono quello d'Abruzzo, Lazio e Molise, quello del **Circeo** – una delle più antiche aree naturali protette d'Italia, che tutela un'importante zona litoranea – e il Parco nazionale del **Gran Sasso** e Monti della Laga. Tra i **parchi regionali** di particolare interesse sono quello dei Monti Aurunci e quello di Veio, un'oasi di pregevole valore storico, archeologico e paesaggistico.

IL TURISTA CURIOSO

❶ La fondazione di Roma è avvolta nella leggenda: il re di Alba fece gettare nel Tevere i suoi due nipoti, Romolo e Remo, discendenti dell'eroe troiano Enea. I gemelli furono salvati e allattati da una lupa, e Romolo fondò così Roma nel 753 a.C.

❷ Rieti fu una delle città più importanti della Sabina, regione storica anticamente abitata dai Sabini e compresa fra Lazio, Abruzzo e Umbria.

❸ Viterbo è stata la sede del papato per 24 anni, dal 1257 al 1281, e per questo si è meritata l'appellativo di "città dei Papi".

Fioritura di settembre sulle coste del Parco nazionale del Circeo.

La fontana del Nettuno di Villa d'Este a Tivoli.

5
Lezione

LE RISORSE TURISTICHE

Tra le mete del **TURISMO LACUSTRE** spiccano i **laghi di Bolsena**, **Vico**, **Bracciano** e **Albano**.

Tra le località del **TURISMO BALNEARE**, oltre alle **isole Pontine** di fronte al golfo di Gaeta, ci sono le spiagge della **riviera degli Etruschi**, come Marina di Pescia Romana e Santa Marinella; quelle della **riviera di Roma**, con i centri di Ostia e Anzio; e quelle della **riviera di Ulisse**, come Sabaudia, San Felice Circeo, Terracina, Sperlonga e Gaeta.

La maggiore ricchezza del Lazio è rappresentata dai luoghi del **TURISMO STORICO-ARCHEOLOGICO, ARTISTICO E RELIGIOSO**: tra questi naturalmente primeggia **Roma**, il cui centro storico rappresenta un museo a cielo aperto unico al mondo, insieme alle proprietà extraterritoriali della **Santa Sede** e alla **basilica di San Paolo fuori le Mura**. Numerosissimi sono i siti e i monumenti che formano questo immenso patrimonio culturale: tra i tanti ricordiamo il **Colosseo** e l'**arco di Costantino**, il **Campidoglio**, **Piazza di Spagna**, la **fontana di Trevi**, i **Fori Imperiali**, il **Pantheon**, il **Palatino**, **Castel Sant'Angelo** e **Piazza Navona**.
Allontanandosi dalla capitale, non si possono non menzionare le città etrusche di **Tuscania**, **Cerveteri** e **Tarquinia**, di grande interesse archeologico, e **Rieti**, racchiusa entro le imponenti mura e ricca di testimonianze del periodo medievale.
Di grande pregio sono poi anche i **piccoli borghi** disseminati in tutta la regione, come quelli di **Civita di Bagnoregio** e di **Calcata** nel viterbese, e **Subiaco** in provincia di Roma.

Il territorio vanta anche un'antica tradizione di **TURISMO TERMALE**: tra le sorgenti più famose ricordiamo quelle di **Fiuggi** (Frosinone), le **terme dei Papi** a Viterbo, note già agli Etruschi, e i **bagni di Tivoli**.

Civita di Bagnoregio
Civita di Bagnoregio, soprannominata anche "la città che muore" per via dell'erosione che minaccia di far scomparire la cittadella.

Roma
Castel Sant'Angelo, detto anche Mausoleo di Adriano.

Il patrimonio dell'UNESCO
Centro storico di Roma, le proprietà extraterritoriali della Santa Sede nella città e la Basilica di San Paolo fuori le Mura
Villa Adriana (Tivoli)
Villa d'Este (Tivoli)
Necropoli etrusche di Cerveteri e Tarquinia

Per la lista completa vai su: http://whc.unesco.org/en/list/

Isole Ponziane
Punta Pascone a Ventotene, isole Ponziane.

Subiaco
Il monastero benedettino di Subiaco.

Roma
L'abside della basilica di San Paolo fuori le Mura, realizzata con l'aiuto di artigiani che avevano collaborato ai mosaici di San Marco a Venezia.

Gaeta
Il golfo di Gaeta.

SCRIVI UN TESTO IN 200 PAROLE

Lavora con il testo, la carta, internet e le immagini seguendo i punti elencati

a. Presenta le maggiori località del turismo balneare.

b. Descrivi le attrattive del turismo archeologico.

6
Lezione

ALLA SCOPERTA DEL LAZIO

CARTA INTERATTIVA IN DIGITALE

L'ITINERARIO

Sulle orme degli Etruschi: conoscere una civiltà attraverso le sue necropoli (5 giorni)

Poche grandi culture brillarono tanto e si estinsero in modo così prematuro come quella etrusca. Questo popolo, affermatosi in una regione situata tra l'Arno e il Tevere, diede vita a 12 città-stato che formavano la Dodecapoli etrusca, una potente alleanza di carattere economico, religioso e militare. Con il culmine della potenza di Roma, la civiltà etrusca iniziò il suo inesorabile declino. Le maggiori testimonianze pervenuteci sono quelle dell'arte funeraria, ritrovate nelle necropoli di alcune città-stato come Veio, Cerveteri, Tarquinia e Vulci.

Il nostro viaggio parte da Viterbo, l'antica Surrena etrusca, e passa per i centri di Orte, Tuscania, Blera e Norchia, che conservano importanti testimonianze della civiltà etrusca. Si prosegue per Vulci, una delle dodici città appartenenti alla Dodecapoli e Bolsena, che conserva intatti numerosi resti di quell'epoca. Si continua con le necropoli di Tarquinia e Cerveteri, che rappresentano i siti più famosi della civiltà etrusca, e si conclude con Veio, altra città della Dodecapoli etrusca.

❶ GIORNO
Viterbo – Orte

Arrivo a **Viterbo**, nota anche come "città dei Papi". Visita del centro storico: il **quartiere** medievale **di San Pellegrino**, **piazza San Lorenzo** con il **duomo** e il **palazzo dei Papi**, il **museo nazionale etrusco** e la Viterbo sotterranea. Poco distante dalla città c'è l'area **archeologica di Ferento**, una zona di insediamento prima etrusco poi romano. Si prosegue con il centro storico di **Orte**, che conserva nel **museo civico** interessanti reperti etruschi.

❷ GIORNO
Tuscania – Norchia – Blera

Partenza per **Tuscania** che come ricordano le numerose **necropoli** disseminate nei dintorni, fu una delle principali città etrusche. Di particolare interesse il centro storico e il Museo dove sono esposti raffinati sarcofagi e altri reperti dell'epoca. Si prosegue per i centri di **Norchia** e **Blera**, rilevanti per le necropoli rupestri dell'Etruria.

❸ GIORNO
Vulci – Bolsena

Partenza per **Vulci**, centro situato nella zona dell'antica Tuscia viterbese. Visita del **parco archeologico**, un'area dove si possono ammirare le rovine della grande e potente città etrusca, distrutta dai Romani nel 280 a.C., e le sue **necropoli** particolarmente interessanti dal punto di vista architettonico. Si prosegue per **Bolsena** per visitare la **cinta muraria** e i resti della città etrusco-romana di **Volsinii**.

❹ GIORNO
Tarquinia

Arrivo a **Tarquinia**. Si inizia con la visita del **museo nazionale archeologico**, situato in pieno centro storico nello splendido **palazzo Vitelleschi**, che ospita reperti etruschi tra i più importanti d'Italia. Si continua con la **necropoli dei Monterozzi**, che brilla per le decorazioni pittoriche delle sue tombe.

Il castello dell'Abbadia, del XII secolo, attuale sede del museo archeologico nazionale di Vulci.

L'interno di una tomba della necropoli etrusca di Norchia.

Si raggiungono poi le rovine della **Civita** e del **tempio dell'Ara della regina**.

❺ GIORNO

Cerveteri – Veio

Il percorso inizia con la necropoli di **Cerveteri**, nota anche come *Banditaccia*, una delle più estese del Mar Mediterraneo, con le sue tombe dalla caratteristica forma a tumulo. Si prosegue con la visita del **centro storico**, che ospita il museo archeologico, e si conclude con l'antica città etrusca di **Veio**: visita dell'area archeologica, che conserva monumenti di rilievo come il **santuario di Portonaccio**, tra i più antichi e venerati di tutta l'Etruria, e alcune delle più antiche **tombe dipinte etrusche**, come la Tomba dei Leoni Ruggenti e la Tomba delle Anatre.

I cavalli alati di Tarquinia, lastra architettonica fittile dal tempio dell'Ara della Regina. Museo archeologico nazionale di Tarquinia.

ORGANIZZA TU UN ITINERARIO

Gaeta e dintorni

Procurati una mappa della città di Gaeta e una dei dintorni e costruisci un itinerario che includa i monumenti, le architetture e le località più interessanti. Con Google Maps visualizza il punto di partenza e quello di arrivo e, dopo aver deciso con quale mezzo sia meglio muoversi, calcola i tempi di permanenza e le distanze. Per ogni luogo scrivi in poche righe le principali caratteristiche e attrattive.

Distanza > 105 km ca.

Durata > 3 giorni

Luoghi da visitare

1. Centro storico di Gaeta
2. Parco regionale Riviera di Ulisse
3. Villa e grotta di Tiberio
4. Sperlonga
5. San Felice Circeo
6. Sermoneta
7. Isola di Ponza

Il **Colosseo** è il più importante anfiteatro romano, la sua costruzione è iniziata nel 72 d.C. con l'imperatore Vespasiano.

La **basilica di San Pietro in Vaticano** e l'enorme piazza gremita di fedeli.

ROMA, LA CITTÀ MONUMENTALE

Con un patrimonio artistico e architettonico straordinario, Roma è la città monumentale per eccellenza e uno dei luoghi turistici più visitati al mondo. Il suo centro storico, al cui interno sorge Città del Vaticano, è racchiuso dalle mura aureliane (a sinistra del Tevere) e dalle mura gianicolensi (a destra del fiume) e comprende 25 000 punti di interesse artistico e archeologico. Il centro storico e la Città del Vaticano sono **Patrimonio dell'umanità**, tutelati dall'**UNESCO**.

Roma viene spesso definita la "città eterna" con riferimento ai tremila anni di storia che la città ha alle sue spalle e nella quale tutte le epoche sono rappresentate: dalla **Roma antica** (prima repubblicana e poi imperiale), alla **Roma papalina** (sede del governo dello stato pontificio) fino alla **Roma capitale** dello stato italiano. È infine il centro della cristianità con innumerevoli basiliche e chiese cattoliche, ma anche con i luoghi di culto di altre religioni, come la sinagoga o la moschea.

Le attrezzature turistiche sono ampie e ricche: devono soddisfare le esigenze di oltre **13 milioni di visitatori**, perlopiù stranieri (il 70% del totale), che ogni anno si recano nella capitale; tra questi notevole è il numero dei pellegrini cattolici in visita al Papa.

Unica tra le grandi capitali europee ad aver mantenuto l'antica cinta muraria difensiva, la capitale offre **bellissime vedute d'insieme e splendidi scorci** nel centro storico, regalando al visitatore alcuni dei più imponenti monumenti dell'antichità, ma anche capolavori del Rinascimento e del periodo barocco, quando artisti e architetti lavorarono per i papi e per le famiglie aristocratiche dell'epoca. Il **patrimonio museale** è enorme e di ricchezza **inestimabile**.

UN CENTRO STORICO A PIÙ NUCLEI

La città nella sua parte storica non ha un solo centro, come può essere piazza San Marco a Venezia o piazza Duomo a Milano, ma possiede **più nuclei** che si concentrano intorno a piazza Venezia, piazza Esedra, piazza Navona, piazza San Giovanni in Laterano, piazza Farnese.

Al di fuori dei nuclei storici, si è sviluppata tra gli anni Cinquanta e Ottanta del secolo scorso un'**immensa periferia** lungo le direttrici delle strade consolari e delle grandi arterie stradali. A seguito di un'espansione disordinata, oggi l'abitato ha raggiunto, e in alcuni punti superato, il Grande Raccordo Anulare, cioè la circonvallazione autostradale che circonda ad anello la città. Per alleggerire il centro storico, infatti, a partire dagli anni Settanta, sono stati decentrati numerosi uffici e servizi dalle aree centrali in zone meno congestionate (per esempio l'EUR e Tor Vergata), ma l'operazione non ha dato i risultati sperati. Il traffico rimane un grande problema per la città, che ha una rete pubblica di trasporto insufficiente alle necessità di una grande capitale europea.

La chiesa della **Trinità dei Monti** con la scalinata di piazza di Spagna.

Il **Pantheon**, costruito come tempio dedicato a tutte le divinità passate, presenti e future, fu fatto ricostruire dall'imperatore Adriano tra il 120 e il 124 d.C., dopo che gli incendi dell'80 e del 110 d.C. avevano danneggiato la costruzione precedente di età augustea.

Dagli anni Novanta Roma ha conosciuto una serie di interventi urbanistici volti a migliorare le funzioni urbane e il sistema della mobilità interna. Nel centro storico si sono realizzate isole pedonali e si sono presi provvedimenti per limitare il traffico automobilistico. Inoltre si è resa più efficiente la gestione dei **musei**, come è avvenuto alla Galleria Borghese, al Museo del Vittoriano, ai Musei Capitolini. Alla fine del 2002 è stato inaugurato l'**Auditorium** (progettato da Renzo Piano), una struttura visitata annualmente da oltre 2 milioni di persone. Altri architetti di fama internazionale hanno firmato strutture di grande rilevanza come il **Polo culturale e multimediale**, il **Nuovo Centro congressi**, il museo dell'**Ara Pacis** e il **Museo di Arte contemporanea**.

LE DUE SPONDE DEL TEVERE

Nel cuore della città, sulla **sinistra del Tevere**, si estende l'enorme **area archeologica centrale** che con il Campidoglio, il Foro Romano, il Palatino e il Colosseo, offre il meglio della **Roma imperiale**.

A nord-ovest, delimitata dalla curva disegnata dal Tevere, si trova la **zona barocca** della città; qui si sviluppò la città rinascimentale e moderna, estesa tra il Pantheon, piazza Navona e Campo de' Fiori. Accanto alle numerose chiese, si trovano palazzi nobiliari e le sedi del potere della Repubblica Italiana; l'area è anche il centro dello shopping: tra tutte la celeberrima via Condotti, con i negozi delle grandi firme della moda.

La **riva destra del Tevere** ospita la basilica di San Pietro e il quartiere di **Trastevere** che, con i suoi vicoli e le piazzette, è un quartiere tipico della tradizione romanesca.

CITTÀ DEL VATICANO

Con la firma dei Patti Lateranensi l'11 febbraio 1929, **Città del Vaticano** venne riconosciuta come Stato indipendente sotto la sovranità del papa, il capo della Chiesa cattolica. Il Vaticano è il più piccolo Stato del mondo, con moneta, francobolli, stazione ferroviaria, telecomunicazioni e polizia propri. Include la basilica di San Pietro e la piazza prospiciente, il complesso dei Palazzi Vaticani con i celeberrimi **musei Vaticani**, visitati da oltre 6 milioni di persone all'anno (quarto posto assoluto a livello mondiale) e i giardini. Fanno inoltre parte dello stato altri edifici come la **basilica di San Giovanni in Laterano** e **Castel Gandolfo**.

Il Vaticano, in origine colle isolato dalla vita romana, assunse importanza grazie al **sepolcro di san Pietro**, caro alla tradizione cristiana. L'area con la basilica è stata oggetto nel corso dei secoli di una successione ininterrotta di interventi con l'intenzione di realizzare una cittadella della fede, pensata come autonoma rispetto a Roma stessa. La configurazione di piazza San Pietro è un esempio di architettura barocca con il colonnato del Bernini; le strette vie e i "borghi" a ridosso della piazza furono demoliti per far posto alla grande arteria rettilinea di via della Conciliazione, aperta negli anni Trenta del secolo scorso.

SEI PRONTO PER LA VERIFICA?

LOSAI? RIPASSA CON LO SMARTPHONE

IN 1 ORA

1 Dopo aver studiato le unità, completa la sintesi utilizzando le parole proposte. Attenzione ce ne sono 5 in più. ...../ 10

UNITÀ 16 – LA TOSCANA

- .... regione italiana per superficie, ha un territorio soprattutto .... L'area più densamente edificata è quella del .... e della piana costiera.
- Il saldo naturale è negativo ma la popolazione è in aumento per effetto dell'immigrazione. L'economia è sviluppata, l'agricoltura è specializzata in molte produzioni di pregio, l'industria si basa su piccole e medie imprese e la valle dell'Arno è una delle maggiori concentrazioni .... d'Italia.
- Le produzioni artigianali sono molteplici, numerose e famose sono le feste tradizionali, tra cui il .... di Siena e il Carnevale di Viareggio. La cucina è di antica tradizione, piatti e produzioni famosi sono la ribollita, i formaggi pecorini, gli insaccati, la carne chianina, olio e vini pregiati.
- La Toscana corrisponde all'antica .... Dopo il Mille fu centro della civiltà .... e divenne l'area più urbanizzata d'Europa. Il territorio si unificò attorno a Firenze, dove nacque la lingua italiana. Immensa è l'eredità artistica e culturale del ....
- Il turismo è diffusissimo in quanto la regione vanta il primato artistico e paesaggistico italiano. Riserve e parchi naturali occupano il 10% della superficie. Sono importanti anche il turismo balneare e quello termale.

UNITÀ 17 – LE MARCHE

- Regione collinare occupata in gran parte dall'Appennino Umbro-Marchigiano. È un territorio soggetto a fenomeni carsici e .... Nell'interno sopravvivono borghi, eremi, castelli e rocche tradizionali.
- Nel tempo la popolazione si è spostata verso la costa, la densità media è .... alla media nazionale. L'economia si basa su piccole e medie imprese ad alta .... , industria navale, attività agricole avanzate, pesca e turismo.
- Alcune tra le produzioni artigianali più rinomate sono carta, ... , calzature, cappelli. La gastronomia è legata sia al mare che all'interno (tartufi, porchetta, olive all'ascolana ecc.). L'architettura conserva tracce di varie epoche, notevole quella rinascimentale di ....
- Il turismo si basa su molte aree naturali protette, sulle attività balneari, sui diversi centri termali, su alcune mete del turismo religioso.

UNITÀ 18 – L'UMBRIA

- È una piccola regione con un territorio prevalentemente collinare. Nei fondovalle passano gli assi principali delle comunicazioni e sono presenti un'agricoltura .... meccanizzata e un susseguirsi di insediamenti e capannoni industriali.
- La popolazione è poco numerosa. Lo sviluppo economico è .... , l'agricoltura ha raggiunto buoni livelli produttivi (olivo, vite, barbabietola da zucchero), l'industria è presente in vari settori, famosa l'industria dolciaria della ....
- Molto noti il festival di Umbria .... e il festival di Eurochocolate a Perugia. Produzioni alimentari importanti sono l'olio, il .... , gli insaccati e le lenticchie di Castelluccio. Oltre a resti dell'antichità (etruschi e romani) è importante l'arte sacra.
- "Regione verde", l'Umbria possiede luoghi di interesse naturalistico e paesaggistico. Diverse le risorse culturali e soprattutto i luoghi del turismo religioso, sono presenti anche località termali.

UNITÀ 19 – IL LAZIO

- Il territorio ha una morfologia varia. Attorno a Roma si estende un'ampia area a urbanizzazione .... , mentre nell'interno sopravvive un paesaggio rurale tradizionale e la densità è bassa. È diffusa la campagna urbanizzata mentre la costa, ... , vede l'alternarsi di attività industriali e centri turistici.
- È la seconda regione per numero di abitanti. Oggi l'economia non dipende più unicamente dalle attività .... della capitale, l'industria, spesso ad alta tecnologia, è presente in diverse aree, così come l'agricoltura specializzata.
- Ricca e famosa è la tradizione gastronomica (abbacchio, porchetta, bucatini all'amatriciana, pajata, carciofi alla giudìa ecc.). Innumerevoli sono i resti legati ai romani, agli .... e alle popolazioni preromane, al Medioevo e poi alla lunga storia del .... , diverse le dimore delle famiglie nobiliari del passato.
- Il turismo è storico-archeologico, artistico e religioso, in particolare a Roma. Diverse sono le città d'arte, i centri etruschi, le località termali e balneari.

Parole da inserire: bonificata • collinare • comunale • diffusa • Etruria • Etruschi • idrico • industriali • inferiore • intermedio • irrigua • Jazz • Nestlé • omogenea • Palio • papato • Perugina • pianeggiante • politiche • quinta • Rinascimento • rocciosa • sismici • specializzazione • strumenti musicali • tartufo • Urbino • Valdarno

ZTE ONLINE
Mettiti alla prova
con 20 esercizi interattivi

❷ Indica se le frasi sono vere o false. (2 punti ciascuna) ..... / 22

a. Tra i fiumi interamente toscani ci sono l'Arno e il Reno. V F
b. Il Monte Amiata è un antico vulcano ormai spento. V F
c. Le crete senesi sono territori occupati da pascoli e praterie. V F
d. Nella Maremma toscana è ben visibile il paesaggio della bonifica. V F
e. Quasi tutti i fiumi marchigiani sfociano nell'Adriatico. V F
f. Le coste delle Marche sono prevalentemente alte e rocciose. V F
g. In Umbria i rilievi più elevati si estendono nel settore occidentale. V F
a. Il Tevere scorre per un lungo tratto in Umbria. V F
b. I principali laghi del Lazio sono di origine glaciale. V F
l. Tarquinia è un importante centro di origine etrusca. V F
m. L'Alto Lazio corrisponde alla parte montuosa della regione. V F

❸ Indica la risposta corretta. (1 punto ciascuna) ..... / 2

a. Quale delle seguenti località non si trova in Versilia?
- ❑ Viareggio
- ❑ Forte dei Marmi
- ❑ Marina di Pietrasanta
- ❑ Porto Ercole

b. Il territorio del Lazio è prevalentemente:
- ❑ pianeggiante
- ❑ collinare
- ❑ montuoso

❹ Completa le seguenti affermazioni. (1 punto ciascuna) ..... / 11

a. Dell'Arcipelago Toscano fanno parte (ricorda il nome di due isole) .... e ....
b. I capoluoghi delle Marche sono Ancona, P..............., U..............., Macerata, F............... e Ascoli ....
c. I capoluoghi del Lazio sono Roma, R..............., F..............., L............... e V............... .
d. I rilievi più imponenti dell'Appennino Umbro-Marchigiano sono i Monti ....

❺ Completa con i termini corretti: ..... / 2

Scegli tra: conca - culturali - Foligno - industriale - Perugia - Terni - trasporti

Il maggiore addensamento umbro è quello di ...., che svolge svariate funzioni (commerciali, turistiche, industriali e ....), ... invece, situata in una .... pianeggiante, è un polo .... La città di .... è un rilevante centro dei ....

❻ Indica in quale regione si trovano i seguenti elementi geografici. ..... / 5

Cascata delle Marmore ....
Alpi Apuane ....
Promontorio del Circeo ....
Conero ....
Versilia ....
Grotte di Frasassi ....
Ciociaria ....
Abetone ....
Tarquinia ....
Monti Sibillini ....
Casentino ....
Lago Trasimeno ....
San Benedetto del Tronto ....
Chianti ....
Lago di Bracciano ....

❼ Scrivi la definizione dei termini proposti. (2 punti ciascuna) ..... / 8

Soffioni boraciferi ....
Fenomeni carsici ....
Conca intermontana ....
Vie consolari ....

❽ Rispondi alle domande. (10 punti ciascuna) ..... / 40

a. Descrivi le caratteristiche principali del paesaggio collinare toscano.
....
b. Esponi brevemente quali sono le risorse turistiche delle Marche.
....
c. Descrivi le tre fasce naturali in cui si suddivide il territorio del Lazio.
....
d. Ricorda quattro tra i più importanti siti o monumenti di Roma.
....

PUNTEGGIO TOTALE
..... / 100

GEOGRAPHY HIGHLIGHTS – CLIL

GREAT ITALIAN CITIES

MILAN is the Italian **centre of finance**, industry and commerce, as well as a global capital of fashion, industrial design and **1......** Milan is also the home of "***The Last Supper***" by Leonardo da Vinci in the refectory of the Convent of ***Santa Maria delle Grazie*** and of the spectacular Gothic Duomo, which took over 6 centuries to complete. ***La Scala*** is one of the world's most famous opera houses.

BOLOGNA is the capital of Emilia-Romagna. There's a lot to do here. From soaking in the academic **ambience** - Bologna is home to Europe's oldest university - to enjoying the region's excellent **2.......** in local *trattorie*, to taking fun pictures with the **leaning** towers of Bologna (it's not just in *Pisa*!). It has a nice **3.......** centre, several attractive squares, lined with buildings with **porticoes**, which make it a good place to walk even in the rain.

FLORENCE, "the **cradle** of the Renaissance", is **4.......** on the ***River Arno***, whose famous bridge, ***Ponte Vecchio***, is a striking **landmark**. Most of its sights are within the main centre, so it's ideal to get around on foot. With its **cobblestone streets**, the graceful buildings, ***Duomo*** and ***Palazzo Vecchio***, Florence is a feast for the eyes. And that's just walking around **5.......**
Inside, even more beauty awaits: from *Michelangelo's* marble statue of ***David*** in the Accademia to **masterpieces** by Leonardo da Vinci, Raphael, Titian, Caravaggio in the ***Uffizi Museum***.

PERUGIA, the largest city in Umbria and the region's capital, is a **walled** city on a **hilltop** with great **6.......** over the **valley**. Its history dates back to the ninth century BC, to the time of the *Umbrii* and the *Etruscans*. The ***National Museum of Umbrian Archaeology*** includes a plethora of amazing **artefacts**. There are also artistic masterpieces in the ***National Gallery of Umbria***, and important churches, beautiful buildings, elegant piazzas, and much more! It hosts a world-famous jazz festival in the summer and its ***University for Foreigners*** is the oldest and most prestigious Italian institution involved in teaching and research activities and in the **7.......** of the Italian **8.......** and civilisation.

ROME is the largest city in Italy with its 2,500 years of history and innumerable archaeological **9.......**, art museums, churches, artistic grandeur and impressive architecture. It is known as the *'Eternal City'*. **Formerly** the capital of the Roman Empire, Rome today is the government **seat** and capital city of Italy. Rome is a vast and complex city that is both historic and modern at the same time. Some of the city's most spectacular **sights** include the impressive ***Coliseum***, the famous ***Trevi Fountain***, the ***Spanish Steps*** the ***Pantheon***, *Castel Sant'Angelo*, Michelangelo's ***Sistine Chapel*** in ***Vatican City***, which is an independent country **10.......** located within the city boundaries of Rome. It is the only existing example of a country within a city: for this reason Rome has been often defined as *capital of two states*.

06

COMPREHENSION

❶ **Listen and complete the text with the following words.**

A. SITES - **B.** CUISINE - **C.** OUTSIDE - **D.** ARCHITECTURE - **E.** VIEWS - **F.** SITUATED - **G.** GEOGRAPHICALLY - **H.** DIFFUSION - **I.** MEDIEVAL - **J.** LANGUAGE

COMPREHENSION

❷ **Match the highlighted words from the text to their Italian translation:**

1. pendente	**6.** centro finanziario	**11.** punto di riferimento ....
2. manufatti	**7.** sede	**12.** cinto da mura ....
3. atmosfera	**8.** luogo di interesse	**13.** culla ....
4. capolavori	**9.** colonnati	**14.** pavimentato con ciottoli ....
5. precedentemente	**10.** cima	**15.** valle ....

COMPREHENSION

❸ Match the cities from the text to these pictures.

A. ....

B. ....

C. ....

D. ....

E. ....

COMPREHENSION

❹ Tick (√) the correct CITY.

	MILAN	BOLOGNA	FLORENCE	PERUGIA	ROME
1. Foreigners can study Italian here.					
2. It took over 6 centuries to build its cathedral.					
3. The Renaissance sculpture of a biblical hero is one of its beauties.					
4. If it rains you won't get wet walking around.					
5. An independent state is part of it					
6. A powerful ancient civilisation was here.					
7. Its major sights are within walking distance from the city centre.					
8. It's steeped in more than two thousand years of history.					

REVISION & PRODUCTION

❺ Translate the following passage into English.

Rome could not be imagined without the remarkable counterpoint of its squares and fountains. Enclosed in the structure of the Renaissance and baroque districts or designed as spectacular sceneries for the most important roads, the squares of Rome are points of historical, architectural and tourist interest. And there is not a square in Rome without a fountain. Water flows plentifully in the subsoil and pours from the hundreds of small and large fountains, each with its own artistic value and history.

❻ Write a short description of your hometown, or of a town you would like to visit (about 100 words).

1 IL TERRITORIO E I PAESAGGI

Lezione

superficie	10 798 km²
popolazione (2016)	1 323 077 ab.
densità	123 ab./km²
capoluogo regionale	L'Aquila

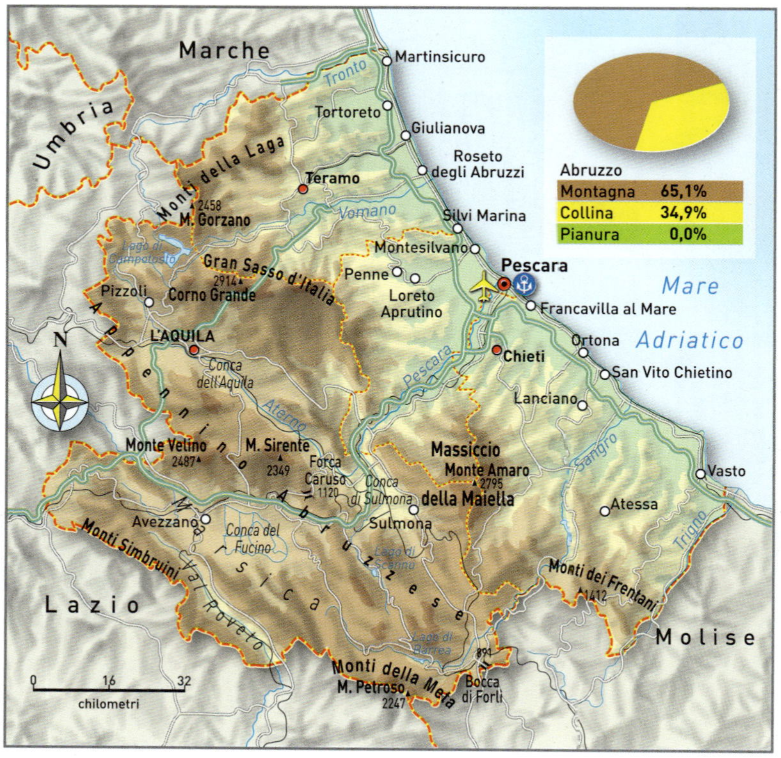

LE VIE DI COMUNICAZIONE

La regione è attraversata da tre grandi **linee autostradali**: da ovest a est la Roma-Pescara e la Roma-L'Aquila-Teramo, che supera il Gran Sasso con un traforo; da nord a sud la Bologna-Taranto, che scorre lungo il litorale. Le più importanti **linee ferroviarie**, che ricalcano il tracciato autostradale, sono la Roma-Pescara e la Bologna-Bari. Il principale **aeroporto** è quello di Pescara, ma la regione è collegata anche con l'aeroporto di Fiumicino (Roma). Tra i **porti**, i più significativi sono quelli di Pescara, Ortona e Vasto, che collegano l'Abruzzo con i Balcani e le isole Tremiti (Foggia).

IL TERRITORIO

L'Abruzzo è una regione dell'Italia centro-meridionale affacciata al Mar Adriatico. La regione è **in prevalenza montuosa** e quasi i due terzi del territorio sono posti a un'altitudine superiore ai 500 m.

I RILIEVI E LE PIANURE

L'**Appennino Abruzzese** comprende molti gruppi tra cui i Monti della Meta, i Monti della Laga e i massicci della Maiella e del Gran Sasso: quest'ultimo, con i 2914 m del Corno Grande, è anche la cima più alta degli Appennini. La catena appenninica è interrotta da alcune **conche intermontane**: le maggiori sono quelle dell'Aquila, di Sulmona e del Fùcino, circondata quest'ultima dall'area della Marsica. Alla montagna segue una vasta **area collinare preappenninica**, larga circa 30 km, che scende verso la stretta **fascia costiera, bassa e sabbiosa**.

I FIUMI

I principali fiumi abruzzesi, tutti **tributari dell'Adriatico**, hanno un **corso irregolare** di tipo torrentizio e, a causa di una intensa deforestazione praticata sui versanti montuosi più elevati, sono frequenti alluvioni e frane durante la primavera e l'autunno. I principali corsi d'acqua sono: l'**Aterno-Pescara** (145 km), il più lungo; il **Sangro**, che nel suo corso superiore percorre il Parco nazionale d'Abruzzo, il **Vomano**, il **Tronto** e il **Trigno**, che segnano rispettivamente parte dei confini nord e sud della regione.

IL CLIMA

Il **clima** abruzzese, marcatamente **continentale** all'interno, con inverni freddi ed estati molto calde, è mitigato lungo le coste dall'influenza del mare, che lo rende mite e **mediterraneo**. La pioggia e le nevi cadono in abbondanza dal periodo invernale fino alla primavera. Una costante **siccità** caratterizza la stagione estiva.

IL PAESAGGIO DELLA MONTAGNA E DELLE CONCHE

L'Appennino Abruzzese è formato da **vari gruppi montuosi** disposti in modo piuttosto irregolare e con molte cime che, soprattutto

tributario
Detto di un corso d'acqua che affluisce in un corso d'acqua di maggiore importanza o in un lago.

nelle catene più orientali, superano i 2000 m di quota. La montagna è costituita principalmente da rocce calcaree e interessata da rilevanti **fenomeni carsici**; si tratta di un'area spopolata e boscosa (la regione ha la più alta percentuale di **aree protette** d'Italia, circa il 28% della superficie regionale) con foreste a quercia e castagno in basso e a faggio in alto. I vari gruppi sono separati dalle **conche intermontane** che coincidono con i principali centri di insediamento e popolamento: tra queste la conca del Fùcino, situata a 670 m e in passato vasta area lacustre, presenta il classico paesaggio di bonifica con strade e canali regolari e vaste distese di appezzamenti.

IL PAESAGGIO DELLA COLLINA E DELLA COSTA

La **fascia di colline preappenniniche** è composta da terreni sabbiosi e argillosi, soggetti a **intensa erosione**, soprattutto delle acque di superficie; nei versanti più esposti frequente è la presenza di **calanchi**. Il popolamento è diradato, ma vi è la presenza di alcuni importanti centri come Teramo.

Lungo la costa il paesaggio abruzzese è invece una **lunga striscia urbanizzata** con molte città, prima tra tutte Pescara. Qui la monotonia del litorale, uniforme e rettilineo, è spezzata solo dalle foci dei fiumi.

IL TURISTA CURIOSO

❶ Il termine "Abruzzo" deriva da *Aprutium*, evoluzione popolare di *(ad) Praetutium*, ovvero "la terra dei Praetutii", un'antica popolazione italica che viveva nella zona dell'attuale Teramo.

❹ Il ghiacciaio del Calderone, situato nel massiccio del Gran Sasso in provincia di Teramo, è il più meridionale d'Europa.

❺ Nella conca del Fucino si trova dal 1962 una stazione di Telespazio, il maggiore centro italiano per le comunicazioni via satellite e uno dei principali a livello mondiale.

QUANDO ANDARE?

Le stagioni migliori per visitare la regione, caratterizzata da un clima mediterraneo lungo le coste e continentale verso l'interno, sono la primavera inoltrata e l'inizio dell'autunno per i viaggi di carattere culturale. Data la notevole altitudine media dell'interno e la presenza di ampie zone boscose, l'estate è adatta anche per visite naturalistiche ai parchi. Per il turismo balneare costiero sono preferibili i mesi di luglio e agosto, mentre l'inverno è l'ideale per l'attività sciistica.

calanco
Solco stretto e profondo, in genere con molte ramificazioni, scavato in terreni prevalentemente argillosi dall'azione delle precipitazioni atmosferiche.

COMPETENZA LOCALIZZAZIONE

❶ Lavora con la carta e le immagini

Osserva la carta e rispondi alle domande.

a. Quali sono i confini dell'Abruzzo?
b. Qual è la cima più elevata del Massiccio della Maiella?
c. Qual è la cima più elevata dei Monti della Laga? Quanto è alta?
d. Quanto è alto il monte Velino?
e. Qual è il fiume che segna il confine della regione a sud con il Molise? E a nord con le Marche?
f. Quali sono e dove corrono le principali linee ferroviarie?

COMPETENZA LINGUAGGIO DELLA GEOGRAFIA

❷ Riconosci il paesaggio

Abbina le immagini alle definizioni corrette inserendo le lettere negli appositi spazi.

a. paesaggio della montagna **b.** paesaggio agricolo dell'interno **c.** costa urbanizzata

☐ Il litorale adriatico nei pressi di Vasto (Chieti).

☐ Il Corno Grande del Gran Sasso a inizio primavera.

☐ I campi di ortaggi della conca del Fùcino.

2 Lezione LA GEOGRAFIA UMANA

LA POPOLAZIONE E LE CITTÀ

La regione ha poco più di 1 300 000 abitanti e una densità molto inferiore alla media nazionale, che si spiega con la montuosità del territorio. All'interno sono **numerosi i piccoli centri**, anche di poche migliaia di abitanti. Le città capoluogo sono quattro: all'interno si trovano **il capoluogo** regionale, **L'Aquila**, posto a 714 m sul livello del mare, e **Teramo**, nella parte settentrionale; **Pescara** è la sola affacciata **sul mare** e con più di 100 000 abitanti; infine, a poca distanza verso l'interno, **Chieti**, che insieme a Pescara forma un unico agglomerato urbano.

La popolazione abruzzese presenta una leggera tendenza alla **diminuzione** negli ultimi anni. L'arrivo di **immigrati**, a causa del perdurare della crisi economica e degli effetti del terremoto dell'Aquila del 2009, si è **notevolmente ridimensionato** (il loro numero è pari al 6,5% della popolazione residente contro una media nazionale dell'8,3%) e non compensa più un **saldo naturale cronicamente passivo**, dovuto a un continuo calo della natalità.

L'ECONOMIA: LA REGIONE PIÙ EVOLUTA DEL SUD

A seguito di un'intensa crescita conosciuta nei decenni passati, l'Abruzzo è attualmente la **regione più attrezzata economicamente del Mezzogiorno** d'Italia e si colloca, per reddito pro-capite e livello dei consumi, piuttosto **vicino ai valori medi nazionali** (poco meno del 90%).

L'**agricoltura** non dispone di spazi coltivabili molto estesi. Le zone migliori sono le conche intermontane e l'area collinare vicina alla costa. Alle tradizionali coltivazioni di cereali, olivo e vite si affiancano le redditizie colture di ortaggi e frutta, destinate perlopiù al mercato romano. Nella conca del Fucino è diffusa la barbabietola da zucchero.

Il **settore industriale**, concentrato nelle città capoluogo e lungo la valle del Pescara, poggia in prevalenza sulle **piccole e medie imprese**. I settori principali sono: alimentare, trasporti, elettronica (polo tecnologico dell'Aquila), chimica farmaceutica, articoli di abbigliamento e in pelle, lavorazione del metallo. Le esportazioni abruzzesi in questi settori hanno dato buoni risultati a partire dal 2016.

IL TURISMO: UN'ATTIVITÀ DIVERSIFICATA

Il turismo offre varie opportunità ed è ben sviluppato per la **balneazione** (Giulianova, Roseto degli Abruzzi, Ortona, Vasto, Francavilla a Mare), per gli **sport invernali** (Roccaraso, Campo Imperatore) e per le attività **naturalistiche** nella zona dei parchi, tra cui spicca il Parco nazionale del Gran Sasso.

Le città principali	abitanti (2016)
Pescara (PE)	120 525
L'Aquila (AQ)	69 627
Teramo (TE)	54 857
Chieti (CH)	51 582

COMPETENZA DIGITALE

1 Lavora con internet

Situata a 714 m di altitudine sul fiume Aterno, nella conca intermontana a cui dà il nome, L'Aquila è divenuta tristemente nota per il terremoto che l'ha colpita nel 2009.

Fai una ricerca e trova notizie su:

a. Che cosa è stato fatto fino ad ora per ricostruire il patrimonio artistico.

b. Se c'è stata una ripresa del turismo nell'area di L'Aquila.

Il palazzo della Prefettura di L'Aquila dopo il sisma del 2009.

Santo Stefano di Sessanio, il cui territorio rientra nel parco nazionale del Gran Sasso e Monti della Laga, è annoverato tra i borghi più belli d'Italia.

3 Lezione
LA CULTURA, LE TRADIZIONI E IL PATRIMONIO STORICO E ARTISTICO

La conca in rame dagli ampi manici è uno dei simboli della regione.

L'ARTIGIANATO

La produzione della **ceramica** è tra le attività più rappresentative dell'artigianato abruzzese che ha il suo centro a Castelli (Teramo). Altrettanto importante è la **lavorazione della pietra**: fin dall'antichità i maestri abruzzesi hanno scolpito la pietra bianca della Maiella per realizzare chiese ed edifici come a Pretoro (Chieti) e Pacentro (L'Aquila).

Di tradizione è anche la **lavorazione dei metalli** per produrre utensili domestici.

LE FESTE E LE TRADIZIONI

L'Abruzzo conserva ancora oggi antichissimi riti e tradizioni. Tra le principali feste **sacre** gli esempi più rappresentativi sono: l'antico **rito dei Serpari** a Cocullo vicino L'Aquila in onore di San Domenico; la **festa di San Giovanni** a Civitella Roveto, e la **festa delle Farchie** a Fara Filiorum Petri (Chieti) per celebrare Sant'Antonio Abate, il santo più venerato della regione. Tra le manifestazioni **folcloristiche**, la **festa dei Banderesi** a Bucchianico (Chieti), e la **giostra cavalleresca** a Sulmona, sono le più frequentate.

L'ENOGASTRONOMIA

La gastronomia abruzzese vive di due tradizioni: quella costiera e quella montana. La **cucina del litorale** trova l'espressione più gustosa nel **brodetto**, zuppa a base di pesce, crostacei e molluschi. La **cucina montana** elabora i genuini prodotti della pastorizia e dell'allevamento. Tra la pasta casereccia locale sono tipici i **maccheroni alla chitarra**. Molto buone sono anche le **zuppe** di cereali e legumi, insaporite dallo **zafferano** della conca dell'Aquila. Le **carni** più tipiche sono quelle di **agnello** e di **cinghiale**. Tra i formaggi troviamo il **pecorino** e la **ricotta di pecora**. I prodotti della tradizione dolciaria sono a base di mandorle e noci, come il **torrone**, i **confetti** e il **parrozzo**, dolce ricoperto di cioccolata.

Per quanto riguarda i **vini**, l'Abruzzo vanta **4 etichette DOC**: i rossi Abruzzo DOC, **Montepulciano d'Abruzzo** (di cui esiste anche una varietà DOCG, il Montepulciano d'Abruzzo Colline Teramane), il Cerasuolo d'Abruzzo e il bianco **Trebbiano d'Abruzzo**. Una **decina** le **etichette IGT**.

L'ARTE E L'ARCHITETTURA

L'Abruzzo è ricco di siti archeologici già dall'**antichità**, come la necropoli sannita di **Alfedena** e i resti di epoca romana di *Amiternum* e *Alba Fucens* nell'aquilano.

Sono i piccoli centri la principale attrattiva della regione, dove si trovano splendidi **borghi medievali** come Scanno, Barrea, Opi e Pettorano sul Gizio (L'Aquila), Penne (Pescara), Guardiagrele (Chieti) e Atri (Teramo).

Dell'**epoca barocca** la regione conserva testimonianze di edifici civili e religiosi. Da segnalare la **chiesa di Santa Maria del Carmine** di Vasto (Chieti), la **chiesa di Santa Maria del Colle** di Pescocostanzo (L'Aquila), la **chiesa del Suffragio** dell'Aquila e il **palazzo Del Bono** di Penne (Pescara).

IL TURISTA CURIOSO

❶ A Carpineto Sinelli, in provincia di Chieti, nasce il primo museo dedicato al maiale.

❷ Il simbolo dell'oreficeria locale è la *presentosa*, il gioiello tradizionale femminile abruzzese diventato famoso per la descrizione che ne fa D'Annunzio nella sua opera *Il trionfo della morte*.

❸ La cittadina di Sulmona, già nota per aver dato i natali al poeta latino Ovidio, è oggi una delle "capitali" italiane del confetto: presso il museo dell'arte e della tecnologia confettiera è possibile ammirare macchine antiche e attrezzature dell'arte sulmonese della confetteria.

COMPETENZA DIGITALE

❶ Lavora con internet

Gli arrosticini sono senza dubbio uno dei simboli dell'Abruzzo.

Fai una ricerca e trova notizie su:

a. In che cosa consistono e base di quale carne vengano preparati.

b. Principali varianti e aree di diffusione.

San Domenico, ricoperto di serpenti, che si ritiene protegga gli uomini dal loro morso, durante la festa dei serpari a Cocullo.

Gli *arrosticini*, uno dei simboli dell'Abruzzo.

4 LE RISORSE TURISTICHE
Lezione

L'Abruzzo è riconosciuto come la "**regione verde d'Europa**" grazie ai suoi PARCHI NATURALI, tra cui vi sono ben **tre parchi nazionali** (parco del Gran Sasso e dei Monti della Laga, parco della Majella e parco dell'Abruzzo, del Lazio e del Molise) e **uno regionale** (parco del Sirente-Velino), e alle numerose oasi e riserve naturali che coprono il 30% della sua superficie.

Tra le stazioni più frequentate del TURISMO BALNEARE, oltre a **Pescara**, troviamo **Giulianova**, **Roseto degli Abruzzi**, **Pineto** e **Alba Adriatica** nel teramano, e **Ortona**, **Francavilla al Mare** e **Vasto** in provincia di Chieti.

In Abruzzo i centri di interesse del TURISMO CULTURALE sono: **L'Aquila**, con la basilica di San Bernardino, il castello cinquecentesco e la **fontana delle 99 cannelle**, monumento-simbolo della città; **Chieti**, con l'**anfiteatro** e i **templi romani**, la **cattedrale di San Giustino** e il **museo archeologico nazionale**, ricco di testimonianze di civiltà greca e romana; **Pescara**, dove è possibile visitare la casa di D'Annunzio e il museo delle genti d'Abruzzo; **Teramo**, con la cattedrale medievale e le rovine di epoca romana; e **Giulianova** con il duomo di San Flaviano.

Per il TURISMO MONTANO, numerose sono le **stazioni sciistiche** dove è possibile praticare tutti i tipi di sport invernali. Tra i centri più famosi vi sono Roccaraso, Rivisondoli, Pescasseroli e Campo Imperatore.

Quanto alle mete del TURISMO TERMALE, tra le molte attrattive della regione si ricordano gli **stabilimenti** e le **sorgenti** di Caramanico, Raiano e Popoli, che sgorgano ai piedi della Majella.

L'Aquila
La fontana delle 99 cannelle dell'Aquila.

Giulianova
Il paesaggio agricolo lungo la costa adriatica all'altezza di Giulianova (Teramo).

Chieti
La costa dei Trabocchi, sul litorale adriatico della provincia di Chieti, è caratterizzata dalla diffusione dei *trabocchi* (o *trabucchi*), macchine da pesca su palafitta.

SCRIVI UN TESTO IN 200 PAROLE
Lavora con il testo, la carta, internet e le immagini seguendo i punti elencati
a. Descrivi le località del turismo montano.
b. Presenta le attività che si possono svolgere in estate e in inverno.

5 Lezione

ALLA SCOPERTA DELL'ABRUZZO

CARTA INTERATTIVA IN DIGITALE

L'ITINERARIO

Lungo strade e sentieri attraverso i parchi naturali (3 giorni)

L'itinerario conduce tra panorami mozzafiato, bellezze architettoniche e natura incontaminata nei parchi nazionali della Majella e dell'Abruzzo. Si parte attraversando Pescocostanzo, Rivisondoli e Roccaraso, rinomate stazioni sciistiche; si continua con Castel di Sangro e Alfedena; e si conclude con il parco nazionale d'Abruzzo con le bellezze artistiche e naturalistiche di Barrea e Scanno.

❶ GIORNO
Pescocostanzo – Rivisondoli – Roccaraso

Arrivo a **Pescocostanzo**. Visita della splendida chiesa di Santa Maria del Colle, della piccola chiesetta di Santa Maria del Carmine e del museo del tombolo, dedicato alla lavorazione del merletto; breve sosta nel centro storico di **Rivisondoli** e arrivo a **Roccaraso**, stazione turistica montana dell'Appennino, con visita della chiesa di San Rocco e del sacrario militare sulla sommità del monte Zurrone.

❷ GIORNO
Castel di Sangro – Alfedena

Arrivo nel centro storico di **Castel di Sangro** dove si visitano l'antica chiesa di San Giovanni Battista in piazza del Plebiscito, la basilica di Santa Maria Assunta, la chiesa dei Santi Crispino e Crispiano e della Madonna degli Eremiti. Da vedere i ruderi del castello medievale, la pinacoteca patiniana, dedicata al pittore locale **Teofilo Patini**, e il museo civico Aufidenate, all'interno dell'ex convento della Maddalena, che ospita i reperti archeologici dell'antica città sannita e romana di Aufidena. Visita della necropoli sannita di **Alfedena**.

❸ GIORNO
Barrea – Villetta Barrea – Scanno

Si entra nel cuore del Parco nazionale d'Abruzzo e si raggiunge **Barrea**, piccolo borgo arroccato sulla montagna e dominato da un castello di origine medievale. Visita del suo centro storico, racchiuso all'interno della cinta muraria, del convento-fortezza benedettino noto come "lo Studio". Breve sosta a **Villetta Barrea** per visitare le antiche mura sannitiche e le case cinquecentesche. Ultima tappa a **Scanno**, per vivere le atmosfere, i luoghi tipici medievali e il lago omonimo.

Vista del centro storico di Pescocostanzo.

ORGANIZZA TU UN ITINERARIO

Il centro storico di Teramo

Procurati una mappa della città di Teramo e costruisci un itinerario che includa i monumenti, le architetture e le località più interessanti. Con Google Maps visualizza il punto di partenza e quello di arrivo e, dopo aver deciso con quale mezzo sia meglio muoversi, calcola i tempi di permanenza e le distanze. Per ogni luogo scrivi in poche righe le principali caratteristiche e attrattive.

Distanza > 2,5 km ca.

Durata > 4 o 6 ore

Luoghi da visitare

1. Piazza Martiri della Libertà
2. Palazzo Vescovile
3. Duomo (Cattedrale di Santa Maria Assunta) con la Torre
4. Chiesa di Sant'Anna
5. Resti romani (Torre bruciata, teatro, anfiteatro)
6. Castello Della Monica
7. Casa dei Melatino

1 IL TERRITORIO E I PAESAGGI

Lezione

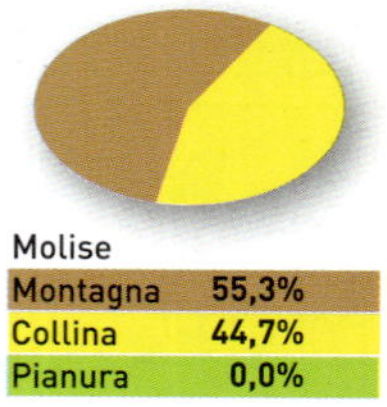

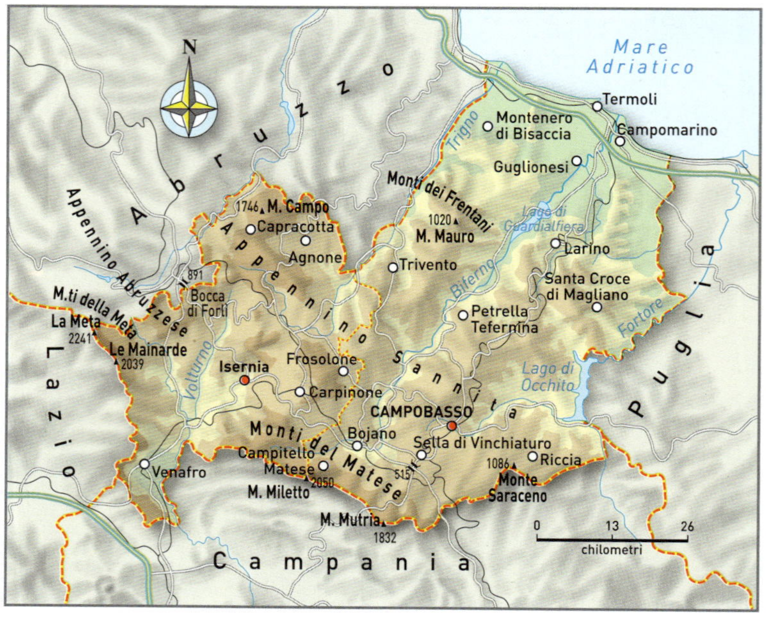

superficie	4438 km²
popolazione (2016)	311 004 ab.
densità	70 ab./km²
capoluogo regionale	Campobasso

LE VIE DI COMUNICAZIONE

La principale **linea ferroviaria e stradale** del Molise è quella adriatica, che attraversa la regione lungo il litorale marittimo. La regione **non è dotata di aeroporti**: le province di Campobasso e Isernia sono servite dall'aeroporto di Pescara, e un altro aeroporto non distante è quello di Roma-Fiumicino. L'unico **porto** è quello di Termoli (Campobasso), collegato da **aliscafi e navi passeggeri** alle isole Tremiti (Foggia) e ad alcune località della Dalmazia croata.

IL TERRITORIO

Il Molise si estende nell'Italia centro-meridionale ed è la più piccola regione del nostro paese dopo la Valle d'Aosta. Il territorio è **quasi tutto occupato dai rilievi montuosi e collinari** dell'Appennino. Solo lungo il litorale si trova una **sottile pianura costiera**, che si affaccia al Mar Adriatico per appena 38 km.

I RILIEVI, I FIUMI, LE COLLINE E LE COSTE

La montagna molisana si estende all'interno e include parte dell'**Appennino Abruzzese e Sannita**. Essa ha forme piuttosto arrotondate, con cime in media intorno ai 1000-1500 m. I **gruppi montuosi** sono **disposti in modo irregolare** e sono separati da **numerose valli** che incidono trasversalmente la dorsale appenninica.

In queste lunghe e strette vallate scorrono i principali **fiumi** molisani: si tratta in genere di corsi poveri d'acqua e dal regime torrentizio. Fanno eccezione il **Biferno** (85 km), il cui corso è interamente incluso nella regione, e il **Volturno**, che, pur nascendo in Molise, dopo pochi chilometri entra in Campania per sfociare nel Mar Tirreno.

Procedendo dall'interno in direzione del mare, alla montagna segue una fascia di **colline aride**, soggette a frane ed erose da calanchi. Esse si spingono fino alla costa, che è bassa e priva di porti naturali.

IL CLIMA

Il **clima** del Molise è **continentale** all'interno, con temperature che si abbassano al crescere dell'altitudine; in prossimità della costa è invece mite, di tipo **mediterraneo**. Nell'entroterra il clima è continentale, freddo e rigido in inverno. Al contrario, la ridotta fascia litoranea è caratterizzata da estati calde e da inverni miti. Le **precipitazioni**, piuttosto scarse in tutta la regione, aumentano all'interno nei mesi autunnali e invernali, con frequenti nevicate sui rilievi.

IL PAESAGGIO DELL'ALTO MOLISE

La montagna molisana occupa la gran parte del territorio regionale e costituisce l'**Alto Molise**. Si tratta in prevalenza di un **paesaggio tradizionale**: è un'area poco abitata, con nuclei di case sparse sul territorio e antichi paesi arroccati sui versanti collinari. Nelle zone più elevate, come alle pendici del massiccio delle Mainarde, si trovano estesi boschi di querce e faggi e vasti pascoli. Le attività agricole sono ancora tradizionali, caratterizzate dalla **coltivazione** di cereali e da attività

calanco
Solco stretto e profondo, in genere con molte ramificazioni, scavato in terreni prevalentemente argillosi dall'azione delle precipitazioni atmosferiche.

di **allevamento** a conduzione familiare.

In quest'area non mancano però **attività moderne**. Lungo le valli maggiori corrono infatti importanti strade di superamento dell'Appennino, si estendono **coltivazioni specializzate** e si trovano alcuni dei principali centri regionali. Questa fascia più dinamica comprende, lungo il corso del Volturno, la zona tra Venafro e Isernia, e, nei pressi dell'alto Biferno, l'area tra Bojano e Campobasso.

IL PAESAGGIO DEL BASSO MOLISE

L'area del litorale e la zona collinare immediatamente a ridosso della costa lungo il corso del Biferno costituiscono il **Basso Molise**. È questa **l'area maggiormente attiva** della regione: qui passano infatti le **principali vie di comunicazione**, con l'autostrada e la ferrovia adriatiche, e si trova **Termoli**, fulcro economico e turistico-balneare della regione.

Nella **zona centrale** collinare, specie intorno a Larino, è diffusa un'**agricoltura redditizia** accanto ad un tessuto di piccole e medie **imprese alimentari**. Il tratto centrale costiero, all'altezza del polo di Termoli, è quello maggiormente segnato dai processi di **urbanizzazione e sviluppo economico**.

Altrove il paesaggio del Basso Molise è stato invece poco intaccato dalla recente espansione edilizia. Nelle **colline**, per esempio, permane un insediamento sparso in **piccoli nuclei** ed è tuttora florida la macchia mediterranea (arbusti di timo, rosmarino e lavanda). Anche lungo la costa sopravvivono interi tratti di vegetazione originaria.

QUANDO ANDARE?

Vista la presenza in Molise di un clima di tipo continentale all'interno e mediterraneo sulla costa, i periodi migliori per visitare la regione sono quello che va dalla primavera all'autunno per le aree interne e quello estivo (da giugno a settembre) per il turismo balneare.

IL TURISTA CURIOSO

❶ Il Molise deve il suo nome alla famiglia dei conti *Di Molise*, che nel Medioevo affermarono il loro controllo su questa regione.

❷ L'intera regione conta meno abitanti della città di Bologna.

COMPETENZA LOCALIZZAZIONE

❶ Lavora con la carta e le immagini

Osserva la carta e rispondi alle domande.

a. Qual è la cima più elevata della regione? Quanto è alta? In quale gruppo si trova?

b. La costa è frastagliata o regolare?

c. Il Biferno sfocia a delta o a estuario?

d. Quali sono e dove corrono le principali vie di comunicazione?

COMPETENZA LINGUAGGIO DELLA GEOGRAFIA

❷ Riconosci il paesaggio

Individua i 3 paesaggi inserendo i termini mancanti.

Termini da inserire: spiaggia – borgo vecchio – Volturno – piccolo borgo – centro di Termoli – piana di Venafro – colture specializzate – massiccio delle Mainarde

La foto rappresenta la .... , attraversata dal fiume .... e caratterizzata da .... quali ulivo, vite, cereali, ortaggi e zafferano.

La foto raffigura il .... di Castel San Vincenzo con il .... sullo sfondo.

La foto ritrae i .... , con la .... e il .... in primo piano.

2 Lezione

LA GEOGRAFIA UMANA

LA POPOLAZIONE E LE CITTÀ

Il Molise è **poco popolato**: in Italia solo la Valle d'Aosta ha una popolazione numericamente inferiore. Il Molise è inoltre l'unica regione ad avere oggi meno abitanti rispetto a quelli che aveva al momento dell'Unità d'Italia: nel 1861 i molisani erano infatti 355 000. Questa situazione si deve al fatto che il Molise è stato, fino a poco tempo fa, una **regione di massiccia emigrazione**. Dal 1880 al 1971 un molisano su due ha lasciato la propria terra per dirigersi all'estero o nelle altre regioni italiane alla ricerca di un lavoro. Nel complesso la popolazione della regione continua a diminuire, soprattutto a causa della **debole natalità**, che risulta di gran lunga inferiore alla mortalità.

La **distribuzione** degli abitanti sul territorio rimane piuttosto **uniforme**. La densità generale è bassa e la popolazione vive in prevalenza in **centri di piccole e medie dimensioni**. Le uniche città sono costituite dai due capoluoghi provinciali, Campobasso e Isernia, e dal centro di Termoli.

LA ZAMPOGNA

In Molise nasce uno degli oggetti che meglio rappresentano la tradizione regionale e che è alla base della colonna sonora tradizionale del Natale: la **zampogna**. Tra Scapoli e Fontecostanza, piccoli centri in provincia di Isernia, abili artigiani si tramandano di generazione in generazione i segreti del mestiere e realizzano, usando le stesse tecniche di duemila anni fa, questi antichi strumenti musicali con **legno di ciliegio e pelle di capra**. Le origini della zampogna sono antichissime: già nota ai Sanniti, secondo la tradizione storica un "reparto di zampognari" fu utilizzato dai Romani in alcune campagne militari poiché il suono prodotto dalle zampogne, sino a quel momento sconosciuto, spaventava i cavalli delle milizie avversarie. L'importanza della zampogna è ancora viva nel territorio molisano soprattutto a **Scapoli**, che, oltre al **festival** annuale, offre al visitatore anche un **museo** dedicato a questo strumento.

L'ECONOMIA

In campo economico il Molise presenta **condizioni migliori rispetto alla media delle regioni meridionali**, collocandosi dietro l'Abruzzo per reddito per abitante. Nella zona costiera e nelle valli interne è diffusa l'**agricoltura moderna**, mentre l'**industria** è presente nell'area dei capoluoghi e a **Termoli**: quest'ultima è infatti il maggiore centro industriale e portuale molisano.

UN TURISMO VARIO

Il turismo molisano è, in relazione alle dimensioni della regione, piuttosto vario. Lungo la costa prevale ovviamente quello **balneare**, con il centro di Termoli che spicca su tutti gli altri; per il turismo **montano** e gli **sport invernali** in alta montagna sono invece importanti le stazioni sciistiche di Campitello Matese e Capracotta.

Le città principali	abitanti (2016)
Campobasso (CB)	49 390
Isernia (IS)	21 877

COMPETENZA DIGITALE

1 Lavora con internet

La provincia di Campobasso ospita da secoli ben due minoranze linguistiche, riconosciute e tutelate dallo Stato italiano.

Fai una ricerca e trova notizie su:

a. Quali sono queste due minoranze.

b. In quali centri, rispettivamente, sono localizzate.

Un artigiano costruisce zampogne nel suo laboratorio.

Un impianto del comprensorio sciistico di Campitello Matese.

3 *Lezione* LA CULTURA, LE TRADIZIONI E IL PATRIMONIO STORICO E ARTISTICO

L'ARTIGIANATO

Tra le attività tipiche troviamo la **lavorazione del bronzo** e la **produzione di campane** ad Agnone e poi la **coltelleria**, in particolare a Frosolone, dove si realizzano anche **rasoi e forbici**. Molto praticata è l'**arte tessile**: la tessitura, i **pizzi fatti a tombolo** (un cuscino di forma cilindrica) e la lavorazione della **canapa**.

LE FESTE E LE TRADIZIONI

La cultura tradizionale del Molise ha conservato molte **feste**. Innumerevoli quelle **religiose**, soprattutto nel periodo estivo: la **celebrazione dei Misteri** a Campobasso; la **processione di San Nicandro a Venafro**; la **processione di Capracotta** in onore della Madonna di Loreto. Da ricordare sono anche le **processioni del Venerdì Santo** di Campobasso e Isernia, con la sfilata degli incappucciati, e la ***'Ndocciata* di Agnone**: un corteo per le vie della città in cui gli abitanti trasportano enormi fiaccole costruite con legno di abete.

L'ENOGASTRONOMIA

Tra le eccellenze della cucina troviamo l'**olio extravergine di oliva**, il **tartufo di Isernia** e la **pasta di grano duro** (crioli, cicatelli e fusilli). Svariati sono i **salumi**, tra cui i **saggicciotti** (salsicce di fegato), le **soppressate** (condite con sale, grani di pepe e peperone essiccato), la **pampanella** (pancetta con peperoncino essiccata al forno) e la **ventricina** di Montenero di Bisaccia. Sono rinomati anche i **formaggi**: il **caciocavallo di Agnone** e il **pecorino di Capracotta**. Piatto tipico per eccellenza il **brodetto di pesce di Termoli**, che ha come ingredienti almeno otto qualità di pesce. Tra i **dolci** sono molto diffusi i **cauciuni** (ripieni di pasta di ceci), i **piccillati** (ravioli al forno ripieni di amarene), le **peccellate** (ripiene di mosto cotto o marmellata).

I **vini** molisani più rinomati sono i **rossi**, tra cui **quattro etichette DOC** (Tintilia del Molise e Biferno) e **due IGT** (Terra degli Osci e Rotae); e i **bianchi**, tra cui la Malvasia Bianca Lunga e il Bombino bianco.

LA STORIA, L'ARTE E L'ARCHITETTURA

Il Molise conserva molti resti archeologici di **età sannitica** come nell'area di **Pietrabbondante**, nel sito di ***Saepinum***, antica città sannita-romana situata nei pressi del borgo di Sepino e nel **museo provinciale sannitico** di Campobasso. Di **epoca romana** sono i resti di ville rurali, terme, acquedotti, mausolei, teatri e anfiteatri, in particolare a **Venafro**, a **Larino** e a **Isernia**.

Tracce di **storia medievale** si ritrovano nei **castelli** sparsi in tutta la regione: il castello angioino di **Civitacampomarano**, uno dei più belli della regione; il castello di **Cerro al Volturno**, costruito su di uno sperone di roccia; e il **castello Monforte**, che domina il nucleo urbano di Campobasso.

Sono presenti anche numerose **chiese, abbazie e santuari**, tra cui la badia benedettina di **San Vincenzo al Volturno** e il santuario dell'Addolorata di **Castelpetroso**.

IL TURISTA CURIOSO

❶ Alla fine degli anni Settanta, durante la costruzione di una bretella stradale, furono rinvenute casualmente nei pressi della località La Pineta (Isernia) tracce di un *Homo Erectus* che, vissuto qui oltre 700 000 anni fa, è tra i più antichi abitanti dell'Europa paleolitica.

❷ Agnone, piccola località dell'Alto Molise abitata da 5000 anime, è considerata la "città delle campane": qui si fabbricano infatti da quasi 1000 anni campane che vengono poi esportate in tutto il mondo.

COMPETENZA DIGITALE

❶ Lavora con internet

I tratturi sono uno dei simboli del paesaggio molisano.

Fai una ricerca e trova notizie su:

a. Che cosa sono e come sono stati tracciati.

b. Da chi e per quali scopi erano utilizzati.

c. La loro riscoperta oggi a fini turistici.

Nella preparazione della ventricina vengono immessi il peperone trito dolce, una piccola percentuale di peperoncino e del finocchietto come aromatizzante.

La produzione delle campane ad Agnone, tramandata oggi unicamente dalla Pontificia Fonderia Marinelli.

4 Lezione — LE RISORSE TURISTICHE

Tra le località del **TURISMO BALNEARE** lungo la costa adriatica **Termoli** vale una visita: cittadina medievale arroccata su un promontorio e circondata da vaste spiagge come quella di **Rio Vivo**, ideale per gli appassionati di sport acquatici e per gli amanti della vela. Altri centri sempre in provincia di Campobasso, sono **Marina di Montenero, Petacciato e Campomarino Lido**.

Per il **TURISMO ARTISTICO**, tra le **CITTÀ D'ARTE** meritano **Campobasso**, città di origine longobarda che accoglie numerosi palazzi, chiese e monumenti di diverse epoche, e **Isernia**, ricca di luoghi d'interesse come la splendida **cattedrale di San Pietro Apostolo**, eretta sulle rovine di un tempio pagano, e l'**eremo dedicato ai Santi Cosma e Damiano**, edificato non lontano dal centro città. Altre località da visitare sono **Venafro**, con il centro storico dominato dal **castello Pandone**, e **Agnone**, che conserva un grazioso nucleo medievale.

Numerosi sono pure i **BORGHI ANTICHI**, caratterizzati da centri storici spesso di origini romane o medievali, che custodiscono maestosi castelli, imponenti rocche e chiese ricche di arte e storia; tra questi: **Sepino**, **Larino**, **Bojano**, **San Vincenzo al Volturno**.

La meta principale del **TURISMO MONTANO** è **Campitello Matese**, nei pressi di Campobasso, rinomata stazione sciistica. Un'altra importante località della regione è **Capracotta**.

Nonostante la ricchezza paesaggistica, i **PARCHI NATURALI** coprono soltanto l'1% del territorio molisano, che comprende una porzione del **Parco nazionale d'Abruzzo, Lazio e Molise** e parte della catena montuosa delle Mainarde. Tra le **riserve naturali** statali si ricordino quelle di **Montedimezzo e Collemeluccio** in provincia di Isernia.

San Vincenzo al Volturno
La badia benedettina di San Vincenzo al Volturno.

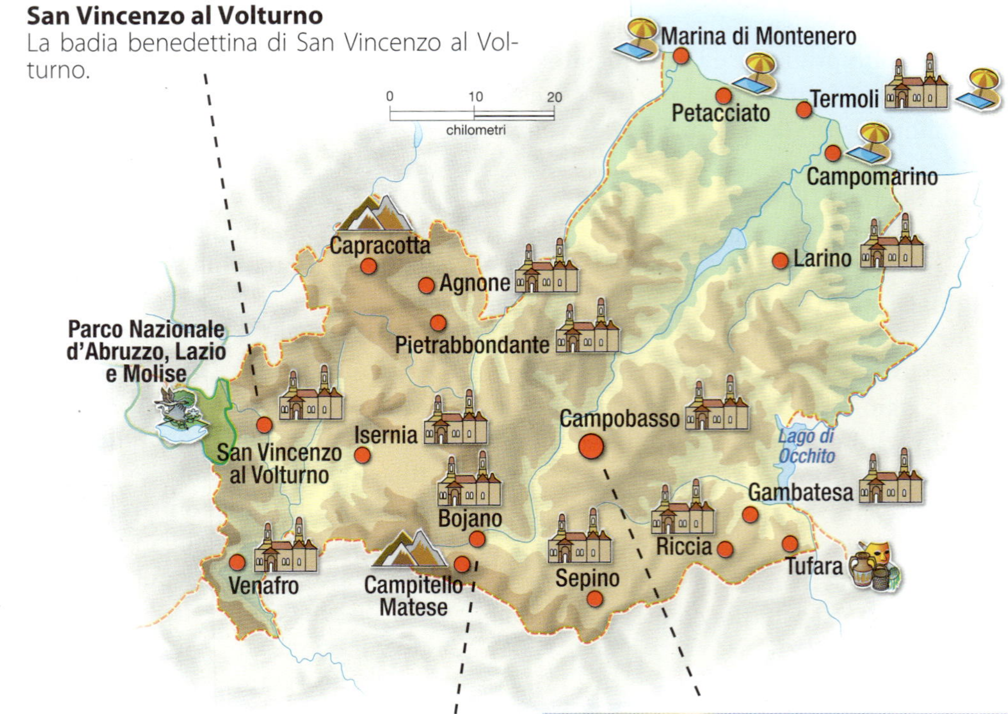

Bojano
Veduta aerea del castello-rocca di Civita Superiore con le campagne di Bojano sullo sfondo.

Campobasso
Il centro storico di Campobasso visto dalla rocca di castello Monforte.

SCRIVI UN TESTO IN 200 PAROLE

Lavora con il testo, la carta, internet e le immagini seguendo i punti elencati

a. Un approfondimento del turismo montano.

b. L'offerta turistica delle principali località dove si praticano sport invernali.

5 *Lezione* ALLA SCOPERTA DEL MOLISE

CARTA INTERATTIVA IN DIGITALE

L'ITINERARIO

Un territorio ricco di bellezze naturali e piccoli borghi (3 giorni)

L'itinerario conduce alla scoperta di un territorio tra natura e meraviglie costruite dall'uomo. Si parte da Campobasso, capoluogo regionale; si prosegue nell'entroterra molisano, attraversando i borghi di Matrice e Casacalenda e passando per Petrella Tifernina; e si continua sulle tracce del sito archeologico di Larino fino a raggiungere il lago di Guardialfiera e il parco letterario Francesco Jovine a Castelmauro.

❶ GIORNO
Campobasso

Arrivo a Campobasso e visita del centro storico con le **chiese romaniche di San Giorgio, San Bartolomeo, San Leonardo e la chiesa di Sant'Antonio abate**, che conserva pregevoli opere d'arte; si continua con la visita del **museo provinciale sannitico**, ospitato nell'antico **palazzo Mazzarotta**, che ripercorre la storia degli antichi popoli dei Sanniti e dei Longobardi, e del **teatro Savoia**.

❷ GIORNO
Matrice – Petrella Tifernina – Casacalenda

Partenza per **Matrice** e visita della splendida abbazia romanica di **Santa Maria della Strada**, uno dei monumenti più significativi della regione, che sorge su una piccola altura nei pressi delle rovine di una villa romana. Ci si sposta poi a **Petrella Tifernina**, centro di origine normanna situato sull'alto di un colle in posizione panoramica sulla valle del Biferno, per visitare la **chiesa di San Giorgio**, costruzione romanica risalente al 1165. Si prosegue infine per **Casacalenda**, dove si visita il centro storico dominato dall'imponente **palazzo ducale** e impreziosito dalla **chiesa di Santa Maria Maggiore**. Poco distante si estende **Bosco Casale**, un'area boschiva oggi in parte compresa in un'oasi LIPU (Lega Italiana Protezione Uccelli).

❸ GIORNO
Larino – Guardialfiera – Castelmauro

Partenza per **Larino**, importante centro di origini romane. Visita dell'**anfiteatro** del II sec. d.C., il monumento archeologico più significativo della città, della **cattedrale di San Pardo**, costruita nel XII secolo in stile gotico-romanico, del **palazzo ducale**, che ospita bellissimi mosaici romani, e del **museo civico**, che raccoglie i reperti archeologici rinvenuti nel territorio circostante. L'itinerario continua verso il fondo della valle del Biferno per raggiungere il **lago artificiale di Guardialfiera**. Si prosegue poi per **Castelmauro**, centro di origini medievali alle pendici del monte Mauro, dove spiccano la **chiesa di San Leonardo** e il **palazzo ducale**. La giornata si chiude con la visita del **parco letterario Francesco Jovine**, dedicato alla memoria dello scrittore molisano e ai luoghi che hanno ispirato le sue opere.

ORGANIZZA TU UN ITINERARIO

Isernia e dintorni

Procurati una mappa della città di Isernia e una dei dintorni e costruisci un itinerario che includa i monumenti, le architetture e le località più interessanti. Con Google Maps visualizza il punto di partenza e quello di arrivo e, dopo aver deciso con quale mezzo sia meglio muoversi, calcola i tempi di permanenza e le distanze. Per ogni luogo scrivi in poche righe le principali caratteristiche e attrattive.

Distanza > 130 km ca.

Durata > 2 o 3 giorni

Luoghi da visitare

1. Fontana della Fraterna
2. Cattedrale e arco di San Pietro
3. Palazzi D'Avalos-Laurelli e De Lellis-Petrecca
4. Chiesa e convento di San Francesco
5. Eremo dei Santi Cosma e Damiano
6. Museo Nazionale del Paleolitico a La Pineta
7. Santuario della Madonna Addolorata di Castelpetroso
8. Pontificia Fonderia Marinelli ad Agnone
9. Riserva di Montedimezzo
10. Castello di Cerro al Volturno

1 Lezione
IL TERRITORIO E I PAESAGGI

LE VIE DI COMUNICAZIONE

Le principali **linee autostradali e ferroviarie** ad alta velocità sono quelle costituite dal tratto Roma-Napoli-Salerno, che proseguono poi verso il Sud. Importanti sono pure la ferrovia Napoli-Bari (che passa da Caserta e Benevento) e l'autostrada Napoli-Avellino-Canosa di Puglia, che collegano il versante tirrenico a quello adriatico della penisola. I maggiori **porti** sono quelli di Napoli e Salerno, collegati con le isole minori e la Sicilia. L'**aeroporto** principale è Napoli Capodichino.

superficie	13 595 km²
popolazione 2016	5 842 303 ab.
densità	430 ab./km²
capoluogo regionale	Napoli

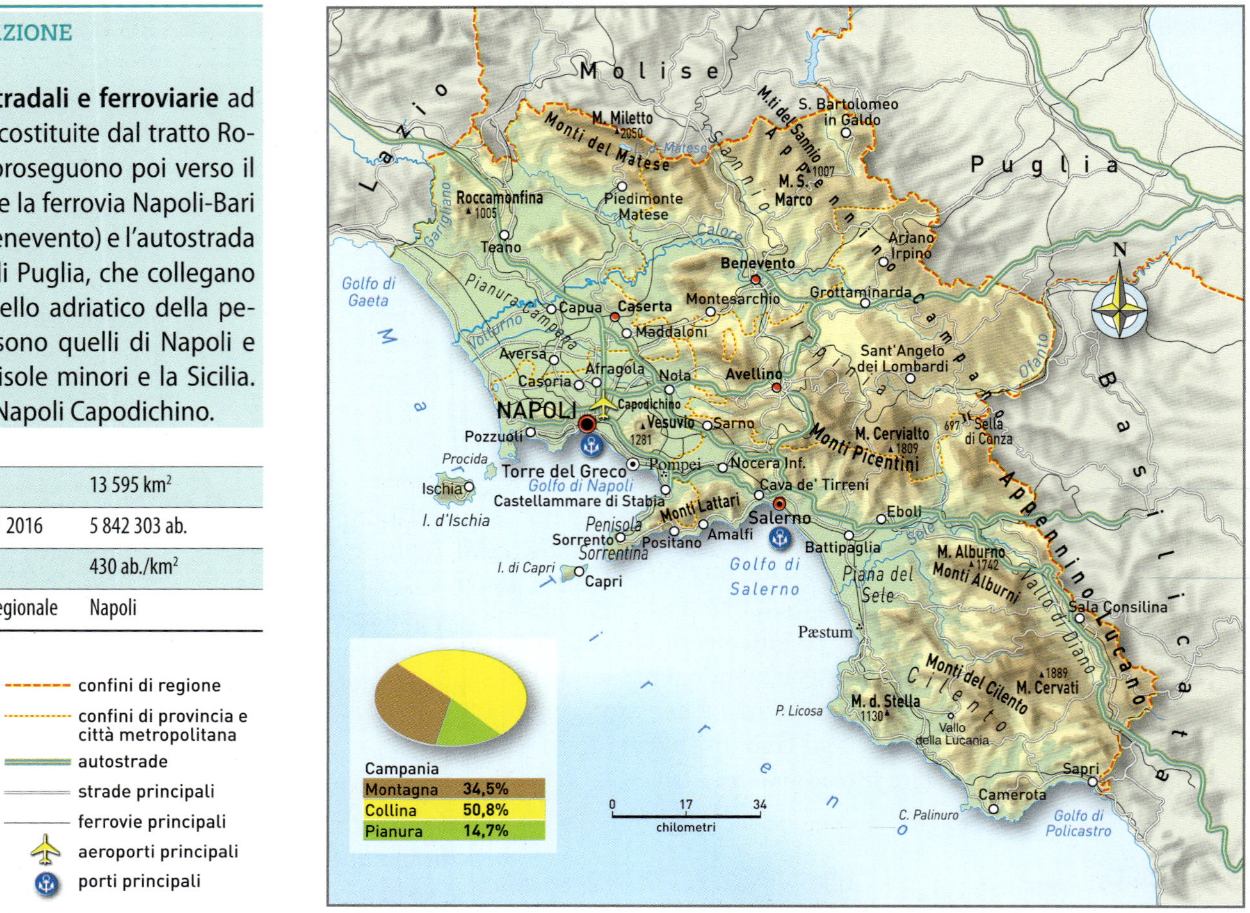

IL TERRITORIO

La Campania si estende lungo il **versante tirrenico** dell'Italia meridionale. Il suo territorio, in prevalenza collinare, si divide in **due grandi fasce parallele**: le montagne appenniniche all'interno e le pianure alternate a rilievi minori lungo la costa.

LE MONTAGNE

All'interno l'area montuosa appartiene quasi totalmente all'**Appennino Campano**, costituito da aridi massicci calcarei disposti irregolarmente. Ne fanno parte l'esteso **gruppo del Matese** (l'unico a superare i 2000 m), i monti Picentini, i rilievi dell'Irpinia e del Cilento. Tra un gruppo e l'altro si aprono vaste **conche intermontane**, come quelli di Benevento e di Avellino.

LE PIANURE

Lungo la costa si estendono due fertili **pianure alluvionali**: alle spalle di Napoli e in direzione di Caserta e il Lazio si trova la **Pianura Campana**, in cui scorre il Volturno; a sud di Salerno si trova la più piccola **piana del Sele**. Queste pianure sono inframmezzate ai rilievi del **Preappennino Campano** che comprendono, tra gli altri, i monti Lattari e i **complessi vulcanici** di Roccamonfina, dei Campi Flegrei e del Vesuvio, l'unico ancora attivo.

LA COSTA, I FIUMI E I LAGHI

La costa si fraziona negli **ampi golfi** di Gaeta, Napoli, Salerno e Policastro, separati tra loro da **promontori rocciosi**. Quelli che racchiudono il golfo di Napoli proseguono fino al mare, formando le isole di Procida, Ischia e Capri.

I **fiumi** hanno un regime costante, che ne consente l'utilizzo sia per l'irrigazione che per la produzione idroelettrica; i principali sono il **Sele** e soprattutto il **Volturno**, il più lungo di tutta l'Italia meridionale. I maggiori **laghi** sono quello del Matese e il lago Averno che, situato nei pressi di Pozzuoli, è di origine vulcanica.

QUANDO ANDARE?

Con un clima mediterraneo lungo la costa tirrenica e nelle isole, e di tipo continentale nelle montagne appenniniche, la stagione migliore per visitare la regione è quella compresa nei mesi tra aprile e ottobre, con luglio e agosto da preferirsi per il turismo balneare.

IL CLIMA

Il clima campano può essere suddiviso in **due grandi zone**: una con un clima mite e asciutto, **mediterraneo**, lungo il litorale; e una con un clima più **rigido** e piovoso d'inverno nelle zone interne montuose.

IL PAESAGGIO DELL'AREA NAPOLETANA

Un paesaggio **fittamente edificato** e ad altissima densità abitativa si estende nell'area affacciata al golfo di Napoli e compresa verso l'interno tra i comuni che circondano il capoluogo e lo stesso Vesuvio. Si tratta di un **unico insieme urbano**, caratterizzato da un susseguirsi caotico di costruzioni, abitazioni, strade e industrie, che assorbe preziosi terreni agricoli e che prosegue lungo gli assi stradali che conducono verso Caserta a nord e Salerno a sud.

IL PAESAGGIO DELLA CAMPAGNA URBANIZZATA

Ai margini di questo grande agglomerato si trova il paesaggio della **campagna urbanizzata**. È la zona fertilissima del **Basso Volturno** e della **piana del Sele**. Le coltivazioni si susseguono con semine e raccolti in ogni stagione: le produzioni maggiori sono quelle di ortaggi e di alberi da frutto, oltre all'allevamento del bufalo. Anche quest'area è abbastanza popolata, con un proliferare di centri piccoli e grandi che si intervallano ai casali, ai villaggi rurali e alle case sparse.

IL PAESAGGIO MONTANO E DEL LITORALE TURISTICO

Un **paesaggio montano** tradizionale poco popolato si trova invece nelle **aree interne** del **Sannio** e dell'**Irpinia**, in cui fasce di terreno coltivato a cereali si alternano a pascoli e case rurali sparse.

In alcuni tratti del litorale, soprattutto laddove la costa è alta con un susseguirsi di promontori e insenature, si trova invece un **paesaggio turistico** con pinete, residenze di vacanza, campeggi, villaggi turistici. È il caso della **penisola sorrentina** e del **Cilento**.

IL TURISTA CURIOSO

❶ Il nome Campania viene dal latino *campus*, ovvero "pianura". I Romani, data la particolare fertilità del suolo e il clima dolce, chiamavano la regione *Campania Felix*.

❷ La Campania è grande quasi quanto il Trentino-Alto Adige, ma conta più del quintuplo dei suoi abitanti.

❸ Lo stemma della regione riproduce quello della Repubblica di Amalfi, che prosperò grazie ai traffici marittimi nel X e XI secolo.

❹ Il bradisismo è un fenomeno di vulcanesimo secondario e consiste nel lento innalzarsi e abbassarsi del suolo: è tipico dei Campi Flegrei e si manifesta nell'area di Pozzuoli.

COMPETENZA LOCALIZZAZIONE

❶ Lavora con la carta e le immagini

Osserva la carta e rispondi alle domande.

a. Qual è la cima più alta della regione? In quale gruppo si trova?
b. Quanto è alto il Vesuvio?
c. Quali monti danno origine alla penisola sorrentina?
d. Come si chiama la valle superiore del Sele?
e. Quale sezione dell'Appennino, oltre a quello Campano, si estende nella regione?
f. Dove scorre il Garigliano?
g. A quale golfo si affaccia la Costiera amalfitana?
h. Quale isola separa Ischia dal litorale?
i. Quali sono gli aeroporti della regione?
l. E i porti principali?

COMPETENZA LINGUAGGIO DELLA GEOGRAFIA

❷ Riconosci il paesaggio

Abbina le immagini alle definizioni corrette, inserendo le lettere negli appositi spazi.

a. paesaggio montano **b.** paesaggio di campagna urbanizzata **c.** paesaggio turistico

☐ Le valli e le alture dell'Irpinia.

☐ La piana del Sele vista dai Monti Picentini.

☐ La Costiera amalfitana.

2 *Lezione* LA GEOGRAFIA UMANA

LA POPOLAZIONE E LE CITTÀ

La Campania, con oltre **5,8 milioni di abitanti**, è la terza regione più popolata d'Italia dopo la Lombardia e il Lazio e quella **a maggiore densità di popolazione**, più che doppia rispetto alla media nazionale. La distribuzione è **molto irregolare**: più dei tre quarti della popolazione si concentrano nell'area napoletana e nella fascia costiera di pianura.

La rete urbana è basata sulle funzioni svolte da **Napoli** e **Salerno**, affacciate al Tirreno, e da **Caserta**, posta ai margini della Pianura Campana. Il capoluogo regionale è il principale centro economico di tutto il Mezzogiorno. Attorno alla città sorge un'**area metropolitana di oltre 3 milioni di abitanti**, che comprende moltissimi e popolosi centri come Casoria, Giugliano in Campania, Pozzuoli e Torre del Greco. Le uniche città dell'area appenninica dell'interno sono **Benevento** e **Avellino**.

UNA TERRA ANCORA DI EMIGRAZIONE

La regione è oggi in leggero calo demografico. Il **saldo naturale** è intorno alla **crescita zero** e ciò si deve alla diminuzione delle nascite. Dall'altro lato, invece, il **saldo migratorio è negativo**: anche se il fenomeno non è massiccio come un tempo, la Campania è ancora oggi una terra di emigrazione. Inoltre l'arrivo di **lavoratori stranieri** è minore rispetto alla media nazionale: gli stranieri sono solo il 4% circa della popolazione.

L'ECONOMIA

La Campania, con un reddito per abitante ben **al di sotto dei valori medi nazionali**, presenta una situazione economica difficile, compromessa dall'elevata **disoccupazione** a cui si aggiungono il **disagio sociale** e il peso della **criminalità organizzata**.

Anche per l'economia la regione è caratterizzata da un **marcato contrasto** tra la dinamica fascia costiera e la meno attrezzata zona interna.

L'agricoltura dispone dei fertili e ben irrigati suoli vulcanici della fascia costiera pianeggiante, dove si estendono le colture di **ortaggi** (pomodori, fagioli, piselli, melanzane, insalate) e degli **alberi da frutto** (pesche, ciliegie, albicocche, susine). Importante è pure la produzione della **mozzarella di bufala**.

L'industria campana è tra le maggiori del Sud d'Italia ed è concentrata lungo l'asse Caserta-Napoli-Salerno. Tra i settori più avanzati il **comparto alimentare** è famoso per le conserve vegetali, i pastifici e i latticini, ma importanti sono anche l'industria **tessile**, dell'abbigliamento, delle pelli e del cuoio. I settori più moderni sono quelli **meccanico**, dei mezzi di trasporto (stabilimento Fiat Chrysler di Pomigliano d'Arco), aeronautico e cantieristico.

IL TURISMO: UNA REGIONE CON MOLTE POTENZIALITÀ

Notevoli sono le **attrattive turistiche**, legate agli splendidi scenari naturali della costa e delle isole (Costiera amalfitana, Ischia, Capri, Cilento), ai siti archeologici (Pompei e Paestum) e al **patrimonio artistico** delle maggiori città (Napoli e Caserta). Lo sviluppo del settore è però inferiore alle possibilità per via della **mancanza di strutture adeguate**.

Le città principali	abitanti 2016
Napoli (NA)	972 212
Salerno (SA)	135 066
Caserta (CE)	76 257
Benevento (BN)	60 019
Avellino (AV)	54 656

COMPETENZA DIGITALE

1 Lavora con internet

Il comparto alimentare è fondamentale per l'economia campana.

Fai una ricerca e trova notizie su:

a. Origini della mozzarella di bufala e tecniche di produzione.
b. I pastifici di Gragnano.
c. Le aziende che producono la passata di pomodoro napoletana.

Veduta del castello aragonese di Ischia.

Una panoramica di Napoli con il porto e l'enorme concentrazione abitativa.

3 Lezione — LA CULTURA E LE TRADIZIONI

L'ARTIGIANATO

Nell'artigianato campano, storia e tradizione si fondono dando origine a oggetti apprezzati in tutto il mondo. Basta citare le famose **porcellane di Capodimonte**, decorate a mano, oppure la produzione artigianale della **carta di Amalfi**, la cui tecnica di lavorazione era già conosciuta nel Medioevo.

Di grande valore sono anche l'arte dell'**intarsio del legno** tipica della zona di Sorrento, le cui origini risalgono al VI secolo, e la realizzazione dei **presepi** a Napoli, una tradizione documentata già a partire dal Duecento.

Fanno parte dell'artigianato locale anche la lavorazione del **corallo** a Torre del Greco e la produzione della **ceramica** a Vietri sul Mare.

LE FESTE E LE TRADIZIONI

La Campania è una delle regioni italiane più ricche di feste, tradizioni e culti che coniugano svariate usanze. La più celebre è la **festa di San Gennaro**, patrono di Napoli, ricordato nel mese di settembre, quando avviene il miracolo della liquefazione del sangue.

Tra le altre manifestazioni religiose vanno menzionate: la **sagra dei gigli** a Nola, durante la quale sono portati in processione San Paolino e otto gigli rappresentati da colonne di legno a forma piramidale ricoperte di cartapesta; la **festa di Sant'Anna** a Ischia con una sfilata di barche allegoriche e l'incendio simulato del castello aragonese; e infine la **festa di Santa Maria di Piedigrotta**, che si svolge a settembre nel capoluogo campano.

Il **festival di Ravello**, manifestazione annuale di musica e arte tra luglio e settembre, e la **regata delle repubbliche marinare** che si svolge ad Amalfi ogni 4 anni, in alternanza con le altre antiche repubbliche marinare italiane, attirano un gran numero di visitatori.

L'ENOGASTRONOMIA

La cucina campana ha origini molto antiche e ha subìto l'influenza e la mescolanza di numerose culture nel corso dei secoli. Oltre alla **mozzarella di bufala**, la tradizione alimentare trova nel **pomodoro**, con la varietà del pomodoro di San Marzano, l'ingrediente principale.

Le grandi specialità della regione sono due: la **pizza**, alimento semplice e antico che viene oggi elaborato in infinite varietà di condimento; e la **pasta**, che vede nella gastronomia locale la massima espressione attraverso varie tipologie di formato e piatti (vermicelli alle vongole, maccheroni al ragù, paccheri allo scoglio). Altri piatti tipici della tradizione culinaria sono il **sartù** (timballo di riso al forno con ripieno di polpettine, piselli, funghi, fior di latte e uova sode) e la **pastiera**, un dolce di pasta frolla ripieno di un impasto di ricotta, grano, uova, spezie e canditi.

Per i **vini**, nei bianchi e nei rossi, la Campania vanta **quattro etichette DOCG** (Aglianico del Taburno, Fiano d'Avellino, Greco di Tufo e Taurasi) **e 16 etichette DOC**.

LA PIZZA

La pizza, uno dei prodotti gastronomici *Made in Italy* per eccellenza, ha un passato glorioso che ha permesso la sua diffusione in tutto il mondo. Esistono tracce storiche che rivelano che negli antichi sobborghi di Napoli la focaccia di pane veniva chiamata "pizza". Per rendere più appetitosa la classica schiacciata, i cuochi napoletani iniziarono a spalmarvi sopra un composto di strutto, sale grosso e aglio, a cui nel 1700 si aggiunse il **pomodoro** importato dal Perù. Il coronamento storico risale però al 1889, quando, in occasione della visita a Napoli di Re Umberto I e sua moglie Margherita, Raffaele Esposito, considerato il miglior pizzaiolo dell'epoca, servì la pizza ai sovrani. La regina Margherita apprezzò così tanto il gusto di quel piatto che ringraziò Esposito per iscritto, e a sua volta il pizzaiolo partenopeo, per ricambiare il gesto di gratitudine, chiamò la pizza con pomodoro e mozzarella con il nome della regina: la **pizza Margherita**. L'arte dei pizzaioli napoletani è candidata a diventare patrimonio immateriale dell'UNESCO.

COMPETENZA DIGITALE

1 Lavora con internet

La maschera di *Pulcinella* è originaria di Napoli.
Fai una ricerca e trova notizie su:

- **a.** La sua nascita e il suo creatore.
- **b.** Le qualità tipicamente napoletane che impersona.
- **c.** Il personaggio storico a cui si ritiene sia ispirata.

Due artigiani di presepi napoletani circondati dalle loro creazioni.

Il timballo di riso o *sartù* e la pizza cosiddetta "a portafoglio".

4 Lezione
IL PATRIMONIO STORICO, ARTISTICO E NATURALE

UNA TERRA, MOLTE CIVILTÀ

La regione era abitata nell'entroterra già nel III millennio a.C. dalle **tribù** dei Sanniti, degli Osci e dei Volsci; tra l'VIII ed il VII secolo a.C. giungono i **Greci**, che fondano le prime colonie (Cuma, Napoli e Paestum) dando vita alla cosiddetta **Magna Grecia**.

Successivamente, la regione vede il susseguirsi di diverse culture e dominazioni straniere: dai **Romani** ai **Longobardi**, dagli **angioini** agli **aragonesi** fino ad arrivare, nel Settecento, al **periodo borbonico**, durante il quale la regione diventa uno dei principali poli culturali, artistici ed economici d'Europa. Con l'**annessione al Regno d'Italia** la storia della Campania si fonde con quella del territorio nazionale.

Attraverso i secoli la regione ha dato vita a una forte **cultura popolare**, che custodisce gelosamente le proprie radici e la propria identità e sopravvive oggi nelle **maschere** della commedia dell'arte.

UN'EREDITÀ ARTISTICA DIVERSIFICATA

Delle tante civiltà che di qui sono passate restano molte testimonianze di altissimo interesse culturale: oltre ai resti archeologici romani di Pompei ed Ercolano, nei dintorni di Napoli, la Campania offre con Paestum uno dei centri meglio conservati della civiltà greca.

In epoca romana **Pompei** ed **Ercolano** erano due città di medie dimensioni. Il 24 agosto del 79 d.C. il Vesuvio eruttò e le due città furono travolte dalla lava, dal fumo e dalle ceneri che uccisero tutti gli abitanti. Nel corso del XVIII secolo gli scavi hanno riportato alla luce i resti delle due città, **siti archeologici** tra i più importanti al mondo. La tragica e improvvisa fine di queste due città ha fatto sì che un numero eccezionalmente alto di edifici si sia conservato in uno stato che non ha eguali. Gli scavi nelle due città hanno consentito il recupero di molti edifici e una quantità vastissima di suppellettili, ma soprattutto di pitture parietali e di affreschi. Le pitture pompeiane sono perlopiù caratterizzate da un ornato molto ricco e vi sono rappresentate scene di paesaggi, battaglie, ritratti.

I templi di **Paestum** (VI - V sec. a.C.) costituiscono il complesso architettonico meglio conservato e più cospicuo della Magna Grecia e rappresentano tre fasi dello sviluppo dell'architettura dorica in Italia. Notevole il ritrovamento di magnifiche idrie (antiche anfore) bronzee. Si conserva inoltre la **tomba del tuffatore** (480-470 a.C.), così denominata da una scena dipinta all'interno.

COMPETENZA DIGITALE

❶ Lavora con internet

La Reggia di Caserta è uno dei tanti capolavori architettonici della regione.
Fai una ricerca e trova notizie su:

a. Chi l'ha progettata e quando.
b. Come è stata utilizzata.
c. Che cosa c'è nel parco che la circonda.

La tomba del tuffatore a Paestum.

La Reggia di Caserta vista dal parco.

Dell'epoca medievale ricordiamo il **complesso paleocristiano di Cimitile** (Napoli), le testimonianze dell'architettura **longobarda**, tra cui la chiesa di Santa Sofia di Benevento, e **normanna**, come il duomo di Aversa (Caserta); infine, le splendide **cattedrali di Salerno**, **Amalfi**, **Capua** e **Benevento**, che fondono nelle loro architetture elementi classici, bizantini e arabo-normanni. Numerosi artisti siciliani, rimasti anonimi, diedero nei secoli XII e XIII alla regione quel bellissimo e leggiadro fasto decorativo arabo-siculo, che tuttora si ammira. La torre campanaria della cattedrale di Amalfi, con decorazione di archetti intrecciati e di ceramica; le magnifiche ornamentazioni in tufo nero, in marmi e mattoni della **villa Rufolo** a **Ravello**; la struttura architettonica di moltissime chiese sono vivaci riflessi dell'arte che si era affermata durante la dominazione normanna.

L'età barocca trova la sua massima espressione nella **Reggia di Caserta,** capolavoro dell'architettura settecentesca nel quale risaltano tutte le qualità dell'architetto Luigi Vanvitelli: composizione scenografica, creatività nelle opere idrauliche, sapiente progettazione del territorio. L'opera costituì il **modello di riferimento** di tutte le residenze reali europee dell'epoca.

Anche il complesso architettonico della **Certosa di Padula**, vicino a Salerno, fondata nel 1306, è oggi costituito essenzialmente da edifici barocchi. Dal chiostro della Foresteria, un portale in cedro conduce alla fastosa chiesa che contiene due cori del XVI sec. Attorno all'imponente chiostro, si aprono le celle dei monaci. Una grande scalinata del Settecento, maestosa e teatrale, mostra l'influsso delle architetture di Luigi Vanvitelli.

LA PITTURA NAPOLETANA

Numerose correnti artistiche si sono affermate nel corso dei secoli a Napoli grazie al suo cosmopolitismo, che l'ha portata a contatto prima con la pittura senese e poi con quella emiliana. Nel XVII secolo Caravaggio è stato il personaggio determinante per lo sviluppo della pittura napoletana con la conseguente fioritura in città di molti seguaci che contribuirono alla nascita della corrente del caravaggismo. Il **museo di Capodimonte** espone preziosi capolavori dell'arte italiana ed è incentrato in particolare sui maggiori esponenti della pittura a Napoli dal Quattrocento all'Ottocento.

I PARCHI NATURALI

I **parchi naturali** coprono il 25% dell'intera superficie regionale. Il più esteso **parco nazionale** è quello **del Cilento, Vallo di Diano e Alburni** in provincia di Salerno; l'altro è quello **del Vesuvio**. Tra i parchi regionali si ricordino quello dei **Campi Flegrei**, che protegge un'area vulcanica in continua evoluzione, e quelli montani dei **Picentini, Lattari** e del **Matese**.

IL TURISTA CURIOSO

❶ Il 3 ottobre 1839 con la cerimonia di inaugurazione della linea Napoli-Portici nasceva la prima ferrovia d'Italia.

❷ Nel 1224 Federico II di Svevia fondò a Napoli l'Università, che rimase a lungo l'unica di tutto il Mezzogiorno.

❸ La scuola medica salernitana era nel Medioevo una delle più rinomate e importanti.

❹ Napoli è città dei poeti: qui sono sepolti Virgilio e Giacomo Leopardi.

La facciata principale della Certosa di Padula vista dall'atrio d'ingresso.

I giardini di villa Rufolo a Ravello, sulla Costiera amalfitana.

5
Lezione

LE RISORSE TURISTICHE

Tra le località del **TURISMO BALNEARE** si distinguono **Sorrento** nel golfo di Napoli, la **Costiera amalfitana** nel golfo di Salerno, e Palinuro, Marina di Camerota e Sapri nel **Cilento**. Tra le **isole** Ischia, Capri e Procida hanno sempre attratto un turismo d'*é*lite fin dall'epoca romana.

Tra le **AREE MARINE PROTETTE**, molto importanti in Campania, vi sono quella di **Punta Campanella**, del **parco sommerso di Gaiola** e del **parco sommerso di Baia** a Napoli, quella del **Regno di Nettuno** sulle isole di Ischia, Procida e Vivara, e quella di **Santa Maria di Castellabate** vicino Salerno.

Come mete del **TURISMO CULTURALE** la Campania possiede importanti resti archeologici: i siti di **Pompei, Ercolano e Torre Annunziata**, le aree archeologiche di **Paestum** e di **Velia** nei pressi di Salerno, entrambe di fondazione greca (risalenti al XVI secolo a.C.), e l'anfiteatro romano di **Santa Maria Capua Vetere**.

Tra le **CITTÀ D'ARTE** la più importante è **Napoli**, che possiede un ricco patrimonio storico e artistico, frutto dell'influenza di culture differenti. Il **centro storico**, che conserva intatto l'antico tracciato romano, è sede di importanti musei, come l'Archeologico nazionale, la Galleria nazionale di Capodimonte, il Civico Filangieri, il Madre e le stazioni della metropolitana, che fungono da piccoli musei di arte contemporanea.
Altre città che meritano una visita sono **Caserta**, con la Reggia e il suo magnifico parco, **Salerno**, con il suo interessante nucleo storico e il suggestivo lungomare e **Benevento**, con il museo del Sannio e l'arco di Traiano.

Diverse sono le stazioni del **TURISMO TERMALE**, tra cui quelle di Ischia, di Castellammare di Stabia e di Telese.

Pompei
Il sito archeologico di Pompei con il cono del Vesuvio sullo sfondo.

Sorrento-Capri
Le propaggini della penisola sorrentina e, in lontananza, Capri, soprannominata dall'imperatore Augusto "isola dell'ozio".

Il patrimonio dell'UNESCO
Centro storico di Napoli
Reggia di Caserta
Zone archeologiche di Pompei, Ercolano e Torre Annunziata
Costiera amalfitana
Parco nazionale del Cilento, Vallo di Diano e Alburni (con i siti archeologici di Paestum e Velia e la Certosa di San Lorenzo di Padula)
Luoghi dei Longobardi in Italia

Per la lista completa vai su: http://whc.unesco.org/en/list/

Positano
Il paese arroccato sulla collina nella Costiera amalfitana è stato un luogo di villeggiatura sin dall'epoca romana.

Cuma
I resti della colonia greca di Cuma, protesa verso l'acropoli.

Napoli
Panoramica del brulicante centro storico di Napoli.

Marina di Camerota
La spiaggia di Marina di Camerota, nel parco nazionale del Cilento, Vallo di Diano e Alburni.

SCRIVI UN TESTO IN 200 PAROLE

Lavora con il testo, la carta, internet e le immagini seguendo i punti elencati

a. Descrivi le principali località della Costiera Amalfitana.

b. Presenta una delle aree marine protette.

6

Lezione

ALLA SCOPERTA DELLA CAMPANIA

CARTA INTERATTIVA IN DIGITALE

L'ITINERARIO

I siti UNESCO della regione e i Campi Flegrei (5 giorni)

L'itinerario conduce alla scoperta di alcuni siti UNESCO della Campania, che rappresentano una ricchezza non solo per la regione ma per l'intera umanità, e della suggestiva area vulcanica dei Campi Flegrei.

Il percorso inizia con la visita dei tesori del centro storico di Napoli, raccontati da splendidi palazzi, chiese, monumenti e luoghi d'arte tra i quali si insinua la quotidianità vissuta con l'allegria e la fantasia tipica dei napoletani.

Nelle vicinanze troviamo l'area dei Campi Flegrei, interessata da numerosi crateri spenti e da diverse attività vulcaniche. Accanto alle caratteristiche fisiche e naturali del luogo, è la ricchezza di siti archeologici e di testimonianze del lontano passato a contribuire al fascino di questa area come l'Antro della Sibilla, i resti del tempio di Serapide, l'Anfiteatro Flavio e il castello di Baia.

Si prosegue con la visita degli scavi archeologici di Pompei, che costituiscono un importante sito archeologico dove è possibile rivivere la quotidianità dell'antica Roma, e poi con la Costiera amalfitana, tratto di costa famoso in tutto il mondo per la bellezza del paesaggio, per l'armonia dei borghi a picco sul mare e per le incantevoli baie e insenature spesso accessibili solo dal mare.

L'itinerario si conclude a Caserta, con la visita della Reggia del XVIII secolo e del suo parco, dell'acquedotto carolino nella valle di Maddaloni e del complesso di San Leucio.

❶ GIORNO
Napoli

Arrivo a **Napoli**. Visita del **centro storico**: via Toledo, la **galleria Umberto I**, **Castel Nuovo** (più noto come Maschio Angioino), il **teatro San Carlo**, il **palazzo reale** e la **piazza del Plebiscito** con la basilica di San Francesco di Paola, il duomo di San Gennaro, la cappella Sansevero, celebre per il Cristo Velato dello scultore Giuseppe Sammartino, e le storiche botteghe dei **maestri artigiani di San Gregorio Armeno**.

❷ GIORNO
Campi Flegrei

Escursione ai **Campi Flegrei**, dove è possibile visitare la **solfatara di Pozzuoli**, uno dei quaranta vulcani dell'omonimo parco regionale: si tratta di un antico cratere vulcanico ancora attivo ma in stato quiescente. Nell'antichità i vapori e le stufe naturali della sorgente vulcanica venivano utilizzati per scopi medicamentosi e terapeutici.

❸ GIORNO
Scavi di Pompei

Visita ai celebri scavi di **Pompei**, che con quelli di Ercolano restituiscono la realtà di un centro abitato romano la cui vita è rimasta ferma all'eruzione vulcanica del 79 d.C. Qui si potrà visitare la **Villa dei misteri**, dove sono conservati affreschi meravigliosi e i calchi delle vittime dell'eruzione.

L'acquedotto carolino nella valle di Maddaloni.

L'interno del teatro San Carlo.

Un affresco raffigurante il culto di Dioniso all'interno della Villa dei misteri a Pompei.

Il Maschio Angioino a Napoli.

❹ GIORNO

Costiera Amalfitana

Partenza per Salerno per visitare la **Costiera Amalfitana**, tratto di costa campana, a sud della penisola sorrentina, che si affaccia sul golfo di Salerno con i centri di **Positano, Ravello, Vietri sul Mare e Amalfi**.

❺ GIORNO

Caserta

Partenza per **Caserta** e visita della **Reggia**, fatta costruire da Carlo di Borbone per celebrare la grandezza del Regno di Napoli tra la fine del XVIII e l'inizio del XIX secolo, e del suo meraviglioso **parco**, che ospita giardini, fontane e cascate. Si prosegue per valle di Maddaloni con la visita dell'**acquedotto Carolino**, progettato per soddisfare le esigenze di approvvigionamento idrico del parco della Reggia e di **San Leucio**, borgo creato dai Borboni per l'antica manifattura della seta e oggi interessante percorso di archeologia industriale.

ORGANIZZA TU UN ITINERARIO

Salerno e i dintorni

Procurati una mappa della città di Salerno e una dei dintorni e costruisci un itinerario che includa i monumenti, le architetture e le località più interessanti. Con Google Maps visualizza il punto di partenza e quello di arrivo e, dopo aver deciso con quale mezzo sia meglio muoversi, calcola i tempi di permanenza e le distanze. Per ogni luogo scrivi in poche righe le principali caratteristiche e attrattive.

Distanza > 150 km ca.

Durata > 2 o 3 giorni

Luoghi da visitare

1. Centro storico
2. Giardino della Minerva
3. Cattedrale di Santa Maria degli Angeli, San Matteo e San Gregorio Magno
4. Chiesa di San Giorgio
5. Teatro municipale Giuseppe Verdi
6. Stazione marittima
7. Castello di Arechi
8. Sito archeologico di Paestum
9. Complesso architettonico della Certosa di Padula

1 Lezione

IL TERRITORIO E I PAESAGGI

superficie	10 073 km²
popolazione 2016	571 773 ab.
densità	57 ab./km²
capoluogo regionale	Potenza

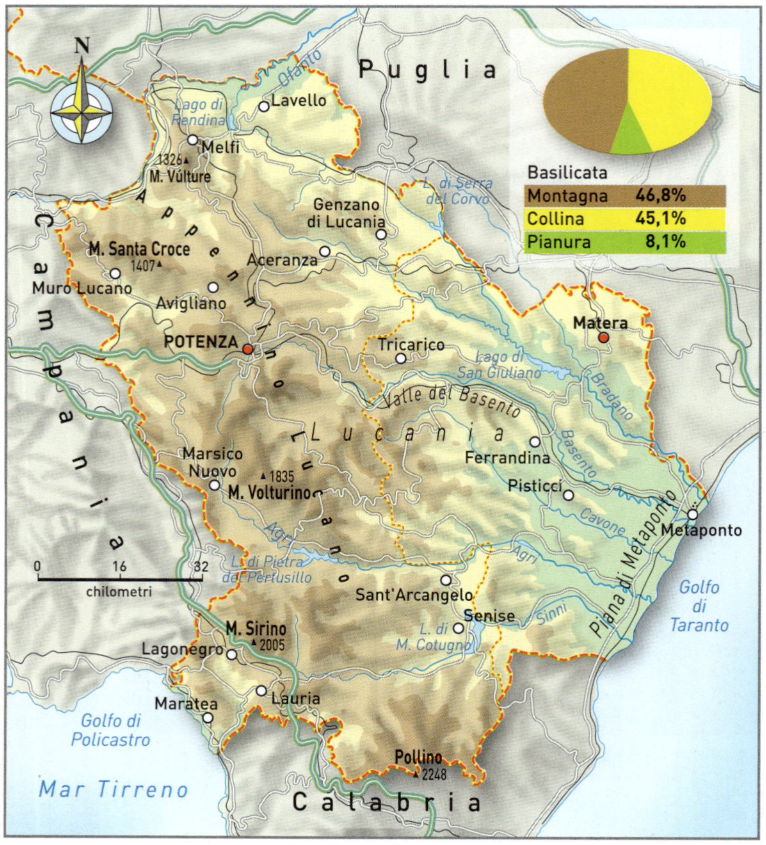

confini di regione
confini di provincia e città metropolitana
autostrade
strade principali
ferrovie principali

LE VIE DI COMUNICAZIONE

Le principali **linee ferroviarie** sono la Napoli-Reggio Calabria (versante tirrenico), la Foggia-Potenza-Napoli (versante adriatico) e la Taranto-Sibari (versante ionico). L'unica **autostrada** che attraversa la Basilicata, anche se in modo marginale (per un tratto lungo poco meno di 50 km), è la Napoli-Reggio Calabria. A breve distanza, ma esternamente ai confini della regione, corrono la Napoli-Canosa (a nord) e la Bologna-Taranto (a est). Per il **trasporto aereo** si fa riferimento agli aeroporti di Napoli e di Bari. Le uniche **strutture portuali** presenti in regione sono di tipo turistico, con scali per la nautica da diporto come Maratea nel potentino e Marina di Pisticci e Policoro nel materano.

IL TERRITORIO

La Basilicata è una regione dell'Italia meridionale, affacciata allo **Ionio** e al **Tirreno**. Il suo territorio, a elevata sismicità, è tra i più montuosi del Sud Italia: è caratterizzato dalla presenza di **rilievi nella zona occidentale**, costituita dall'Appennino Lucano ed estesa su quasi la metà del territorio, e di **colline nella zona orientale**. Lungo lo Ionio, invece, si apre la stretta **piana costiera** del Metaponto.

LE MONTAGNE

L'Appennino Lucano non è formato da un allineamento regolare di catene, ma si compone di una **serie di massicci isolati**, separati tra loro da conche e valli e con elevazioni molto diverse. A **nord** si trova l'ormai spento vulcano del **monte Vulture**, le cui pendici sono ricoperte da fitti boschi. Più a **sud** sono situati **rilievi aridi e desolati**, come il Volturino, il Santa Croce, il Raparo, i Monti della Maddalena e il monte Sirino. Lungo il confine con la Calabria si estende il massiccio del **monte Pollino**, massima elevazione regionale, che presenta una ricca vegetazione di faggi e pini.

LE COLLINE, LE PIANURE E LE COSTE

La sezione orientale della Basilicata è formata da **basse colline argillose** che digradano verso lo Ionio e verso le alte terre della Puglia, da cui sono separate dall'ampio **solco tettonico** della Fossa Antemurgiana o Bradanica. In quest'area, soggetta a intensa erosione delle acque, sono frequenti calanchi e gravine. La **piana di Metaponto** si affaccia **allo Ionio** con un **litorale basso e sabbioso**, in cui confluiscono i **cinque principali fiumi** della regione, tutti a carattere torrentizio: Basentello-Bradano, Basento (il più lungo, con un corso di 149 km), Cavone, Agri e Sinni. A differenza del litorale ionico, la **costa tirrenica** è **alta e rocciosa**. Entrambe, comunque, sono prive di porti naturali.

gravina
Sorta di canyon scavato dall'acqua nei terreni calcarei.

I PAESAGGI E IL CLIMA

L'**interno** della regione è caratterizzato da un **paesaggio ancora rurale**, con campi coltivati e piccoli borghi sulle alture; diffusi i tratti boscosi in cui predominano le latifoglie come pioppi, ontani e olmi. Lungo la **piana di Metaponto**, paludosa e malarica fino a pochi decenni fa, domina, invece, un **paesaggio di bonifica**, con campi coltivati divisi in modo geometrico. Altrove le zone di pianura e le aree di collina presentano una caratteristica copertura a **macchia mediterranea** con specie come rosmarino, cisto e ginepro; lungo il litorale sono diffusi il pino marittimo e il pino di Aleppo.

Il **clima** della regione, in parte influenzato dalla vicinanza al mare, è tipicamente **mediterraneo** lungo le coste; nelle zone interne diventa, invece, **continentale**, con nevicate invernali nelle zone di montagna e sui rilievi.

QUANDO ANDARE?

La stagione migliore per visitare la regione è l'estate da giugno a settembre, per quanto riguarda il turismo balneare e i parchi naturali. Per le città dell'interno l'ideale è anche la tarda primavera, che offre giornate tiepide con temperature non eccessive. In inverno si concentra invece la maggior parte delle precipitazioni.

IL TURISTA CURIOSO

❶ La regione è l'unica d'Italia a essere conosciuta con un doppio nome, Lucania e Basilicata: sebbene il primo sia usato soprattutto in funzione aggettivale (l'Appennino *Lucano*, le popolazioni *lucane*), il nome ufficiale è Basilicata.

❷ Nell'Appenino Lucano, in corrispondenza dell'alta valle del Basento, si innalzano le Dolomiti Lucane, così chiamate per il loro aspetto con torrioni e guglie acuminate, che appunto ricorda le Dolomiti alpine.

❸ Tra i Sassi di Matera sono stati girati molti film, tra cui *Il Vangelo secondo Matteo* di Pier Paolo Pasolini e *La passione di Cristo* di Mel Gibson.

❹ La regione ha fatto da scenario al film *Basilicata coast to coast* (2010), diretto da Rocco Papaleo.

COMPETENZA LOCALIZZAZIONE

❶ Lavora con la carta e le immagini

Osserva la carta e rispondi alle domande.

a. Qual è la massima elevazione che il massiccio del Pollino raggiunge nella regione?
b. Che altezza raggiunge il monte Vulture? E il Volturino? E il Sirino?
c. A quali golfi è affacciata la regione?
d. Quali sono i quattro maggiori laghi della regione?

COMPETENZA LINGUAGGIO DELLA GEOGRAFIA

❷ Riconosci il paesaggio

Abbina le immagini alle definizioni corrette inserendo le lettere negli appositi spazi.

a. paesaggio montano dell'interno
b. paesaggio collinare argilloso
c. paesaggio del litorale tirrenico

☐ L'incredibile paesaggio dei calanchi nel Materano.

☐ Il paese di Rivello, arroccato a 480 m nel Potentino.

☐ La ripida costa marittima poco distante da Maratea.

2 Lezione — LA GEOGRAFIA UMANA

LA POPOLAZIONE E LE CITTÀ

Con **meno di 600 000 abitanti**, la Basilicata è la terzultima regione d'Italia per popolazione. La densità, molto scarsa, è superiore soltanto a quella della Valle d'Aosta. La popolazione, tuttavia, ha una **distribuzione abbastanza regolare** sul territorio. I centri abitati principali sono nell'interno e sulle alture: è il caso di **Matera**, che si trova a quota 401 m, e di **Potenza**, il capoluogo regionale situato a 819 m sul livello del mare. Queste due città sono le uniche a superare i 50 000 abitanti.

Sfavorita dalle difficili condizioni ambientali (montuosità del territorio, povertà dei suoli, frequenza di frane e alluvioni), la regione è stata in passato una terra povera, teatro di una **massiccia emigrazione**. Oltre 300 000 abitanti hanno lasciato la regione nei periodi 1880-1900 e 1950-1970. Ancora oggi la Basilicata è una delle poche regioni italiane in cui il **saldo migratorio** è **negativo**: coloro che partono sono di più rispetto a quelli che arrivano. Se fino al 1991 l'alta natalità controbilanciava le perdite, in seguito, con il **calo delle nascite**, la popolazione ha cominciato a diminuire. La presenza di **stranieri** è inoltre tra le più basse in Italia (poco più del 3%).

GLI ULIVETI LUCANI, UNA STORIA MILLENARIA

Come risulta dagli scavi condotti nel Metapontino, cuore della Magna Grecia, le prime testimonianze della coltivazione dell'ulivo in Basilicata risalgono all'VIII secolo a.C. Grazie ai Greci e ai Fenici, l'ulivicoltura si sviluppò su tutto il territorio regionale non solo a scopo alimentare ma anche per la preparazione di unguenti, e vide l'introduzione di nuove varietà di olivo e tecniche di coltivazione. Con l'arrivo dei Romani l'olio d'oliva diventò un bene sempre più prezioso, ma la caduta dell'Impero segnò l'inizio di una profonda crisi: il settore si riprese solo a partire dal V secolo grazie alla Chiesa, che affidò la conduzione degli uliveti ai monasteri. Nelle epoche successive la coltivazione della pianta si consolidò, integrandosi con il territorio e divenendo un'importante risorsa economica.

L'ECONOMIA

La Basilicata dispone di un reddito per abitante che, sebbene **inferiore alla media nazionale**, risulta però tra i più alti del Mezzogiorno. L'**agricoltura** soffre di un'irrigazione insufficiente, di terreni molto degradati e della presenza di attività poco moderne. I migliori risultati si hanno nella piana di **Metaponto**, dove si sono diffuse le **colture redditizie** di ortaggi e frutta. L'**industria** dispone dei **giacimenti di metano** di Ferrandina e Pisticci, nel Materano. Intorno a **Matera** è situato anche il distretto industriale dei **divani**, mentre nell'area di **Lavello**, nell'estremo Nord della regione, si trova quello dell'**abbigliamento intimo**. Il maggiore impianto industriale della regione ha sede a **Melfi**, dove si trova uno **stabilimento automobilistico** di Fiat Chrysler Automobiles.

IL TURISMO: UNA RISORSA IMPORTANTE

Il settore, voce rilevante per l'economia regionale, si avvale prima di tutto delle entrate derivanti dai **flussi culturali** incentrati sulla città d'arte di Matera, poi di quelle generate dalle **attività balneari** lungo la costa tirrenica vicino a Maratea e il litorale ionico (Metaponto, Pisticci, Scanzano Ionico, Policoro) e, infine, delle **attrattive naturalistiche** offerte dai parchi situati nel territorio della regione.

Le città principali	abitanti 2016
Potenza (PZ)	67 221
Matera (MT)	60 384

COMPETENZA DIGITALE

1 Lavora con internet

La coltivazione degli ulivi rappresenta una voce rilevante nell'economia lucana.

Fai una ricerca e trova notizie su:

a. Le aree in cui si concentra la produzione di olio.

b. Le principali caratteristiche dell'olio d'oliva lucano.

c. L'esistenza di programmi o associazioni a tutela della produzione.

La linea di assemblaggio della Fiat Punto presso lo stabilimento di Melfi.

Un fragoleto nella zona del Metaponto.

3 Lezione — LA CULTURA, LE TRADIZIONI E IL PATRIMONIO STORICO E ARTISTICO

L'ARTIGIANATO

La **lavorazione del legno**, diffusa sin dall'antichità grazie alla presenza di foreste e boschi, è tra le attività più rappresentative. A Matera si praticano l'**arte dell'ebanisteria** e la produzione di **cartapesta** e **tufo**.

Notevole importanza ricopre, specie nei centri di Rivello, Avigliano e Tricarico, la **lavorazione del rame e del ferro battuto** destinata alla realizzazione di ringhiere, attrezzi per il camino e utensili per la cucina.

L'argilla, di cui la regione è ricca, è impiegata per produrre **maioliche, porcellane e ceramiche** a Grottole, Policoro, Venosa, Melfi.

LE FESTE E LE TRADIZIONI

Le festività religiose sono molto sentite e tra queste in particolare la **sfilata dei turchi** a Potenza, una rievocazione storica della cacciata degli invasori dalla città grazie all'intervento del santo patrono San Gerardo Vescovo, e la **festa della Madonna della Bruna**, a Matera con la processione dei pastori.

Importanti sono anche le manifestazioni legate al **Carnevale** che si svolgono a **Tricarico**, con sfilate di maschere di mucche e tori, a **San Mauro Forte**, dove gruppi di giovani girano per il paese agitando pesanti campanacci, e a **Irsina**, dove ai balconi si appendono sette pupe vestite di nero che simboleggiano le domeniche della Quaresima.

L'ENOGASTRONOMIA

La tavola lucana è ricca di piatti di origine contadina e pastorale. Nei **piatti tipici** le **verdure** sono molto presenti e vengono gustate da sole oppure accompagnate da **legumi** o **pasta** (cavatelli, strascinati, lagane e fusilli). I **secondi** sono spesso a base di **carne**; tra le specialità locali ci sono gli **gnummareddi**, involtini di interiora di agnello o capretto.

I **formaggi** come il pecorino di Filiano, di Moliterno e del Pollino e gli **insaccati** quali le salsicce piccanti, le soppressate e i capicolli sono molto gustosi. Tra i **dolci**, le *'ncartellate,* a base di vin cotto e cannella e i calzoni, a base di cacao, castagne e ceci, sono squisiti.

Nella carta regionale dei **vini** eccelle l'**Aglianico del Vulture** (rosso) con **due** etichette **DOCG**. Seguono **quattro etichette DOC**, tra cui il Grottino di Roccanova (rosso), il Matera (rossi e bianchi) e il Terre dell'Alta Val d'Agri (rosso). **Due** le etichette **IGT** con produzioni di rossi, bianchi e rosati.

LA STORIA, L'ARTE E L'ARCHITETTURA

Diverse tracce sono rimaste delle antiche città della **Magna Grecia** come Metaponto, Policoro e Nova Siri, così come i resti **sanniti** e **romani** nel parco archeologico di **Venosa**.

Del **periodo altomedievale** sono il **complesso della Santissima Trinità a Venosa**, capolavoro architettonico benedettino, e la cripta del peccato originale poco distante da **Matera**, testimonianza dell'**arte rupestre**.

Tra i più noti edifici risalenti alla dominazione **normanno-sveva**, il **castello di Melfi** e quello di **Lagopesole** nel comune di Avigliano. Esempi di architettura **rinascimentale** sono invece il **convento di Sant'Antonio** a Rivello e la benedettina **abbazia di San Michele Arcangelo** presso Montescaglioso.

IL TURISTA CURIOSO

❶ Maratea è nota anche come la "città delle 44 chiese", alcune delle quali ricche di preziose testimonianze artistiche.

❷ Il comune di Venosa ha dato i natali a uno dei più importanti poeti e scrittori latini, Quinto Orazio Flacco.

❸ A Metaponto visse e operò, fino alla fine dei suoi giorni nel 490 a.C., il matematico e filosofo greco Pitagora.

❹ Aliano, comune della provincia di Matera, è noto per essere stato il luogo dove fu confinato lo scrittore Carlo Levi, autore di *Cristo si è fermato a Eboli*.

COMPETENZA DIGITALE

❶ Lavora con internet

Le tradizioni della terra rappresentano un aspetto culturale importante della popolazione lucana, che sopravvive ancora oggi in feste e rituali.

Fai una ricerca e trova notizie su:

a. A quali elementi si legano queste feste tradizionali di origini pagane?

b. Dove e quando si tiene la festa della *'Ndenna*? In che cosa consiste?

c. Quando si svolge la principale festa di Accettura? In che cosa consiste?

Una maschera del Carnevale di Tricarico.

Un piatto di *gnummareddi*.

4 Lezione

LE RISORSE TURISTICHE

La Basilicata è tutelata dalla presenza di numerose **AREE PROTETTE**, che coprono un'estensione pari al 30% circa della superficie regionale. I due **parchi nazionali** sono quello **del Pollino**, che la Basilicata condivide con la Calabria, **e** quello **dell'Appennino Lucano-Val d'Agri-Lagonegrese**. Rilevanti sono anche i **parchi regionali**, come quello di Gallipoli Cognato Piccole Dolomiti Lucane.

Il **TURISMO BALNEARE** riguarda entrambe le coste lucane: quella tirrenica, con **Maratea** nel golfo di Policastro, nota anche come "la perla del Tirreno" per la bellezza del mare e della costa; e quella ionica, con i centri di **Metaponto, Pisticci, Scanzano Jonico, Policoro e Nova Siri**.

Tra i centri del **TURISMO ARTISTICO** spicca **Potenza**, con la famosa Via Pretoria e le sue porte, ovvero le entrate al centro storico che si aprivano lungo le mura dell'antico nucleo cittadino; da segnalare anche la **cattedrale di San Gerardo**, patrono della città, la **chiesa di San Francesco** con l'annesso convento, il **palazzo Loffredo** e i diversi **musei** che racchiudono le testimonianze della storia potentina. Principale polo d'attrazione è **Matera**, la città dei famosi "Sassi" con due quartieri unici nel loro genere, **Sasso Barisano** e **Sasso Caveoso**, caratterizzati da vere e proprie case-grotte scavate nel tufo e dalle famose **chiese rupestri** bizantine, ricche di affreschi e sculture.

Non meno rilevante è il **TURISMO MONTANO**, che offre piste da sci e interessanti **itinerari escursionistici** ed è praticato soprattutto nel comprensorio del **monte Sirino**.

Quanto al **TURISMO TERMALE**, in Basilicata non mancano **sorgenti** rinomate come le terme La Calda a Latronico, nell'alta valle del Sinni, e le terme di Ala a Rampolla nel potentino.

Potenza
La cattedrale di San Gerardo, duomo cittadino di Potenza.

Pisticci
Il borgo di Pisticci, il cui territorio comunale si estende dall'entroterra materano fino al litorale ionico.

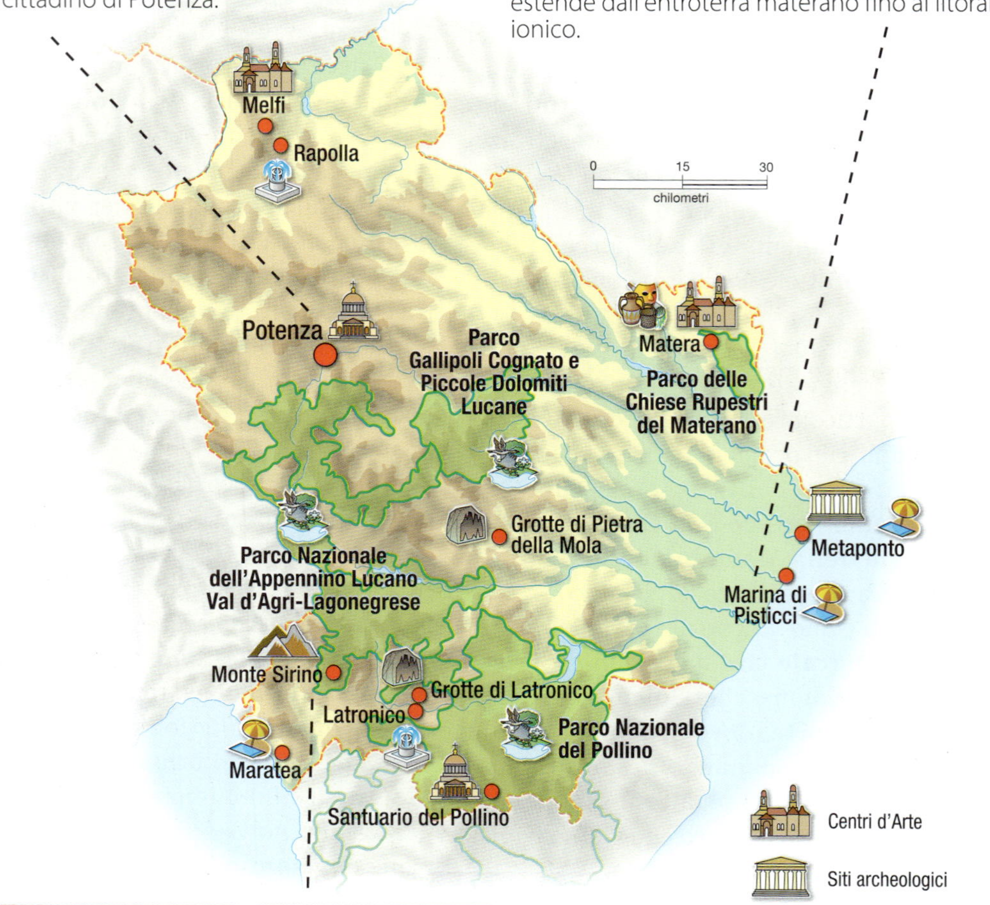

Monte Sirino
Il lago Laudemio, situato nel comprensorio del monte Sirino, costituisce un'importante riserva naturale regionale.

Il patrimonio dell'UNESCO

I Sassi e il Parco delle chiese rupestri di Matera

Per la lista completa vai su: http://whc.unesco.org/en/list/

SCRIVI UN TESTO IN 200 PAROLE

Lavora con il testo, la carta, internet e le immagini seguendo i punti elencati

a. Fai una presentazione dei Sassi di Matera.

b. Descrivi le principali risorse del turismo montano.

5 *Lezione* ALLA SCOPERTA DELLA BASILICATA

CARTA INTERATTIVA IN DIGITALE

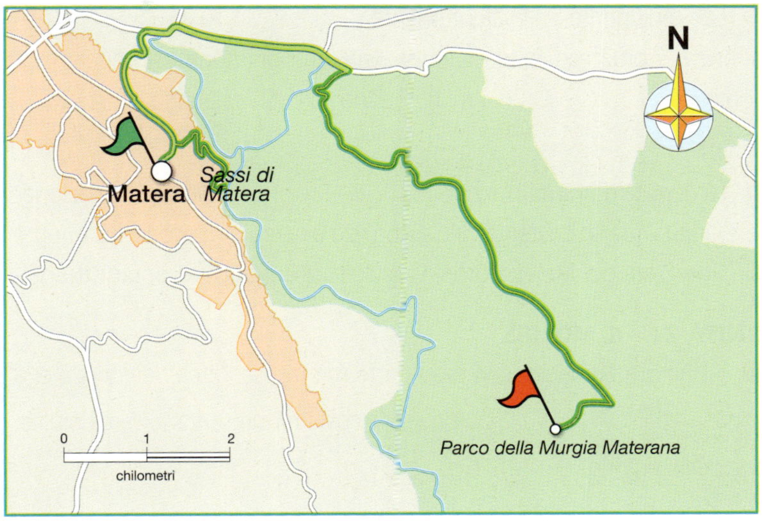

L'ITINERARIO

Matera e dintorni: storia e natura (3 giorni)

L'itinerario è incentrato sulla città di Matera e sui Sassi, Barisano e Caveoso, per visitare quelli che furono luoghi di vita rupestre, simboli e testimonianze delle antiche civiltà che abitavano la zona già dalla preistoria. Si conclude con la visita del parco della Murgia Materana per scoprirne il patrimonio naturale, storico e ambientale.

❶ GIORNO
Matera
Arrivo a Matera. Visita del nucleo abitato sopra i Sassi, il cosiddetto **Piano**, e della **Civita**, lo sperone di roccia che si innalza tra i due complessi. Nel centro della città si inizia con **piazza Vittorio Veneto** e si prosegue verso il **Duomo**, costruito nel 1270, visitando la chiesa di **San Francesco d'Assisi** e attraversando la **piazza del Sedile**. Si continua con la **chiesa del Purgatorio** e il **museo archeologico** e si termina in **piazzetta Pascoli** con il seicentesco palazzo Lanfranchi, che ospita il **museo d'arte medievale e moderna della Basilicata**.

❷ GIORNO
Sassi di Matera
Giornata interamente dedicata ai Sassi di Matera. Si inizia con il Sasso Caveoso, il più antico dei due, visitando le chiese della **Madonna dell'Idris** e di **San Pietro Caveoso**; si prosegue con la chiesa di **Santa Lucia delle Malve**, con il **Vicinato**, un complesso di abitazioni scavate nel tufo, e con la visita del **Musma**, il museo di scultura contemporanea di Matera. Nel Sasso Barisano, invece, si visitano la **chiesa di Sant'Agostino**, costruita nel 1591 a strapiombo sulla gravina, e il **complesso monastico di Madonna delle Virtù e San Nicola dei Greci**.

❸ GIORNO
Parco della Murgia
Il percorso si conclude con la visita, sul versante opposto della gravina di Matera, del Parco archeologico storico-naturale delle chiese rupestri del Materano, noto come **parco della Murgia materana**: un magnifico paesaggio rupestre a sfondo naturale che testimonia l'antico rapporto tra uomo e ambiente. Visita di alcuni siti preistorici come le **grotte** paleolitiche (Grotta dei pipistrelli), i **villaggi** risalenti al Neolitico e alle Età del bronzo e del ferro (villaggi di Murgecchia, di Murgia Timone e di Trasanello), e di alcune **chiese rupestri** (San Leonardo, San Giacomo e Santa Cesarea) sparse lungo i pendii delle gravine.

La chiesa della Madonna dell'Idris.

ORGANIZZA TU UN ITINERARIO
Potenza e i dintorni
Procurati una mappa della città di Potenza e una dei dintorni e costruisci un itinerario che includa i monumenti, le architetture e le località più interessanti. Con Google Maps visualizza il punto di partenza e quello di arrivo e, dopo aver deciso con quale mezzo sia meglio muoversi, calcola i tempi di permanenza e le distanze. Per ogni luogo scrivi in poche righe le principali caratteristiche e attrattive.

Distanza > 8 km ca.

Durata > 6 o 8 ore

Luoghi da visitare
1. Torre Guevara
2. Palazzo Bonifacio
3. Duomo di San Gerardo
4. Chiesa della Santissima Trinità
5. Chiesa e convento di San Francesco
6. Piazza Mario Pagano
7. Teatro Francesco Stabile
8. Palazzo del Governo
9. Ponte sul Basento
10. Villa romana di contrada Malvaccaro

SEI PRONTO PER LA VERIFICA?

LOSAI? RIPASSA CON LO SMARTPHONE

IN 1 ORA

1 Dopo aver studiato le unità, completa la sintesi utilizzando le parole proposte. Attenzione ce ne sono 5 in più. ..... / 10

UNITÀ 20 – L'ABRUZZO

- La regione è prevalentemente .... , l'Appennino Abruzzese è formato da vari gruppi montuosi separati da conche .... , sono diffusi calanchi e fenomeni ....
- La densità demografica è .... alla media nazionale e la natalità è in costante calo. L'Abruzzo è la regione economicamente più attrezzata del Mezzogiorno. L'agricoltura è praticata soprattutto nelle conche intermontane, nelle colline presso la costa e nella conca del .... L'industria poggia su piccole e medie imprese.
- L'artigianato è importante soprattutto per la ceramica e la lavorazione della pietra, la tradizione gastronomica è sia .... che montana. Sono presenti siti archeologici e artistici di varie epoche.
- Circa il 30% della superficie costituisce area protetta. È diffuso il turismo balneare e il turismo culturale in diverse città.

UNITÀ 21 – IL MOLISE

- È una piccola regione in gran parte montuosa, l'area del litorale e la zona .... presso la costa rappresentano l'area più attiva della regione.
- La densità demografica è molto bassa, per la massiccia .... dell'ultimo secolo; oggi la popolazione è .... rispetto al momento dell'Unità d'Italia.
- Tra le produzioni artigianali sono importanti la lavorazione del bronzo, la coltelleria, la produzione di .... e l'arte tessile. Sono presenti testimonianze del periodo preistorico, ... , romano e medievale.
- Nella regione è importante il turismo balneare, quello montano e il turismo d'arte legato ai borghi medievali, ai resti romani e ai maestosi ....

UNITÀ 22 – LA CAMPANIA

- Il territorio è prevalentemente collinare, nell'interno si trovano i rilievi dell'Appennino Campano, verso la costa la Pianura Campana, la Piana del Sele e alcuni complessi .... , tra cui il Vesuvio. Lungo la costa si trovano i paesaggi del turismo balneare e l'area edificata presso il Golfo di Napoli, dove un'urbanizzazione .... si è sviluppata fin sulle pendici del Vesuvio. Attorno si estende una .... area agricola fittamente popolata.
- La regione è la terza in Italia per numero di abitanti e la .... come densità abitativa. La popolazione vive per tre quarti nella fascia costiera e nell'area di Napoli, il più importante centro economico del Mezzogiorno e notevole centro portuale e .... La situazione economica è precaria: reddito inferiore alla media nazionale, disoccupazione e .... organizzata.
- Tra le produzioni artigianali sono famose le porcellane di .... e la produzione dei presepi. È una delle regioni più ricche di feste e manifestazioni tradizionali. La gastronomica si basa soprattutto su pizza e pasta, oltre a mozzarella di bufala, pomodoro di San Marzano e .... napoletana.
- Inclusa nella Magna Grecia, ha subito poi varie dominazioni straniere, fino ai .... Molte sono le tracce delle diverse epoche e culture, come Pompei ed Ercolano, ... , la Reggia di Caserta.
- Il turismo è molto sviluppato nelle località balneari, tra cui la Costiera Amalfitana, e nelle città d'arte, tra cui emerge per importanza Napoli.

UNITÀ 23 – LA BASILICATA

- La Basilicata è una regione .... e in gran parte montuosa. Nell'interno il paesaggio è rurale e il clima continentale, nella piana del .... è mediterraneo.
- La popolazione, non numerosa, è distribuita regolarmente. Le uniche due città di rilievo sono Matera e ....
- Diverse sono le produzioni artigianali, le feste e manifestazioni tradizionali, le ricette della gastronomia derivano dalla tradizione contadina e .... Il territorio presenta testimonianze di varie epoche.
- Il turismo si basa sulle aree protette (30% della superficie, con la presenza di due parchi nazionali), sulle aree balneari, su diversi luoghi d'arte, tra cui i famosi "Sassi" di Matera, sul turismo montano e termale.

Parole da inserire: Borboni • campane • Capodimonte • castelli • carsici • collinare • costiera • criminalità • culturale • di meno • emigrazione • ferroviarie • fertile • Fucino • incontrollata • inferiore • intermontane • maggiore • Metaponto • montuosa • pastiera • pastorale • pianeggiante • Paestum • Potenza • prima • romani • sismica • sannitico • superiore • vulcanici

ZTE ONLINE
Mettiti alla prova con 20 esercizi interattivi

❷ Indica se le frasi sono vere o false. (2 punti ciascuna) ..... / 22

a. La maggior parte del territorio abruzzese è pianeggiante. V F
b. Sia il Fucino che il Metaponto sono aree di bonifica. V F
c. L'Abruzzo rappresenta la regione economicamente più evoluta del Sud d'Italia. V F
d. Il Molise è la regione più piccola d'Italia dopo la Valle d'Aosta. V F
e. Con il termine Alto Molise si indica la parte settentrionale della regione. V F
f. I Campi Flegrei in Campania rappresentano un complesso di origine vulcanica. V F
g. I rilievi appenninici occupano il settore orientale della Basilicata. V F
h. La costa ionica della Basilicata è alta e rocciosa. V F
i. Tutta la Basilicata gode di un clima mite con l'assenza di nevi in inverno. V F
l. In Basilicata la densità demografica è tra le più basse d'Italia. V F
m. Il Vesuvio ormai è un vulcano spento. V F

❸ Indica la risposta corretta. (1 punto ciascuna) ..... / 2

a. Il Gran Sasso si trova in:
❑ Basilicata
❑ Campania
❑ Abruzzo
❑ Molise

b. L'unica città abruzzese affacciata sul mare è:
❑ L'Aquila
❑ Pescara
❑ Chieti
❑ Teramo

❹ Completa le seguenti affermazioni. (½ punto ogni nome) ..... / 3

a. Le tre principali isole della Campania sono Capri, ... e ....

b. I cinque capoluoghi della Campania sono Napoli, ..., ..., ... e ....

❺ Indica in quale regione scorrono i seguenti fiumi. (2 punti ciascuno) ..... / 12

Aterno-Pescara ....
Volturno ....
Basento ....
Biferno ....
Tronto ....
Sele ....

❻ Indica a quale regione appartengono i Parchi nazionali elencati. (½ punto ciascuno) ..... / 2

Parco nazionale del Cilento, Vallo di Diano e Alburni ....
Parco nazionale del Gran Sasso e Monti della Laga ....
Parco nazionale della Maiella ....
Parco nazionale del Pollino ....

❼ Scrivi la definizione dei termini proposti. (3 punti ciascuna) ..... / 9

Calanchi ....
....
Gravina ....
....
Paesaggio della bonifica ....
....

❽ Rispondi alle domande. (10 punti ciascuna) ..... / 40

a. Che cosa sono i "Sassi" di Matera?
....
....

b. Elenca alcune tra le principali risorse turistiche dell'Abruzzo.
....
....

c. Che cosa ti ricordi riguardo a Pompei e Ercolano? A cosa si deve la loro importanza?
....
....

d. Quali sono, in generale, le caratteristiche del clima delle regioni studiate?
....
....

PUNTEGGIO TOTALE ..... / 100

GEOGRAPHY HIGHLIGHTS – CLIL

CAMPANIA SOUTHERN SPLENDOURS

"Thou Paradise of exiles, Italy !" P. B. Shelley

To experience the essence of Italy, head south to **Campania**, a region which embraces within its boundaries some of the most iconic Italian **1...**
Bordered by the regions of *Lazio, Molise, Basilicata,* and *Apulia,* Campania is a favourite among Italian and international tourists. Campania **2...** the starting point of southern Italy, a favourite place since Roman times, when it was called ***Campania Felix***, "*Happy Land*". A lovely and fertile land, it attracted many ancient **3...**, who frequently fought for its possession over the centuries, as witnessed by the countless **4...** all over its territory. The ideal trip to Campania starts from its capital city, Naples to continue through the **5...** stretch of the *Amalfi Coast* with its famed fishing **6...** villages of *Positano, Amalfi*, and *Ravello*, the seductive island of *Capri*, the green island of *Ischia*, the archaeological **7...** of *Pompeii* to name a few. Additional splendours are, to the west of Naples, the "Phlegrean Phields", meaning "*Burning Fields*" for its volcanic activity, a sought-after destination in ancient Rome, where the rich and emperors built **8...** summer villas. Naples, the region's capital city, is a bustling urban metropolis, definitely worth a visit. **9....** one of the most romantic bays in the world, it is steeped in art and history dating back to *Magna Grecia*. The Neapolitan people have kept their traditions, **10...** and feasts that still attract visitors from all over the world. Some of the **11...** you cannot miss in Naples are: the sturdy 13th century fortress ***Castel Nuovo***, also called ***Maschio Angioino,*** built by the Angevin rulers; the 18th century grandiose ***Royal Palace*** of Court of the Bourbons, built in 1600 by *Domenico Fontana*, with the Court San Carlo Theatre built in 1768; the ***National Archaeological Museum***, with one of the richest collections of sculptures, **12...** , mosaics and objects of the *Graeco-Roman* civilisation; the ***Gesu Nuovo*** *Church* with its imposing 16th century **13...** , and the nearby Provencal Gothic 14th century ***St. Chiara*** *Church* with the ancient **14...** faced with lively coloured tiles, and superb garden. These are just a few examples of the treasures of art, history and culture Naples has to offer. En route to *Pompeii,* a visit to one of the symbols of Naples, ***Mount Vesuvius***, is a **15...** ***Pompeii***, the town destroyed by ***Mount Vesuvius*** **16...** in AD 79, is a ***UNESCO World Heritage Site***. The well-preserved remains provide an unparalleled insight into the daily life of a Roman city almost 2,000 years ago, with its **17...** , the opulence of the villas of the rich, as the *Villa of Mysteries* with its frescoes depicting the secret Dionysus rites. The **18...** proceeds south to ***Sorrento***. If Naples is loud, busy, and urban, Sorrento is calm, soft and comfortable. It is an ideal "*home base*" for some day-trips to the surrounding sights, including the island of ***Capri*** to explore the famed ***Blue Grotto*** and take the **19...** up the ***Mount Solaro*** to enjoy the breathtaking panorama and lush scenery; taking a panoramic drive along the enchanting ***Amalfi Coast***. Its craggy **20...** and charming natural scenery is an Italian gem and a traveller's paradise. Heading south-east you get to the towns of ***Positano, Amalfi***, once one of the four great Italian **21...** Republics, ***Salerno*** and ***Ravello***. Ravello is the musical capital of the area, with its annual *Ravello Music Festival*. The tour ends "*off the beaten track*" with the beautiful walkway ***"The Path of the Gods"***, which winds through the unique scenery down to the **22...** of Positano.

COMPREHENSION

1 Match **these pictures to the following sites.**

A. Maschio Angioino **B.** Pompeii **C.** National Archaeological Museum **D.** Blue Grotto **E.** Amalfi Coast Drive **F.** Mount Vesuvius

1...

2...

3...

4...

5...

6...

07

COMPREHENSION

❷ **Read the text "Campania Southern Splendours" and complete with the following words. Then listen & check.**

...A. coastline - ...B. tour - ...C. frescoes - ...D. cloister - ...E. chairlift - ...F. facade - ...G. remains - ...H. maritime - ...I. eruption - ...J. sights – ...K. civilisations – ...L. must - ...M. site - ...N. paintings - ...O. overlooking – ...P. marks - ...Q. amaz ng – ...R. hotspots - ...S. folklore - ...T. village - ...U. resort - ...V. sumptuous

COMPREHENSION

❸ **Read the text and mark these statements as True (T) or False (F) to show your knowledge about Campania. Correct the false statements.**

1. Campania is in southern Italy. T F
2. All Italian tours start from Campania. T F
3. The name Campania Felix was referred to the fertility of the land. T F
4. Capri is defined the "green island" for its lush nature. T F
5. The Maschio Angioino is a castle. T F
6. The Gesù Nuovo Church is surrounded by a superb garden. T F
7. The Blue Grotto derives its name from the colour of the sea. T F
8. The Path of the Gods is in the centre of Ravello. T F

COMPREHENSION

❹ **Answer the following questions by using complete sentences.**

1. **Where** is the Campania region situated and **what** are its borders?
2. **How** was Campania considered in Roman times?
3. **What** are the *Phlegrean Phields*?
4. **What** are the main sights not to be missed in Naples?
5. **What** attraction can you find en route to Pompeii heading south?

REVISION & PRODUCTION

❺ **Complete the following passage with the words in bold.**

situated - ancient - dormant - volcanic - times - site - natural - sights - attractions - place

The "*Phlegrean Phields*", so named by the Greeks for their "*burning*" 1. .... activity, are a western area of Naples rich in history and 2. .... beauty. Originally the Greek city of *Dicearchia* and later the Roman city of *Puteoli*, today, ***Pozzuoli*** still keeps its 3......... charm. Some of the main 4. .... in Pozzuoli: ***Flavian Amphitheatre***, the third largest Roman Amphitheatre in Italy after the *Coliseum* in Rome, which still preserves many of the underground passages used to move fighters and beasts to the main arena above; ***Solfatara Volcano***, a 5. .... volcano, which still emits jets of steam with sulphurous fumes, the crater floor is a popular tourist 6. .... for its many *fumaroles* and mud pools and its vapours have been used for medical purposes since Roman 7. .... ; ***Temple of Serapis (Macellum)***, the Temple dedicated to the god *Serapis*, but also a Roman market 8. .... or ***Macellum***, 9. .... in the **Rione Terra** (Land District), the 10. .... of the original acropolis.

REVISION & PRODUCTION

❻ **Translate the following passage into English.**

La Campania è generalmente celebrata per il suo clima, la fertilità della terra e i paesaggi incredibilmente belli. Il suo patrimonio artistico e culturale, insieme alla sua cucina famosa nel mondo, la rendono una delle regioni più apprezzate in Italia e all'estero. Napoli è la capitale regionale e la terza più grande città d'Italia dopo Roma e Milano. La città fu la capitale del Regno delle Due Sicilie e una grande capitale Europea fino all'unificazione dell'Italia. Oggi è ancora un importante centro artistico e culturale, ricca di palazzi storici, chiese, conventi, monasteri e musei che mostrano le diverse dominazioni, da quella Greco-Romana, Angioina, spagnola e francese. Altre destinazioni della Campania famose nel mondo sono le città di *Amalfi, Sorrento, Caserta, Capri, Ischia, Pompei, Ercolano e Paestum*.

Fumaroles and *inside crater* view of active, dormant Solfatara Volcano

1 IL TERRITORIO E I PAESAGGI

Lezione

superficie	19 362 km^2
popolazione 2016	4 068 493 ab.
densità	200 ab./km^2
capoluogo regionale	Bari

confini di regione
confini di provincia e città metropolitana
autostrade
strade principali
ferrovie principali
aeroporti principali
porti principali

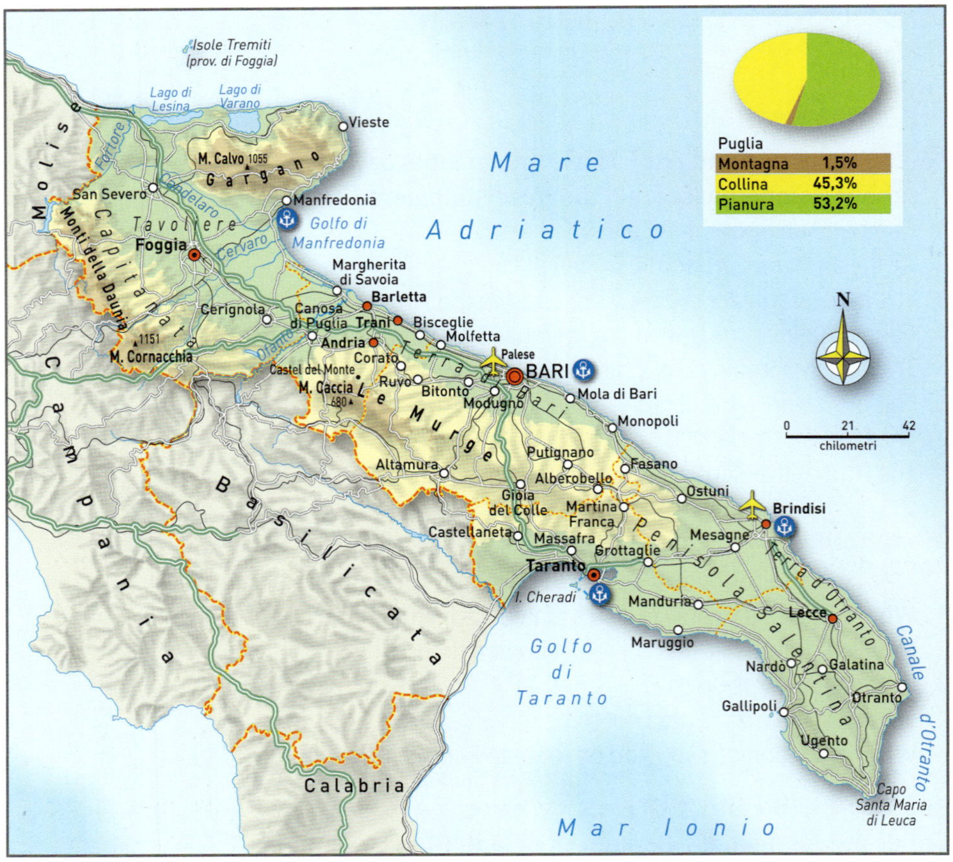

IL TERRITORIO

La Puglia, situata nell'Italia meridionale, è la più orientale del paese. Si affaccia al **Mar Adriatico** e al **Mar Ionio**. È inoltre la **regione meno montuosa** e, dopo il Veneto, quella con le **aree pianeggianti più estese**, pari a oltre la metà del territorio. È caratterizzata dalla prevalenza di superfici piatte e da altitudini molto modeste. Appartiene alla Puglia l'**arcipelago delle Tremiti**.

TRA PIANURE E ALTOPIANI

Il territorio si divide in **cinque aree**. Nel Nord si trova la **penisola del Gargano**, promontorio roccioso affacciato al mare. Alle spalle sorge il **Tavoliere di Puglia** che, di origine alluvionale, è la più vasta pianura dell'Italia peninsulare. Verso l'interno il Tavoliere si innalza gradatamente verso i **monti della Daunia**, che appartengono all'Appennino e che rappresentano le massime elevazioni regionali. La parte centrale della Puglia è occupata dalle **Murge**, piatto altopiano calcareo con un'altitudine media intorno ai 500 m. La **penisola salentina**, o **Salento**, nell'estremo Sud, è un altro altopiano, ancora meno elevato e con superfici debolmente ondulate.

LA COSTA, I FIUMI E I LAGHI

La Puglia è una delle regioni italiane con **maggiore sviluppo costiero**, preceduta solo da Sardegna e Sicilia. Le coste si snodano per circa 800 chilometri e, con l'eccezione di buona parte del **Gargano**, sono in prevalenza **basse e sabbiose**.

La **natura carsica** di gran parte del territorio pugliese, unita alla scarsità di precipitazioni, rende la regione particolarmente **povera di corsi d'acqua superficiali**. I due principali fiumi sono il **Fortore** e l'**Ofanto**, che hanno in Puglia solo parte del loro corso. Per far fronte ai gravi problemi idrici sono state realizzate varie opere tra cui, nel secolo scorso, l'**Acquedotto pugliese**, un'infrastruttura pubblica che utilizza e trasporta in Puglia le acque provenienti dal fiume campano Sele.

I bacini **naturali** sono tutti **laghi costieri**: i maggiori sono quelli di **Lesina** e di **Varano**, nel Gargano, mentre nella zona di Manfredonia si trova il **lago Salso**. Più a sud, presso Otranto, si trovano i **laghi Alimini**.

LE VIE DI COMUNICAZIONE

La regione è collegata al resto della penisola dalle **autostrade** Bologna-Taranto, più nota come "Adriatica" in quanto corre lungo tutto il litorale omonimo, e Napoli-Canosa di Puglia, detta anche "Dei due mari" in quanto, attraversando l'Appennino Campano, collega il Tirreno all'Adriatico. Altre importanti arterie viarie sono le **superstrade** Bari-Foggia, Bari-Brindisi-Lecce (principale asse per il Salento) e Taranto-Brindisi.

Dai maggiori **scali ferroviari** nazionali si hanno collegamenti per i capoluoghi di provincia, ovvero Foggia, Bari, Brindisi, Lecce e Taranto.

Gli **aeroporti** principali si trovano a Bari e Brindisi, mentre i più importanti **scali portuali** sono quelli di Bari, Taranto e Brindisi, quest'ultimo rilevante per il movimento passeggeri verso e dalla Grecia.

I collegamenti con le **isole Tremiti** fanno invece capo ai porti secondari di Vieste, Peschici, Rodi Garganico e Manfredonia.

IL CLIMA

Con un clima tipicamente **mediterraneo**, la Puglia è **una delle regioni meno piovose** d'Italia. Gli autunni e gli inverni sono piuttosto tiepidi, mentre le primavere sono miti e le **estati** sono **molto calde** e caratterizzate da una **lunga siccità**.

IL PAESAGGIO COSTIERO

Il **paesaggio della costa** è prevalentemente **urbanizzato**. L'intensa crescita delle costruzioni degli ultimi decenni ha ridotto la superficie agraria e riempito gli spazi del litorale con abitazioni, industrie, attività terziarie, stabilimenti turistici e seconde case. Si è così creato, lungo la costa adriatica **da Barletta a Brindisi**, un unico sistema di **città lineare**, con l'area edificata che si ispessisce verso l'interno in corrispondenza dell'area barese. Questo paesaggio si dirama poi in direzione di **Lecce**. Un paesaggio simile, con caratteri spiccatamente turistici, si trova nella **parte costiera del Gargano**, dove l'esplosione edilizia ha allargato a dismisura lungo la costa e nell'entroterra gli originali centri pescherecci.

IL PAESAGGIO DELLA PUGLIA AGRARIA

Il **paesaggio agrario**, diffuso nel Tavoliere, nelle Murge e nel Salento, è **aspro e spoglio**. Si tratta di un ambiente **piatto** o lievemente ondulato, in cui si estendono vasti appezzamenti privi di presenza umana, al cui centro sorgono grandi **masserie**. La popolazione vive in cittadine o in piccoli centri distanziati tra loro. Si coltivano perlopiù **cereali**, ma nel Tavoliere e nel Salento sono molto diffusi anche gli **olivi**, la **vite** e gli **alberi da frutto**.

Sia nel Salento sia nelle Murge si trova la cosiddetta «**Puglia petrosa**», un ambiente in cui le rocce affiorano nei terreni poveri soggetti a **carsismo** e che l'uomo ha utilizzato per costruire muretti e terrazzi. Un paesaggio simile si trova anche all'interno del Gargano e nell'area di Taranto, caratterizzata dalle **gravine**, profonde infossature di origine carsica su cui sorgono grossi borghi come, appunto, Gravina in Puglia.

IL PAESAGGIO DELLA MURGIA DEI TRULLI

La Valle d'Itria, detta **Murgia dei Trulli**, ha invece un **paesaggio verdeggiante**. Qui sono diffusi l'**allevamento** e la coltivazione di viti, mandorli e olivi. Gli insediamenti sono sparsi, fenomeno molto raro nel Mezzogiorno, e i campi, non molto grandi, sono delimitati da muretti a secco: ovunque spiccano i tetti conici dei **trulli**.

QUANDO ANDARE?

Dato il clima secco e in prevalenza mediterraneo, i mesi migliori per visitare la regione sono quelli che vanno da aprile a ottobre. In particolare nella zona del Tavoliere sono ottime le stagioni primaverile e di inizio autunno; per il turismo balneare i mesi migliori sono luglio e agosto.

masseria
Grande edificio rurale che in passato ospitava stalle per gli animali e magazzini per i raccolti.

IL TURISTA CURIOSO

❶ Oltre a essere la regione più orientale d'Italia, la Puglia è anche la più lunga: oltre 400 km separano il confine con il Molise da Leuca, posta all'estremità meridionale della Penisola Salentina.

❷ Il Gargano è lo "sperone" mentre il Salento è il "tallone" dello stivale con cui, tradizionalmente, viene identificata la penisola italiana.

COMPETENZA LOCALIZZAZIONE

❶ Lavora con la carta e le immagini

Osserva la carta e rispondi alle domande.

a. Quali sono i due golfi della regione? In che mare si trovano?
b. Qual è la cima più alta della regione? Dove si trova? Quale altitudine raggiunge?
c. Dove si trovano le isole Tremiti? Di che provincia fanno parte?
d. Qual è la punta più meridionale della regione?
e. Qual è la città più orientale della regione posta sul canale omonimo?

COMPETENZA LINGUAGGIO DELLA GEOGRAFIA

❷ Riconosci il paesaggio

Abbina le immagini alle definizioni corrette inserendo le lettere negli appositi spazi.

a. paesaggio costiero turistico **b.** paesaggio accentrato dell'interno **c.** paesaggio rurale a insediamenti sparsi

☐ Il lungomare di Gallipoli.

☐ Vista panoramica da Martina Franca.

☐ Vista aerea di Apricena (Foggia).

2 LA GEOGRAFIA UMANA

Lezione

LA POPOLAZIONE E LE CITTÀ

Con oltre **4 milioni di abitanti** la Puglia è, dopo Campania e Sicilia, la terza regione per popolazione del Sud Italia. La **densità**, di poco superiore alla media nazionale, è **elevata lungo le coste**, specie quella adriatica, e **bassa all'interno**. L'insediamento è **accentrato**: l'80% degli abitanti vive in località di oltre 10 000 abitanti.

La **rete urbana** è equilibrata per dimensioni e distribuzione geografica delle città. Tra tutte spicca **Bari**, il capoluogo regionale: la città forma, con i numerosi comuni circostanti, un'area metropolitana di oltre 1 milione di abitanti. **Foggia**, nel Nord della regione, è il capoluogo della regione storica della Capitanata. Appena più a sud ci sono **Barletta**, **Andria** e **Trani**. Nel Salento le città capoluogo sono **Lecce**, **Brindisi** e **Taranto**.

SALDO NATURALE E MIGRATORIO IN PAREGGIO

La popolazione pugliese è stabile: natalità e mortalità si equivalgono e la situazione è di **crescita zero**. Anche il **saldo migratorio è in pareggio**. In passato, invece, la Puglia è stata un'area di **forte emigrazione**: tra il 1951 e il 1981 ben 800 000 abitanti hanno lasciato la regione. Oggi il numero delle partenze è ridotto e si avvicina a quello dei nuovi arrivi: la percentuale dei **lavoratori stranieri** immigrati, infatti, è minore rispetto alla media nazionale.

UN'ECONOMIA VIVA E DIVERSIFICATA

L'economia della Puglia, tra le più organizzate del Mezzogiorno d'Italia, fornisce un reddito per abitante superiore a quello delle altre due grandi regioni del Sud, la Campania e la Sicilia, per quanto resti **inferiore alla media nazionale**.

L'**agricoltura**, oggi in gran parte moderna e specializzata, è **una delle più importanti del paese**. La regione detiene molti primati per alcuni prodotti agricoli, come l'**uva da tavola** e il **vino**, mentre la produzione dell'**olio d'oliva** pugliese costituisce la metà della produzione italiana. Notevoli sono pure le produzioni di **frumento, avena, frutta** (soprattutto ciliegie e mandorle) e **ortaggi** (in particolare insalate, cavoli e piselli). Importante è la **pesca**, che interessa soprattutto il Gargano e i porti di Barletta, Monopoli e Taranto. Rilevanza economica hanno anche le **saline** di Margherita di Savoia, situate lungo la costa adriatica a Sud del Gargano.

L'**industria** ha il suo punto di forza nell'**area barese**, con stabilimenti alimentari, meccanici, tessili, della gomma, dell'arredamento e delle calzature. Tra le grandi aziende spiccano lo stabilimento **siderurgico** di Taranto e, in ambito energetico, il polo **petrolchimico** di Brindisi.

Nel **terziario** hanno grande importanza le comunicazioni **marittime** e le funzioni **portuali**.

UN TURISMO IN ESPANSIONE

Il **turismo**, in costante crescita soprattutto nell'ultimo decennio, si concentra specialmente nelle **località balneari** dell'area del **Gargano**, prime fra tutte Gallipoli e Vieste. La seconda area ad attirare una quota consistente di turisti è il **Salento**, che unisce alle risorse marittime le attrattive del **turismo d'arte** soprattutto a **Lecce**.

Le città principali	abitanti 2016
Bari (BA)	325 183
Taranto (TA)	200 385
Foggia (FG)	151 975
Andria (BT)	100 365
Lecce (LE)	94 892
Barletta (BT)	94 660
Brindisi (BR)	88 126
Trani (BT)	56 133

regione storica
Area geografica che ha vissuto vicende storiche comuni.

COMPETENZA DIGITALE

❶ Lavora con internet

A Margherita di Savoia è situata la più importante salina marittima esistente in Europa.

Fai una ricerca e trova notizie su:

a. Dove è situata la cittadina e a quale illustre personalità è legato il suo nome?
b. Qual era e fino a quando rimase in vigore il precedente nome ufficiale?
c. Quali sono le sue risorse turistiche?

Il paesaggio agricolo nei pressi di Altamura in estate.

Le saline di Margherita di Savoia.

3 Lezione — LA CULTURA E LE TRADIZIONI

L'ARTIGIANATO

Le lavorazioni più note sono quelle della **terracotta** e della **ceramica**, con centri di eccellenza nelle cittadine di Grottaglie e Laterza: basate un tempo soprattutto sulla realizzazione di **manufatti di uso quotidiano** (stoviglie, contenitori, recipienti per vino e acqua), si sono trasformate poi in una **produzione artistica di alta qualità**, tra le cui creazioni più curiose vanno segnalati i fischietti di terracotta di Rutigliano e Ostuni.

La **lavorazione del ferro battuto** è sviluppata in tutta la regione, ma vede la sua massima diffusione nel Salento, dove si realizzano alamari, balconate, candelieri e testate per i letti.

Tipico della regione è il **vimini**, diffuso soprattutto a San Severo, Cassano e Alberobello e utilizzato per strumenti d'uso quotidiano e d'arredo.

LE FESTE E LE TRADIZIONI

Molto vivo è il **sentimento religioso**. Tra le più importanti ricorrenze meritano la **processione dei penitenti** del Giovedì Santo a Noicattaro e i **riti della Settimana Santa** a Taranto. Molto nota è anche la **festa di San Nicola** a Bari, durante la quale un grande corteo sul lungomare celebra l'arrivo delle reliquie del santo. Altrettanto singolari sono la **festa del cavallo parato**, che si tiene a Brindisi in onore di San Teodoro, patrono della città, e la **cavalcata di sant'Oronzo** a Ostuni.

La tradizione pugliese è fatta anche di **rievocazioni storiche**, come il **torneo dei rioni** di Oria e la **settimana medievale** a Trani.

L'ENOGASTRONOMIA

La tradizione culinaria è legata alle **risorse naturali del territorio**: verdure, grano, pesce e soprattutto olio d'oliva. Protagonista assoluta è la **pasta**: le principali specialità sono le **orecchiette**, le **trie** (tagliatelle lunghe), i **troccoli** (tagliolini) e i **cavatelli** (gnocchetti allungati), che si sposano tutte con sughi a base di verdure, tra le quali le cime di rapa, legumi, carne e pesce. Dal grano pugliese derivano anche i **diversi tipi di pane**, tra i quali il più famoso è il **pane di Altamura**. Tra i **prodotti da forno** i **taralli** sono conosciuti in tutta Italia. Tra le pietanze a base di **pesce** si ricordi il **ciambotto**, un ragù ottenuto con diverse qualità di pescato, ma anche le **carni** trovano ampio spazio, in particolare quelle caprine. Tra le specialità **casearie** spicca la **burrata**. Tra i **dolci** le **carteddate**, fatte di pasta sfoglia insaporita con miele e cannella, le **scarcelle**, tipiche pasquali e i **bocconotti**.

Riguardo ai **vini**, i principali vitigni sono i rossi **Primitivo** e **Negroamaro**. In Puglia vi sono **4 etichette DOCG** (tra cui l'apprezzatissimo Primitivo di Manduria), **28 DOC** (tra cui Gioia del Colle, Moscato di Trani e Salice Salentino) e **6 IGT** (Daunia, Murgia, Puglia, Salento, Tarantino e Valle d'Itria).

COMPETENZA DIGITALE

1 Lavora con internet

Le musiche da ballo oggi diffuse in Salento e note con il nome di "taranta" erano parte della cultura rituale del *tarantismo*.

Fai una ricerca e trova notizie su:

a. Quale credenza popolare era associata nel mondo contadino pugliese al morso della tarantola?

b. A chi si chiedeva di intervenire quando qualcuno veniva *pizzicato* dalla *taranta*?

c. Che cosa accade ogni anno a Galatina nella notte tra il 28 e il 29 giugno? E a Melpignano nel mese di agosto?

I riti della Settimana Santa a Taranto.

Le orecchiette con le cime di rapa.

4 Lezione

IL PATRIMONIO STORICO, ARTISTICO E NATURALE

UNA TERRA DIFFICILE E AMBITA

In Puglia l'uomo ha, più che altrove, modificato i limiti fisici di un **ambiente inospitale**, povero di acque e di boschi: nel corso dei secoli ha saputo sfruttare al meglio le scarse risorse a disposizione, conquistando così **all'agricoltura l'80% dei terreni**. Nonostante le difficili condizioni ambientali, grazie alla sua posizione la Puglia è da sempre stata oggetto di **interessi strategici** e ha storicamente svolto una **funzione di collegamento** con l'area balcanica e l'Oriente. Nell'antichità fu infatti colonizzata dai Greci che fondarono, tra le altre, Gallipoli e **Taranto**: quest'ultima riuscì a imporre la propria supremazia e divenne il principale centro dell'intera Magna Grecia. In epoca romana il maggiore centro regionale fu invece **Brindisi**, collegata a Roma dalla via Appia e in seguito, durante il lungo dominio bizantino, emerse **Bari**. Nel Medioevo la regione passò prima ai Normanni e poi agli **Svevi**: durante il regno di **Federico II** (1194-1250), la Puglia raggiunse la massima prosperità economica e artistica. A partire dalla fine del XIII secolo la Puglia seguì le vicende del **Regno di Napoli**, passando a Angioini, Aragonesi, Spagnoli e Borboni. Nel 1860 fu annessa al regno d'Italia.

TRA ROMANICO, BAROCCO E PIAZZEFORTI

La Puglia, in passato **ponte culturale e commerciale** tra Occidente e Levante mediterraneo, ha un patrimonio artistico ricco e diversificato.

Tra le attrattive più significative dell'**architettura romanica** si ricordano: la **basilica di San Nicola** a Bari, meta di numerosi pellegrinaggi; la **cattedrale di Trani**, eretta in onore di San Nicola Pellegrino; la **cattedrale di Ruvo di Puglia**, costruita tra il XII e il XIII secolo; e la **cattedrale di Santa Maria Annunziata** a Otranto nel leccese.

Il fulcro della Puglia **barocca** è il **Salento**, dove si trovano **Lecce**, con la splendida piazza Duomo dove si affacciano il Duomo, il palazzo del Seminario e il Vescovado, e **Gallipoli**, con la cattedrale di Sant'Agata. Altro interessante sito barocco è la **basilica di San Martino a Martina Franca**, nel brindisino.

Svariati nella regione sono i **castelli**, sorti a scopo difensivo per opera soprattutto dell'imperatore Federico II di Svevia. Fra i più celebri: **Castel del Monte**, uno dei massimi esempi di architettura militare presso Andria; la **fortezza svevo-angioina di Lucera**, in posizione dominante sul Tavoliere di Puglia; il **castello a mare** o castello rosso e il **ca-**

COMPETENZA DIGITALE

1 Lavora con internet

Fatto costruire da Federico II di Svevia, Castel del Monte domina, con la sua massiccia struttura ottagonale, le Murge occidentali.

Fai una ricerca e trova notizie su:

a. L'epoca di costruzione, l'architetto che lo concepì e lo stile a cui si ispira.
b. Forma, materiali impiegati e particolarità architettoniche connesse alla sua struttura.
c. Le principali ipotesi formulate circa la sua funzione.

La cattedrale di Trani, realizzata con il tufo calcareo estratto dalle cave della città.

La baia di Vieste, nel parco nazionale del Gargano.

stello federiciano a Brindisi; il **castello di Gioia del Colle**; il **castel Sant'Angelo** o Castello Aragonese di Taranto e il **castello di Trani**. Molte sono anche le **torri di avvistamento**, specie nel Salento, costruite in varie epoche storiche sempre a scopo difensivo.

Altrettanto interessanti sono gli scenari nella **Murgia dei Trulli**, particolari costruzioni di pietra a secco aventi un originale forma a cono presenti in particolare nella Valle d'Itria, e le **masserie** storiche disseminate lungo il territorio regionale.

L'EREDITÀ PREISTORICA

Fra i **siti archeologici** più noti ricordiamo la **cava dei dinosauri** ad Altamura, dove è stato scoperto un giacimento, risalente al Cretaceo, con oltre 4000 impronte ben conservate; il **parco archeologico di Egnazia**, poco distante da Fasano, costituito dai numerosi reperti della città di *Gnathia*, la cui fondazione è addirittura precedente all'Età del Ferro; l'**habitat rupestre di Massafra**, di grande valore all'interno del sistema delle gravine e il **sito archeologico di Canne**, frazione della vicina Barletta dove, nell'epica **battaglia del 216 a.C.**, le truppe cartaginesi guidate da Annibale inflissero una pesante sconfitta a quelle romane. Altra attrazione sono i **dolmen e menhir** sparsi in tutta la regione. Da segnalare anche i numerosi **musei archeologici**, che documentano la storia della civiltà apula. Fra i più importanti abbiamo il museo nazionale archeologico di **Taranto**, il museo archeologico di **Bari** e quello di **Altamura**.

LA PUGLIA "VERDE"

Le **aree protette** pugliesi sono pari a circa il 7% del territorio della regione. Malgrado la loro ridotta estensione, tutelano diversi **biotopi** (zone umide, grotte, gravine, paludi, boschi ecc.) e comprendono **due parchi nazionali**, **undici parchi regionali** e **tre aree marine protette** (delle Tremiti, di Torre Guaceto e di Porto Cesareo) oltre a varie **riserve** sia statali, sia regionali. Le più significative sono senza dubbio il **parco nazionale dell'Alta Murgia** che, oltre a includere nel suo territorio Castel del Monte e le gravine, è un sito di interesse comunitario in quanto habitat del grillaio; il **Parco nazionale del Gargano** comprende un'enorme varietà di ambienti (foreste, falesie a picco sul mare, altopiani carsici, gole, laghi costieri) e la stessa area marina protetta delle **isole Tremiti**, luogo ideale in cui praticare sport quali birdwatching, orienteering, ciclismo, trekking, ippica e speleologia. Rilevanti dal punto di vista naturalistico sono poi le **grotte di Castellana**, un complesso di cavità sotterranee di origine carsica tra i più spettacolari d'Italia, la **selva di Fasano** nel brindisino, che ospita anche uno dei più grandi zoo d'Europa, e l'area naturale protetta delle **saline di Margherita di Savoia**.

biotopo
Area di limitate dimensioni, caratterizzata da condizioni fisico-chimiche e ambientali costanti, dove vivono organismi vegetali e animali in condizioni di equilibrio.

grillaio
Scientificamente noto come *Falco naumanni*, è un uccello rapace della famiglia dei Falconidi simile al gheppio, ma di dimensioni più piccole. Nidifica nell'area del Mediterraneo e in Asia centrale, e sverna nell'Africa subsahariana.

Su ogni spigolo di Castel del Monte, a pianta ottagonale, si innesta una torretta a sua volta ottagonale.

L'habitat rupestre di Massafra, nel parco naturale regionale Terra delle Gravine.

5 LE RISORSE TURISTICHE

Lezione

Il **TURISMO BALNEARE**, è quello maggiormente sviluppato Nel Nord della regione si trova il **promontorio del Gargano**, con le sue magnifiche cale ornate di faraglioni e grotte: i centri più rinomati sono **Peschici, Vieste, Pugnochiuso e Mattinata**. Al largo della Puglia le **isole Tremiti** sono note per la loro incontaminata bellezza. Nell'area di Bari spiccano le località di **Polignano a Mare** e **Monopoli**, mentre le località di maggiore attrazione turistica del brindisino sono **Ostuni** e **Torre Canne**. Il **Salento** leccese è ricco di meravigliose spiagge come **Porto Cesareo**, **Gallipoli** e **Ugento** sullo Ionio, e **Santa Maria di Leuca** e **Otranto** sull'Adriatico. Importante anche la costa tarantina.

Tra i centri del **TURISMO CULTURALE** c'è **Bari** con la **basilica di San Nicola**, la **cattedrale di San Sabino** in stile romanico pugliese e il **castello normanno-svevo**. **Lecce** si distingue per gli eleganti monumenti in pietra locale, tra cui la **basilica di Santa Croce**, il **Duomo, piazza Sant'Oronzo**, l'**anfiteatro romano** e la **chiesa di San Marco**. A **Taranto** si possono visitare la **cattedrale di San Cataldo** e le colonne doriche del **tempio di Poseidone** nel centro storico. Tra i numerosi centri minori, oltre a Trani, Otranto, Ruvo di Puglia, Gallipoli, Martina Franca e Castel del Monte, meritano una visita le località della Valle d'Itria e **Galatina** per la **chiesa di Santa Caterina d'Alessandria**, uno dei più importanti esempi di arte romanico-gotica.

Quanto al **TURISMO RELIGIOSO**, la Puglia è meta di **pellegrinaggi** e custode di sacre reliquie. Si ricordino **San Giovanni Rotondo** nel **Foggiano**, dove si venera San Pio da Pietrelcina, noto come **Padre Pio**, e **Monte Sant'Angelo**, dove si trova il santuario di San Michele Arcangelo.

Manfredonia
La costa adriatica presso Manfredonia.

Centri d'Arte
Aree naturalistiche
Stazioni balneari
Tradizioni
Centri religiosi
Benessere
Aree marine protette
Grotte

Il patrimonio dell'UNESCO
Castel del Monte (Andria)
Trulli (Alberobello)
Luoghi dei Longobardi in Italia: Monte Sant'Angelo (Foggia)

Per la lista completa vai su: http://whc.unesco.org/en/list/

Castellana
Le stalattiti sulle volte delle grotte di Castellana.

Mattinata
I faraglioni della baia delle Zagare presso Mattinata.

Bari
La basilica di San Nicola a Bari.

Lecce
La basilica di Santa Croce a Lecce.

Ostuni
Un uliveto nei pressi di Ostuni in primavera.

SCRIVI UN TESTO IN 200 PAROLE

Lavora con il testo, la carta, internet e le immagini seguendo i punti elencati

a. Approfondisci il turismo culturale mettendo in evidenza le risorse turistiche della città di Bari.

6 Lezione — ALLA SCOPERTA DELLA PUGLIA

CARTA INTERATTIVA IN DIGITALE

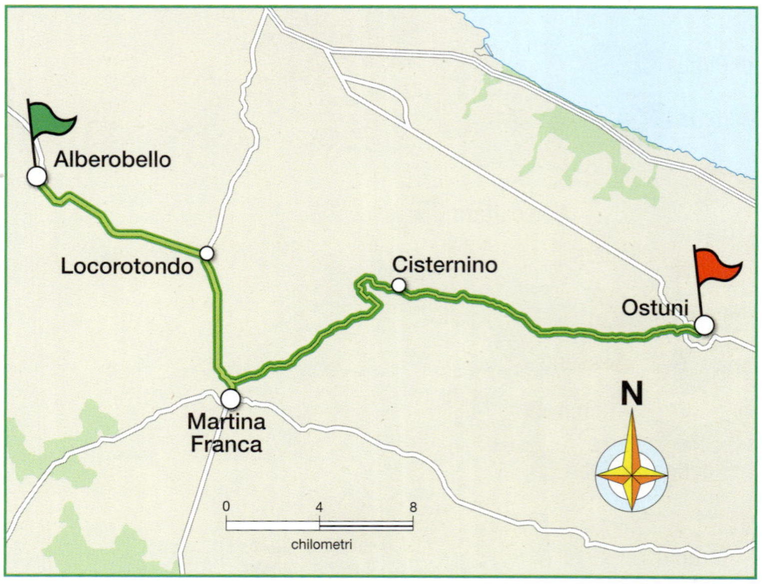

La Valle d'Itria.

L'ITINERARIO

Tra i borghi più belli della Valle d'Itria (5 giorni)

L'itinerario conduce nel cuore della Valle d'Itria, terra dai rilievi dolcissimi punteggiata da distese di vigneti e uliveti secolari e da borghi incantevoli, caratterizzati dall'architettura dei trulli, mitiche costruzioni dal tetto conico e pietre a secco. Si parte da Alberobello, la "capitale dei trulli", si prosegue prima per Locorotondo, censita tra i borghi più belli d'Italia, e poi per Martina Franca, nota soprattutto per la splendida architettura barocca. L'itinerario riprende alla volta di Cisternino, altro borgo tra i più belli d'Italia, per poi concludersi a Ostuni, la "città bianca" per eccellenza.

❶ GIORNO
Alberobello

Arrivo ad **Alberobello**. Visita del centro storico fatto di vicoli, tetti a cono e muri bianchi. Si inizia con la visita della **basilica dei Santi Medici Cosma e Damiano** e si continua con una passeggiata per le vie dei **rioni Monti e Aia Piccola**, costituiti esclusivamente da **trulli**, dove è possibile ammirare la suggestiva **chiesa di Sant'Antonio**, dalla caratteristica cupola a trullo. Si prosegue con il complesso di **Casa Pezzolla**, attualmente sede del **museo del territorio**, e si termina con il **belvedere** della città, che offre una incantevole veduta sull'intero quartiere dei trulli.

❷ GIORNO
Locorotondo

Partenza per **Locorotondo**, la più bella "terrazza" della Murgia dei Trulli. Il borgo è protetto da un'antica **cinta muraria** circolare, da cui deriverebbe il suo nome, e ha un **centro storico** caratterizzato dal susseguirsi delle tipiche *cummerse*, case con tetto a spioventi costruite con pietre a secco. Si visita l'imponente **chiesa madre dedicata a San Giorgio Martire**, e si continua con la **scalinata dei Templari**, caratteristico scorcio del borgo. Si prosegue con la **chiesa dell'Addolorata**, il **palazzo Morelli** e la **chiesa della Madonna della Greca**, e si conclude con una breve sosta presso il **belvedere**, da dove si può ammirare uno splendido panorama sulla Valle d'Itria.

❸ GIORNO
Martina Franca

Visita di **Martina Franca**, nota per la sua architettura barocca. Visita della **piazza XX Settembre**, dove domina l'imponente **arco di Sant'Antonio**, e di **piazza Roma**, fiancheggiata dal secentesco **palazzo ducale** (antica residenza dei duchi

La chiesa di Sant'Antonio ad Alberobello.

La cittadina di Ostuni.

Caracciolo) e da **palazzo Martucci**. Si prosegue con la visita alla **collegiata di San Martino**, espressione tipica dell'arte barocca pugliese, e alla splendida **basilica di San Domenico**, perla del Barocco martinese.

❹ GIORNO
Cisternino

Si prosegue per **Cisternino**, splendido borgo medievale con un caratteristico centro storico. Visita della **torre normanno-sveva**, della splendida **chiesa madre di San Nicola**, della **chiesa dei santi Quirico e Giulitta**, martiri e patroni della cittadina, della piccola e graziosa **piazza Mazzini** con la **porta Piccenne** (porta piccola), di **piazza Vittorio Emanuele** con la **torre dell'orologio**, della **chiesa di Santa Maria di Costantinopoli** e del **ponte della Madonnina**, su cui svetta **palazzo Amati**.

❺ GIORNO
Ostuni

Arrivo a **Ostuni**. Si parte dal **centro storico**, dominato dalla **città vecchia** nota anche come "**la** *Terra*", con la sua originalissima architettura. Visita della **piazza della Libertà**, il cui simbolo è la **colonna di Sant'Oronzo**, protettore e compatrono con San Biagio, della **chiesa dello Spirito Santo**, che vanta un bel portale del XV secolo, e della **chiesa di San Francesco**, parte dell'antico complesso monastico dei padri francescani ed edificato per la prima volta nel 1304. Si prosegue con la **cattedrale dell'Assunta**, caratterizzata da forme tardogotiche e preziosi altari barocchi, e con il **museo archeologico di civiltà preclassiche della Murgia meridionale**.

ORGANIZZA TU UN ITINERARIO
Il centro storico di Lecce

Procurati una mappa della città di Lecce e costruisci un itinerario che includa i monumenti, le architetture e le località più interessanti. Con Google Maps visualizza il punto di partenza e quello di arrivo e, dopo aver deciso con quale mezzo sia meglio muoversi, calcola i tempi di permanenza e le distanze. Per ogni luogo scrivi in poche righe le principali caratteristiche e attrattive.

Distanza > 3,5 km ca. **Durata >** 1 giorno

Luoghi da visitare

1. Piazza e colonna di Sant'Oronzo
2. Anfiteatro romano
3. Museo provinciale Sigismondo Castromediano
4. Piazza Duomo
5. Duomo (cattedrale metropolitana di Santa Maria Assunta)
6. Santuario della Consolata
7. Basilica di Santa Croce
8. Museo Storico-Archeologico (MUSA)
9. Chiesa dei Santi Niccolò e Cataldo

1 IL TERRITORIO E I PAESAGGI

Lezione

IL TERRITORIO

La Calabria, situata all'estremità meridionale della penisola italiana, è essa stessa una penisola. Circondata dal mare su tre lati, è bagnata dal Mar Tirreno a ovest e dal Mar Ionio a est, e confina con la Basilicata a nord. Il territorio della regione è per oltre il 90% occupato dai rilievi montuosi e collinari dell'**Appennino**, mentre le **pianure** hanno dimensioni ridotte e si trovano solo lungo le **coste**.

I RILIEVI

I rilievi dell'**Appennino Lucano** e dell'**Appennino Calabro** si susseguono per tutti i 250 km di lunghezza della regione. I fianchi montuosi sono scoscesi e le cime elevate: ben il 22% del territorio calabrese si trova infatti a oltre 1000 m. Le montagne non costituiscono però un'unica catena: esse si scompongono in una serie di **gruppi isolati**, come il Pollino, le Serre, la Catena Costiera, la Sila e l'Aspromonte, **tra loro separati da valli fluviali**: tra queste la principale è, nel Nord della regione, la valle del Crati.

LE PIANURE E I FIUMI

I rilievi montuosi e collinari in genere scendono a dirupo sul mare e solo in alcuni tratti lasciano spazio a **brevi piane costiere**; tra le principali quelle di Sibari, Sant'Eufemia, Gioia Tauro e del Marchesato. Queste pianure sono attraversate dagli unici fiumi calabresi dal **corso perenne;** tra questi i maggiori sono il **Crati** e il **Neto**. La gran parte dei corsi d'acqua è costituita da **fiumare**.

IL CLIMA

Il clima della Calabria è **mediterraneo** su buona parte del territorio, con temperature più elevate lungo le coste. Più piovoso è il versante tirrenico rispetto a quello ionico, perché maggiormente esposto ai venti caldi di origine africana. Solo sui rilievi elevati e isolati dell'interno si hanno **condizioni climatiche continentali**: sopra i 1500 m sulla Sila e i 1700 m sull'Aspromonte le temperature invernali scendono spesso sotto lo zero.

IL PAESAGGIO DELLA ZONA APPENNINICA INTERNA

La montagna appenninica si caratterizza alle quote più basse per la presenza di **vasti pascoli e** di un'**agricoltura tradizionale**. L'insediamento è articolato in **piccoli centri** che sorgono su colli. In alcuni casi, i nuclei abitati si spingono fino a 900 m.

Più **in alto estesi boschi occupano i versanti montuosi** con alberi della flora sia mediterranea che continentale: lecci, pini, abeti, faggi. Particolarmente ricco di manto boschivo è il massiccio della Sila, da cui si ottengono buone quantità di **legname** da ardere e da costruzione. Sempre nella Sila si trovano i **laghi artificiali** di Ampollino, Arvo e Cecita, realizzati per produrre energia idroelettrica.

Al di sotto dei 1000 m la vegetazione è stata oggetto di un **dissennato disboscamento**, esponendo così il territorio al rischio di frane rovinose. Altro fenomeno di particolare gravità ambientale è costituito dall'**irruenza devastatrice delle fiumare** che, in

confini di regione
confini di provincia e città metropolitana
autostrade
strade principali
ferrovie principali
aeroporti principali
porti principali

superficie	15 080 km²
popolazione 2016	1 966 032 ab.
densità	130 ab./km²
capoluogo regionale	Catanzaro

QUANDO ANDARE?

Grazie all'influsso del mare la Calabria gode di un clima prevalentemente mediterraneo; nell'entroterra, in particolare nelle zone montuose, il clima è più rigido, con abbondanti precipitazioni. Il periodo migliore per visitare la regione, pertanto, è quello compreso tra aprile e settembre. L'estate è invece la stagione ideale per praticare il turismo balneare e per le visite alle aree naturalistiche dell'interno.

occasione delle piene, spogliano il terreno del fertile humus superficiale e trascinano a valle grandi masse di detriti causando danni a persone, abitazioni e infrastrutture. Le fiumare, con i loro letti larghi e ghiaiosi, costituiscono in ogni caso un elemento tipico del paesaggio calabrese.

IL PAESAGGIO DELLE PIANURE COSTIERE E DELLE FASCE COLLINARI

Le pianure costiere e le zone collinari, poste appena all'interno, concentrano le città principali. Si possono suddividere in 4 aree urbanizzate: l'asse lineare costiero tra **Gioia Tauro e Vibo Valentia**; la zona che va **da Crotone a Catanzaro** e che prosegue attraverso il cosiddetto **istmo calabro**, un restringimento del territorio regionale tra le città di Lamezia Terme e Marina di Catanzaro; l'area intorno a **Cosenza**, estesa lungo il Crati fino alla piana di Sibari; la **costa reggina** con il capoluogo e i sobborghi compresi tra Villa San Giovanni e Melito di Porto Salvo.

Queste zone continuano ad attirare popolazione dal resto della regione: qui si trovano le maggiori **industrie** così come le principali **vie di collegamento** (porti, aeroporti, strade e ferrovie), le **colture** agricole più redditizie e i **centri balneari** più rinomati. Nell'area costiera si è però assistito a una **incontrollata espansione edilizia** che ha compromesso l'integrità ambientale degli oltre 740 km di coste della regione.

IL TURISTA CURIOSO

❶ La Calabria è la "punta dello stivale" (la forma cui assomiglia la penisola italiana) e Reggio Calabria è la città più a sud della penisola.

❷ Per indicare la regione ancora oggi si usa il termine «Calabrie», al plurale, per evidenziare la compresenza di più territori dalle caratteristiche tra loro diverse.

❸ La località di Scilla prende il nome da uno dei due mitologici mostri marini posti a guardia dello Stretto di Messina: Scilla sulla sponda calabrese, Cariddi sulla sponda siciliana.

LE VIE DI COMUNICAZIONE

La Calabria è connessa al resto d'Italia tramite ferrovie, autostrade e aeroporti. La principale **linea ferroviaria** è la direttrice tirrenica, che collega Roma e Napoli alla Calabria per proseguire verso la Sicilia da Villa San Giovanni. Le due arterie della **rete stradale**, sono: l'**autostrada** Salerno-Reggio Calabria sul versante tirrenico e la **statale ionica** sul versante omonimo, tra loro unite da strade statali che tagliano la regione in direzione ovest-est. Il **trasporto aereo** fa riferimento all'aeroporto internazionale di Lamezia Terme, uno dei primi del Mezzogiorno per traffico passeggeri. Altri scali sono quelli di Reggio Calabria e di Crotone. I **porti** principali sono quelli di Gioia Tauro, Reggio Calabria e Vibo Valentia. Villa San Giovanni è il terminal per i collegamenti con i traghetti per la Sicilia.

COMPETENZA LOCALIZZAZIONE

❶ Lavora con la carta e le immagini

Osserva la carta e rispondi alle domande.

a. Qual è il nome dello stretto che la separa dalla Sicilia?
b. Qual è la cima più elevata della regione? Quanto è alta?
c. Quali sono i cinque golfi principali? In quali mari si trovano?
d. Quali sono i tre parchi nazionali situati nella regione?
e. Le vie di comunicazione stradali e ferroviarie sono prevalentemente disposte in direzione nord-sud oppure est-ovest? Per quali motivi?

COMPETENZA LINGUAGGIO DELLA GEOGRAFIA

❷ Riconosci il paesaggio

Abbina le immagini alle definizioni corrette inserendo le lettere negli appositi spazi.

a. paesaggio della zona interna appenninica
b. paesaggio della fascia costiera

☐ Il borgo di Pentedattilo (Reggio Calabria), il cui nome (*penta* + *daktylos*, ovvero "cinque dita") deriva dalla forma del monte su cui è arroccato.

☐ La cittadina di Scilla, situata sul litorale tirrenico a pochi chilometri dalla Sicilia.

2 Lezione — LA GEOGRAFIA UMANA

LA POPOLAZIONE E LE CITTÀ

Con meno di 2 milioni di abitanti e un territorio in netta prevalenza montuoso, la Calabria presenta una **densità inferiore alla media italiana**. La popolazione è concentrata lungo le fasce costiere, specie in quella tirrenica e nell'area dello Stretto di Messina, dove si trova **Reggio Calabria**, la più popolata città calabrese. Il capoluogo regionale è però **Catanzaro**, situata a 343 m sul livello del mare, a poca distanza dallo Ionio. Gli altri capoluoghi sono **Vibo Valentia**, posta a ridosso del Tirreno, **Crotone**, affacciata allo Ionio e **Cosenza**, situata all'interno nel Nord, nella valle del Crati.

Da alcuni decenni la popolazione calabrese presenta un andamento demografico in **leggero ma costante calo**. Ciò si deve al fatto che sia il saldo naturale che quello migratorio sono negativi. La perdita di popolazione è comunque contenuta perché si è arrestata l'enorme **emigrazione del passato**: tra Ottocento e Novecento, infatti, circa 900 000 calabresi si diressero nelle Americhe, mentre negli anni 1950-1970 altri 800 000 abitanti raggiunsero le città della Germania, della Svizzera e dell'Italia settentrionale e centrale.

UN'ECONOMIA ANCORA IN VIA DI SVILUPPO

La Calabria è, con **il più basso reddito per abitante**, la regione italiana meno sviluppata economicamente. L'agricoltura ha carattere specializzato solo nelle zone costiere e nelle colline adiacenti, dove sono diffuse le **colture** di vite, olivo e agrumi. Nello Stretto di Messina si pratica la pesca del **pesce spada**. L'**industria** dispone di pochi impianti moderni, mentre il terziario, che pure è in espansione, rimane penalizzato dalla limitatezza di strutture, investimenti tecnologici e vie di comunicazione. Tra i porti notevole importanza ha **Gioia Tauro**, che costituisce il maggiore scalo per il trasbordo dei **container** in tutto il Mediterraneo.

IL TURISMO: UN PATRIMONIO POCO VALORIZZATO

Le principali risorse turistiche sono legate alla **balneazione**. Tuttavia, a parte alcune località famose come Tropea sul Tirreno e Isola di Capo Rizzuto sullo Ionio, il turismo ha apportato pochi vantaggi economici. La **carenza di infrastrutture e di attrezzature ricettive** adeguate non ha permesso uno sviluppo adeguato alle potenzialità della regione. Del resto, una parte consistente del patrimonio abitativo della costa calabrese risulta costituito da **seconde case** che, sfruttate solo durante la stagione estiva, rimangono disabitate per oltre 10 mesi l'anno.

Le città principali	abitanti 2016
Reggio Calabria (RC)	182 703
Catanzaro (CZ)	90 435
Cosenza (CS)	67 584
Crotone (KR)	62 657
Vibo Valentia (VV)	33 860

IL TURISTA CURIOSO

❶ La città di Stilo ha dato i natali al filosofo Tommaso Campanella (1568-1639).

❷ In Calabria c'è una minoranza di lingua provenzale, originaria del Piemonte, che risiede prevalentemente nel comune di Guardia Piemontese.

❸ Reggio Calabria è nota per essere la città della "Fata Morgana" per via del particolare effetto ottico, legato ai vapori e alle goccioline d'acqua di mare, che fanno sembrare la costa siciliana molto più vicina di quanto non sia in realtà.

❹ Nel sito naturalistico di Valli Cupe nei pressi di Sersale, nel catanzarese, si trova il secondo canyon più grande d'Europa.

COMPETENZA DIGITALE

❶ Lavora con internet

I bronzi di Riace sono divenuti uno dei simboli di Reggio Calabria e dell'intera regione.

Fai una ricerca e trova notizie su:

a. Località, data e circostanze del ritrovamento delle statue.
b. Principali ipotesi formulate riguardo alle loro origini.
c. Attuale ubicazione dei bronzi.

Dettaglio del Guerriero B di Riace, detto "il vecchio".

Veduta aerea di Reggio Calabria con lo Stretto e Messina sullo sfondo.

3 Lezione

LA CULTURA, LE TRADIZIONI E IL PATRIMONIO STORICO E ARTISTICO

L'ARTIGIANATO

L'arte della **tessitura** legata alle antiche civiltà e alla vita contadina è diffusa un po' ovunque con la produzione di arazzi, sete, damaschi, merletti a tombolo e ricami.

La **produzione di ceramica** e **terracotta** risale al Neolitico ed è espressione delle radici della civiltà mediterranea: famose sono le **maschere** di Seminara e le **ceramiche** di Squillace e Gerace.

La grande quantità di **legname** ha permesso lo sviluppo di produzioni legate all'**intaglio e intarsio**, come le **pipe** di Melissa e Brognaturo e gli **strumenti musicali**, in particolare i **liuti** a Bisignano e gli **zufoli in canna** a San Luca e Platì.

LE FESTE E LE TRADIZIONI

Di grande richiamo popolare sono le rappresentazioni legate alla **religione,** quelle dedicate al culto della Madonna come la ***Varia***, che rievoca l'Assunzione di Maria e si tiene l'ultima domenica di agosto a Palmi, e la **sfilata dei giganti** di cartapesta in occasione di festività cattoliche patronali. Molto sentito è il **Carnevale**, animato da sfilate di antichi costumi collegati alla tradizione pagana greca e romana come quello del Pollino a Castrovillari.

L'ENOGASTRONOMIA

I piatti della cucina calabrese, **semplici e poveri**, sono spesso insaporiti con spezie e aromi come il **peperoncino** e la **cipolla rossa di Tropea**. I principali ingredienti delle ricette dell'**entroterra** sono **pane**, **pasta**, **carne** (maiale, agnello, capretto) e **verdura**; sulla **costa**, invece, predomina il **pesce** (tonno, pesce spada, alici). Tra i prodotti caseari il **caciocavallo silano**, il **butirro** (caciocavallo di mucca imbottito di crema di formaggio) e il **pecorino**. Diffusa è l'usanza di conservare le **verdure in olio extravergine d'oliva**. Rinomati gli **agrumi**. Tra le specialità dolciarie: i ***mostaccioli*** (biscotti con miele, farina e vino bianco) di Soriano Calabro, il **torrone** di Bagnara e la **liquirizia** di Rossano.

Per quanto riguarda i **vini**, in Calabria sono riconosciute **13 etichette DOC**. Celebri il Cirò (rosso e bianco), il Bivongi (rosso e bianco) e il Pollino (rosso). Tra i **13 IGT** il Costa Viola, il Val di Neto, il Valdamato e il Valle del Crati (bianco, rosso e rosato).

L'ARTE E L'ARCHITETTURA

La Calabria ha ospitato popoli e culture provenienti da tutto il Mediterraneo. Numerose sono le testimonianze **dall'età preistorica sino alla Magna Grecia**: il tempio di *Hera Lacinia* a Crotone, l'antica città di Sibari; il sito archeologico di Locri Epizefiri; le città di Medma nei pressi di Rosarno e di Tauriani a Palmi.

Le successive colonizzazioni di Romani, Goti, Longobardi, Bizantini, Normanni, Svevi, Angioini, Aragonesi e Borboni, sono testimoniate dai **castelli**: tra i principali, quello aragonese a Reggio Calabria e quello normanno-svevo a Cosenza.

Numerosi anche gli **edifici religiosi**: tra i più importanti, la chiesa cattolica bizantina a Stilo e, nel cosentino, l'abbazia florense a San Giovanni in Fiore, il Santuario di San Francesco a Paola e la chiesa di San Bernardino da Siena ad Amantea.

Di rilievo sono anche i **borghi medievali**, che conservano ancora antichi usi e costumi: Altomonte Morano, Badolato, Morano Calabro, Gerace e Bova.

COMPETENZA DIGITALE

1 Lavora con internet

La *'nduja* è senza dubbio uno dei "marchi di fabbrica" della gastronomia calabrese.

Fai una ricerca e trova notizie su:

a. In che cosa consiste e in quale zona è nata.

b. Origini e dettagli della ricetta "storica" necessaria alla sua preparazione.

c. Ricetta "moderna" della *'nduja* e manifestazioni gastronomiche a essa correlate.

Un mandolino realizzato artigianalmente da un liutaio a Bisignano (Cosenza).

Due eccellenze calabresi: la *'nduja*, un salame spalmabile piccantissimo, e il vino di Cirò rosso.

4 *Lezione* LE RISORSE TURISTICHE

La percentuale di **territorio protetto** supera il 13% della superficie regionale. Tra i **PARCHI NATURALI** tre sono nazionali: quelli della **Sila**, del **Pollino** e dell'**Aspromonte**. A questi si aggiungono i **regionali** come il **parco delle Serre** e l'area marina protetta di **Capo Rizzuto**.

La principale risorsa calabrese è il **TURISMO BALNEARE**. Sul **litorale tirrenico**, partendo da nord, vi sono: la **Riviera dei Cedri** (Praia a Mare, Scalea e Diamante), la **Costa degli Dei** (Pizzo Calabro, Tropea e Capo Vaticano) e la **Costa Viola** (Palmi, Bagnara Calabra e Scilla). Sul **litorale ionico**, dopo il confine con la Basilicata, si trovano invece la **Costa degli Achei** (Rocca Imperiale e Sibari), la **Costa dei Saraceni** (Cirò Marina e Capo Rizzuto), la **Costa degli Aranci** (Copanello, Soverato e Badolato Marina) e la **Costa dei Gelsomini** (Riace, Roccella Ionica, Locri, Africo e Bianco).

Per un **TURISMO CULTURALE** valgono una visita **Cosenza**, con il centro storico ricco di monumenti ed edifici storici come palazzo Arnone con la galleria d'arte nazionale, il castello normanno-svevo e il duomo; **Reggio Calabria**, con i bronzi di Riace, la cattedrale e il castello aragonese; **Catanzaro**, con il duomo, la torre normanna e la villa Trieste; **Crotone**, con la cattedrale di Santa Maria Assunta e il possente castello; e **Vibo Valentia** con il centro storico medievale e il castello normanno.

Il **TURISMO MONTANO** è attivo soprattutto sulla **Sila** e sull'**Aspromonte**, dove sorgono centri turistici per la pratica degli sport invernali ed estivi. Le località più note sono Camigliatello Silano e Lorica, Trepidò e Gambarie in Aspromonte.

Le località destinate al **TURISMO TERMALE**, sono le Terme Luigiane a Guardia Piemontese e, sempre nel cosentino, le terme di Spezzano Albanese e le terme sibarite di Cassano allo Ionio.

Capo Rizzuto
L'antica fortezza aragonese nella frazione di Le Castella a Isola di Capo Rizzuto (Crotone).

Stilo
Veduta aerea del centro storico di Stilo (Reggio Calabria) con la Cattolica bizantina in primo piano.

Aspromonte
Il paesaggio di valli e vigneti alle pendici dell'Aspromonte.

SCRIVI UN TESTO IN 200 PAROLE

Lavora con il testo, la carta, internet e le immagini seguendo i punti elencati

a. Descrivi le principali località del turismo culturale.

b. Riassumi le attrezzature e le risorse del turismo montano.

5
Lezione

ALLA SCOPERTA DELLA CALABRIA

CARTA INTERATTIVA IN DIGITALE

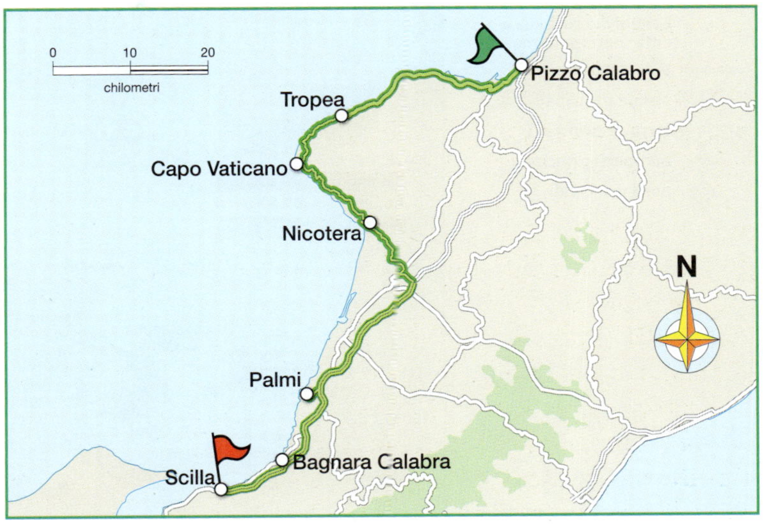

L'ITINERARIO

Dalla Costa degli Dei alla Costa Viola (3 giorni)

L'itinerario si snoda nel litorale tirrenico calabrese, con coste selvagge alternate a borghi che si affacciano su un mare incontaminato. Si inizia con Pizzo Calabro, un paese di pescatori a picco sul mare, e si continua con Tropea, una delle località più conosciute della Costa degli Dei. Si visitano le spiagge di Capo Vaticano e il borgo medievale di Nicotera. Si prosegue verso la Costa Viola, la parte più a sud della costiera tirrenica, e si visitano i centri di Palmi, Bagnara Calabra e Scilla.

❶ GIORNO
Pizzo Calabro

Arrivo a **Pizzo Calabro**, piccolo borgo di origini medievali situato sul golfo di Sant'Eufemia, e visita del centro storico con la chiesa di San Giorgio Martire, la chiesetta di Piedigrotta, che ospita statue in arenaria raffiguranti scene bibliche, e il castello aragonese, dove fu fucilato Gioacchino Murat, re delle Due Sicilie. Si raggiunge poi **Pizzo Marina** per una passeggiata sul lungomare.

❷ GIORNO
Tropea – Capo Vaticano – Nicotera

Arrivo a **Tropea** e visita del centro storico, della cattedrale normanna, della chiesa di San Francesco di Assisi e del santuario di Santa Maria dell'Isola, che sorge su di una penisola ai piedi della città. Discesa alle bellissime spiagge di **Capo Vaticano** (Grotticelle, Torre Ruffa e Tonicello) e al suo magnifico belvedere. La giornata termina a **Nicotera** per visitare l'austero castello aragonese e la cattedrale medievale.

❸ GIORNO
Palmi – Bagnara Calabra

Arrivo a **Palmi**, primo cento della Costa Viola, e visita dell'area archeologica con i ruderi dell'antica *Taurianum* e della spiaggia della Tonnara. Breve sosta a monte Sant'Elia per ammirare il panorama sullo Stretto e sulle Eolie. Si continua per **Bagnara Calabra**, piccolo borgo peschereccio fatto di casette, scale e viuzze, e si giunge a **Scilla**: visita del castello Ruffo, del belvedere di piazza San Rocco, di *Chianalea* (l'antico quartiere dei pescatori), della chiesa di Maria Santissima Immacolata e della quattrocentesca chiesa di san Rocco. La giornata si chiude con la spiaggia di Marina Grande.

Le acque cristalline del mare di Capo Vaticano.

ORGANIZZA TU UN ITINERARIO

Il centro storico di Reggio Calabria

Procurati una mappa della città di Reggio Calabria e costruisci un itinerario che includa i monumenti, le architetture e le località più interessanti. Con Google Maps visualizza il punto di partenza e quello di arrivo e, dopo aver deciso con quale mezzo sia meglio muoversi, calcola i tempi di permanenza e le distanze. Per ogni luogo scrivi in poche righe le principali caratteristiche e attrattive.

Distanza > 2,5 km ca. **Durata >** 6 o 8 ore

Luoghi da visitare

1. Castello Aragonese
2. Piazza del duomo (anticamente *Tocco Grande*)
3. Cattedrale di Maria Santissima Assunta in Cielo
4. Piazza Vittorio Emanuele II (Piazza Italia)
5. Mura greche e terme romane
6. Lungomare Falcomatà-Matteotti
7. Museo archeologico nazionale

1 Lezione
IL TERRITORIO E I PAESAGGI

- confini di provincia e città metropolitana
- autostrade
- strade principali
- ferrovie principali
- aeroporti principali
- porti principali

superficie	23 861 km²
popolazione (2016)	5 059 917 ab.
densità	212 ab/km²
Capoluogo regionale	Palermo

IL TERRITORIO
La Sicilia è la più grande e la più meridionale tra le regioni italiane. L'isola, che ha una forma triangolare, è la maggiore nel Mar Mediterraneo per superficie e popolazione. Il territorio è **in gran parte occupato da colline** con altitudini comprese tra 300 e 600 m. Si tratta di rilievi estesi in particolare nel centro-sud e nell'ovest della regione. Alla Sicilia appartengono isole minori come le Eolie, le Egadi, le Pelagie e le isole di Pantelleria e di Ustica.

LE MONTAGNE
Nella parte nord-orientale della regione si estende l'**Appennino siciliano**. Queste montagne sono la prosecuzione dei monti calabresi e si dividono nei gruppi dei **Peloritani**, dei **Nebrodi** e delle **Madonie**. Queste ultime, a ridosso della costa, hanno un **andamento a catena** con qualche cima che supera i 1900 m. Gli altri rilievi siciliani non rientrano nel sistema appenninico. Tra essi, sul lato orientale dell'isola, sorge l'**Etna**, il maggiore vulcano europeo, l'unica cima oltre i 3000 m di tutta l'Italia peninsulare e insulare.

LE PIANURE E I FIUMI
Le aree pianeggianti sono costituite da piccole e strette **pianure costiere**, formate dai depositi alluvionali dei fiumi: l'unica di una certa dimensione è la **piana di Catania**. Da segnalare anche la **Conca d'Oro** nei pressi di Palermo. I **corsi d'acqua sono brevi** e con un **regime irregolare**, con piene invernali e secche estive. I principali fiumi sono il **Simeto** e il **Salso** (o Imera meridionale).

LE VIE DI COMUNICAZIONE
Le linee **autostradali e ferroviarie** principali sono quelle che collegano Messina, Catania e Palermo. Gli **aeroporti** sono quattro: **Catania Fontanarossa** (aeroporto Bellini), il sesto in Italia per traffico di passeggeri, **Palermo Punta Raisi, Trapani Birgi** e **Comiso.** A questi si aggiungono i piccoli scali di Lampedusa e Pantelleria. I **porti** sono quelli di **Messina** (soprattutto per i collegamenti con la Calabria), **Palermo** e **Catania.** Per i collegamenti con le isole minori si può partire da Trapani, Milazzo o Porto Empedocle.

IL CLIMA

Il clima prevalente è quello **mediterraneo** con inverni miti ed estati molto calde e secche. Le piogge sono modeste e si concentrano in inverno. Spesso in estate si verificano lunghi **periodi di siccità**, soprattutto all'interno e lungo la costa meridionale, non sufficientemente mitigati dalle brezze di mare. L'isola è spesso battuta dallo **scirocco**, un vento caldo proveniente dall'Africa.

IL PAESAGGIO COSTIERO

Il paesaggio della **costa ionica e tirrenica** è quello della **Sicilia fertile, urbana e marittima** dove si trovano le maggiori città, Palermo, Catania, Messina e Siracusa, e le attività principali. La vegetazione prevalente è quella della **macchia mediterranea**, con i tipici arbusti e alberi quali l'oleandro, il carrubo, l'alloro e il fico d'India; essa si trova soprattutto lungo i promontori rocciosi e nei letti delle fiumare.

Tra le coltivazioni sono diffusi gli olivi, la vite, gli ortaggi (soprattutto nella costa ragusana), gli aranceti (piana di Catania); qui si osserva il paesaggio dei **giardini mediterranei**, appezzamenti di terra coltivati in modo intensivo a ortaggi e alberi da frutto.

IL PAESAGGIO DELL'INTERNO

La **Sicilia interna** occupa la parte centro-occidentale dell'isola fino alla costa agrigentina e all'area di Gela. È il paesaggio **arido e spopolato** delle colline e degli altopiani, caratterizzato da una campagna solitaria e assolata, con **pochi alberi e sterminate lande steppose**. Vi si pratica ancora la coltivazione di cereali e la pastorizia, ma vasti spazi sono abbandonati. Gli insediamenti umani sono concentrati in **grossi borghi**.

IL PAESAGGIO DELLA MONTAGNA

La **montagna siciliana** presenta sull'**Appennino**, l'area meno abitata dell'isola, un paesaggio **aspro e verde** con boschi di castagni e querce. Molto diversi sono invece i **pendii vulcanici dell'Etna** con numerosi e popolosi centri abitati che si spingono fino a 750 m. I fertili terreni vulcanici permettono una fiorente agricoltura (agrumi, vite e olivi) e il paesaggio è caratterizzato dall'impiego della pietra vulcanica come materiale da costruzione.

IL TURISTA CURIOSO

In passato la Sicilia era chiamata «Trinacria», antico nome greco attribuitole in relazione alla sua forma triangolare.

QUANDO ANDARE?

Con un clima mediterraneo, la primavera e l'autunno sono le stagioni ideali per visitare e scoprire l'isola, mentre luglio e agosto sono i mesi migliori per il turismo balneare.

COMPETENZA LOCALIZZAZIONE

1 Lavora con la carta e le immagini

Osserva la carta e rispondi alle domande.

a. Quali sono i tre mari che bagnano la Sicilia?
b. Qual è lo stretto che separa la Sicilia dalla Calabria?
c. Dove si trovano le Isole Eolie? E le Egadi?
d. Qual è l'altezza dell'Etna?
e. Quali città attraversa l'autostrada da Palermo a Catania?
f. Siracusa è raggiungibile con la ferrovia?
g. Dove si trova l'aeroporto di Comiso?

Il Golfo di Cofano, nel tratto di costa tra Trapani e San Vito Lo Capo.

Paesaggio nei dintorni di Enna.

Il paese di Fondachelli nei Monti Peloritani.

2 Lezione — LA GEOGRAFIA UMANA

GLI ABITANTI E LE CITTÀ

La regione ha poco più di 5 000 000 di abitanti ed è la quarta in Italia per popolazione. La **distribuzione degli abitanti** sul territorio è **molto irregolare**. Netto è il contrasto tra la stretta e popolosa fascia costiera, dove vivono i 2/3 dei siciliani, e le poco abitate zone interne. Sulla costa sorgono **Palermo, Catania e Messina**, le tre aree urbane più grandi e importanti dell'isola. Palermo, capoluogo regionale, è la seconda città del Sud Italia. Sul mare sorgono **Siracusa** e **Trapani**, mentre a poca distanza dal litorale si trovano **Agrigento** e **Ragusa**. Le uniche città dell'interno di una certa importanza sono **Caltanissetta** ed **Enna**.

L'EMIGRAZIONE IERI E L'IMMIGRAZIONE OGGI

La Sicilia è stata una terra di **massiccia emigrazione**. Tra Ottocento e Novecento e negli anni Cinquanta e Sessanta del Novecento circa 2 milioni di siciliani hanno abbandonato la regione, dirigendosi prima nelle Americhe e poi in Germania, Svizzera, Italia settentrionale e Roma. Il fenomeno emigratorio oggi si è molto ridimensionato e coesiste con **un nuovo flusso**: quello degli **immigrati**, in prevalenza provenienti dai paesi dell'Europa dell'Est e dall'Africa settentrionale (Tunisia e Marocco in particolare). Negli ultimi anni però i nuovi arrivati non compensano più il saldo naturale negativo e il calo dovuto alle partenze dei siciliani.

L'ECONOMIA

La Sicilia, con un reddito per abitante molto inferiore alla media nazionale, ha un'**economia fragile e poco dinamica**. Molte delle risorse dell'isola, in primo luogo quelle turistiche, non sono valorizzate a sufficienza. Inoltre si aggiunge il **problema della malavita organizzata**, soprattutto la **mafia**, che sottrae ingenti risorse e impedisce la realizzazione di molte iniziative economiche. La regione presenta comunque notevoli differenze territoriali tra le più attrezzate zone costiere e le meno avanzate aree dell'interno.

IL TURISMO, UNA RISORSA DA VALORIZZARE

Il turismo è una **risorsa ancora poco sfruttata** anche per la carenza delle strutture ricettive. La regione, infatti, dispone solo del 3,7% delle strutture alberghiere ed extra-alberghiere (alloggi in affitto, villaggi turistici ecc.) del totale nazionale, mentre il movimento turistico (pari a circa 15 milioni di presenze all'anno) è inferiore al 4% del totale Italia.

Tuttavia sono evidenti gli sforzi di rilanciare l'isola. Molti imprenditori ristrutturano o creano nuovi alberghi o agriturismi e stanno cercando di valorizzare lo straordinario **patrimonio paesaggistico e artistico**, tra i più vari d'Italia. Nel 2015 e nel 2016 si è registrato un incremento di presenze pari al 10%.

Le città principali	abitanti 2016
Palermo (PA)	1 276 525
Agrigento (AG)	447 738
Caltanissetta (CL)	274 024
Catania (CT)	1 116 917
Enna (EN)	172 485
Messina (ME)	645 296
Ragusa (RG)	73 030
Siracusa (SR)	405 111
Trapani (TP)	436 296

COMPETENZA DIGITALE

❶ Lavora con le immagini e internet

Fai una ricerca e trova informazioni su due esempi di strutture turistiche: i vecchi **bagli,** che erano complessi agricoli costruiti intorno a una corte, e le **saline** del trapanese che sono un elemento caratteristico del paesaggio.

Un antico baglio nella zona di Avola trasformato in agriturismo.

La Riserva Naturale Orientata Saline di Trapani e Paceco dove le strutture create secoli fa per la lavorazione del sale si sono fuse armoniosamente con il paesaggio naturale e danno vita a un ambiente unico e suggestivo.

3 *Lezione* LA CULTURA E LE TRADIZIONI

L'ARTIGIANATO

La storia della Sicilia è il frutto di un intreccio di civiltà. Le culture fenicie, greche, romane, arabe, normanne e spagnole hanno influenzato l'artigianato.

Tra le attività artigianali molto interessante è l'**arte della ceramica**, nei centri di Santo Stefano di Camastra nei pressi di Messina, Sciacca vicino Agrigento e soprattutto Caltagirone nell'area di Catania, dove la produzione fu avviata dagli arabi e oggi continua con grande vivacità.

LE FESTE E LE TRADIZIONI

Tra le tradizioni popolari dell'isola è molto sentita quella di origine catalana e normanna dei mitici progenitori della città di Messina: la "**Passeggiata dei Giganti Mata e Grifone",** due colossali statue di giganti a cavallo in cartapesta, che vengono portati in giro per la città.

Di derivazione spagnola sono invece le spettacolari **processioni**, con carri trionfali chiamati "vare", che trasportano statue di santi o figure religiose.

Molto famose sono anche le **feste devozionali del santo patrono**, tra cui quelle di Santa Rosalia a Palermo, Sant'Agata a Catania e la festa dell'Assunta a Messina.

Alle feste si sono recentemente aggiunte importanti **manifestazioni** come il **Film Festival di Taormina** o la **Sagra del cous cous** a San Vito lo Capo.

L'ENOGASTRONOMIA

La Sicilia è una delle regioni italiane con maggiore **varietà culinaria** grazie al contributo dei diversi popoli che hanno abitato l'isola. Esistono comunque forti differenze tra la parte occidentale e quella orientale: la prima risente dell'**influenza araba**, sia negli ingredienti (l'uso del miele e dell'uva passa nei dolci) sia nei piatti (il cous cous nel trapanese); la seconda, culla della cultura greca, utilizza molti ortaggi e verdure con cui si fanno piatti tipici come la **caponata** (antipasto o contorno a base di melanzane, sedano, olive, capperi e cipolla in agrodolce), la **pasta alla norma** (con sugo di pomodoro, melanzane fritte, ricotta salata e basilico) o le **melanzane alla parmigiana**.

Un'altra differenza è quella tra l'interno, più legato ai prodotti della pastorizia (carne e formaggi), e la costa, dove prevalgono i **piatti a base di pesce**, in particolare tonno, pesce spada, calamari. In tutta la regione si cucinano gli **arancini** di riso. Tra i **dolci** sono famosissimi i cannoli ripieni di ricotta, la cassata, la frutta martorana fatta di pasta di mandorle e i gelati artigianali.

Per quanto riguarda i **vini**, la Sicilia ha 3 etichette **DOCG** tra cui il **Cerasuolo di Vittoria** e **8 DOC** tra cui lo **Syrah** e il **Nero d'Avola**. Ci sono anche alcuni vini liquorosi quali il **Passito di Pantelleria** e la **Malvasia di Lipari.**

IL CIOCCOLATO DI MODICA

Esattamente come facevano gli Atzechi al tempo dei conquistadores spagnoli, il cioccolato di Modica viene lavorato "a freddo" e si presenta granuloso e friabile. Furono proprio gli spagnoli a portare a Modica il "xocoàtl", un alimento che gli abitanti del Messico ricavavano dai semi di cacao triturati su una pietra per ottenere una pasta granulosa di burro di cacao. Gli abitanti di Modica appresero questa lavorazione dagli spagnoli: la massa di cacao viene lavorata a 40 °C con aggiunta di zucchero semolato. Non riuscendo a sciogliersi, né ad amalgamarsi, lo zucchero dà al cioccolato il caratteristico aspetto ruvido dalla consistenza granulosa. La tavoletta di cioccolato modicano ha un colore marrone non uniforme, l'aroma è quello del cacao tostato. Viene tradizionalmente aromatizzato con cannella o vaniglia, ma si può trovare facilmente cioccolato al peperoncino, alla carruba, al caffè, agli agrumi o in altri gusti.

L'itinerario dolce, offerto dal Museo del Cioccolato, è da non perdere. All'ingresso colorati pannelli raccontano gli aspetti botanici della pianta del cacao e i riti della cioccolata amara e speziata delle civiltà precolombiane.

COMPETENZA DIGITALE

➊ Lavora con internet

L'Opera dei Pupi è un teatro di marionette caratteristico della regione.

Fai una ricerca e trova informazioni in rete sulle storie rappresentate e sui motivi per i quali è stato tutelato come bene immateriale dell'umanità.

Il carretto siciliano è un mezzo di trasporto che si usava molti anni fa, oggi è diventato un simbolo turistico della regione.

Fai una ricerca e trova informazioni sul suo uso, sugli stili e sulle decorazioni con cui veniva realizzato.

Le famose ceramiche di Caltagirone.

Il carretto siciliano.

4 Lezione — IL PATRIMONIO STORICO E ARTISTICO

UNA POSIZIONE GEOGRAFICA PARTICOLARE

La **posizione** dell'isola **al centro del Mediterraneo** è stata determinante nelle vicende storiche e artistiche della regione. Una collocazione geografica che ha costituito nell'antichità e nel Medioevo un fattore di grande prosperità grazie all'incrocio di importanti civiltà del mondo mediterraneo e che ha reso la Sicilia una terra di **fusione di popoli e di culture diverse**. Vi hanno infatti convissuto fenici, greci, cartaginesi, romani, barbari, bizantini, arabi, normanni, svevi, francesi, spagnoli, piemontesi.

Negli ultimi secoli però la posizione geografica si è rivelata un **fattore di isolamento**. Dal Cinquecento, infatti, dopo la **scoperta delle Americhe** e lo spostamento degli interessi politico-economici dal Mediterraneo all'Atlantico, la Sicilia ha perduto la sua rilevanza: da allora la regione si è ritrovata in **posizione periferica**, distante dal contesto europeo e persino dalle regioni dell'Italia continentale, dove si realizzavano i maggiori progressi in campo economico e sociale.

L'IDENTITÀ REGIONALE E LE DIFFERENZE TERRITORIALI

La condizione di isolamento ha contribuito a rimarcare la diversità e l'**identità siciliana**: essa **si fonda sull'insularità** e sulle differenze storiche e culturali con il resto d'Italia. Per queste ragioni nel 1948 alla Sicilia è stato concesso lo **statuto speciale di autonomia regionale**.

La regione presenta forti differenze anche al suo interno. Il primo di questi contrasti consiste nel divario storico tra la **Sicilia occidentale** e la **Sicilia orientale**. La prima, di origine fenicio-punica, è dominata da Palermo ed è la terra del latifondo. La Sicilia orientale, di impronta greca, ha un tessuto più equilibrato di città (Catania, Messina, Siracusa) ed è l'area della piccola proprietà contadina.

LA SICILIA E I SUOI SCRITTORI

La Sicilia ha un'antica e ricca tradizione letteraria. Dalla scuola siciliana della corte di **Federico II di Svevia** del Duecento agli scrittori del verismo (Verga e Capuana), ai grandi del Novecento quali Tomasi di Lampedusa, Pirandello, Sciascia, Vittorini, Quasimodo. I luoghi in cui vissero questi autori e i paesaggi descritti sono diventati luoghi turistici. Più recentemente anche i luoghi legati alla fiction televisiva *Il commissario Montalbano*, ispirata ai racconti di Andrea Camilleri sono un'attrattiva turistica.

Latifondo
Grande proprietà terriera diffusa fino alla metà del secolo scorso e coltivata estensivamente a cereali.

COMPETENZA LINGUAGGIO DELLA GEOGRAFIA

1 Lavora con le immagini

Indica a quale periodo artistico appartengono gli edifici e le opere raffigurate.

Il teatro di Tindari. La città, un antico insediamento dei Siculi, conobbe notevole splendore nel periodo della Magna Grecia. Di questo periodo conserva numerose tracce come il magnifico teatro costruito alla fine del IV secolo a.C.

Piazza Armerina. La villa romana del Casale, i cui resti sono situati nella periferia della città, è Patrimonio dell'umanità dell'UNESCO per i magnifici mosaici dei pavimenti.

UN'EREDITÀ MILLENARIA

Secoli di dominazioni straniere hanno lasciato in eredità alla Sicilia un ricco patrimonio artistico e architettonico. La costa meridionale è disseminata di antichi templi greci, mentre le ville romane e le chiese bizantine conservano splendidi mosaici e i castelli normanni sorvegliano borghi arroccati in cima a colline.

I **Greci** colonizzarono la regione nell'VIII secolo a.C. e lasciarono alcuni dei più maestosi templi dorici del mondo occidentale come quelli della **Valle dei Templi di Agrigento** e di **Segesta**.

Altri magnifici resti archeologici si possono ammirare a **Selinunte** e nel Parco Archeologico della Neapolis di **Siracusa**, mentre il teatro greco di **Taormina**, costruito nel III secolo a.C., è il secondo della Sicilia. Il più importante sito romano della regione è la Villa romana del Casale a **Piazza Armerina**, con straordinari mosaici pavimentali del III secolo d.C., da poco restaurati.

Le **cattedrali normanne** sono tra i siti più imponenti della Sicilia: le più famose sono il Duomo di Monreale, il Duomo di Cefalù e la Cappella Palatina di Palermo. Il **Duomo di Monreale** è interamente rivestito da splendidi mosaici, racchiude 200 colonne che incorporano elementi normanni, arabi, bizantini e classici. Gli elaborati mosaici del **Duomo di Cefalù** sono i più antichi e meglio conservati della regione. Il **Palazzo dei Normanni di Palermo** fu originariamente costruito dagli arabi nel IX secolo per poi essere ampliato da Ruggero II nel 1130. La **Cappella Palatina** è ricoperta anch'essa da mosaici che si devono ad artigiani bizantini portati a Palermo nel 1140 da Ruggero II.

Il **barocco siciliano** fu il risultato del terremoto del 1693, che distrusse città come Catania lasciando spazio per la fioritura di questo stile architettonico unico nel suo genere. La versione siciliana del barocco combina la tradizione spagnola con i caratteristici elementi decorativi e strutturali di quella siciliana.

Lo **stile Liberty**, tra Ottocento e Novecento, ebbe grande diffusione a Palermo. Un esempio che vale la pena vedere è la sala da pranzo del **Grand Hotel Villa Igiea**. Anche i due chioschi situati davanti al Teatro Massimo di Palermo sono interessanti testimonianze dell'*art nouveau* siciliana, ma **Villa Malfitano** resta il modello insuperato dell'architettura liberty.

Per il **Novecento**, **Salvatore Fiume** e **Renato Guttuso** sono stati due pittori protagonisti del panorama artistico della Sicilia del dopoguerra. Il dipinto di Guttuso *La Vucciria* (1974), che rappresenta il mercato di Palermo, è uno dei più pregevoli esempi dell'arte siciliana del Novecento. L'opera è al Museo del palazzo Chiaromonte-Steri.

IL TURISTA CURIOSO

❶ Il termine Sicilia deriva dal greco e significa «terra dei Siculi», antichi abitanti dell'isola. Archimede, il noto matematico e inventore vissuto tra il 287 a.C. e il 212 a.C., era nato a Siracusa.

❷ Molti nomi come Caltanissetta, Calascibetta, Caltagirone e Caltabellotta sono di origine araba, dove Kalat significa fortezza. In epoca araba Palermo si chiamava Balarm che significa "l'eletta".

❸ Gli Arabi introdussero la coltivazione degli agrumi.

❹ L'isola di Lampedusa è il punto più meridionale dell'Italia e si trova molto più a sud della città africana di Tunisi.

❺ Il fico d'India è originario dell'America centro-meridionale. Oggi compare nella bandiera del Messico.

La Chiesa di San Giovanni degli Eremiti a Palermo. Di epoca normanna (1132 circa), la chiesa presenta delle cupole rosse di chiara influenza araba.

Il Duomo di San Giorgio, a Ragusa Ibla costruito a fine Settecento: il suo stile architettonico è comune a molti edifici e chiese di Ragusa ed è molto diffuso in tutta la Sicilia.

5
Lezione

LE RISORSE TURISTICHE

I **PARCHI NATURALI** coprono circa il 13% della superficie regionale. I principali sono quelli montani dell'**Etna**, delle **Madonie** e dei **Nebrodi**. Ad essi si aggiungono il **parco fluviale dell'Alcantara** con le suggestive gole in cui scorre il fiume omonimo. Tra le aree marine protette la principale è quella delle **isole Egadi**, in via di realizzazione è quella delle Eolie, arcipelago dichiarato Patrimonio dell'umanità.

Tra le **LOCALITÀ DEL TURISMO BALNEARE** spiccano il litorale di **Taormina** e **Giardini Naxos** sullo Ionio, **San Vito Lo Capo** e **Cefalù** sul Tirreno, **Marina di Ragusa** e **Porto Empedocle** sulla costa meridionale. Tra le isole attirano ogni anno molti visitatori le isole Eolie, le Egadi e Pantelleria.

Numerose sono le località del **TURISMO ARTISTICO.** Tra quelle archeologiche c'è Agrigento con la **Valle dei Templi**, il nucleo di **Ortigia a Siracusa**, **Piazza Armerina** con i mosaici, i teatri di **Tindari**, **Taormina** e **Segesta**. All'epoca medievale risalgono le **cattedrali di Cefalù** e **Monreale** con elementi arabi, normanni e bizantini. Notevoli le testimonianze barocche a **Noto** e a **Ragusa**. Tra le grandi città d'arte molte testimonianze si trovano a **Palermo** e **Catania**. I palazzi e le chiese di **Palermo** presentano una sintesi di stili diversi con elementi latini, arabi e bizantini fino al più recente liberty. Il capoluogo ha grandi viali ed edifici imponenti come il Duomo o il Palazzo Reale. Non mancano atmosfere orientali come il mercato di origine medievale stile casbah della Vucciria e importanti musei (nella Galleria regionale della Sicilia sono ospitate opere di Antonello da Messina). A **Catania** predomina il barocco con edifici costruiti con la pietra lavica locale.

Tra le **METE RELIGIOSE** spicca il santuario di Tindari, mentre sull'Etna si trovano piste da sci. Tra le altre risorse turistiche si segnalano alcune **stazioni termali**, tra cui quelle di Sciacca.

San Vito Lo Capo
Una baia nella Riserva Naturale dello Zingaro a San Vito Lo Capo.

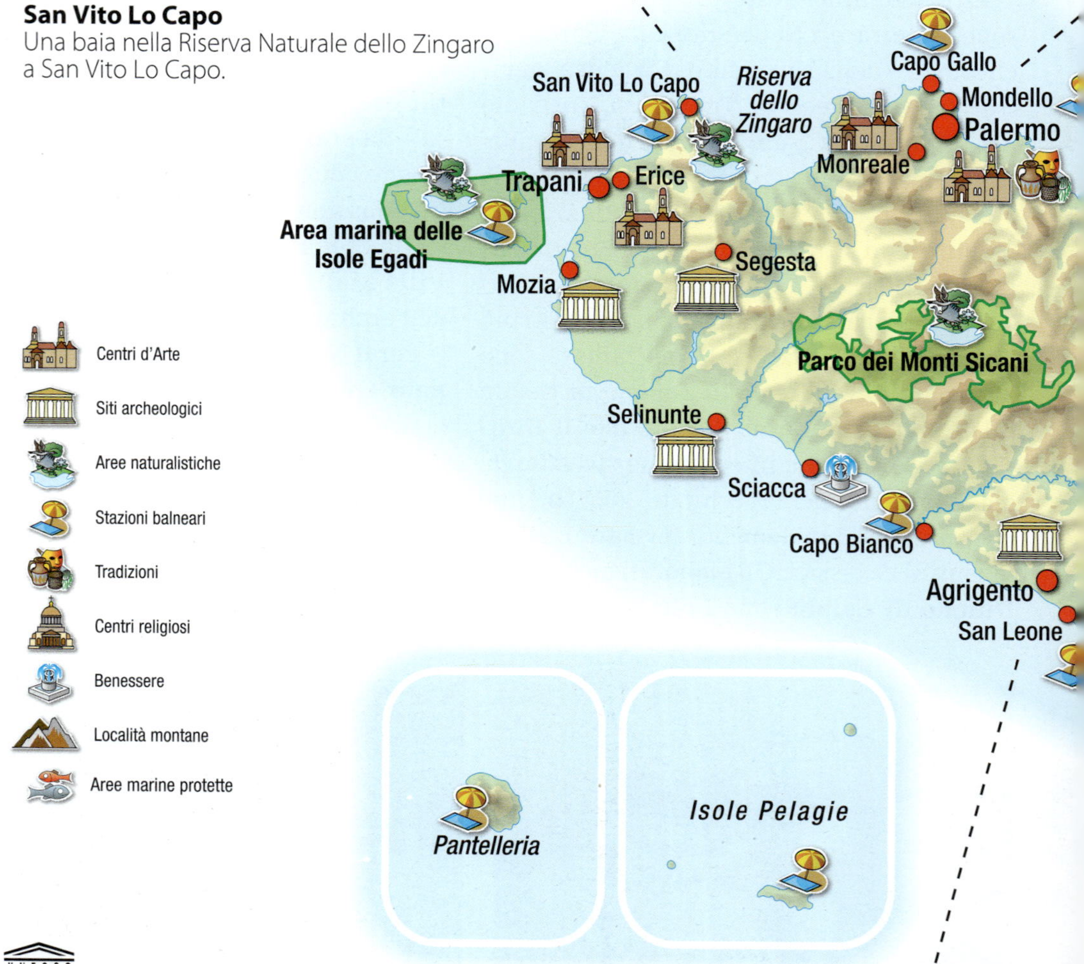

Il patrimonio dell' UNESCO
Isole Eolie
Città barocche della Val di Noto
Area archeologica di Agrigento
Villa del Casale a Piazza Armerina
Monte Etna
Siracusa e le necropoli rupestri di Pantàlica
Palermo arabo-normanna, Cefalù e Monreale
Teatro dei Pupi siciliani

Per la lista completa vai su: http://whc.unesco.org/en/list/

Agrigento
Il Tempio di Giunone nella Valle dei templi di Agrigento.

Palermo
Il chiostro del Duomo di Monreale nei pressi di Palermo.

Salina
L'isola fa parte dell'arcipelago delle Eolie.

Etna
Il vulcano visto dal sito archeologico di Taormina.

Noto
La cattedrale barocca.

SCRIVI UN TESTO IN 200 PAROLE

Lavora con il testo, la carta, internet e le immagini seguendo i punti elencati

a. Approfondisci il turismo archeologico.
b. Descrivi i principali parchi naturali.

6
Lezione

ALLA SCOPERTA DELLA SICILIA

CARTA INTERATTIVA IN DIGITALE

L'ITINERARIO

L'anima barocca della Sicilia da Catania a Ragusa (7 giorni)

Da Noto a Ragusa l'itinerario fa scoprire i tesori dell'arte barocca: chiese, palazzi, giardini e vicoli offrono indimenticabili scorci e panorami di cittadine arroccate sulle pendici collinari. Ci troviamo nella Val di Noto, la terra dei «giardini di pietra», dove le numerose città (Ragusa Ibla, Modica, Scicli, Ispica, Palazzolo Acreide, Noto), dal caratteristico colore ambrato che al tramonto si tinge di rosa, hanno regalato al barocco siciliano il titolo di Patrimonio Unesco dell'Umanità.

L'aspetto delle città che vediamo oggi si deve alla ricostruzione avvenuta in seguito al violento terremoto del 1693, spinta da un grande slancio civile e religioso e gestita da straordinari architetti. Alcune città sorsero sulle macerie dei vecchi centri urbani distrutti, altre furono ricostruite su terreni più favorevoli; in alcuni casi i nuovi centri sorsero a fianco di quelli vecchi. In un'epoca in cui l'architettura doveva sottolineare il potere della Chiesa e della nobiltà, gli edifici civili e religiosi divennero la realizzazione concreta dell'imponenza della scenografia barocca.

L'itinerario è arricchito da altre "deviazioni" al di fuori del barocco: la visita del centro di Catania (anch'esso in parte barocco con edifici costruiti in pietra lavica), l'escursione naturalistica sull'Etna, il vulcano più alto d'Europa, e una sosta nel suggestivo centro di Taormina. Infine l'itinerario prevede la visita di altri due luoghi della Sicilia greco-romana: il sito archeologico di Agrigento e la Villa romana del Casale di Piazza Armerina.

L'isola di Ortigia a Siracusa.

❶ GIORNO
Catania

Arrivo a Catania. Visita del **centro storico** con **Piazza Duomo** e la **cattedrale di Sant'Agata**, la **Fontana dell'Elefante**, **Via Etnea**, **Piazza dell'Università**.

❷ GIORNO
Escursione sull'Etna

Partenza con visita guidata per il panoramico **Rifugio Sapienza** a 1910 m tra meravigliosi panorami di colate laviche ormai fredde. Proseguimento per **Taormina**. Visita del centro storico con piazza della Cattedrale e il Duomo. Si continua a piedi verso il **Teatro greco-romano** costruito nel III sec. a.C. che occupa una posizione spettacolare e ospita spesso la sera spettacoli teatrali e concerti di musica.

Il castello di Donnafugata.

Escursione sull'Etna.

❸ GIORNO
Ragusa – Modica

Partenza per Ragusa e visita del centro storico di **Ragusa Ibla**, la parte antica della città. L'architettura tardo-barocca è presente in quasi tutte le chiese, a partire dal caratteristico Duomo. Proseguimento per il **castello di Donnafugata**, una dimora nobiliare del tardo Ottocento con arredi e mobili dell'epoca degli ultimi nobili siciliani. Proseguimento per **Modica**, visita del centro storico con il **Duomo di San Giorgio** considerato uno dei più riusciti capolavori del Barocco ibleo e della chiesa di **San Giovanni Evangelista**.

❹ GIORNO
Siracusa – Noto

Il viaggio prosegue per **Siracusa** dove si visita il quartiere **Isola di Ortigia**, il più antico della città con al centro il Duomo barocco. Si raggiunge quindi Noto, la "capitale" del barocco siciliano, con la **Cattedrale di San Nicolò** e il **Palazzo Ducezio**.

❺ GIORNO
Piazza Armerina Caltagirone – Agrigento

Partenza per Piazza Armerina con visita della **Villa romana del Casale** con i suoi meravigliosi mosaici. Proseguimento per **Caltagirone**, la regina dei Monti Erei, famosa per le bellissime ceramiche.
Celebre la grande **scalinata di Santa Maria del Monte** interamente decorata con piastrelle in ceramica multicolore. Al termine, arrivo ad Agrigento.

❻ GIORNO
Agrigento

Visita di Agrigento con la **Valle dei Templi**, il sito archeologico più importante di tutta la Sicilia. Proseguimento per il caratteristico **Castello di Mussomeli**, che si trova sulla cima di uno sperone roccioso: incantevole la scalinata interna del castello, interamente scavata nella roccia viva.

❼ GIORNO
Enna – Acireale

Partenza per Enna, il capoluogo più alto d'Italia, situata ad oltre 930 m di altezza. Visita del centro storico, con il **Castello di Lombardia**, il **Duomo**, la **Torre di Federico II**, la **chiesa di Santa Chiara**, la **chiesa del SS. Salvatore** e **Palazzo Pollicarini**. Si prosegue per **Acireale**, con la Piazza del Duomo, la Cattedrale, il Comune e Palazzo Modò.

ORGANIZZA TU UN ITINERARIO

Il centro di Palermo

Procurati una mappa della città di Palermo e costruisci un itinerario che includa i monumenti, le architetture e le località più interessanti. Con Google Maps visualizza il punto di partenza e quello di arrivo e, dopo aver deciso con quale mezzo sia meglio muoversi, calcola i tempi di permanenza e le distanze. Per ogni luogo scrivi in poche righe le principali caratteristiche e attrattive.

Distanza > 2,5 km

Durata > 3 o 4 ore

Luoghi da visitare

1. Palazzo dei Normanni
2. Cattedrale
3. Quattro Canti
4. Fontana Pretoria
5. Chiesa di San Cataldo e della Martorana
6. Mercato di Ballarò e Vucciria

1 Lezione
IL TERRITORIO E I PAESAGGI

IL TERRITORIO

La Sardegna è per estensione la **seconda isola del Mediterraneo** e la terza regione italiana. Il territorio è prevalentemente collinare: i due terzi sono infatti composti da **altopiani**, disposti irregolarmente ad altitudini medie comprese tra 300 e 600 m. Si tratta di antichissime catene che, formatesi molto prima degli altri rilievi italiani, sono state intensamente erose dagli agenti atmosferici.

La regione si affaccia a ovest al **Mar di Sardegna** e negli altri lati al **Tirreno**. A nord le Bocche di Bonifacio, larghe meno di 20 km, la dividono dalla Corsica (Francia), mentre verso est 180 km la separano dal promontorio di Orbetello, il punto più vicino della penisola.

I RILIEVI E I FIUMI

In alcuni punti queste superfici spianate si rialzano in piccoli **gruppi montuosi** dalle modeste elevazioni, ma dall'aspetto molto accidentato, con pendii ripidi e rocce affioranti. Il termine "monte" attribuito ad alcuni massicci sardi non fa riferimento tanto all'altitudine, quanto all'asprezza e alla struttura rocciosa del rilievo. Il gruppo più esteso è il **Gennargentu**: situato nella parte centro-orientale dell'isola, è anche l'unico con cime superiori ai 1500 m. Tutti i massicci sono incisi da valli in cui scorrono **fiumi brevi**, a carattere torrentizio; il principale è il Tirso, che ha un corso lungo 150 km.

LE PIANURE

Le aree pianeggianti sono scarse e frammentate; solo la pianura del **Campidano**, una lunga fascia estesa obliquamente nella Sardegna sud-occidentale, ha dimensioni ragguardevoli. Per il resto la pianura è composta da tratti di valli fluviali e da strette fasce costiere, specie nel litorale meridionale e in quello occidentale. La costa orientale e settentrionale è invece alta e rocciosa, con numerose grotte e insenature profonde.

confini di stato
confini di regione
confini di provincia e città metropolitana
strade principali
ferrovie principali
aeroporti principali
porti principali

superficie	24 090 km²
popolazione (2016)	1 655 331 ab.
densità	69 ab./km²
capoluogo regionale	Cagliari

LE VIE DI COMUNICAZIONE

A ostacolare il progresso regionale contribuisce l'**insufficienza delle vie di comunicazione.** La **rete ferroviaria** si limita ai collegamenti tra i centri maggiori. Decisamente carente è la **rete stradale**: la Sardegna è l'unica regione italiana priva di autostrade.

Tra i **porti,** ben distribuiti sul territorio, quello di Olbia è il principale per i collegamenti con la penisola (Civitavecchia, Livorno, Genova), mentre quello di Cagliari svolge funzioni commerciali e industriali. Gli **aeroporti** internazionali di Cagliari, Olbia e Alghero smistano il traffico in arrivo e in partenza verso le principali città italiane e le destinazioni europee.

IL CLIMA

Eccetto che nelle zone più elevate, la Sardegna ha un clima **mediterraneo**. Le temperature sono miti in inverno e calde in estate; le precipitazioni, piuttosto ridotte, cadono soprattutto in autunno e primavera. Un elemento tipico del clima sardo è la **ventosità**; soprattutto d'inverno soffia con molta violenza il **maestrale**, vento freddo proveniente da nord-ovest.

IL PAESAGGIO DELLA MONTAGNA E DELLA COLLINA

L'ambiente tradizionale sardo è il **paesaggio montano e collinare**, caratterizzato da **vasti pascoli** destinati alla pastorizia. La vegetazione è povera ed è costituita da ampie distese erbose e, al di sotto degli 800 m, dalla macchia mediterranea con arbusti tipici quali il **mirto** e il ginepro. A causa della forte ventosità e della scarsità delle precipitazioni, non vi sono buone aree coltivabili. Anche i **disboscamenti** del passato e gli **incendi** hanno contribuito a degradare i suoli e a impoverire la vegetazione. Solo sui rilievi più aspri e interni, meno accessibili all'uomo e al bestiame, si trovano boschi misti di castagni e querce: è il caso dei versanti più ripidi del Gennargentu. In tutta l'area montana e collinare gli **abitati** sono **scarsi**, con zone quasi spopolate come nella Barbagia.

IL PAESAGGIO DELLA PIANURA E DELLA COSTA

Le **pianure e le coste** presentano un paesaggio molto vario e di più **recente formazione**. Le pianure coincidono con le **uniche aree coltivate** della regione, grazie ai lavori di bonifica che nel secondo dopoguerra hanno regolato il corso dei principali fiumi, impedendo la formazione di acquitrini.

Oggi nel Campidano e nella piana di Alghero ci sono appezzamenti regolari in cui si pratica un'**agricoltura specializzata e irrigua**. Lungo le coste basse, in particolare nei golfi di Cagliari e dell'Asinara, le colture si alternano agli insediamenti industriali e ai centri urbani.

Dove il litorale è alto, come per esempio in Costa Smeralda o nel golfo di Orosei, prevale un **paesaggio turistico privo di centri abitati veri e propri** ma cosparso di alberghi, ville e complessi turistici dallo stile uniforme e indifferenziato. Questi **insediamenti turistici diffusi** costituiscono un insieme artificiale, completamente estraneo al contesto culturale dell'isola e alla popolazione locale. Alcuni tratti di litorale, di straordinaria bellezza, sono stati addirittura **deturpati** per l'eccessivo numero di costruzioni realizzate fino ad ora.

QUANDO ANDARE?

Con un clima tipicamente mediterraneo, l'isola può essere visitata senza problemi durante tutto l'anno; i mesi più indicati sono quelli tra aprile e ottobre: per chi voglia stare sulla costa meglio giugno e settembre (meno affollati), mentre aprile e maggio, stagione della fioritura, sono ottimi per girare l'interno.

IL TURISTA CURIOSO

❶ La Sardegna è la prima regione per lunghezza delle coste, pari a 1850 km.

❷ La Sardegna è più vicina alla Tunisia che non alla Sicilia.

❸ In un passato molto remoto l'isola era unita alla Corsica.

COMPETENZA LOCALIZZAZIONE

❶ Lavora con la carta e le immagini

Osserva la carta e rispondi alle domande.

a. A quali golfi si affaccia la Costa Smeralda?
b. Qual è la cima più elevata della regione? Quanto è alta? In che gruppo si trova?
c. Tra quali golfi si estende la piana del Campidano?
d. Trova almeno tre isole minori e indica dove si trovano.
e. Dove è situata la Gallura?

COMPETENZA LINGUAGGIO DELLA GEOGRAFIA

❷ Riconosci il paesaggio

Individua i 3 paesaggi inserendo i termini mancanti:

Termini da inserire: scoscesi – inaccessibili – fertile – mite – coltivazione della vite – Porto Cervo – turismo d'élite – alberghi lussuosi – Gennargentu – montuoso

La foto rappresenta l'ambiente .... del ...., con versanti .... e boschi ....

La foto raffigura il .... entroterra di Alghero, caratterizzato da un clima .... che lo rende particolarmente adatto alla ....

La foto ritrae una veduta di .... , sulla Costa Smeralda, meta del .... con ville mozzafiato, ... e banchine per yacht.

2 Lezione LA GEOGRAFIA UMANA

LA POPOLAZIONE E LE CITTÀ

La Sardegna è una regione **scarsamente popolata**. I suoi abitanti sono solo un terzo di quelli della Sicilia, di poco più grande, e la densità di popolazione della regione è tra le più basse d'Italia.

La popolazione sarda ha attualmente un **saldo stabile**, con l'immigrazione che compensa il lieve calo naturale. In passato l'emigrazione dei sardi era invece un fenomeno molto consistente.

L'insediamento umano presenta caratteristiche molto diverse dalle altre regioni italiane affacciate al mare. La **gran parte della popolazione**, infatti, non vive lungo la costa ma **risiede all'interno**, negli altopiani collinari, dove si trovano **numerosi centri di piccole dimensioni**. Fino a poche decine d'anni fa, infatti, la popolazione era prevalentemente dedita alla pastorizia e molte aree costiere erano paludose e infestate dalla malaria. Solo la **bonifica** di queste zone e lo sviluppo di attività agricole, industriali e turistiche hanno favorito uno spostamento di abitanti verso la costa, soprattutto a **Cagliari**, dove si concentra oggi circa un quarto di tutti gli abitanti.

Tra le altre città capoluogo solo **Sassari** supera i 100 000 abitanti, mentre un certo rilievo hanno **Oristano, Nuoro, Olbia, Carbonia e Iglesias**. Altra importante città è **Alghero**, dove è presente la storica minoranza linguistica catalana.

L'ECONOMIA

Con un reddito per abitante molto inferiore alla media nazionale, la Sardegna è una delle regioni economicamente **meno avanzate del paese**.

Nel settore primario, la **pastorizia è l'attività prevalente** e l'allevamento ovino è il più diffuso. Importanti le colture di **ortaggi e vite**, oltre alla produzione di **sughero**.

Nel settore industriale i grandi **impianti chimici** si trovano in alcuni poli costieri come quelli di Porto Torres, Ottana e del cagliaritano, anche se negli ultimi anni sono stati ridimensionati. Le **attività estrattive**, un tempo floride, dispongono ancora di discreti giacimenti (carbone nel Sulcis, piombo e zinco nell'Iglesiente), ma si sono molto ridotte perché il loro sfruttamento risulta poco conveniente.

IL TURISMO: MARE E COSTE DI RARA BELLEZZA

Il **turismo**, legato soprattutto alle **risorse marittime,** è un settore fondamentale, tuttavia, nonostante le numerose attrattive, **non ha portato grandi vantaggi alla regione**, perché è concentrato solo in alcune zone (una per tutte, la Costa Smeralda) ed è gestito in larga parte da **imprenditori esterni**.

Le coste sarde sono tra le più suggestive d'Italia e offrono una **varietà di paesaggi** (spiagge sabbiose, baie, insenature, grotte, rocce dalle forme meravigliose) davvero unica. Proprio il **turismo balneare** ha potuto contare sul fatto che le aree costiere sono state a lungo disabitate e hanno quindi mantenuto un **aspetto intatto e selvaggio**: per questo motivo i mari della Sardegna hanno indici d'inquinamento molto bassi. Buone anche le potenzialità regionali per le attività montane e naturalistiche.

Le città principali	abitanti (2016)
Cagliari (CA)	154 411
Sassari (SS)	127 745
Nuoro (NU)	36 978
Oristano (OR)	31 694

COMPETENZA DIGITALE

1 Lavora con internet

Situata nel meridione dell'isola, Cagliari non è sempre stata il centro di attrazione che oggi rappresenta.

Fai una ricerca e trova notizie su:

a. Posizione geografica rispetto al mare e ai rilievi.

b. Lo sviluppo storico e urbanistico.

c. Principali attrattive turistiche della città.

Gregge di pecore in riva al mare nei pressi di Bosa (Oristano).

Le miniere di piombo di Iglesias.

3 *Lezione* LA CULTURA, LE TRADIZIONI E IL PATRIMONIO STORICO, ARTISTICO E NATURALE

L'ARTIGIANATO

Grazie agli antichi mestieri le attività artigianali come la lavorazione del **bronzo** e del **ferro**, l'arte dell'intreccio della **paglia**, del **giunco** e la produzione della **ceramica** sono molto praticate. Anche i **coltelli**, prodotti a mano dai fabbri con manici in legno intagliati e decorati, e la lavorazione del **sughero** hanno notevole importanza.

La lavorazione di **tappeti e arazzi** è tipica dell'isola. Lo stesso vale per le **tovaglie** di Teulada con decori di frutta e verdura, e gli **scialli** di Oliena.

LE FESTE E LE TRADIZIONI

Le feste popolari sono profondamente radicate nella cultura sarda. Le più interessanti sono: la **festa di Sant'Efisio**, le **feste di Carnevale**, durante le quali si ritrova l'uso di maschere come quelle dei *Mamuthones* e degli *Issohadores*, il **palio di Fonni** e la **cavalcata sarda**.

Tra le altre manifestazioni religiose ricordiamo la **corsa degli scalzi** a Cabras, la **festa del Redentore** a Nuoro, la **festa dei Candelieri** a Sassari e i **riti della Settimana Santa** in varie parti dell'isola.

L'ENOGASTRONOMIA

La cucina sarda è fortemente legata alla terra e alla pastorizia. Uno degli ingredienti principali è il **grano** utilizzato per il **pane carasau** e per la **pasta** come i *malloreddus* (gnocchetti di semola), i *culurgiones* (ravioli ripieni) o la *fregola* (granelli di pasta tostati al forno). La Sardegna è soprattutto famosa per il **formaggio**, tra cui primeggia il **pecorino** sardo. Specialità locale è il **porceddu**, maialetto cotto alla brace e generalmente servito su vassoi di sughero cosparsi di mirto. Tra gli ingredienti a base di **pesce**, la **bottarga** di uova di muggine è usata per condire la pasta. Altri prodotti tipici sono il **miele**, le **mandorle**, fondamentali nella pasticceria, e il rinomato **zafferano** locale.

Oltre ai **vini DOC e DOCG**, tra cui i celebri **Cannonau** (rosso) e **Vermentino di Gallura** (bianco), il liquore di **mirto**, ricavato dall'omonima pianta, e il **filu 'e ferru** sono una specialità locale.

L'ARTE E L'ARCHITETTURA

A partire dal declino della **civiltà nuragica**, intorno al 700 a.C., nell'isola si sono succedute **diverse dominazioni**: Fenici, Cartaginesi, Romani, Bizantini, Aragonesi, Austriaci e infine, dal 1720 fino all'Unità d'Italia, i Savoia. Le varie civiltà hanno lasciato testimonianze nell'arte e nell'architettura dell'isola. Tra i siti più significativi ci sono le antiche **sepolture scavate nella roccia**, che risalgono all'epoca prenuragica, e i **nuraghi**: costruzioni in pietra con funzioni abitative e difensive. Sono il simbolo della regione e costituiscono i monumenti megalitici meglio conservati di tutta l'Europa.

La traccia più significativa della **civiltà fenicio-punica** è il sito archeologico di Tharros.

I PARCHI NATURALI

Alcuni dei più bei tratti della costa e ampi territori dell'interno sono protetti da svariate **riserve naturali** e aree di interesse naturalistico che coprono un'estensione pari al 4% della superficie regionale. La Sardegna ha **tre parchi nazionali**: quello dell'Asinara, quello dell'arcipelago di La Maddalena e quello di Orosei e del Gennargentu.

pane carasau
Conosciuto anche come "carta da musica" per la sua caratteristica croccantezza, questo pane, che deve il suo nome al verbo *carasare*, ovvero "tostare", è il pane prediletto dai pastori perché in grado di conservarsi per molto tempo.

COMPETENZA DIGITALE

1 Lavora con internet

Il *filu 'e ferru* è senza dubbio uno dei prodotti simbolo della Sardegna.

Fai una ricerca e trova notizie su:

a. Il significato e l'origine del nome.

b. La tecnica e le zone di produzione.

Canti tradizionali durante la festa di Sant'Efisio a Cagliari, dedicata al martire cristiano santo patrono della regione, che liberò la città da una violenta peste.

Alcune forme di pecorino sardo esposte su una tavola di sughero.

4 *Lezione*

LE RISORSE TURISTICHE

Famosa in tutto il mondo per le spiagge bianche e il mare cristallino, la Sardegna è un'importante meta del **TURISMO BALNEARE**. L'area più nota è la **Costa Smeralda** con le rinomate località di Porto Cervo e Porto Rotondo. All'estremità nord-orientale l'**arcipelago della Maddalena** offre magnifici fondali, ideali per gli amanti dello snorkeling e delle immersioni. Altri centri di richiamo sono **Santa Teresa di Gallura**, **Stintino** e **Castelsardo** sulla costa settentrionale, l'area di **Villasimius** lungo la costa meridionale e **Bosa, Alghero e Carloforte** sulla costa occidentale.

L'isola, che dispone di porti e infrastrutture per la navigazione da diporto e la pratica di tutti gli sport acquatici, attrae anche il **TURISMO NAUTICO**.

Tra i luoghi di interesse naturalistico, sono molto frequentate le **AREE MARINE PROTETTE** di **Capo Carbonara** e del **santuario per i mammiferi marini** nella costa settentrionale.

Numerosi sono i **SITI ARCHEOLOGICI**: ad **Alghero** ci sono le *domus de janas*, strutture destinate alla sepoltura tipiche della tradizione sarda del Neolitico, mentre della civiltà nuragica, oltre al **villaggio di Barumini**, troviamo il nuraghe Las Prisgionia e le Tombe dei Giganti ad **Arzachena**. In memoria del passato **minerario** della regione è da segnalare il Parco geominerario storico e ambientale della Sardegna sparso in 8 aree regionali.

Tra le **CITTÀ D'ARTE** spiccano **Cagliari**, con l'anfiteatro romano, la villa di Tigellio e il santuario di Nostra Signora di Bonaria; **Oristano**, con il suo centro storico; e **Nuoro**, con la cattedrale di Santa Maria della Neve e la chiesa della Madonna delle Grazie.

Tra le **LOCALITÀ TERMALI** si ricordano **Fordongianus**, **Benedutti** e **Sardara**.

Barumini
Le rovine di Su Nuraxi, presso Barumini, costituiscono il più importante sito archeologico della civiltà nuragica.

La Maddalena
Le spiagge incontaminate del parco nazionale dell'arcipelago di La Maddalena.

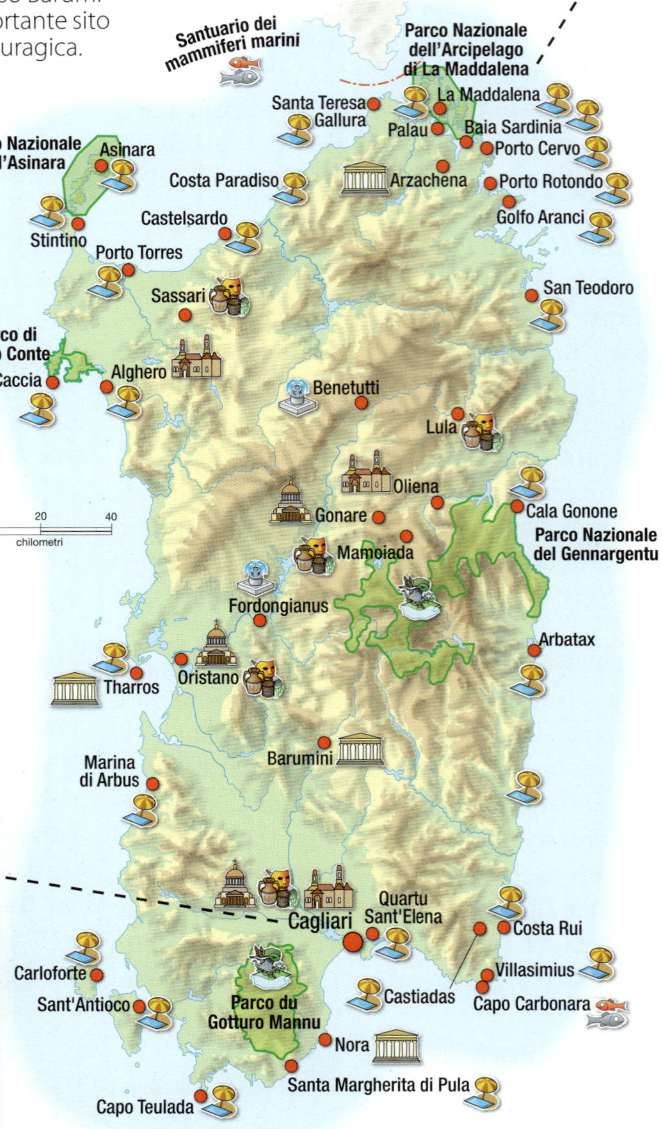

Cagliari
La città vecchia.

Il patrimonio dell'UNESCO
Villaggio di Su Nuraxi
Canto a tenore sardo

Per la lista completa vai su: http://whc.unesco.org/en/list/

SCRIVI UN TESTO IN 200 PAROLE

Lavora con il testo, la carta, internet e le immagini seguendo i punti elencati

a. Descrivi le aree marine protette.
b. Approfondisci le città d'arte.

5
Lezione

ALLA SCOPERTA DELLA SARDEGNA

CARTA INTERATTIVA IN DIGITALE

L'ITINERARIO

La costa sud-occidentale: da Pula a Sant'Antioco (4 giorni)

L'itinerario propone un viaggio nell'area sud-occidentale della Sardegna, terra millenaria che, oltre alle sue splendide spiagge di sabbia finissima e scogliere mozzafiato, vanta anche un passato ricco di storia.

Si parte da Pula e si prosegue verso le spiagge di Chia e Teulada fino ad arrivare all'isola di Sant'Antioco, nell'arcipelago del Sulcis, passando per i siti archeologici di Nora, antico centro romano, di Bithia, città fenicio-punica, e di Montessu, il più importante cimitero-santuario del Neolitico sulcitano. Il percorso prevede anche una visita alle grotte di Is Zuddas e di Su Benatzu a Santadi.

L'itinerario si conclude a Sant'Antioco, con la visita dell'area archeologica risalente all'età fenicio-punica.

❶ GIORNO
Pula – Nora

Arrivo a **Pula**, che ospita il sito archeologico di **Nora**, importante scalo fenicio, poi centro punico e fiorente città romana. La visita dell'area archeologica consente di vedere i resti di alcuni edifici della città romana ma, soprattutto, gli splendidi **mosaici** dell'epoca. Si prosegue per le **spiagge di Santa Margherita di Pula** (Cala Verde, Stella Marina, La Pineta, Riva dei Pini).

❷ GIORNO
Chia – Teulada

Partenza per la località di **Chia**, dove si snodano chilometri di **spiagge bianchissime** (Su Giudeu, Sa Colonia, Cala del Morto, Cala Cipolla). Tra il promontorio di Chia e il monte Cogoni si trovano i resti dell'antica **Bithia**, fondata dai Fenici e vissuta fino a epoca tardo romana. Si continua con **Teulada**, rinomata anch'essa per le spiagge e il mare cristallino. Di notevole interesse nel centro teuladino sono la parrocchiale **chiesa della Madonna del Carmelo** e la **chiesa di San Francesco**.

❸ GIORNO
Santadi – Villaperuccio – Montessu

Partenza per **Santadi**: visita delle **grotte Is Zuddas**, famose per lo scenario sotterraneo creato dall'azione dell'acqua, e del santuario nuragico nelle **grotte di Su Benatzu**. Si prosegue per **Villaperuccio**, conosciuta per i notevoli reperti archeologici di età preistorica e nuragica. Oltre ai resti di un antico villaggio risalente al III millennio a.C., di grande interesse sono la necropoli rupestre prenuragica di **Montessu**, costituita da una quarantina di **tombe** del tipo *domus de janas*, e i **menhir** di Monte Narcau e di Terrazzu.

❹ GIORNO
Sant'Antioco

Tappa conclusiva è **Sant'Antioco**, l'antica Sulcis della civiltà **fenicio-punica**, che conserva molte testimonianze della sua storia. Visita dell'area archeologica: l'antica **basilica del Santo** con le catacombe, i ***tophet*** (cimiteri dei fanciulli), la **necropoli** punica, il **forte sabaudo**, il **museo archeologico** e i resti dell'antico **ponte romano**.

ORGANIZZA TU UN ITINERARIO

Alghero e dintorni

Procurati una mappa della città di Alghero e una dei dintorni e costruisci un itinerario che includa i monumenti, le architetture e le località più interessanti. Con Google Maps visualizza il punto di partenza e quello di arrivo e, dopo aver deciso con quale mezzo sia meglio muoversi, calcola i tempi di permanenza e le distanze. Per ogni luogo scrivi in poche righe le principali caratteristiche e attrattive.

Distanza > 40 km ca.

Durata > 2 o 3 giorni

Luoghi da visitare

1. Torri e bastioni spagnoli
2. Piazza Civica e l'antico centro storico
3. Cattedrale di Santa Maria
4. Aquarium
5. Museo del Corallo
6. Necropoli di Anghelu Ruju
7. Spiaggia Le Bombarde
8. Complesso nuragico di Palmavera
9. Grotte di Nettuno a Capo Caccia

SEI PRONTO PER LA VERIFICA?

LOSAI? RIPASSA CON LO SMARTPHONE

IN 1 ORA

1 Dopo aver studiato le unità, completa la sintesi utilizzando le parole proposte. Attenzione ce ne sono 5 in più. ...../10

UNITÀ 24 – LA PUGLIA

- Il territorio è in gran parte pianeggiante, ..., con un lungo sviluppo costiero. Il paesaggio agrario dell'interno è piatto, spoglio, con una scarsa presenza umana, mentre verdeggiante si presenta la .... dei trulli.
- L'economia è organizzata. L'industria è presente in vari settori: grandi impianti siderurgici a Taranto e a Brindisi (petrolchimico). Importante la Fiera del .... a Bari.
- Terracotta e ceramica sono tra le produzioni artigianali più note. La gastronomia regionale si basa sui prodotti locali: grano, verdure, pesce e olio d'oliva, famosi sono vari tipi di pasta, di pane, i ...., dolci quali le *carteddate*, alcune specialità casearie e diversi vini rinomati.
- È stata colonizzata da diversi popoli, sotto gli .... ha raggiunto la massima prosperità economica e artistica. Numerosi gli edifici religiosi in stile romanico, le architetture barocche, i castelli e le torri. Le aree protette non sono molto estese, tra queste le grotte carsiche di .... e le saline di Margherita di Savoia.
- Il turismo è soprattutto balneare, ma ci sono anche località termali e di pellegrinaggio religioso come San Giovanni Rotondo e Monte Sant'Angelo.

UNITÀ 25 – LA CALABRIA

- Bagnata dal mare su tre lati, è montuosa e collinare per oltre il 90%. Nella zona montuosa prevalgono i boschi e un'agricoltura ...., nelle limitate pianure costiere si concentrano le città, le vie di comunicazione, l'agricoltura più redditizia e i centri balneari.
- È la regione italiana meno sviluppata economicamente, con il più basso reddito per abitante: pochi sono gli impianti industriali e poco diffusa l'agricoltura ....
- Diverse le antiche produzioni artigianali, tra cui ceramica e strumenti musicali. La cucina ha una base semplice e povera, insaporita da ...., cipolla di Tropea, olio extravergine d'oliva. Nei secoli numerosi sono stati i popoli che l'hanno occupata e varie le testimonianze, dall'età preistorica e dalla .... fino ai castelli e ai borghi medievali.
- Il territorio protetto supera il 13% della superficie, il turismo è soprattutto balneare, importante anche il turismo culturale: famosi i bronzi di .... conservati a Reggio Calabria.

UNITÀ 26 – LA SICILIA

- È l'isola più grande del Mediterraneo e la regione più estesa d'Italia. Il territorio è collinare, nel nord i rilievi sono la prosecuzione degli Appennini. Lungo le coste ci sono limitate pianure .... La costa ionica e tirrenica rappresenta l'area più urbana, fertile, dove sono presenti i giardini mediterranei. La Sicilia interna è arida e spopolata, con pochi alberi e sterminate lande .... La montagna appenninica è poco abitata, il paesaggio è aspro e boscoso, mentre sulle pendici dell'Etna, grazie ai fertili terreni ...., ci sono centri abitati e una fiorente agricoltura.
- È la quarta regione italiana per numero di abitanti. Il reddito per abitante è inferiore alla media nazionale, l'economia è fragile, rallentata anche dall'esistenza di una diffusa .... organizzata.
- I popoli che hanno abitato l'isola hanno contribuito ad arricchire le tradizionali attività artigianali, le manifestazioni del folclore, così come la gastronomia, che combina influenze .... e greche, tradizioni dell'interno e del mare. L'isola ha prosperato nell'antichità e nel medioevo grazie alla sua posizione che favoriva l'incontro di civiltà e culture.
- Sono presenti aree protette montane, ..., marine. Il turismo balneare è diffuso lungo tutte le coste, quello artistico spazia tra un'infinità di luoghi e architetture.

UNITÀ 27 – LA SARDEGNA

- Seconda isola del Mediterraneo, è la terza regione italiana. Il territorio è formato in gran parte da .... altopiani. Le aree montane e collinari sono caratterizzate da pascoli, ..., insediamenti scarsi.
- È scarsamente popolata, con una bassa densità media e un saldo demografico stabile. Originariamente i sardi abitavano l'interno e si sono trasferiti verso la costa solo in seguito alla .... È una delle regioni italiane economicamente meno avanzate. Nel primario prevalgono la pastorizia degli ovini, la produzione di ...., le colture ortofrutticole; sono presenti alcuni impianti chimici costieri.
- La tradizione gastronomica è legata all'interno e alla pastorizia, famosi sono il pane ...., il pecorino, il *porceddu*, la bottarga e alcuni vini e liquori. Le testimonianze più originali del passato sono i nuraghi.
- Il turismo è soprattutto balneare, grazie alle coste rimaste a lungo disabitate e quindi intatte e selvagge. Vi sono poi alcune aree protette, siti archeologici, città d'arte e porti e strutture per il turismo nautico.

Parole da inserire: alluvionali • antichi • arabe • bonifica • boscose • carasau • carsico • Castellana • fluviali • Levante • locali • Magna Grecia • malavita • Murgia • pastorizia • peperoncino • recenti • Riace • saline • scarse • specializzata • steppose • sughero • Svevi • taralli • tradizionale • vulcanici

ZTE ONLINE
Mettiti alla prova con 20 esercizi interattivi

2 Indica se le frasi sono vere o false. (2 punti ciascuna) ..... / 22

a. Il Tavoliere di Puglia è una vasta pianura di origine alluvionale. V F
b. I Monti della Daunia rappresentano le massime elevazioni della Puglia. V F
c. In Puglia i corsi d'acqua superficiali sono numerosi e ricchi di acqua. V F
d. La Puglia è bagnata sia dall'Adriatico che dal Tirreno. V F
e. I corsi d'acqua calabresi sono costituiti in prevalenza da fiumare . V F
f. Gioia Tauro rappresenta il maggior scalo per il trasbordo dei container in tutto il Mediterraneo. V F
g. L'Etna è il maggior vulcano europeo. V F
h. La posizione della Sicilia è risultata particolarmente favorevole dopo la scoperta dell'America. V F
i. Il Mar di Sardegna è quello che bagna tutte le coste dell'isola. V F
l. Il territorio sardo si è formato molto prima degli altri rilievi italiani. V F
m. Molti piatti a base di pesce sono alla base della gastronomia sarda tradizionale. V F

3 Indica la risposta corretta. (2 punti ciascuna) ..... / 6

a. La Valle dei Templi si trova a:
❑ Agrigento ❑ Reggio Calabria ❑ Cagliari
❑ Palermo ❑ Bari

b. È famosa per la presenza di templi di origine:
❑ fenicia ❑ greca ❑ romana

c. Quale delle seguenti località sarde **non** si trova nel nord dell'isola:
❑ Asinara ❑ Villasimius
❑ Porto Cervo ❑ La Maddalena

d. Oltre a Cagliari, supera i 100 000 abitanti solo la città sarda di:
❑ Nuoro ❑ Sassari ❑ Alghero ❑ Olbia

4 Indica in quale regione si trovano i seguenti elementi geografici. ..... / 10

Sila ....
Isole Tremiti ....
Capitanata ....
Campidano ....
Fiume Crati ....
Nebrodi ....
Piana di Sibari ....
Gargano ....
Conca d'Oro ....
Barbagia ....
Murge ....
Gola dell'Alcantara ....
Aspromonte ....
Golfo di Orosei ....
Peloritani ....

5 Associa ciascuna località di Sicilia e Sardegna alla cultura o architettura relativa. ..... / 4

a. Siracusa ❑ 1. architettura barocca
b. Piazza Armerina ❑ 2. dominazione romana
c. Noto ❑ 3. civiltà fenicio-punica
d. Tharros ❑ 4. cultura greca

6 Scrivi la definizione dei termini proposti. (4 punti ciascuna) ..... / 16

Acquedotto pugliese ....
....
Masseria ....
....
Istmo calabro ....
....
Nuraghi ....
....

7 Rispondi alle domande. (10 punti ciascuna) ..... / 30

a. Riassumi quali sono le principali risorse turistiche della Puglia, ricordando anche alcune delle località più famose.
....
....

b. Indica tre aspetti tipici dell'identità e/o della cultura siciliana. ....
....
....

c. Riassumi quali sono le principali risorse turistiche della Sardegna, ricordando anche alcune delle località più famose.
....
....

PUNTEGGIO TOTALE
..... / 100

GEOGRAPHY HIGHLIGHTS – CLIL

GOLDEN SICILY

Idyllic meeting point between East and West, Africa and Europe, **Sicily**, or ancient ***Trinacria*** (from Greek: **treis** = three and **àkra** = capes, referring to the 3 vertex of a triangle, the shape of the island) is an amazing island, rich in history and natural beauty and an outstanding Food & Wine destination as well. **Sicily** is the **largest** of the Mediterranean islands, extending over *25,708* square km. Separated from the Continent by the *Strait of Messina* and surrounded by the Ionian, the Tyrrhenian and the Mediterranean Seas.

It is one of the pearls of Southern Italy and can be discovered, understood and experienced through a series of itineraries dedicated to areas of interest, ranging from *nature* to *history, folklore* and *eno-gastronomic traditions*. ***Nature*** plays a crucial role to this land: mountains, hills, the Mediterranean Sea, with its incredible colours, its crystal-clear water and with its minor islands scattered around its coasts - the *Aeolians, Egadi* and *Pelagie* Islands, *Pantelleria* and *Ustica* - offering breathtaking and alluring sceneries, scents and flavours of uncontaminated nature. Its ***volcanoes*** deliver the final distinctive touch. On "mainland" Sicily is Europe's highest still active, snow-capped volcano: *Mount Etna*, dominating the baroque city of *Catania*. The archipelago of the Aeolian Islands, in front of the north coast of Sicily, is a place of overwhelming natural beauty, made unique by its particular volcanic nature.

The islands of *Lipari, Stromboli, Vulcano* and *Panarea* are home to tiny fishermen villages hiding under towering volcanic cones. In addition to all this, since ancient times, Sicily has been known for its wealth of archaeological remains. The treasured archaeological sites tell the world the story of this ancient land. **Sicily** bears the mark of the *Greeks, Romans, Byzantines, Saracens, Normans* and *Spaniards* who contributed to the building of its varied culture, *cuisine, architecture, folklore* and *traditions*. The ***provinces*** of the region are: *Palermo (*regional capital*), Agrigento, Catania, Caltanissetta, Enna, Messina, Ragusa, Syracuse* and *Trapani.* Nowadays, Sicily's economy is still largely based on agriculture, in particular the vineyards and orange and lemon orchards, which benefit from its perfect micro-climate, the volcanic land, the Mediterranean sun and the mild winters. Travelling through Sicily, seems to be visiting many countries in one. This sensation is particularly strong along the rugged Eastern coast of Sicily with its main sites of *Ragusa, Catania, Syracuse, Taormina*. Finally, savouring the regional, tasty cuisine, and excellent wines will truly be a memorable experience.

COMPREHENSION

❶ **Write, and then translate, the adjectives used in the text to describe:**

SICILY	NATURE	SCENERY
1. 4. 2. 5. 3.	1.	1. 2.
CLIMATE	**CUISINE**	**MOUNT ETNA**
1. 2.	1. 2.	1. 3. 2.

COMPREHENSION

❷ **Match the following words to their synonyms in the text.**

1. Tradition ....
2. Crystalline ....
3. Dispersed ....
4. Amazing ....
5. Little ....
6. Imposing ....
7. Richness ....
8. Temperate ....
9. Rocky ....
10. Unforgettable ....

COMPREHENSION

3 Read **the text and** mark **these statements as True (T) or False (F) to show your knowledge about Sicily.** Correct **the false statements.**

1.	Sicily is an ideal meeting point between North & South and East & West.	T	F
2.	It is not separated from mainland Italy.	T	F
3.	Nature plays a secondary role in Sicily.	T	F
4.	The land of Sicily has been marked by many different civilisations.	T	F
5.	Sicily is rich in archaeological sites.	T	F
6.	Sicily is a major eno-gastronomic destination.	T	F
7.	Lipari, Stromboli, Vulcano and Panarea are in the archipelago of Pelagie islands.	T	F
8.	The volcanic nature of the land brings great benefits to Sicilian agriculture.	T	F

COMPREHENSION

4 Answer these questions.

1. **What's** the meaning of Sicily's ancient name?
2. **Which** seas surround the island?
3. **Which** group of minor islands has a volcanic nature?
4. **What kind of** attractions can Sicily boast?
5. **What** is Sicily's economy mainly based on, nowadays?
6. **What kind of** climate does Sicily enjoy?

REVISION & PRODUCTION

08

5 Listen **and** complete **the following passage with the correct words.**

The word *Trinacria* means 1.......... and refers to the shape of the island of 2.......... The *Trinacria* symbol is the head of *Medusa* 3.......... by three bent running legs, and three stalks of wheat. Due to the island's distinct triangular 4.......... the symbol has also been adopted by the Sicilian government and is located on the centre of Sicily's 5.......... The three bent running 6.......... represent the 7.......... capes of Sicily: Peloro *(Punta del Faro, Tip of Faro, Messina:* North-East), Passero (*Syracuse*: South) and Lilibeo (*Cape Boeo, Marsala*: West). Native Sicilians, enchanted by the beauty of Sicily, compared them to the legs of a 8..........
The three stalks of wheat, surrounding the head of Medusa, represent the 9.......... of the 10.......... of Sicily. The Medusa 11.......... in the middle implies the protection of the 12.......... by the patron goddess of Sicily: *Athena*.

REVISION & PRODUCTION

6 Match **heads and tails to make a summary about Sicily. Then** translate.

1. Sicily is the largest and most populated	...... A. and volcanic activity is quite intense.
2. Together with the Aeolians, Egadi, Pelagie, and Panteleria and Ustica islands,	...... B. it retains many characteristics of more rural regions due to its isolation and distance from mainland Italy.
3. The island is mostly mountainous and seismic	...... C. Sicily forms an autonomous region of Italy.
4. Mount Etna	...... D. are produced.
5. Sicilians are a varied people,	...... E. is Europe's highest active volcano.
6. The region is mainly	...... F. island in the Mediterranean Sea.
7. Wheat, barley, maize, olives, citrus fruit, almonds, wine grapes	...... G. are raised.
8. Cattle, mules, donkeys, and sheep	...... H. agricultural.
9. Despite its position, at the crossroads of many Mediterranean civilisations,	...... I. having had contact with a great variety of ethnic stocks and physical types throughout the centuries.

I

FRANCIA
GERMANIA
SVIZZERA
LIECHTENSTEIN
AUSTRIA
SLOVACCHIA
UNGHERIA
SLOVENIA
CROAZIA
BOSNIA-ERZEGOVINA
SAN MARINO
MONACO
Baviera
Svevia
Stiria
Slavonia
Dalmazia
Lombardia
Piemonte
Liguria
Veneto
Trentino
Alto Adige
Friuli
Venezia Giulia
Emilia-Romagna
Toscana
Marche
Umbria
Carnia
Istria
Carso
Maremma
Corsica
Mar Ligure
Mare Adriatico
Golfo di Genova
Golfo di Venezia
G. di Trieste
Arcipelago Toscano
Selva Boema
Selva Nera
Vosgi
Giura
Giura di Svevia
Altopiano Svevo-Bavarese
Prealpi Bavaresi
Prealpi Salisburghesi
Prealpi Austriache
Prealpi Stiriane
Alti Tauri
Bassi Tauri
Alpi Retiche
Alpi Venoste
Alpi Aurine
Alpi Carniche
Caravanche
Alpi Giulie
Dolomiti
Alpi Bernesi
Alpi Lepontine
Alpi di Glarus
Alpi Pennine
Alpi Graie
Alpi Cozie
Alpi Marittime
Alpi Apuane
Appennino Ligure
Appennino Tosco-Emiliano
App. Umbro-Marchigiano
Alpi Dinariche
Velebit
Stoccarda
Strasburgo
Baden Baden
Esslingen
Tübingen
Heidenheim
Ingolstadt
Regensburg
Straubing
Landshut
Augsburg
Ulm
Monaco
Memmingen
Kempten
Ravensburg
Rosenheim
Friburgo
Colmar
Mulhouse
Donaueschingen
Basilea
Belfort
Winterthur
Zurigo
San Gallo
Bregenz
Appenzell
VADUZ
Biel
Neuchâtel
BERNA
Lucerna
Schwyz
Glarus
Coira
Altdorf
Interlaken
Losanna
Sion
Zermatt
Bellinzona
Lugano
Passau
Linz
Wels
Steyr
Krems
Melk
VIENNA
BRATISLAVA
Trnava
Nitra
Nove Mesto
Nove Zamky
BUDAPEST
Győr
Tatabánya
Sopron
Eisenstadt
Wiener Neustadt
Székesfehérvár
Szombathely
Körmend
Siófok
Balatonkeresztúr
Nagykanizsa
Pècs
Graz
Leoben
Liezen
Salisburgo
Bischofshofen
Badgastein
Kitzbuhel
Kufstein
Innsbruck
Garnisch
Scharnitz
Lienz
Mauterndorf
Klagenfurt
Maribor
Tarvisio
Kranj
LUBIANA
Novo Mesto
Varazdin
Koprivnica
ZAGABRIA
Karlovac
Sisak
Daruvar
Nova Gradiska
Slavonski Brod
Doboj
Banja Luka
Bihac
Jajce
SARAJEVO
Knin
Sebenico
Vodice
Trogir
Spalato
Dubrovnik
Otocac
Gospic
Senj
Crikvenica
Delnice
Rijeka (Fiume)
Postojna
Capodistria
Trieste
Porec
Rovinj
Pula
Zadar
Gorizia
Udine
Pordenone
Belluno
Cortina d'Ampezzo
Bressanone/Brixen
Merano/Meran
Bolzano/Bozen
Trento
Rovereto
Schio
Bassano del Grappa
Feltre
Conegliano
Vittorio Veneto
Treviso
Vicenza
Padova
Mestre
Venezia
Chioggia
Rovigo
Legnago
Verona
Mantova
Brescia
Bergamo
Lecco
Como
Varese
Monza
S.S. Giovanni
Milano
Busto Arsizio
Abbiategrasso
Novara
Vercelli
Biella
Ivrea
Aosta
Torino
Chieri
Rivoli
Casale Monf.
Asti
Alessandria
Tortona
Voghera
Pavia
Lodi
Cremona
Piacenza
Parma
Reggio Emilia
Modena
Sassuolo
Bologna
Ferrara
Imola
Faenza
Forlì
Cesena
Ravenna
Rimini
Riccione
Cattolica
Pesaro
Fano
Urbino
Ancona
Macerata
Civitanova Marche
Fermo
Ascoli Piceno
San Benedetto del Tronto
Teramo
Montesilvano
Pescara
Chieti
Penne
L'Aquila
Rieti
Terni
Spoleto
Norcia
Foligno
Perugia
Gubbio
Fabriano
Orvieto
Viterbo
Tarquinia
Orbetello
Grosseto
Piombino
Portoferraio
Cecina
Livorno
Pisa
Lucca
Viareggio
Massa
Carrara
La Spezia
Chiavari
Genova
Savona
Albenga
Imperia
Sanremo
Ventimiglia
Nizza
Cannes
Cuneo
Saluzzo
Alba
Novi Ligure
Bobbio
Pistoia
Prato
Firenze
Empoli
San Gimignano
Siena
Arezzo
Montepulciano
San Quirico d'Orcia
Bastia
Calvi
Montecristo
Pianosa
Capraia
Gorgona
Isola d'Elba
Giglio
Cres
Krk
Rab
Pag
Dugi Otok
Kornati
Solta
Brac
Hvar
Bisevo
Korcula
Lastovo
Mljet
Peljesac
Isole Tremiti
Colli Euganei
Colline Metallifere
Monti Cimini
Gran Sasso d'Italia
Monti Sibillini
Feldberg 1493
Grand Ballon 1423
Zugspitze 2962
Hochkönig 2941
Dachstein 2995
Hochschwab 2277
Grossglockner 3798
Vetta d'Italia
Palla Bianca 3738
Ortles 3905
Cevedale 3769
Bernina 4049
M. Rosa 4634
Cervino 4478
Monte Bianco
Gran Paradiso 4061
Monviso 3841
Argentera 3297
Marmolada 3343
Pale di San Martino
M. Grappa 1775
Pasubio 2235
M. Cristallo 3221
Jôf di Montasio 2753
Tricorno 2863
Grintavec 2558
M. Falterona 1654
M. Fumaiolo 1407
M. Amiata 1738
M. Argentario 635
M. Conero 572
Corno Grande 2912
Terminillo 2216
Cvrsnica 2228
San Gottardo
Passo del Sempione
Passo del Brennero
Passo della Porretta
Passo della Cisa
Passo dei Giovi
Colle di Tenda
Colle della Maddalena
Moncenisio
Monginevro
Frejus
Piccolo S. Bernardo
Gran S. Bernardo
Spluga
Stelvio
Tonale
Passo di Resia
Schoberpass
Danubio
Reno
Inn
Isar
Lech
Iller
Mur
Drava
Sava
Una
Vrbas
Bosna
Po
Adige
Piave
Tagliamento
Brenta
Ticino
Adda
Oglio
Mincio
Arno
Tevere
Lago di Costanza
Lago di Zurigo
Lago di Neuchâtel
Lago di Ginevra
Lago di Neusiedl
Lago Balaton
Lago Maggiore
Lago di Como
Lago di Garda
Lago Trasimeno
Lago di Bolsena
Valli di Comacchio
Foce del Po
Valle d'Aosta
Canavese
Monferrato
Langhe
Brianza
Lomellina
Chianti

Italia
SCALA 1 : 3.500.000
0 35 70 105 140
chilometri
città
con oltre 1.000.000 di abitanti
da 250.000 a 1.000.000
da 100.000 a 250.000
fino a 100.000 abitanti
Mar Tirreno
Mar Mediterraneo
Mar Ionio
Canale di Sicilia
Golfo di Taranto
Sardegna
Sicilia
Calabria
Basilicata
Puglia
Campania
Molise
TUNISIA
ALGERIA
MALTA
VALLETTA
Malta
Gozo
Napoli
Palermo
Bari
Catania
Messina
Cagliari
Taranto
Reggio di Calabria
Sassari
Siracusa
Cosenza
Catanzaro
Salerno
Foggia
TUNISI
Annaba
Isole Eolie
Isole Egadi
Isole Pelagie
Isole Ponziane
Pantelleria
Lampedusa
Linosa
Lampione
Ustica
Etna
Vesuvio
Gennargentu
M. Pollino
La Sila
Aspromonte
Madonie
Monti Nebrodi
Monti Iblei
Appennino Campano
Appennino Lucano
Stretto di Messina

FRANCIA
GERMANIA
SVIZZERA
AUSTRIA
LIECHTENSTEIN
SLOVACCHIA
UNGHERIA
SLOVENIA
CROAZIA
BOSNIA-ERZEGOVINA
SAN MARINO
MONACO
Valle d'Aosta
Piemonte
Liguria
Lombardia
Alto Adige
Trentino
Veneto
Friuli-Venezia Giulia
Emilia-Romagna
Toscana
Marche
Umbria
Corsica
Mar Ligure
Mar Adriatico
Arcipelago Toscano
Isola d'Elba
Isole Tremiti
Strasburgo
Stoccarda
Esslingen
Baden Baden
Tübingen
Heidenheim
Ingolstadt
Regensburg
Straubing
Passau
České Budějovice
Colmar
Friburgo
Ulm
Augsburg
Landshut
Monaco
Memmingen
Donaueschingen
Mulhouse
Belfort
Basilea
Ravensburg
Kempten
Rosenheim
Salisburgo
Linz
Wels
Steyr
Krems
Melk
VIENNA
Wiener Neustadt
Eisenstadt
Sopron
BRATISLAVA
Trnava
Nitra
Nove Mesto
Nove Zamky
Győr
Tatabánya
BUDAPEST
Székesfehérvár
Szombathely
Körmend
Siófok
Balatonkeresztúr
Nagykanizsa
Pécs
Winterthur
Zurigo
San Gallo
Bregenz
Appenzell
Garnisch
Kufstein
Kitzbuhel
Scharnitz
Innsbruck
Bischofshofen
Liezen
Leoben
Graz
Badgastein
Mauterndorf
Biel
Neuchâtel
BERNA
Lucerna
Schwyz
Glarus
VADUZ
St. Anton
Friburgo
Altdorf
Coira
Losanna
Interlaken
Lienz
Klagenfurt
Maribor
Merano/Meran
Bressanone/Brixen
Cortina d'Ampezzo
St. Moritz
Tarvisio
Sion
Zermatt
Bellinzona
Bolzano/Bozen
Kranj
Varazdin
Koprivnica
Sondrio
Belluno
Feltre
Udine
LUBIANA
Aosta
Verbania
Como
Lecco
Rovereto
Trento
Vittorio Veneto
Pordenone
Gorizia
ZAGABRIA
Varese
Biella
Busto Arsizio
Monza
Bergamo
Schio
Conegliano
Novo Mesto
Daruvar
S.S. Giovanni
Treviso
Trieste
Postojna
Ivrea
Novara
Milano
Brescia
Vicenza
Verona
Mestre
Capodistria
Delnice
Karlovac
Sisak
Vercelli
Venezia
Nova Gradiska
Slavonski Brod
Torino
Rivoli
Chieri
Casale Monf.
Pavia
Lodi
Cremona
Padova
Legnago
Chioggia
Porec
Rijeca (Fiume)
Crikvenica
Asti
Alessandria
Voghera
Mantova
Rovigo
Rovinj
Tortona
Piacenza
Senj
Otocac
Banja Luka
Dubo j
Saluzzo
Alba
Novi Ligure
Bobbio
Parma
Ferrara
Pula
Bihac
Reggio Emilia
Modena
Cuneo
Sassuolo
Bologna
Gospic
Genova
Savona
Chiavari
Ravenna
Jajce
Zadar
Albenga
La Spezia
Faenza
Forlì
Carrara
Massa
Rimini
Knin
Ventimiglia
Imperia
Cesena
Riccione
SARAJEVO
Nizza
Sanremo
Pistoia
Prato
Cattolica
Pesaro
Viareggio
Lucca
Vodice
Cannes
Pisa
Empoli
Firenze
Fano
Sebenico
Urbino
Trogir
Spalato
San Gimignano
Livorno
Ancona
Arezzo
Cecina
Siena
Gubbio
Fabriano
Macerata
Civitanova Marche
Montepulciano
Perugia
Foligno
Fermo
Piombino
San Quirico d'Orcia
Ascoli Piceno
San Benedetto del Tronto
Portoferraio
Norcia
Dubrovnik
Bastia
Grosseto
Teramo
Calvi
Orvieto
Spoleto
Montesilvano
Viterbo
Terni
Penne
Pescara
Orbetello
Rieti
L'Aquila
Chieti
Tarquinia

Italia politica

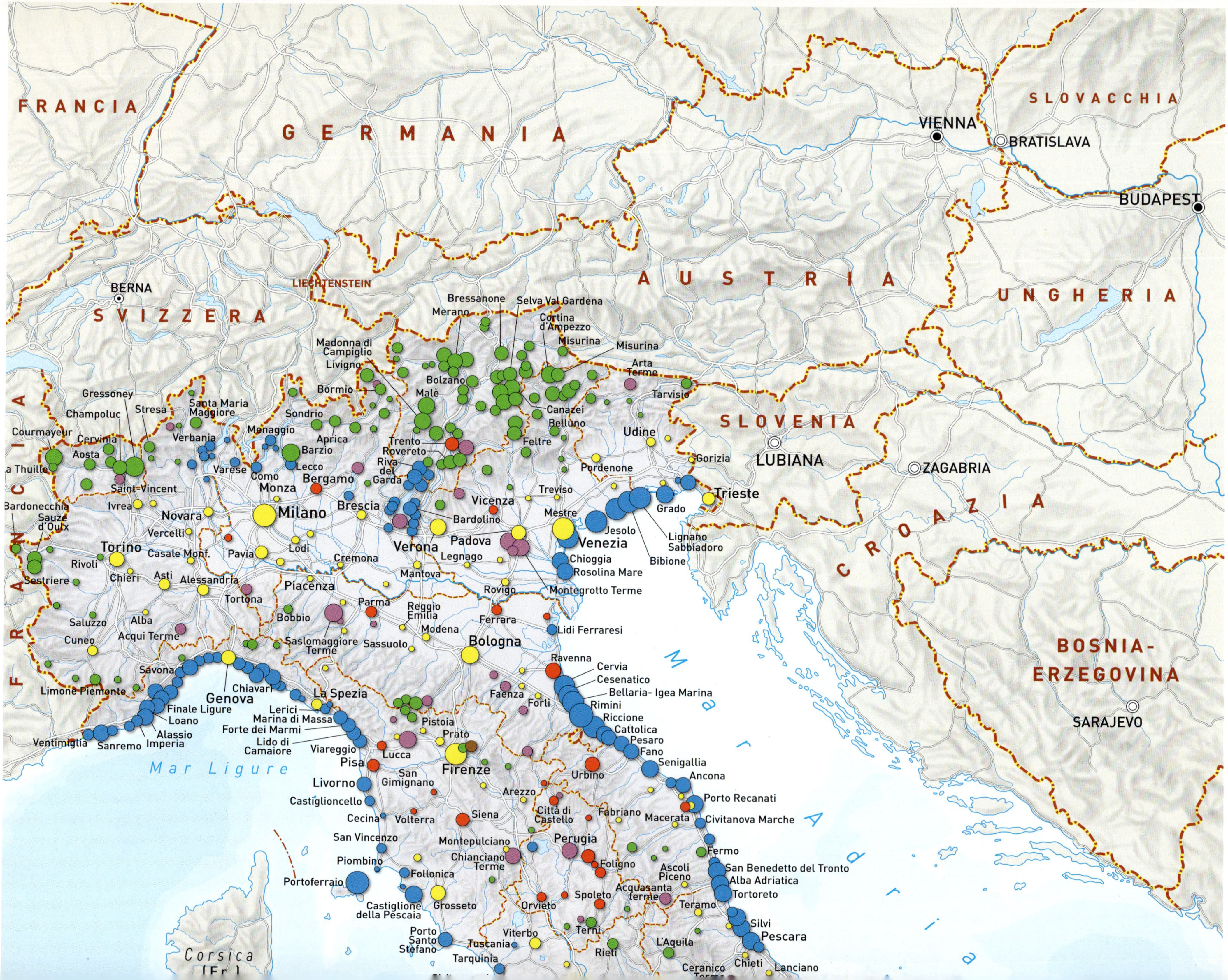
FRANCIA
GERMANIA
SLOVACCHIA
VIENNA
BRATISLAVA
BUDAPEST
BERNA
SVIZZERA
LIECHTENSTEIN
AUSTRIA
UNGHERIA
SLOVENIA
LUBIANA
ZAGABRIA
CROAZIA
BOSNIA-ERZEGOVINA
SARAJEVO
Mar Ligure
Mar Adriatico
Corsica (Fr.)
Bressanone
Selva Val Gardena
Merano
Cortina d'Ampezzo
Misurina
Misurina
Arta Terme
Tarvisio
Madonna di Campiglio
Livigno
Bolzano
Bormio
Malè
Canazei
Belluno
Gressoney
Stresa
Santa Maria Maggiore
Sondrio
Champoluc
Verbania
Menaggio
Aprica
Feltre
Udine
Courmayeur
Cervinia
Aosta
Barzio
Trento
Rovereto
Riva del Garda
Pordenone
Gorizia
La Thuile
Varese
Como
Lecco
Bergamo
Trieste
Saint-Vincent
Monza
Treviso
Grado
Bardonecchia
Sauze d'Oulx
Ivrea
Novara
Milano
Brescia
Vicenza
Mestre
Bardolino
Jesolo
Lignano Sabbiadoro
Vercelli
Padova
Venezia
Torino
Casale Monf.
Pavia
Lodi
Verona
Legnago
Bibione
Rivoli
Cremona
Chioggia
Chieri
Asti
Alessandria
Mantova
Rosolina Mare
Sestriere
Piacenza
Rovigo
Montegrotto Terme
Tortona
Parma
Reggio Emilia
Ferrara
Saluzzo
Alba
Bobbio
Lidi Ferraresi
Modena
Acqui Terme
Cuneo
Salsomaggiore Terme
Sassuolo
Bologna
Ravenna
Cervia
Savona
Cesenatico
Chiavari
Bellaria- Igea Marina
Limone Piemonte
Genova
La Spezia
Faenza
Forlì
Rimini
Finale Ligure
Lerici
Loano
Marina di Massa
Riccione
Pistoia
Cattolica
Alassio
Forte dei Marmi
Prato
Pesaro
Ventimiglia
Sanremo
Imperia
Lido di Camaiore
Viareggio
Fano
Lucca
Pisa
Senigallia
San Gimignano
Firenze
Urbino
Livorno
Ancona
Arezzo
Castiglioncello
Porto Recanati
Città di Castello
Fabriano
Cecina
Volterra
Siena
Macerata
Civitanova Marche
San Vincenzo
Montepulciano
Perugia
Chianciano Terme
Fermo
Piombino
Foligno
Ascoli Piceno
San Benedetto del Tronto
Follonica
Alba Adriatica
Portoferraio
Spoleto
Acquasanta Terme
Tortoreto
Castiglione della Pescaia
Grosseto
Orvieto
Teramo
Terni
Silvi
Porto Santo Stefano
Viterbo
Pescara
Tuscania
L'Aquila
Rieti
Tarquinia
Chieti
Ceranico Terme
Lanciano

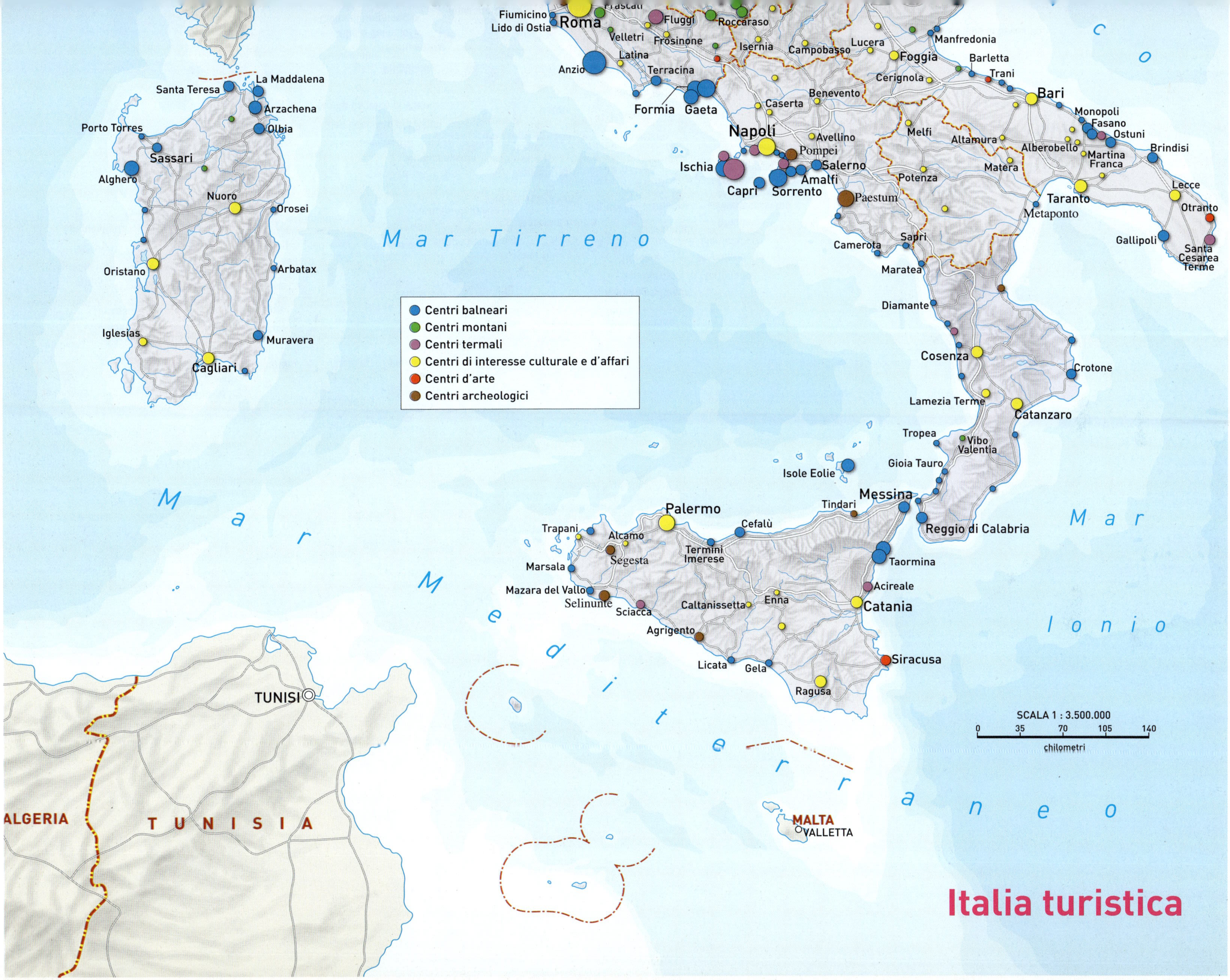
Italia turistica
Centri balneari
Centri montani
Centri termali
Centri di interesse culturale e d'affari
Centri d'arte
Centri archeologici
SCALA 1 : 3.500.000
0
35
70
105
140
chilometri
Mar Tirreno
Mar Mediterraneo
Mar Ionio
Fiumicino
Lido di Ostia
Roma
Velletri
Fluggi
Frosinone
Roccaraso
Isernia
Campobasso
Lucera
Foggia
Manfredonia
Barletta
Trani
Bari
Cerignola
Anzio
Latina
Terracina
Formia
Gaeta
Caserta
Benevento
Napoli
Avellino
Pompei
Ischia
Capri
Sorrento
Amalfi
Salerno
Paestum
Melfi
Potenza
Altamura
Matera
Alberobello
Monopoli
Fasano
Ostuni
Martina Franca
Brindisi
Taranto
Metaponto
Lecce
Otranto
Gallipoli
Santa Cesarea Terme
Camerota
Sapri
Maratea
Diamante
Cosenza
Crotone
Lamezia Terme
Catanzaro
Tropea
Vibo Valentia
Gioia Tauro
Isole Eolie
Messina
Reggio di Calabria
Santa Teresa
La Maddalena
Arzachena
Olbia
Porto Torres
Sassari
Alghero
Nuoro
Orosei
Oristano
Arbatax
Iglesias
Muravera
Cagliari
Palermo
Trapani
Alcamo
Segesta
Marsala
Mazara del Vallo
Selinunte
Sciacca
Cefalù
Termini Imerese
Tindari
Taormina
Acireale
Catania
Caltanissetta
Enna
Agrigento
Licata
Gela
Ragusa
Siracusa
TUNISI
TUNISIA
ALGERIA
MALTA
VALLETTA

Vipiteno/
Sterzing
Glorenza/Glurns
Chiusa/
Klausen
Egna
San Lorenzo
in Banale
Venzone
Poffabro
Toppo
Fagagna
Claiuano
Mezzano
Rango
Polcenigo
Cison di
Valmarino
Valvasone
Gradisca d'Isonzo
Vogogna
Tremezzo
Gromo
Bienno
Etroubles
Orta San
Giulio
Cornello
del Tasso
Lovere
Canale di
Tenno
Portobuffolè
Cordovado
Asolo
San Giorgio
Sesto al Reghena
Cussinetta
di Lugagnano
Gradella
Monte
Isola
Tremosine
Ricetto di
Candelo
Soncino
Castellaro
Lagusello
Borghetto
Arquà Petrarca
Morimondo
Grazie
Montagnana
Usseaux
Castelponzone
San Benedetto Po
Porana
Fortunago
Sabbioneta
Pomponesco
Ostana
Neive
Volpedo
Zavattarello
Gualtieri
Bobbio
Vigoleno
Fontanellato
Mombaldone
Chianale
Campo
Ligure
Castel d'Arquato
Compiano
Millesimo
Noli
Varese Ligure
Dozza
Montegrimano
Terme
Colletta di
Castelbianco
Garessio
Finalborgo
Moneglia
Brugnato
Barga
Brisighella
Triora
Verezzi
Framura
Fiumalbo
Montefiore Conca
Apricale
Castelvecchio
di Rocca Barbera
Vernazza
Scarpiera
San Giovanni in Marignano
Tellaro
Coreglia
Antelminelli
San Leo
Gradara
Montegridolfo
Seborga
Zuccarello
Montemarcello
Ortignano
Raggiolo
Poppi
Montefabbri
Linguegliatta
Laigueglia
Castelnuovo
di Garfagnana
Castelfranco
Macerata Feltria
Mondolfo
Cervo
Mondavio
Loro Ciuffenna
Corinaldo
Offagna
Anghiari
Citerna
Montecassiano
Cingoli
Montelupone
Montescudaio
Montone
Montecosaro
Panicale
Corciano
Servigliano
San Ginesio
Buonconvento
Castiglione
del Lago
Torgiano
Treia
Moresco
Suvereto
Bettona
Sarnano
Montefiore dell'Aso
Paciano
Offida
San Casciano dei Bagni
Spello
Grottammare
Cetona
Deruta
Bavagna
Monte Castello di Vibio
Visso
Torre Alfina
Montefalco
Norcia
Civitella del Tronto
Souvana
Vallo di Nera
Pitigliano
Arrone
Pietracamela
Città Sant'Angelo
Montemerano
Amatrice
Castelli
Porto ercole
S. Gemini
Piediluco
Penne
Giglio Castello
Castel del Monte
Stroncone
Collato Sabino
S. Stefano di Sessanio
Civita di Bagnoregio
Caprarola
Navelli
Pretoro
Aquasparta
Castel di Tora
Rocca S. Giovanni

I borghi più belli d'Italia

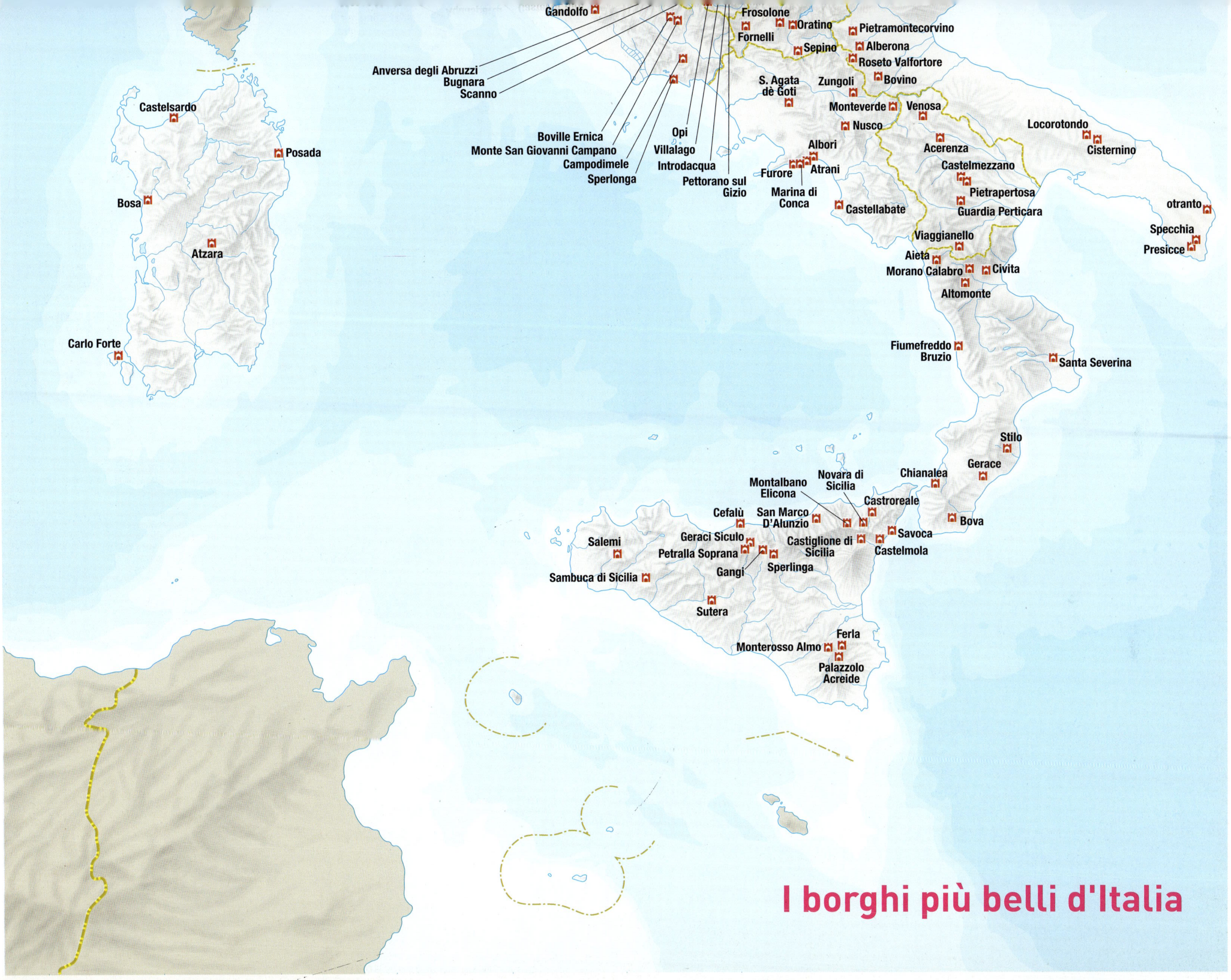

AUSTRIA
LIECHTENSTEIN
UNGHERIA
SVIZZERA
FRANCIA
SLOVENIA
CROAZIA
BOSNIA-ERZEGOVINA
SAN MARINO
CITTÀ DEL VATICANO
Valle d'Aosta
1
Piemonte
2
Lombardia
3
4
Trentino
5
Alto Adige
Friuli-Venezia Giulia
6
Veneto
Liguria
Emilia-Romagna
7
Toscana
8
Marche
9
Umbria
Lazio
10
Abruzzo
11
Molise
12
Campania
13
Puglia
14
Basilicata
15
Calabria
16
Sicilia
17
Sardegna
18
Corsica
[Fr.]
Aosta
Biella
Ivrea
Novara
Vercelli
Torino
Rivoli
Chieri
Casale Monf.
Asti
Alessandria
Tortona
Novi Ligure
Saluzzo
Alba
Cuneo
Verbania
Varese
Busto Arsizio
S. S. Giovanni
Como
Lecco
Sondrio
Monza
Milano
Bergamo
Brescia
Pavia
Lodi
Cremona
Voghera
Piacenza
Bobbio
Mantova
Merano/
Meran
Bressanone/
Brixen
Cortina d'Ampezzo
Bolzano/
Bozen
Rovereto
Trento
Belluno
Feltre
Vittorio Veneto
Tarvisio
Udine
Pordenone
Gorizia
Trieste
Conegliano
Treviso
Schio
Vicenza
Verona
Mestre
Venezia
Padova
Chioggia
Legnago
Rovigo
Ferrara
Parma
Reggio Emilia
Modena
Sassuolo
Bologna
Ravenna
Faenza
Forlì
Cesena
Rimini
Riccione
Cattolica
Pesaro
Fano
Genova
Savona
Chiavari
Albenga
Imperia
Ventimiglia
Sanremo
La Spezia
Carrara
Massa
Viareggio
Lucca
Pistoia
Prato
Pisa
Empoli
Firenze
Livorno
San Gimignano
Arezzo
Urbino
Ancona
Gubbio
Fabriano
Macerata
Civitanova Marche
Cecina
Siena
Montepulciano
Perugia
Foligno
Fermo
Ascoli Piceno
San Benedetto del Tronto
Piombino
Portoferraio
Isola d'Elba
Grosseto
San Quirico d'Orcia
Norcia
Orvieto
Spoleto
Teramo
Montesilvano
Pescara
Chieti
Penne
L'Aquila
Orbetello
Viterbo
Terni
Rieti
Tarquinia
Civitavecchia
Monterotondo
Tivoli
Avezzano
Sulmona
Lanciano
Isole Tremiti
Termoli
Vieste
Roma
Fiumicino
Lido di Ostia
Albano Laziale
Aprilia
Velletri
Frosinone
Nettuno
Anzio
Latina
Terracina
Formia
Isernia
Campobasso
San Severo
Manfredonia
Foggia
Cerignola
Barletta
Trani
Molfetta
Canosa di Puglia
Andria
Bari
Monopoli
Ostuni
Brindisi
Benevento
Caserta
S.Maria Capua Vetere
Napoli
Pozzuoli
Pompei
Avellino
Castellammare di Stabia
Salerno
Battipaglia
Paestum
Melfi
Gravina in Puglia
Altamura
Matera
Potenza
Massafra
Martina Franca
Grottaglie
Taranto
Metaponto
Lecce
Otranto
Nardò
Gallipoli
Policoro
Scalea
Rossano
Cosenza
Crotone
Lamezia Terme
Catanzaro
Vibo Valentia
Gioia Tauro
Messina
Reggio di Calabria
Isole Ponziane
Ustica
Isole Eolie
Milazzo
Palermo
Bagheria
Cefalù
Barcellona Pozzo di Gotto
Taormina
Trapani
Isole Egadi
Alcamo
Partinico
Segesta
Marsala
Mazara del Vallo
Selinunte
Sciacca
Caltanissetta
Enna
Paternò
Acireale
Catania
Canicattì
Favara
Agrigento
Piazza Armerina
Caltagirone
Augusta
Siracusa
Licata
Gela
Ragusa
Avola
Pantelleria
Santa Teresa
Maddalena
Asinara
Tempio Pausania
Olbia
Porto Torres
Sassari
Alghero
Nuoro
Orosei
Oristano
Arbatax
Iglesias
Carbonia
San Pietro
Sant'Antioco
Quartu Sant'Elena
Cagliari
Mar Ligure
Arcipelago Toscano
Mar Adriatico
Mar Tirreno
Mar Mediterraneo
Mar Ionio
SCALA 1 : 3.500.000
0
35
70
105
140
chilometri

ITINERARI IN ITALIA

1 Valle d'Aosta
I castelli della valle
Pont-Saint-Martin - Bard - Verrès - Issogne - Chatillon - Ussel - Fénis

2 Piemonte
Le residenze sabaude
Torino - Moncalieri - Racconigi - Stupinigi - Rivoli - Venaria Reale - Superga

3 Lombardia - Piemonte - Trentino-Alto Adige - Veneto
I laghi prealpini
Stresa - isole Borromee - Verbania - Cannobio - Varese - Como - Bellagio - Tremezzo - Varenna- Sirmione - Desenzano del Garda - Salò - Gardone Riviera - Riva del Garda - Torri del Benaco - Bardolino

4 Lombardia
L'Oltrepò pavese
Pavia - Stradella - Santa Maria della Versa - Varzi - Santa Margherita di Staffora - Bagnaria - Montalto Pavese - Casteggio

5 Trentino-Alto Adige - Veneto
Le Dolomiti
Bolzano - Val di Fassa - Alta Badia - Cortina d'Ampezzo - Brunico - Ortisei - Alpe di Siusi

6 Friuli-Venezia Giulia
Il Carso
Trieste - San Dorligo della Valle - Villa Opicina - Redipuglia - Gradisca d'Isonzo - San Martino del Carso - San Giovanni al Timavo - Sistiana - Grignano

7 Emilia-Romagna
Le città e la gastronomia emiliano-romagnola
Parma - Reggio Emilia - Modena - Bologna - Ferrara - Abbazia di Pomposa - Ravenna

8 Toscana
Il Chianti
Firenze - Verrazzano - Greve in Chianti - Badia a Passignano - Panzano in Chianti - Siena - Montepulciano

9 Marche - Toscana - Umbria
I borghi dell'Italia centrale tra arte e religione
Urbino - Anghiari - Monterchi - Sansepolcro - Cortona - Assisi - Spello - Spoleto

10 Lazio
Dai monti Lepini al Circeo
Velletri - Cori - Doganella - Ninfa - Sermoneta - Sezze - Priverno - Fossanova - Sabaudia - San Felice Circeo

11 Abruzzo
I paesaggi d'Abruzzo
Pescara - Chieti - Guardiagrele - Sulmona - Santo Stefano di Sessanio - Campo Imperatore

12 Molise
Antichità del Sannio
Campobasso - Cercepiccola - San Giuliano del Sannio - Sepino - Campochiaro - Bojano - Civita - Campitello Matese - Roccamandolfi - Isernia

13 Campania
La costa del Cilento
Paestum - Agropoli - Castellabate - Acciaroli - Pioppi - Pisciotta - Palinuro - San Giovanni a Piro - Sapri

14 Puglia
Il Salento
Lecce - Galatina - Otranto - Santa Cesarea Terme - Castro - Santa Maria di Leuca - Casarano - Gallipoli

15 Basilicata
Basilicata *coast to coast*
Maratea - Lauria - Parco del Pollino - Francavilla in Sinni - Chiaromonte - Guardia Perticara - Tursi - Policoro - Scansano Jonico

16 Calabria
La Sila grande
Cosenza - Zumpano - Spezzano della Sila - Valico di Monte Scuro - Lorica - Trepidò Soprano - San Giovanni in Fiore - Camigliatello Silano

17 Sicilia
I tesori e le bellezze della Sicilia occidentale
Palermo - Segesta - San Vito Lo Capo - Erice - Trapani - Marsala - Selinunte - Sciacca

18 Sardegna
L'interno
Oristano - Laconi - Aritzo - Nuoro - Galtelli - Orosei - Dorgali